RPA 财务机器人应用

主　编　揭志锋　干　甜
副主编　侯谷育　章　云

合肥工业大学出版社

图书在版编目(CIP)数据

RPA财务机器人应用/揭志锋,干甜主编. --合肥:合肥工业大学出版社,2024
ISBN 978-7-5650-6752-5

Ⅰ.①R… Ⅱ.①揭… ②干… Ⅲ.①财务管理-专用机器人 Ⅳ.①F275
②TP242.3

中国国家版本馆CIP数据核字(2024)第081319号

RPA财务机器人应用

揭志锋 干 甜 主编 责任编辑 毛 羽

出 版	合肥工业大学出版社	版 次	2024年8月第1版
地 址	合肥市屯溪路193号	印 次	2024年8月第1次印刷
邮 编	230009	开 本	787毫米×1092毫米 1/16
电 话	基础与职业教育出版中心:0551-62903120	印 张	20
	营销与储运管理中心:0551-62903198	字 数	415千字
网 址	press.hfut.edu.cn	印 刷	安徽联众印刷有限公司
E-mail	hfutpress@163.com	发 行	全国新华书店

ISBN 978-7-5650-6752-5 定价:46.00元

前　言

习近平总书记指出，“新质生产力是创新起主导作用，摆脱传统经济增长方式、生产力发展路径，具有高科技、高效能、高质量特征，符合新发展理念的先进生产力质态”。因此我们要深入贯彻党的二十大精神，坚定实施科教兴国战略，将教育、科技、人才视为全面建设社会主义现代化国家的核心支撑。特别是随着移动互联网、大数据、云计算等新一代信息技术的迅猛发展，企业财务管理正步入一个变革转型的关键历史时期。

《会计信息化发展规划（2021—2025 年）》明确指出，要深入挖掘会计数字化、智能财务、财务机器人等会计信息化工作的最佳案例实践，加快推广先进、成熟的经验做法。这一要求与党和国家对科技创新和新质生产力的重视高度契合，为企业财务管理的转型升级指明了方向。因此，面对传统财务管理体系难以满足现代企业管理需求的挑战，财务部门必须准确把握企业财务转型的切入点，积极拥抱新技术，优化组织流程，提高财务运作效率，推动业财一体化，以实现财务数字化转型的目标。

从 2017 年开始，以机器人流程自动化（Robotic Process Automation，RPA）为核心技术的各类财务机器人相继面世，机器人流程自动化已成为企业实现业务优化和效率提升的重要工具。RPA 财务机器人是数字化的支持性智能软件，其通过模拟财务人员的操作与判断，实现数据的收集整理、验证分析、记录管理和计算决策等一系列功能。RPA 财务机器人在财务领域针对业务内容和流程特点，以自动化代替手动操作，使财务人员摆脱了繁杂、重复的会计记账基础工作，可将更多的时间和精力投入企业的财务工作中，完成从会计核算人才向财务管理人才的转变。随着企业财务数字化转型，财务人员的工作环境、工作方式、工作内容和岗位职责也发生了巨大变化。财务数字化浪潮的来临对会计学、财务管理等专业学生的能力提出了新要求，流程、算法及财务机器人应用能力等将成为他们将来从事企业财务数字化工作的必备素养。

本书旨在为应用型本科财务专业的学生提供系统而全面的 RPA 财务机器人应用知识。本书应用新道云平台（网址：https://cloud.seentao.com/）及智多星 RPA 平台，积极适应新形势下高等院校向培养应用型财务人员转型的新需求，遵循“强技能、重能力、求创新、重应用”的原则。在知识内容的选取上，本书按照“够用、适用、实用、新颖”的要求，涵盖了财务机器人的基本原理、应用和场景实战三个部分。其中，原理部分内容逻辑性强，重点突出、层层递进；应用和实战部分通过在新道云平台嵌入最新实例和相应练习操作，使学生能够深入理解并应用相关知识点，从而在多个维度上建立起系统性的RPA财务机器人知识体系。另外，本书采用了丰富而完备的图片与图表，以展示相关操作的具体细节与流程，旨在通过视觉化的方式，帮助学习者更加直观、清晰地理解并掌握财务机器人的实际应用技巧。需要特别指出的是，书中涉及的操作仅为示例，具体操作需结合实际业务进行赋值。

本书具有以下特点：

一是内容新颖。RPA财务机器人课程是近年来兴起的热门课程，但适合应用型本科财务专业学生学习使用、易懂易学的教材较少。本书内容基于校企合作课程改革实践，主要教学内容均为校企合作原创内容。同时，本书还设置了“职业素养”板块，润物细无声地将课程思政内容融入课程教学中，以达到立德树人的效果。

二是立体化教学。本教材配套的数字化资源涵盖了主要知识点，可以为课堂教学提供整体服务，同时新道云平台提供了和本书内容配套的线上教学资源，包括理论内容、软件安装包和数据库、理论教学和实践操作示范视频等。线上、线下混合式教学能有效推动教学智慧化，理论实践一体化与智慧化教学的结合也符合应用型本科课堂的教学需求，立体化的教学资源将有助于两者的结合。

三是注重融通。本书在突出RPA财务机器人课程特色的同时，充分考虑了与其他专业课程的衔接。在介绍相关概念时，本书力求言简意赅、通俗易懂，通过由浅入深、循序渐进的教学方式，帮助学生有效构建全书知识结构体系。在RPA财务机器人项目应用中，本书精心设计案例，拆分实际工作应用场景，系统梳理完成工作所需技术技能，最终通过完成综合实战项目，帮助学生实现对课程内容的全面掌握。

本书编写工作得到了新道科技股份有限公司专业实践专家丁立波、王文江，以及江西应用科技学院教师揭志锋、干甜、侯谷育、章云的大力支持，其中，揭志锋、干甜负责统筹、大纲确定、统稿和定稿。在本书的编撰过程中，编者们参阅了大量同类教材与最新科研成果，走访了多家相关企业，采用“校企合作”“产教融合”等方式深入了解RPA财务机器人相关实务情况，并得到了多家企业及有关院校师生的支持与帮助。对此，我们表示衷心的感谢。

尽管我们投入了大量时间和精力，但由于水平有限，书中难免存在疏漏和不足之处。我们诚挚地欢迎广大读者提出宝贵的批评和建议，以便我们不断完善和提高。让我们携手共进，共同为培养更多适应新时代需求的高素质应用型财务管理人才贡献力量。

编　者

2024年5月

目 录

第一章　初识财务机器人

学习目标

- 了解数字化时代变革下的财务转型
- 了解财务机器人对财务专业的影响
- 了解财务机器人的适用场景
- 掌握财务机器人基本概念与定义
- 掌握财务机器人功能及特点

第一节　数字化浪潮下的财务转型概况

机器人是否会取代人类进行会计、税务、审计等工作呢？早在 2016 年 3 月 10 日，德勤会计师事务所就与基拉系统(Kira Systems)联手，正式将人工智能引入财务工作中，使财务管理迈上了一个新台阶。目前，基于机器人流程自动化技术的财务机器人已经广泛应用于财务、税务、人力资源及审计等众多领域，它能够优化财务处理流程、缩短账务处理周期、释放人力资源和实现智能化财务管理。财务机器人的应用将重新定义未来财务组织和管理，重塑财务人员的工作内容和工作方式，人机协作将成为未来财务工作的主流模式。财务的未来是数字化、自动化和智能化，财务部门应积极拥抱新兴技术，促进财务数字化转型，帮助企业提升经营能力、洞察商机并预测未来。

21 世纪以来，以人工智能(Artificial Intelligence，AI)为代表的新一代信息技术的发展日新月异，新技术创造了新的应用场景，以数字产业化和产业数字化为核心的数字经济在国民经济中的地位进一步凸显。2023 年 4 月 27 日发布的《数字中国发展报告(2022 年)》指出，2022 年，中国数字经济规模达 50.2 万亿元，总量稳居世界第二，占 GDP 比重提升至 41.5%，数字经济成为中国经济稳增长促转型的重要引擎。

一、从信息化到数字化

信息化的本质是业务数据电子化，其核心目标是降本增效。在会计领域，会计信息化将会计信息作为管理信息资源，全面运用计算机、网络通信等信息技术对其进行获取、加工、传输、应用等处理，为企业经营管理、控制决策和运行提供可靠、及时、全面的依据。但会计信息化并未改变财务业务的逻辑，只是将传统业务模式从线下转移至线上，通过信息化手段将优化后的业务流程固化并提供业务决策支持。信息化可以帮助企业在经营管理中降本增效，然而并不能解决企业的商业模式重构、快速应对市场创新诉求等问题。

数字化是近年来研究的热点，越来越多的企业希望通过数字化转型改变现代商业，发现创新机会。数字化的本质是利用云计算、大数据、物联网、人工智能等新一代数字技术构建一个全感知、全连接、全场景、全智能的数字世界，在实现数字世界对物理世界的精准映射基础上，优化再造物理世界的业务，并对传统管理模式、业务模式、商业模式进行创新和重塑，以达成业务目标。数字化并不是全盘否定企业信息化，而是在整合优化企业信息系统的同时，运用互联网新技术手段提升企业技术能力，以达到支撑企业适应互联网时代发展变化带来的新要求。可以说，数字化就是数据信息的业务化。

中国数字经济蓬勃发展的同时，也推动着企业从信息化向数字化转型。信息化更多着眼于企业内部，而数字化则触及了整个生产经营过程，包括上下游供应商、客户，甚至竞争对手。它改变了企业信息数据传递、部门协同、不同企业之间的沟通协作等方式；改变了企业生产方式和经营理念，提高了企业竞争力。数字化是数字技术对商业的重塑，不再只是单纯的降本增效，而是成为赋能企业商业模式创新的核心力量。

二、AI 与 RPA

AI 是研究、开发用于模拟、延伸和扩展人的智能的理论、方法、技术及应用系统的一门新的技术科学。它试图了解智能实质并生产出一种新的、能以与人类智能相似的方式做出反应的智能机器。

RPA 是一类自动化软件工具，它可以通过用户界面使用和理解企业已有应用，将基于规则的常规操作自动化，如读取邮件和系统、计算、生成文件和报告等。RPA 能够使系统在无人操作的状态下，按既定的规则运行，将人从复杂、危险、烦琐的劳动中解放出来，从而提高工作效率。财务工作由于其数据处理数量大、重复性高，以及工作流程相对清晰的特点，成为自动化技术在中国较早应用落地的领域，如会计凭证自动生成、自动结账等。

智能化概念随着人工智能技术的发展逐渐进入大众视野。信息化侧重信息电子化，数字化强调数字技术对企业整体的重塑，而智能化则侧重于在工作过程中的应用。智能化要求智能化对象具有感知能力、记忆与思维能力、学习能力、自适应能力和行为决策能力。缺乏智能化的自动化只能辅助人类做一些低附加值、重复性高且逻辑性强的工作；而智能自动化（Intelligent Automation，IA）具有更强的判断能力、学习能力，能够处理复杂业务，从而进一步解放社会生产力。

简单来说,RPA是模拟人工操作,IA是模拟人工判断,AI是模拟人工思考。目前,AI技术在企业应用方面仍处于探索阶段,而RPA技术相对成熟,在企业中应用也较广泛。企业各项业务中涉及AI领域的应用往往以标准化、逻辑清晰的RPA为基础,逐步向智能程度更高的AI方向发展。总之,信息化、数字化、自动化、智能化等技术给财务领域带来了一些变化(表1-1)。

表1-1　信息化、数字化、自动化、智能化等技术给财务领域带来的变化

信息化	本质:业务数据电子化。 特征: ① 只完成业务数据在计算机网络中的映射,未改变业务逻辑; ② 企业生产方式与组织形式没有根本性改变; ③ 无法重构商业模式以及快速应对市场创新
数字化	本质:电子数据业务化。 特征: ① 收集、利用与分析数据并反哺企业生产经营; ② 改变企业内外部沟通协作方式; ③ 改变企业生产方式和经营理念; ④ 有助于企业商业模式的创新与突破
自动化	本质:常规操作自动化。 特征: ① 需要良好的信息化基础; ② 有助于解放社会生产力; ③ 智能化水平决定自动化程度
智能化	本质:智能化对象具有人的思考、学习、判断等能力。 特征: ① 能够增强人机交互; ② 进一步解放社会生产力

三、从财务会计到管理会计

面对数字化浪潮,财务人员早已不是账房先生的角色,传统以核算为主的财务工作、落后且单一的会计信息分析已无法满足企业发展所需,财务从事后核算转向事中控制与事前预测已成为当前和未来发展趋势。当前,企业财务工作中仍有大量简单、重复且烦琐的事务需要人工处理,这部分事务占据了财务人员大部分工作时间和精力。

移动互联网、云计算、大数据、人工智能和RPA等技术的发展推动了信息技术的新

一轮革命。新技术的应用将财务工作中简单、重复性的日常事务交给机器人处理，从而释放财务人力资源，带动了会计工作变革和会计职能改变。为此，会计工作突破了时空的限制，将线下业务转变为线上业务，由传统财务会计静态模式向管理会计动态模式转变，会计的预测、计划、决策等职能进一步凸显。

大数据时代，管理会计将发挥至关重要的作用。传统的财务会计往往受会计准则等规定约束且处理能力有限，难以对庞大数据的价值进行充分考量；而管理会计可以参照管理会计指引意见执行，更易于开展工作，同时可以对企业内外部海量财务和非财务数据进行处理、分析和整合，从更高层面、更广范围和更综合视角为企业提供战略性、系统性、前瞻性和价值性的建议并促进战略落地。这意味着会计职能将从传统的“账房先生”朝“战略性财务决策者”方向转变。

第二节　财务机器人概述

一、RPA 的基本概念

RPA 意为机器人流程自动化，即通过使用用户界面层中的技术，模拟并增强人与计算机的交互过程，实行基于一定规则的可重复任务的软件解决方案。机器人在此处并不是一个实体，而是流程的执行体或执行单元，是一个虚拟的概念。流程，即业务逻辑，是将业务需求梳理成一个可被机器人执行的流程。因此，RPA 也被称为数字化劳动力(Digital Labor)，是数字化的支持性智能软件，能够完成部分以往只有人类才能完成的工作，或者作为高强度工作的劳动力补充。从功能上看，RPA 是一种处理重复性工作和模拟手工操作的程序，具有数据检索与记录、图像识别与处理、平台上传与下载、数据加工与分析、信息监控与产出五大功能。RPA 的特点主要有 24 小时机器处理、基于明确规则编写脚本、以系统外挂形式部署操作和模拟用户操作与交互动作。

二、财务机器人的定义

财务机器人是一类遵循既定规则和程序，采用机器人流程自动化技术，通过模拟、增强与拓展财务人员与计算机系统的交互过程，辅助财务人员完成交易量大、重复性强、易于标准化的财务业务，从而优化财务流程，降低财务运作成本，提升财务工作效率，提高财务工作质量，实现财务人员、财务业务和信息系统一体化协同的软件(图 1-1)。

财务机器人有助于解决企业“信息孤岛”和“业财分离”的问题，帮助企业实现内外部价值链“柔性一体化”的连接和“大会计”系统的建构。当前，财务机器人在会计核算、合规财务和精益财务等方面有着丰富的应用场景，它能够为优化财务任务处理、释放人力资源、推行智能化财务管理、实现财务数字化转型提供明确可持续的路径。

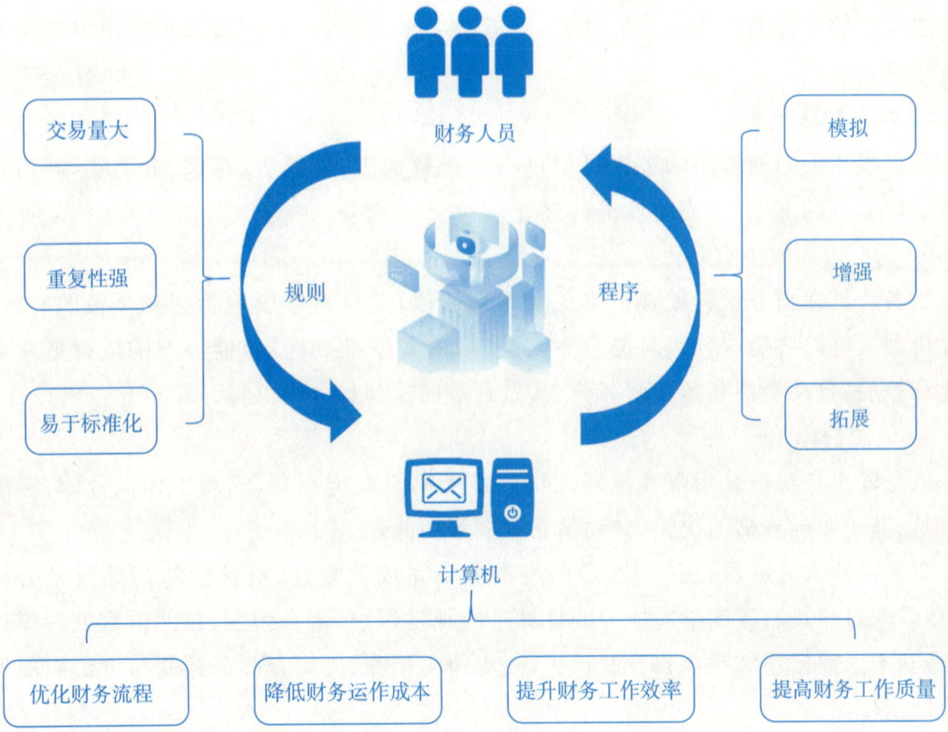

图 1－1　财务机器人的定义

三、财务机器人的功能与特点

（一）财务机器人的功能

财务机器人可以模拟人类操作和人工判断，记录用户在计算机上的操作行为，包括键盘录入、鼠标移动和单击、触发调用 Windows 桌面操作系统及各类应用程序等一系列行为。财务机器人将这些操作行为抽象成计算机能够理解和处理的对象，并按照约定的规则来实现数据采集与录入、文件上传与下载、图像识别与文本处理、数据加工与分析、管理与监控流程及信息输出与反馈。

1. 数据采集与录入

数据采集是财务机器人最基础的功能。机器人通过学习传统模式下财务人员的手工操作方式，模拟财务人员的操作行为，自动访问内外部系统，根据关键字进行数据检索与提取，并将数据迁移至不同系统。

2. 文件上传与下载

文件上传与下载的核心在于后台对数据流的接受与输出。财务机器人能够按照预先设计路径登录内外部平台，自动从第三方网站进行文件的上传或下载。

3. 图像识别与文本处理

图像识别与文本处理是指财务机器人依托 OCR（Optical Character Recognition，光学字符识别)等技术对扫描后的图像进行识别预处理,提取图像中的有用字段信息,并将其输出为能够进行结构化处理的数据,然后进一步进行审核与分析,再输出对管理和决策有用的信息。

4. 数据加工与分析

财务机器人对处理后的数据可以进一步进行加工,如检查、筛选、分类等,并可自动对所获取数据的准确性、完整性进行检查。

5. 管理与监控流程

财务人员在财务流程处理中难免会出现错误,这将直接影响管理和决策的有效性。财务机器人可以避免这种风险的发生,其获取的数据准确性高,能快速响应财务业务的变化和拓展,自动管理和监控财务流程,做到事前控制和事中监督。

6. 信息输出与反馈

信息输出与反馈是指财务机器人可以基于模拟人类判断,实现工作流分配、标准报告出具、基于明确规则的决策、自动信息通知等功能。

财务机器人能够通过执行固定的脚本命令完成重复性、机械性的基础财务会计工作,然后通过与具有深度学习能力的计算机的视觉识别、语音识别、自然语言处理等技术结合,基于大数据不断矫正自身的行为,完成面向预测、决策、规划、控制与评价职能的管理会计工作。

(二)财务机器人的特点

财务机器人作为 RPA 技术在财务领域的应用,能够代替财务人员在用户界面下完成重复性强、标准化程度高、规则明确、大批量的日常业务操作。

1. 人机协作

RPA 虽然可以实现流程自动化,但并不能完全替代财务人员。财务人员和 RPA 的关系可以概括为人机协作共生。人机协作指的是财务机器人以通知的形式将信息反馈给财务人员进行人工处理,然后财务人员再将控制权交还给财务机器人进行数据处理。

2. 非侵入式

财务机器人以外挂的形式在桌面系统模拟人的操作来实现功能。RPA 项目在运行时不会改变企业现有的信息系统,而是通过在用户界面连接数据,以与人完全相同的方式访问当前系统。

3. 基于明确规则

财务机器人主要替代人工进行重复机械式操作,研发时需根据明确的规则编写脚本,流程中必须有明确的、可被数字化的触发指令和输入,不得出现无法提前定义的例外情况。

4. 无时空限制

财务机器人是能够在电脑端部署的外挂软件,因此使用时不受时间和地点的限制。财务机器人一旦上线运行就可以保持规则如一,做到全天不间断的稳定工作。

5. 错误率低

财务机器人的使用可以避免财务人员的操作失误，从而有效降低错误率；同时，财务机器人可以记录财务流程步骤，以防人为错误，并提供完整且透明的信息合规管理数据，满足合规控制要求。风险合规部门也可以使用 RPA 辅助检查，从而降低工作量、提高监管效率。

6. 安全可靠

财务机器人处理财务数据可以避免数据篡改和敏感数据泄露的人为操作风险，降低欺诈和违规的可能性；同时，财务机器人不间断记录的工作日志和录像数据易于跟踪，在系统关闭或故障情况下可以通过备份日志恢复数据，可靠性较高。

7. 可拓展性强

财务机器人通过用户界面或脚本语言实现重复任务的自动化处理，其开发使用的是说明性步骤，低代码开发。财务人员即使编程经验不足，也能通过其使复杂的流程自动化。RPA 开发平台具有强大的可伸缩性，功能拓展较方便。

四、财务机器人的应用价值

RPA 的应用价值主要体现在提高效率与降低成本，改善财务管理体系，人机交互接口等方面。

(一)提高效率与降低成本

RPA 可全天候不间断工作，且无疲劳、责任感等情感需求，相较于人工，RPA 在重复性高、细节烦琐的业务流程方面优势更为明显，可有效降低成本、大幅度提高效率。

(二)改善财务管理体系

由于 RPA 的业务流程需要明确的规划，企业在引入项目前，必然会使用业务流程管理工具将原操作环节优化，减少流程中的冗余操作和等待时间，从而提高财务流程的执行效率。

(三)人机交互接口

RPA 通过模拟人的操作来实现人机交互。RPA 利用非侵入式技术特点，在不改变原有信息系统结构的同时实现了人与信息系统之间、信息系统与信息系统之间的有效沟通。在流程再造过程中，针对原有信息系统业务进行逻辑的优化，既满足了业务部门快速响应的业务需要，又符合 IT 部门信息化系统维护的要求。

五、财务机器人的适用场景

尽管财务工作通过软件系统实现了财务数字的电子化，但是财务软件系统操作管理分散和高价值数据的低效运用成为制约企业财务发展与转型的重要因素，而通过 RPA 实现财务流程自动化是转变企业财务工作方式的有效途径。

财务机器人最适用于具有清晰定义和极少例外情况的重复性和确定性过程，常见的适用场景包括费用报销、采购付款管理、销售收款管理、存货管理、报表管理、税务管理、资金管理、预算管理、资产管理、档案管理、风险与合规管理等，详见表 1-2 所列。

表 1-2　财务机器人的适用场景

适用场景	财务机器人的应用
费用报销	票据识别：利用光学字符识别技术识别各类票据信息； 单据生成：数据分类汇总与分发传递，按既定规则自动生成报销单； 单据审核：自动审核、校验发票； 报销支付：执行付款； 凭证生成：账务处理； 报销分析：按规则生成分析报表与报告
采购付款管理	供应商数据管理：自动上传供应商资料； 发票校验：基于明确的规则执行发票、订单、收货单匹配； 发票处理：发票扫描结果自动处理； 付款执行：提取付款申请系统的付款信息自动提交给网银等资金付款系统进行实际付款操作； 账务处理与报告：自动账务处理； 供应商询证：自动处理供应商询证信息并反馈结果
销售收款管理	自动开票：自动抓取销售开票数据并进行开票动作； 应收账款对账与核销：自动取得应收实收数据，按账号、打款备注等信息进行对账，并单独列示对账差异，自动核销无误账务； 客户信用管理：自动进行客户信用信息查询并将相关数据提供给授信模块进行客户信用评估、控制
存货管理	成本统计指标录入：自动根据规则计算成本指标并录入系统； 成本与费用分摊：自动按脚本执行相关成本、费用分摊循环； 凭证生成：自动完成相关分录
报表管理	主动数据管理：自动系统更新、变更的通知，主数据的发布等； 凭证处理：周期性自动凭证处理、自动账务结转、自动凭证打印等； 关联交易处理：关联交易对账等； 薪酬核算：无系统对接场景下自动薪酬账务处理； 自动化报告：自动收集多个财务系统和报表数据并管理评估和生成
税务管理	发票管理：自动开具增值税发票并进行发票核验； 税务处理：自动提醒进销项差额并进行增值税进项税抵扣； 凭证生成：自动编制与录入税务分录； 税务申报：自动完成纳税申报准备及纳税申报； 风险管理：挖掘企业税务风险，分析企业税负结构

（续表）

适用场景	财务机器人的应用
资金管理	资金管理：根据预设资金划线执行自动资金归集、自动资金计划信息的采集与处理； 对外收付款：自动化处理收款与付款； 银行对账：自动获取银行流水、银行账和财务账数据进行核对并出具银行余额调节表，自动将余额和交易记录到财务系统中
预算管理	预算编制：自动编制并分解预算； 预算执行：自动监测并审计预算占用和执行情况； 预算分析：自动创建预算报告
资产管理	资产卡片管理：资产卡片的批量录入、更新、打印、分发等； 期末事项管理：资产折旧、资产转移、报废等的批量处理； 资产使用：账龄分析与智能预警等
档案管理	档案录入：将纸质文档扫描转成电子文档； 档案存储：电子档案自动归档，建立电子档案数据库； 档案查询：随时接受审批通过的查询申请表，按需完成档案查找
风险与合规管理	智能采样：审计证据自动持续采集； 风险分析与评估：审计文档审阅，合规数据分析，基于内部控制预警规则； 风险报告：出具管控合规报告

RPA 虽然在不同职能和行业领域有不同应用，但其技术操作本质是相同的，主要分为对人类操作的模拟和对人类判断的模拟。

（一）对人类操作的模拟

对人类操作的模拟是基于手工的操作任务处理，是指 RPA 可以在电脑上记录员工的操作，然后将操作处理成计算机可理解的对象，并让其在一定规则下执行这些操作。手工操作按业务类型划分，主要有以下两种。

1. 数据输入等简单固定流程业务

简单固定流程业务是指如人事、财务等后台业务，以及经费处理等简单输入业务。例如，财务部门需要在数据处理完成后保存并关闭电脑，RPA 可以模拟这一过程中的人类动作来代替人工完成相应操作。由于 RPA 需按照固定的脚本执行命令，因此无法通过自我认知学习去执行复杂、变化性强的任务。

2. 非结构化数据的收集和分析业务

非结构化数据的收集和分析业务是指销售分析和广告分析等业务。一般业务流程中最基础的数据处理是结构化数据处理，如资产负债表、利润表和现金流量表的处理。但随着新技术的发展应用及办公需求的扩大，RPA 也要处理很多非结构化数据，如文本、邮件、网页、声音等。

(二)对人类判断的模拟

对人类判断的模拟是基于规则的判断任务处理，是指 RPA 通过 OCR 技术将图片信息转换成文字信息，再利用爬虫处理抓取万维网的脚本和程序，从而间接性地模拟人类进行判断。例如，RPA 可以根据 ERP（Enterprise Resource Planning，企业资源计划）中的入库单和采购订单信息，以及通过 OCR 识别获取的发票信息完成三单匹配，形成付款单并自动导入财务系统。

职业素养

初识财务机器人：技术革新与财务伦理并行之路

在引入财务机器人的概念时，我们不仅要关注技术层面的革新，更要思考财务机器人在实际应用中要如何遵循和强化财务伦理。作为未来的财务人员还要明确，技术的力量应服务于公正、透明和高效的财务管理，同时我们也需要不断提升自身素养，以应对技术变革带来的挑战，共同推动财务行业的健康发展。

第二章　财务机器人应用架构与需求规划

学习目标

- 了解财务机器人总体架构
- 了解财务机器人应用技术
- 了解财务自动化流程开发
- 掌握财务自动化流程评价与选择

第一节　财务机器人应用架构

财务机器人不只是简单地将手工流程自动化，更是对业务流程的再造与优化。企业实施 RPA 财务机器人项目包括需求规划、设计与开发、部署与运维等阶段。企业在部署财务机器人时需充分考虑实际情况。

一、总体架构

财务机器人的应用可分为数据层、服务层和应用层。财务机器人使用 OCR 技术、自然语言处理（Natural Language Processing，NLP）技术等从企业内外部收集面向财务工作的各种结构化数据、半结构化数据和非结构化数据，在数据清洗后对数据进行分类与存储，然后经过 RPA 自动化组件处理形成面向财务应用场景的功能服务，最后基于财务业务流程连接实现面向企业的端到端的财务工作。

NLP 是一种研究计算机如何理解并生成人类自然语言的技术，使机器人能够从新闻公告、合同、研究报告等大量文本信息中提取关键的字段信息，或在财务机器人完成工作后，以自然语言的方式向用户进行反馈。

（一）数据层

数据层是财务机器人应用架构的最底层，描述了数据采集、数据清洗、数据分类与存储。财务相关数据主要来源于业务产生的原始凭证、序时账、各总分类账、相关财务制度等；非财务数据主要来源于业务系统，主要包括数据库等结构化数据、网页等半结构化数据及图片和语音等非结构化数据。财务机器人在数据清洗时将数据转化为结构化数据后，将其按会计核算基础数据（会计科目对照表、报销数据、相关会计制度等）与财务分析支撑数据（财务报表、各类明细账、管理会计相关报告等）进行分类存储。

（二）服务层

服务层为财务机器人应用提供自动化组件，提供各种财务功能服务。该层通过 Web 应用、Excel、E-mail 等自动化组件的活动包实现系统登录、图像识别、数据录入与处理、数据计算审核等具体功能。

（三）应用层

应用层是财务机器人实现自动化的具体财务应用场景，由财务机器人集群有机组合而成。应用层提供自动报账、稽核、记账、对账等财务应用场景。

二、财务机器人应用技术

财务机器人主要通过各种封装好的自动化组件让用户能够利用拖拽控件，简单操作生成自动化流程，在电脑上实现应用程序自动鼠标点击、键盘输入、Excel 操作等。基于技术的复杂程度，可将财务机器人应用技术分为基础技术和重要技术两大类型。这些技术为财务机器人的应用提供了丰富的实现形式。

（一）财务机器人应用基础技术

屏幕抓取、键鼠模拟及工作流技术等是财务机器人应用的基础技术。

屏幕抓取技术是通过终端或显示器直接抓取界面中数据，使财务机器人与计算机屏幕中各种按钮、窗口进行直接交互，避免访问底层数据库接口，使财务机器人具备非侵入性的特征。屏幕抓取技术基于屏幕表面，用户可以直观地看到其操作过程，提升了财务机器人的易用性。

键鼠模拟技术，即模拟人工单击、双击、滑动、拖拽等鼠标操作，以及键盘输入、组合键使用等键盘操作。这些技术使得财务机器人的使用更便捷，是实现财务自动化最基础的技术。

（二）财务机器人应用重要技术

财务机器人应用的重要技术以人工智能技术为主，主要包括 OCR 技术、NLP 技术、业务规则引擎等。随着人工智能的发展，将有更多的技术应用于财务机器人，使其从 RPA 向 IA 转变，从而实现更复杂、更高难度的财务业务处理能力。

业务规则引擎，可以结合财务机器人进行应用，适用于较复杂的规则；可以独立定义、设计、测试和维护业务规则，并可将业务规则与程序适当分离。

第二节 财务机器人需求规划

财务机器人项目是以业务流程自动化为主要建设内容的信息化系统建设项目。实施 RPA 财务机器人项目通常包括需求规划、设计与开发、部署与维护三个阶段。企业引入财务机器人用以优化财务流程、转变财务工作方式、促进财务转型升级，首先必须明确财务机器人是否符合自身需求。因此，需求规划是实施财务机器人项目的第一步。基于 RPA 技术和项目的特点，财务机器人需求规划本质上是在全面梳理财务流程的各个环节、各个要素及其相关性的基础上，实现对整个财务流程体系的有效管理。财务机器人需求规划总体框架分为战略目标与定位、财务自动化流程开发、财务自动化流程评价与选择三个部分。

一、战略目标与定位

战略目标与定位是财务机器人需求规划的第一步。

(一)战略目标

财务机器人作为企业财务数字化建设的重要内容之一，服务和服从于企业的财务转型、财务工作方式转型和财务人员转型的战略目标的实现。

1. 财务转型

财务机器人驱动企业财务转型包括财务职能转型和财务数字化转型。财务机器人通过推动企业业财融合，帮助企业进行管理预算活动，提高企业营运管控能力及管理会计报告体系自动化效率，最终推动企业管理会计转型升级。同时，财务机器人通过连接业务系统和财务系统，打通各个系统间的数据，提升企业运行效率。积极推动企业财务数字化转型，并通过自动化流程交易数据重塑财务流程，可以增强企业数字化经验，创造长期价值。

2. 财务工作方式转型

企业工作模式的数字化趋势不可阻挡，手动工作向智能自动化的转型成为企业财务发展的重要战略。财务机器人能够模拟、增强和拓展财务工作，对财务人员而言并不是代替，而是通过人机协作的工作方式创造更多价值。

通过人机协作的财务工作方式，机器人作业大规模地替代了重复性人工作业，其规模化的应用价值将进一步得到挖掘。

3. 财务人员转型

财务机器人的运用可以将财务人员从简单的、重复的、单调的工作中解放出来，以从事更具智力挑战性、更有成就感、更有价值的工作，并在新的岗位上获得满足感。在财务自动化背景下，财务人员的角色将转向财务业务伙伴及财务专家。这种转变，一方面，能够为企业提供更高价值的财务工作；另一方面，能够让财务人员的职业生涯更为持久。转型后的财务人员要具备规划未来、洞察机会、事前算赢、支持决策、走向前台、业财融合、创新增值、风险控制等能力。财务机器人的运用在释放企业财务人力资源的同时也创造了潜在的岗位需求，例如，为财务人员带来了新兴的财务机器人运维工作岗位。

（二）战略定位

企业应该结合自身情况明确财务机器人应用的战略定位，其考量因素包括降低人力成本、提升工作效率、提高工作质量、提高会计信息质量、强化合规与风险管控、促进业财融合等。

财务机器人的应用会促使财务职能重心转变，重构财务组织架构，并给企业财务部门和财务人员带来深刻的影响。但是，财务人员仍然是关键角色，如果没有人的支持与干预，自动化技术将无法运行，也就无法实现更高层次的判断、思考与分析。企业在确定财务机器人的战略定位时，要认识到财务机器人的出现并不是为了取代财务人员的工作，而是改变财务人员的工作。想通过财务机器人使某个财务流程百分之百地实现自动化是不现实的。另外，试图覆盖所有的潜在流程和例外情况也可能会导致财务机器人的自动化流程过于复杂，其开发也将非常耗时，难以进行后续的维护或变更。就目前而言，财务流程中某些步骤的最好工作方式仍是人机协同。

二、财务自动化流程开发

在实际项目中，并不是所有财务流程都适合采用 RPA。财务流程的不适配很可能导致财务机器人项目落地困难或失败，因此企业需要规划并选择合适的财务流程。这就需要财务机器人开发人员了解企业组织和业务架构，并积极与财务部门沟通分析业务需求和痛点，结合 RPA 特征和应用要求，采用合适的方法发现合适的自动化流程。

（一）开发方法

1. 自上而下

自上而下的方法是组织财务部门和业务部门从企业角度分析其业务逻辑，从而形成 RPA 需求规划的战略目标与定位；并根据定位明确最重要的财务流程，然后形成待评价和待选择的流程库。自上而下的方法通常由企业的财务负责人和业务负责人发起，适用于规模较小、产品或业务形态单一、财务工作比较简单的企业。

2. 自下而上

自下而上的方法是指将财务人员和业务人员作为财务自动化流程的起点，以其工作感受或财务工作中的基本逻辑来定位适合自动化的流程。一般来说，自下而上的方法不涉及企业层面，更关注个体和有特点的业务。该方法适用于公司规模较大、产品或业务形态复杂、财务工作比较繁杂的企业。自下而上的方法聚焦局部问题，尽可能让企业财务部门和业务部门的每一个人都有意愿和能力去发现财务流程问题，并解决问题。

3. 问题导向

问题导向的方法是以解决财务工作中突出问题为方向进行的流程发现。采用问题导向方法通常需要财务人员、业务人员和审计人员反馈并经过讨论形成一致意见。需要特别注意的是，财务流程往往涉及多个职能部门和业务部门的不同的系统和流程。

4. 流程挖掘

流程挖掘的方法是通过分析企业信息系统累积的大量财务流程日志中的运行数据，重现财务流程的真实过程，从而进行流程发现。流程挖掘的目标在于从流程实际执行数据中抽取隐藏的流程知识，为相关领域的流程发现、流程监测和流程改进提供新的手段。通过流程挖掘方法，不仅可以得到财务流程图，还可以得到财务流程执行的相关数据，包括各环节的延迟时间、各环节的合作效率及资源的利用率等。

流程挖掘的基础是流程日志。流程日志准确地记录了业务流程具体活动、资源组合调度等信息，从中可以有效地挖掘流程模式与流程绩效。通过流程日志的挖掘能够最大限度地获得财务流程的特征信息，从而为流程自动化提供必要的信息和帮助。从分析的角度来看，流程挖掘在流程优化中的应用可分为基于控制流的优化、基于组织视图的优化、基于资源视图的优化和基于性能的优化等。但是，流程挖掘还存在某些限制。例如，流程挖掘仅适用于产生记录的企业资源计划系统，在该系统以外的 Excel、计算器或其他个人生产力工具中完成的大量工作无法被流程挖掘发现。旧版应用程序和虚拟桌面环境如果超出流程挖掘解决方案的覆盖范围也难以被发现。此外，尽管可以发现系统状态的变化，但流程挖掘无法获取用户与系统互动的详细信息，而此类详细信息将有助于针对相应的财务流程自动创建财务机器人。

（二）影响因素

1. 标准化

标准化指财务机器人能够处理的流程要求是具有标准化规则操作的业务，其必须有明确的、可被数字化的触发指令和输入信息。机器人是通过模仿人的行为来自动处理财务工作的，它主要根据提前编写好的脚本，按照既定的规则，实现自动化。其并非实质性的智能，仅适用于规则明确、标准化程度高的流程。

2. 收益性

采用财务机器人处理业务需要投入一定的人力与资金，因此适用的流程必须是投入产出比合理的重复性流程，如大容量数据的计算、核对、验证、审核判断等。

3. 稳定性

稳定性是指财务流程是否相对稳定。财务流程的变化程度越大，自动化流程开发和实施的难度就越高，稳定性也就越差。财务工作使用的相关软件的稳定性也会对财务流程的稳定性产生影响。如果因为软件更新升级导致流程改变或者界面改变，财务机器人就需要重构。

4. 数据结构化

数据结构化指是否有标准、可读的电子输入数据。财务机器人仅能对大量结构化、数字化的数据和信息进行识别、处理，在输入端可以结合 OCR 技术、语音识别技术等将外界数据转化为计算机可以处理的数据，再交由财务机器人进行后续处理。

5. 异构系统

异构系统要求一项财务工作登录多个信息系统进行数据及文件信息的上传或者下载。由于各业务线的应用系统建设和数据系统实施具有阶段性，企业的异构数据源特别复杂；而数据的来源、结构、存储模式和平台等方面的多样性，带来了诸多数据多源异构的问题，这给财务数据的采集、存储、共享、分析、挖掘及数据安全管理都带来了更大的挑战。采用财务机器人无须对系统进行改造，便可以实现数据交互和传递的自动化。此外，对于跨系统且业务连续性要求高的财务流程，可以通过 RPA 解决多个系统之间的数据对接和调用问题，以保持业务连续性。例如，制造业的业务系统与财务系统的数据对接、证券行业的业务清算等。

6. 例外情况

在财务流程自动化的实施过程中，试图覆盖所有潜在流程的例外情况可能会导致财务机器人流程过于复杂，开发非常耗时，且后续难以维护或变更。因此，一个有效的办法是尽量识别财务流程的例外情况，将其分配给财务人员进行管理。

7. 合规与风险

在合规方面，通过最大限度地减少人对敏感系统和信息的访问，可以减少合规性和审计挑战，简化审计工作；同时，通过消除人为错误，可以提高输出的准确性和一致性。在风险方面，若财务流程本身存在较高固有风险，需要财务人员人为进行风险控制，那么此类流程便不适用财务机器人。此外，还需要关注一些应用系统更新升级对财务机器人的实施难度和运行风险的影响。

8. 用户体验

在用户体验方面，少出错甚至不出错的用户服务，既可以提升用户满意度，还可以让财务人员更专注于用户的沟通和业务办理。通过有效的问题解决、快速的请求处理和个性化的体验，用户可以获得更加优质的财务服务。如果某财务流程必须人工参与才能保证用户体验，那么此财务流程并不适合自动化。

三、财务自动化流程评价与选择

（一）流程评价

流程评价是进行财务自动化流程选择的前提，对流程的意见反馈是企业开展财务机器人应用的一项重要参考标准。流程评价指标为流程评价指明了方向，它不仅是一种外部对财务流程的评价方式，更是一种财务流程反思、总结的评价方式。它可以使企业正确地认识自身的缺陷与不足，帮助企业快速制定自动化流程的解决方案。

1. 流程成本

流程成本包括作业成本与资源成本。降低流程成本既可以提高服务企业的效益，也能够降低用户成本，从而提高用户价值。应用 RPA 的成本主要花费在许可证(License)成本、基础设施成本、RPA 开发成本、人员培训等方面。企业使用 RPA 的目的是减少成本支出，因此，在部署 RPA 之前计算好它的成本非常有必要。

2. 流程效率

流程效率评价包括财务服务的速度、用户等待时间等方面。流程效率主要取决于资源配置与当前业务流程主要节点的契合程度。需要注意的是，流程不宜太细，否则后期的运行维护成本将大幅上升。一般来说，相较于人工操作，财务机器人操作速度可以达到人工处理的 5 倍，并可实现 7 天 24 小时全天候工作。

3. 流程质量

流程质量是从流程的可靠性、柔性、保证性方面进行评价。财务自动化流程面临多重可靠性挑战，如应用程序 UI 和数据导致的流程中断等问题。流程的柔性主要体现在应对业务变更和调整时的便利性，以及根据流程管理者和执行者的需求对流程的内容调整的时效性。但是，随意变更流程也会产生不良影响，特别是关键流程的调整。

4. 用户满意度

用户满意度是指用户在接受财务服务过程中所产生的满足状态，可以用财务数据的准确性、及时性，财务服务的时效性、投诉率等指标来评价。用户满意度是一种心理状态，具有主观性。用户满意度评价对于解决财务部门和业务部门的矛盾，提高财务服务质量，促进业财融合具有重要意义。

5. 技术成熟度

技术成熟度是指 RPA 技术能够满足用户使用要求或任务要求，并且在设计、开发和使用等过程中的可重复性和稳定性能达到的满意程度。财务自动化流程的技术成熟度评价最终体现为对 RPA 工具的评价。如果企业即将部署的财务自动化流程是跨部门、跨平台、跨应用程序，那么 RPA 软件的可扩展性将是一个重要的考虑因素。同时，企业在部署前也要明确该 RPA 软件是否符合自己的扩展标准。例如，RPA 支持的最大流程数量是多少，可以自动化哪些类型的应用程序，最多可以创建多少个智能机器人，是否可以跨系统/平台执行自动化任务，等等。

6. 技术复杂度

技术复杂度主要指 RPA 技术的难易程度、组成自动化组件的数量及自动化组件之间的非线性相互作用。财务自动化流程的选择需要与企业的数字化转型战略保持一致。财务机器人有三个等级的复杂性：低复杂性的自动化项目可由经验丰富的财务业务分析师创建；中等复杂性的自动化工作需要机器人查询多个系统并在系统之间传输数据；高复杂性的自动化工作需要更深入的 IT 合作伙伴的参与。此外，管理财务机器人安装的复杂性会随着机器人数量的增加而迅速增长，机器人遇到的问题及受机器人影响的流程也会随之增长。

7. 资源利用率

资源利用率包括企业对潜在资源的挖掘和扩充能力，以及财务流程中企业对现有资源的有效利用与整合能力。有效的资源利用可以在提升服务价值的同时降低流程的成本，在面对同样的工作任务和工作量时，企业应该考虑采用最少、最优的机器人资源来完成。

8. 投资回报率

为了证明RPA计划的合理性，企业需要以投资回报率为中心展开评估，包括收益率、流程、员工成本、用户成本和运营费用等。企业需同时考虑短期和长期的业务目标，以实现更高的投资回报率。投资回报率的评定可以围绕是否挑选重复性工作多的项目、机器人部署数量是否合理、灵活且多元化使用机器人的程度、机器人使用后的项目效率审查、机器人是否违反公司管理规定、工作失误是否减少等关键绩效指标来开展。

9. 业务变革与创新

业务变革与创新主要体现在财务的运营模式、工作方式和工作内容方面。该指标从财务流程中体现企业财务工作未来的战略设想，体现财务服务业务创新的方向和途径。在财务数字化转型过程中，需要充分利用自动化流程交易数据中的见解，优化或重塑财务流程，以增强组织数字化的经验，并创造长期价值。

10. 人员转型与发展

人员转型与发展是指财务人员由传统的会计基础工作向价值创造性工作及新兴的RPA岗位的转型与发展。财务机器人的主旨是解放劳动力，让财务人员从单调重复、枯燥乏味的操作型工作中解放出来。RPA解放了财务人员，使其从事更具智力挑战性、更有成就感、更有价值的工作，并在新的岗位上获得满足感。财务人员还可以利用RPA技术提供具有新价值的财务服务。

（二）流程选择

1. 流程选择考虑因素

财务自动化流程的选择包括技术层面和综合层面。技术层面是从简单流程到复杂流程的排序，综合层面是基于战略目标和评价指标的优先级排序。在流程自动化实施的初期，应从相对简单的财务流程着手，构建相关的业务案例。

2. 流程选择方法

财务流程的优先级排序选择是一个需考虑多因素、多目标的复杂问题。财务机器人可通过实现企业财务转型、财务工作方式转型、财务人员转型的战略目标使企业保持持续的竞争优势。因此，可以通过比较各个财务流程对战略目标贡献的相对大小来选择对实现战略目标贡献最大的流程。但是，企业是个多目标的复杂系统，各个财务流程对战略目标的影响力不尽相同，同时财务流程本身也具有复杂性，这使得这种评估相当复杂。

选择财务流程的方法有全面突破法、管理者选择法、加权选择法等，但这些方法都不能很好地反映财务流程选择的多目标、多因素特点。因此，可以采用层次分析与模糊评判相结合的方法对财务流程进行评估，进而选择企业需要的实现自动化的财务流程。

职业素养

智能时代下的责任与担当

在探索财务机器人应用架构与需求规划时，我们不仅要关注技术层面的创新与突破，更应深刻认识到财务机器人在推动财务智能化进程中所承载的责任。随着财务机器人的广泛应用，我们不仅要追求效率的提升，更要坚守诚信、公正和透明的原则，确保财务数据的真实性和准确性；同时，我们还要不断学习新知识，提升自身能力，以适应智能化带来的职业变革，为企业的稳健发展和社会的繁荣贡献自己的力量。

第三章　智多星 RPA 应用

学习目标

- 了解智多星 RPA 的基本应用框架
- 了解智多星 RPA 的主要功能
- 掌握智多星 RPA 的注册与安装
- 掌握智多星 RPA 的基本逻辑
- 掌握智多星 RPA 的常用工具命令及应用
- 掌握智多星 RPA 浏览器操作自动化

第一节　智多星 RPA 概述

智多星 RPA 是用友网络科技股份有限公司开发的企业级流程自动化机器人管理平台。智多星 RPA 更符合国内企业的管理方式和操作习惯，支持用友产品、浏览器应用及用户 UI 的录制能力，方便业务人员快速构建自动化助手。同时，智多星 RPA 还拥有丰富的机器人模板，具有开箱即用的特点，全面支持财务、税务、供应链、资金四大领域核心业务，旨在帮助客户提效降本、灵活整合业务系统、智慧化重塑流程。本书智多星 RPA 主要以财务机器人为主进行介绍及演示。

一、智多星 RPA 基本应用框架

智多星 RPA 采用三端架构设计，包括 RPA 设计器、RPA 控制台和 RPA 客户端。

(一)智多星 RPA 设计器

智多星 RPA 设计器主要面向 RPA 开发者。开发者通过使用设计器提供的命令或者自行扩展的命令编写业务机器人模板，利用设计器进行本地机器人执行测试，并将通过测试的机器人模板上传至智多星 RPA 控制台。

智多星 RPA 采用无代码流程设计，通过内置命令的组合，高效实现积木式机器人流程构建；同时支持将固定的流程定义为命令组，通过命令组实现流程片段的重复使用。智多星 RPA 还具有良好的插件扩展机制、对外开放标准化的输入输出以及版本变化易

控制等特点，方便开发者自定义扩展插件。

(二)智多星 RPA 控制台

智多星 RPA 控制台(图 3-1)主要面向机器人管理人员与机器人使用者。用户通过智多星 RPA 控制台实现机器人的统一管理、创建、部署、调度及监控。智多星 RPA 拥有完善的权限体系，管理员可以统一分配机器人模板并将操作权限控制到按钮级别，有效防止用户越权操作。

图 3-1 智多星 RPA 控制台

(三)智多星 RPA 客户端

智多星 RPA 客户端(图 3-2)是智多星 RPA 的执行引擎，主要面向机器人使用者。智多星 RPA 客户端可以一键从客户端直接免登到控制台，支持在线和离线模式自动切换，同时支持机器人、机器人组队列运行。而且，在机器人执行失败后客户端能够自动重试。

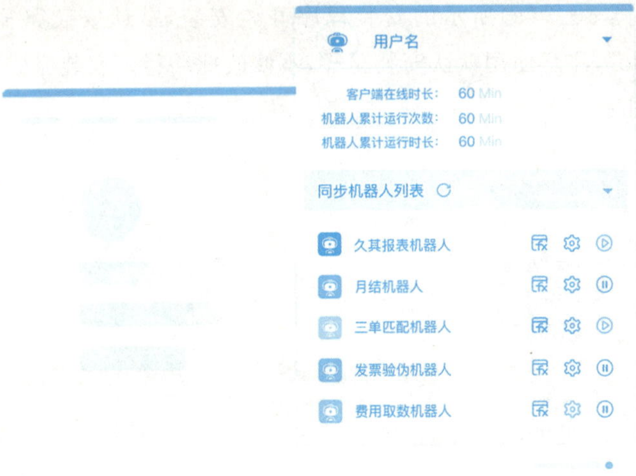

图 3-2 智多星 RPA 客户端

二、智多星 RPA 的主要功能

截至目前，智多星 RPA 可以实现对下列应用的自动化需求：

(1)支持 NC 系列产品，用友 ERP 输入、导入导出、表格等多种操作；

(2)支持 IE 内核、Chrome 内核等多种浏览器的操作；

(3)支持多类报表的导入；

(4)支持 Office 类操作、Excel 单元格读写等操作、Word 内容控件值读写等操作；

(5)支持 Windows 类部分操作，窗体、批处理、粘贴板等多种交互功能；

(6)支持图像识别类操作，国内电子发票识别等主流行业证件票据识别；

(7)支持程序类操作，条件、判断、字符操作、RestfulAPI 等多类编程交互接口。

另外，智多星 RPA 融合了 9 大类共 37 种插件，用以支持多场景自动化应用开发。

第二节　智多星 RPA 安装及注册

一、智多星 RPA 设计器安装

(一)下载智多星 RPA 安装包

单击“智多星 RPA 设计器下载地址”，下载用友云盘中的“RPA 设计器安装工具包 . rar”并解压，再单击智多星 RPA 设计器安装“开始训练”。

(二)安装智多星 RPA

左键双击如图 3 - 3(a)所示的安装程序开始安装，默认安装路径为“C:\yonyou\YonyouRpaStudio”，注意使用默认安装路径，不修改此路径。安装完成后，桌面显示如图 3 - 3(b)所示的图标。

(a)智多星 RPA 安装程序

(b)智多星 RPA 图标

图 3 - 3　智多星 RPA 安装程序及图标

(三)客户端初始化操作

1. Win10 系统

(1)在 Win10 系统中,右键单击桌面左下角"开始"图标,再单击"Windows PowerShell(管理员)(A)"(图 3-4),有的电脑显示的是中文"命令提示符(管理员)(A)"。

(2)在 Windows PowerShell 界面,逐条复制、粘贴"智多星 RPA 设计器初始化执行语句"文件中的命令(图 3-5)。

第一条命令:

```
reg add HKCR\BrowserOpenRpaStudioConfig /v "URL Protocol" /d "" /f
```

第二条命令:

```
reg add HKCR\BrowserOpenRpaStudioConfig\DefaultIcon /ve /d "C:\yonyou\YonyouRpaStudio\bin\RpaStudio. exe" /f
```

第三条命令:

```
reg add HKCR\BrowserOpenRpaStudioConfig\shell /ve /d "" /f
```

第四条命令:

```
reg add HKCR\BrowserOpenRpaStudioConfig\shell\open /ve /d "" /f
```

第五条命令:

```
reg add HKCR\BrowserOpenRpaStudioConfig\shell\open\command /ve /d "C:\yonyou\YonyouRpaStudio\bin\RpaStudio. exe" /f
```

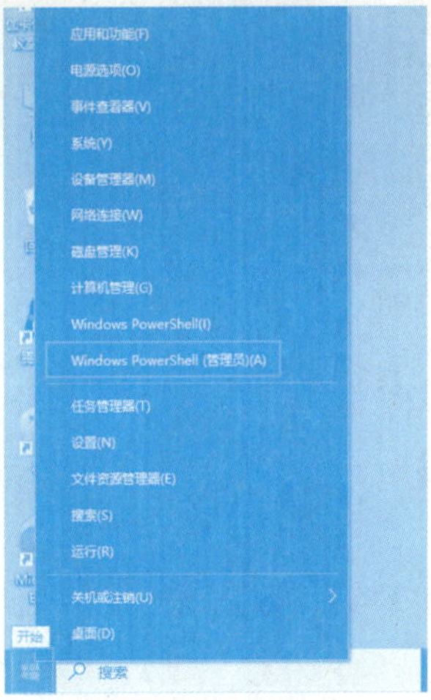

图 3-4 系统设置

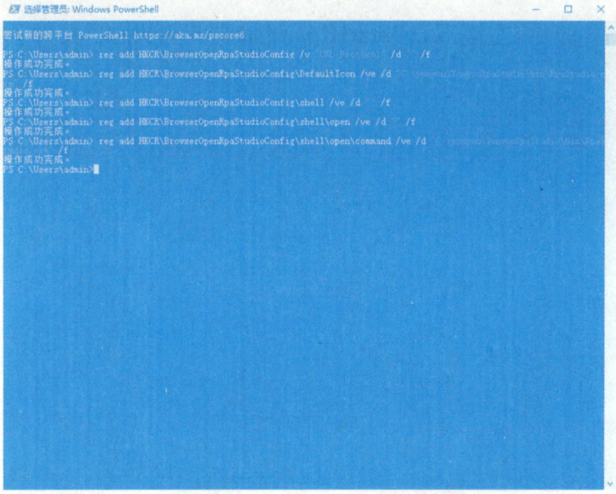

图 3-5 执行界面

2. Win11 系统

(1)在 Win11 系统中,右键单击桌面左下角(可调)"开始"图标,单击"终端管理员"选项(图 3－6)。

(2)在 Windows PowerShell 界面,同样逐条复制、粘贴“智多星 RPA 设计器初始化执行语句”文件中的命令。执行完成后界面如图 3－7 所示。

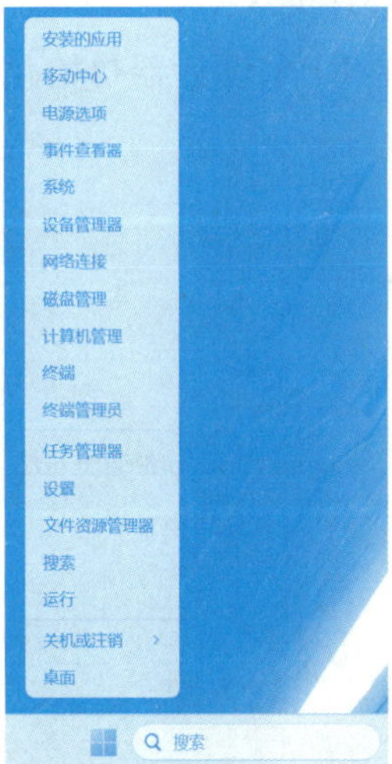

图 3－6　系统设置

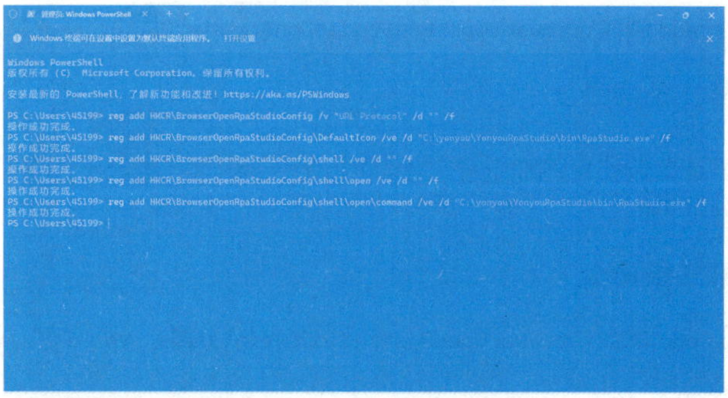

图 3－7　执行完成界面

(四)安装测试

(1)在“RPA 设计器安装工具包．rar”解压文件中找到“startRpa 设计器打开测试”文件(图 3－8)。

(2)右键为其选择“打开方式”为“Google Chrome”(图 3－9)后,左键双击“startRpa 设计器打开测试”文件。

图 3－8　startRpa 设计器打开测试

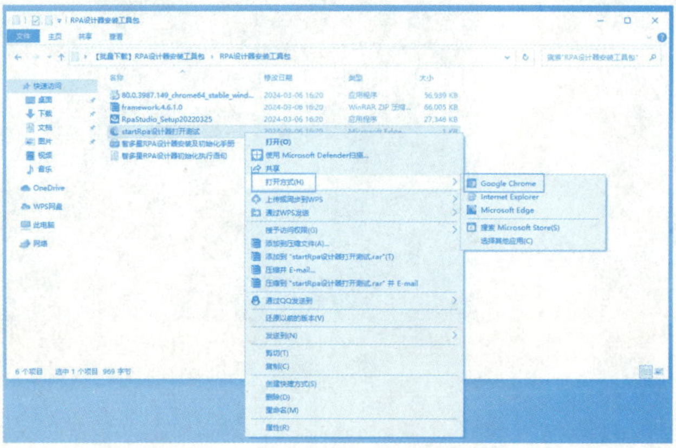

图 3－9　“startRpa 设计器打开测试”文件打开方式

(3)单击“打开 RPA 设计器”按钮，系统会自动弹出提示框，再单击“打开 RPA 设计器”按钮，出现如图 3－10 所示的“智多星 RPA 设计器登录界面”，即说明安装成功。

图 3－10　智多星 RPA 设计器登录界面

(4)如果出现如图 3－11 所示的报错，则需要解压“framework. 4. 6. 1. 0. rar”压缩包后安装“framework”文件，双击程序即可安装。

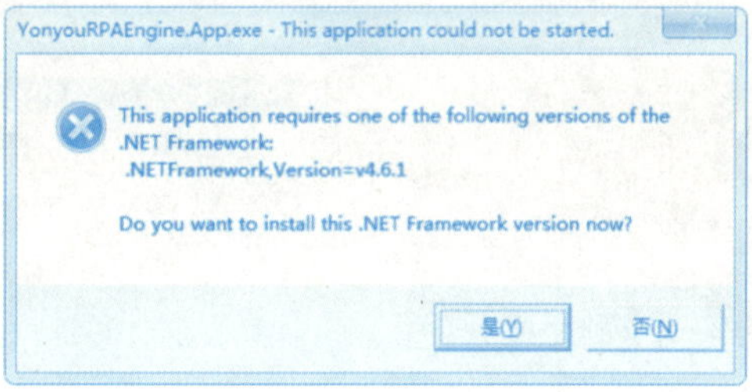

图 3－11　安装程序

(5)安装完成后重启电脑。重启完成后再次执行安装测试，出现“智多星 RPA 设计器登录界面”即说明安装成功。

二、智多星 RPA 设计器注册

通过新道云平台进入相关课程后，打开训练计划界面，用户在初识 RPA 章节内容中能够注册智多星 RPA 账号。单击智多星 RPA 图标开始注册，再单击“开始训练”→“开始任务”，用户在用友云平台注册界面输入手机号、图形验证码、验证码、密码，勾选“已阅读并同意《用友云服务协议》和《用友云隐私政策》”，最后单击“注册”选项，注册成功(图 3－12)。

图 3-12　系统注册

第三节　智多星 RPA 的基本逻辑

一、普通变量

（一）普通变量基本介绍

变量来源于数学，是计算机语言中能存储计算结果或表示值的抽象概念。变量可以通过变量名访问。在指令式语言中，变量通常是可变的。简单地说，变量可以看作是用来表示值的盒子，不同的变量代表了存储在计算机内存中不同的信息。在设置变量名时应使用字母、数字和下划线的组合。注意事项包括：变量名区分大小写；对同一变量进行重复赋值时，只有最后一个赋值有效；自定义变量名应尽量做到见名知义。

1. 设置变量值

设置变量命令，即普通的变量，可以在“变量栏”内赋值，也可以在功能区赋值，为双向赋值，如图 3－13 所示。

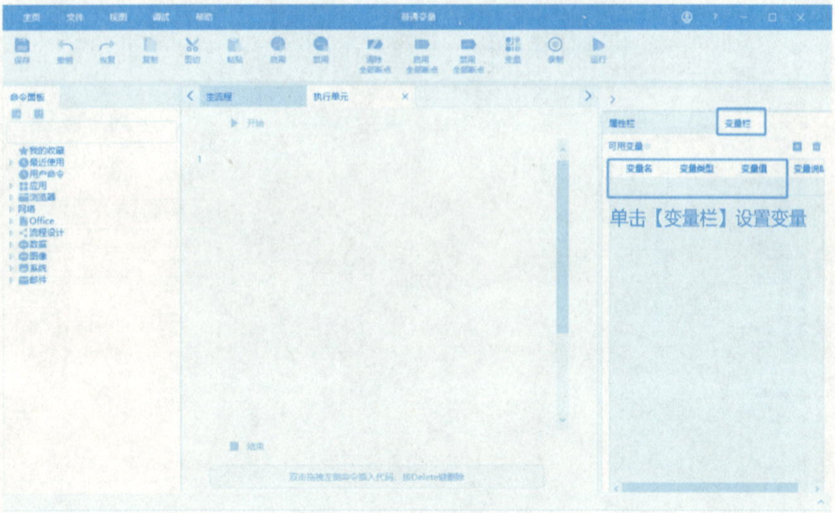

图 3－13　设置变量值

2. 赋值给变量

(1)通过变量栏赋值

单击右侧“变量栏”，双击“变量名”“变量值”选项即可重新命名变量并赋值，通过下拉菜单可以选择“变量类型”，“变量说明”栏内可以对变量进行解释说明，如图 3－14 所示。

图 3－14　通过“变量栏”赋值

(2)通过功能区赋值

单击左侧“命令面板”选项，在“流程设计”菜单下双击“设置变量”选项，随后即可在“属性栏”内对变量进行命名、赋值等，如图 3－15 所示。

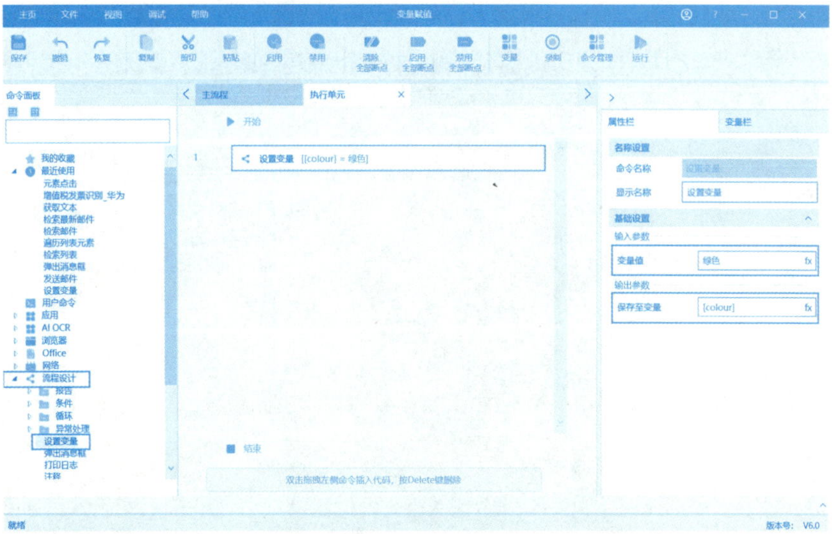

图 3－15　通过功能区的“命令面板”赋值

3. 调试信息

调试类命令可以在程序运行中打印日志或通过“弹出消息框”选项来观察变量的变化。如果命令运行结果中异常个数为“0”，则表示程序运行成功，如图 3－16、图 3－17 所示。

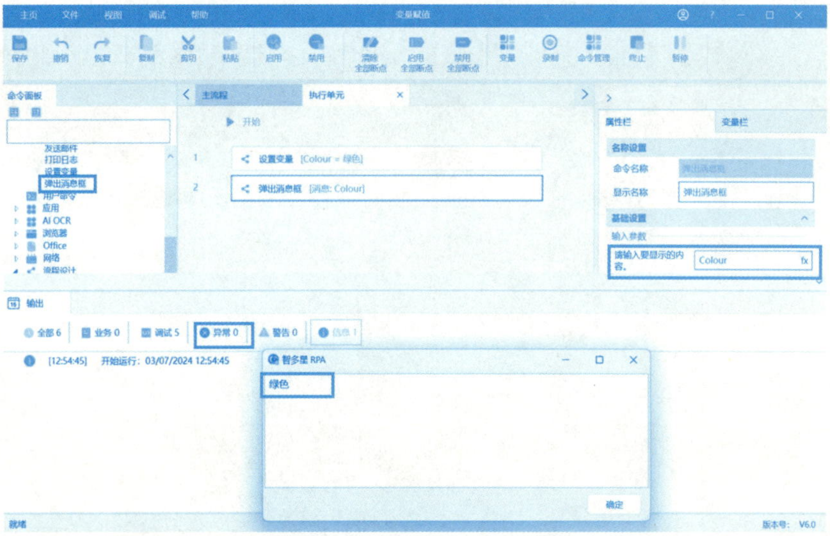

图 3－16　调试操作界面一

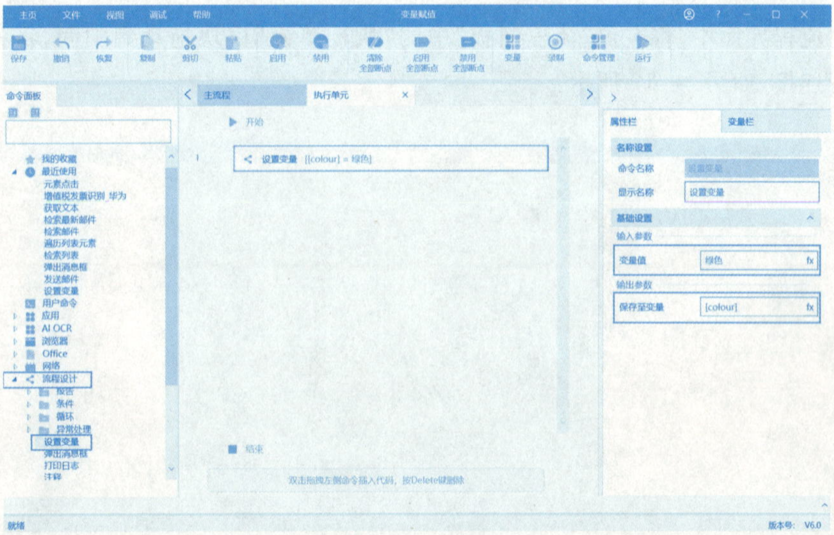

图 3－17 调试操作界面二

(二)普通变量功能应用

在智多星 RPA 上新建项目，最终完成弹出消息框为“Hello，World!”机器人的开发及运行。

1. 新建空白项目

打开“智多星 RPA 设计器主界面”，在右侧单击“新建空白项目”选项，然后在弹窗中输入项目名称，无须修改项目位置，如图 3－18 所示。

图 3－18 新建空白项目

2. 添加执行单元

在主流程界面中，将左侧“流程面板”中的“执行单元”模块拖动到中间，将各模块用箭头进行连接，如图 3 - 19 所示。

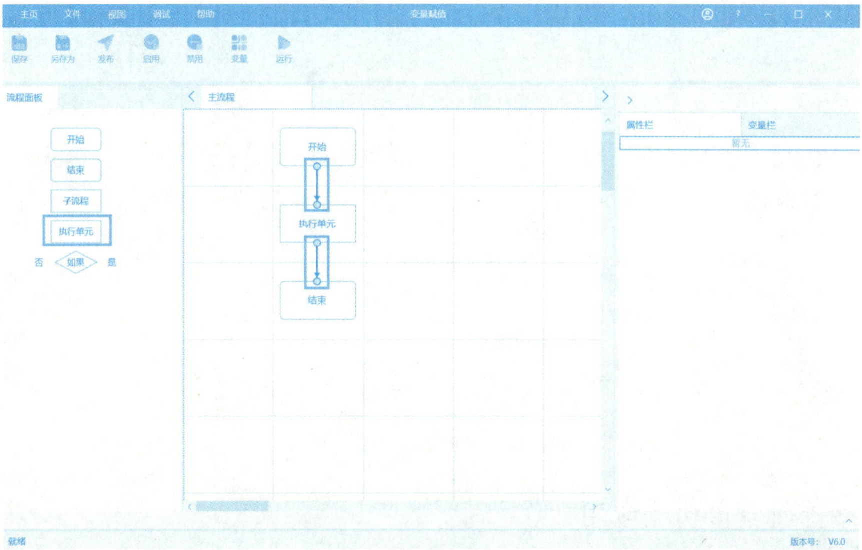

图 3 - 19　添加执行单元

3. 创建变量

双击“执行单元”模块进入代码编辑区域，单击右侧“变量栏”，输入相应的变量名和变量值；也可以在“变量说明”栏中对变量进行解释说明，如图 3 - 20 所示。

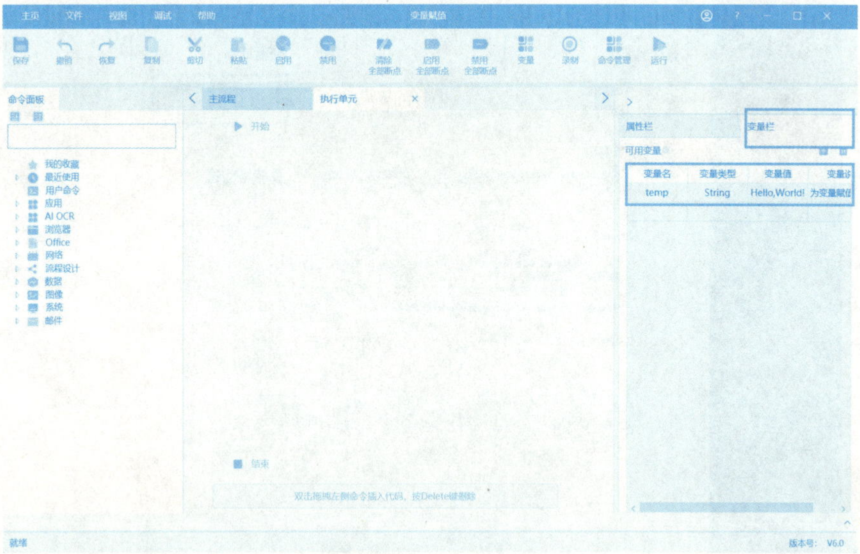

图 3 - 20　创建变量

4. 设置弹出消息框

(1)在左侧“命令面板”搜索栏中搜索“弹出”，找到“弹出消息框”选项，或直接找到该选项；双击该选项，然后在“执行单元”中选中“弹出消息框”选项，再在右侧“属性栏”中输入要显示的变量名称或通过下拉菜单选中要显示的变量，如图 3-21 所示。

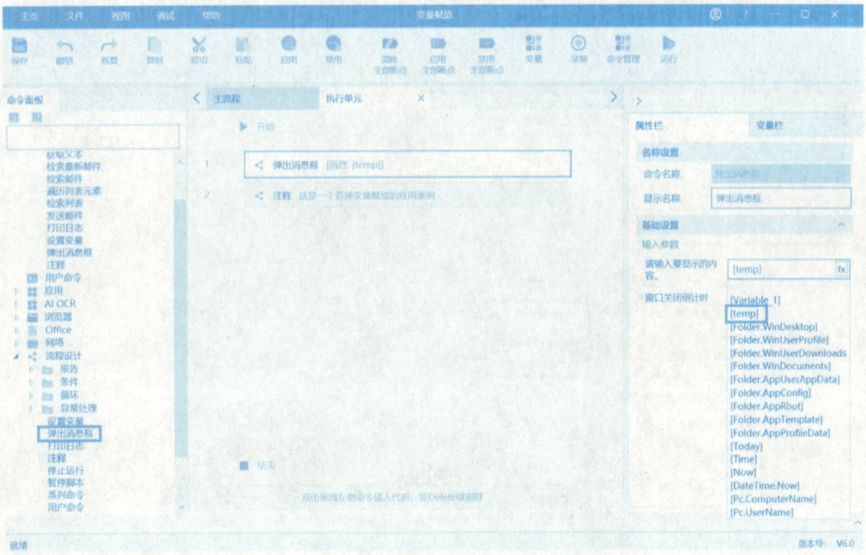

图 3-21　设置弹出消息框

(2)为了提高脚本的实用性，可以通过“注释”功能对脚本添加注释。在“执行单元”中选择“注释”选项后，在“属性栏”中输入注释内容即可，如图 3-22 所示。

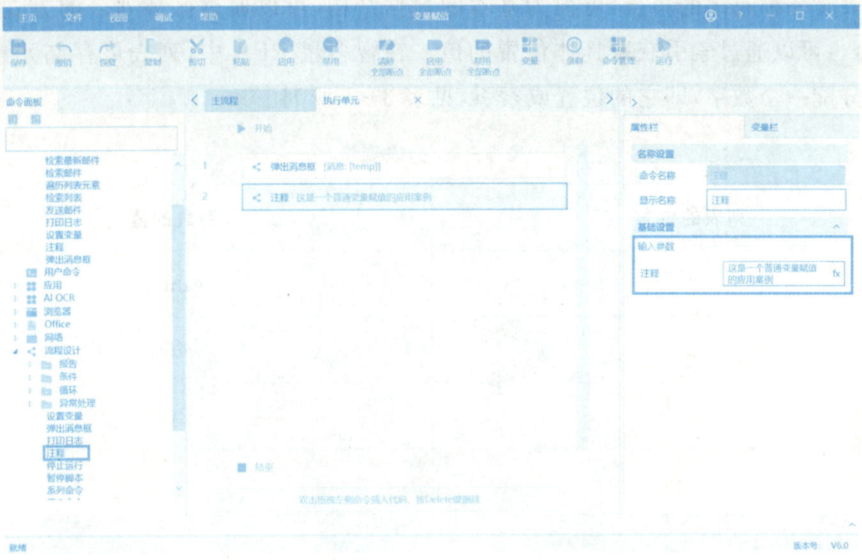

图 3-22　添加注释

5. 保存运行

单击“保存”选项保存程序，单击“运行”选项运行程序。运行结果如图 3 - 23 所示。

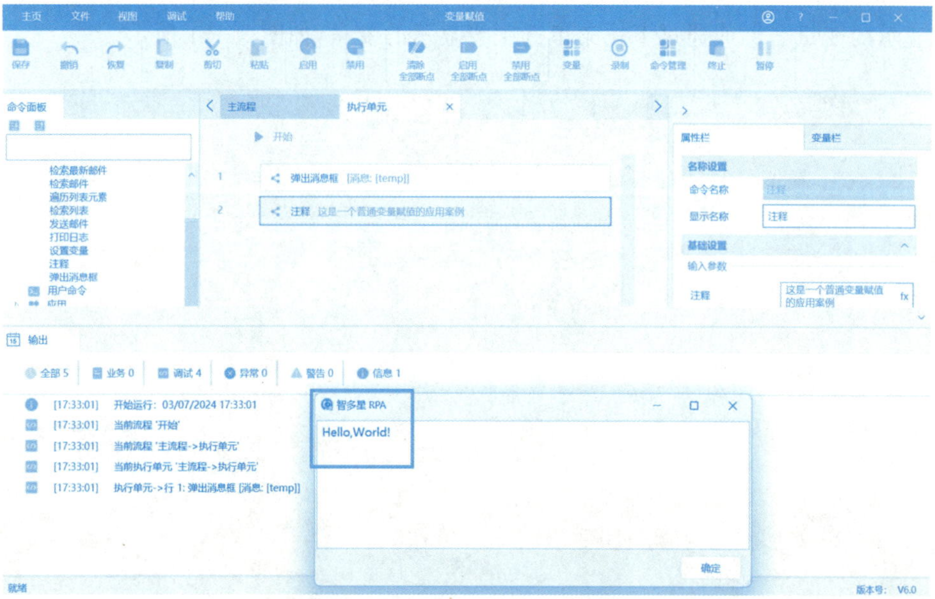

图 3 - 23　运行结果

二、列表变量

（一）列表变量基本介绍

列表是一种有序的集合，可视为基本的数据结构，可以通过循环列表的方式进行循环取值，也可以通过索引获取具体位置的值。在智多星 RPA 中，列表可存储元素，每个元素都分配一个数字，即它的位置或索引，见表 3 - 1 所列。

表 3 - 1　列表变量

列表的位置	列表的值
1	value1
2	value2
3	value3
……	……

列表变量相关功能可以在设计器左侧“命令面板”的“数据”选项中找到，如图 3 - 24 所示。

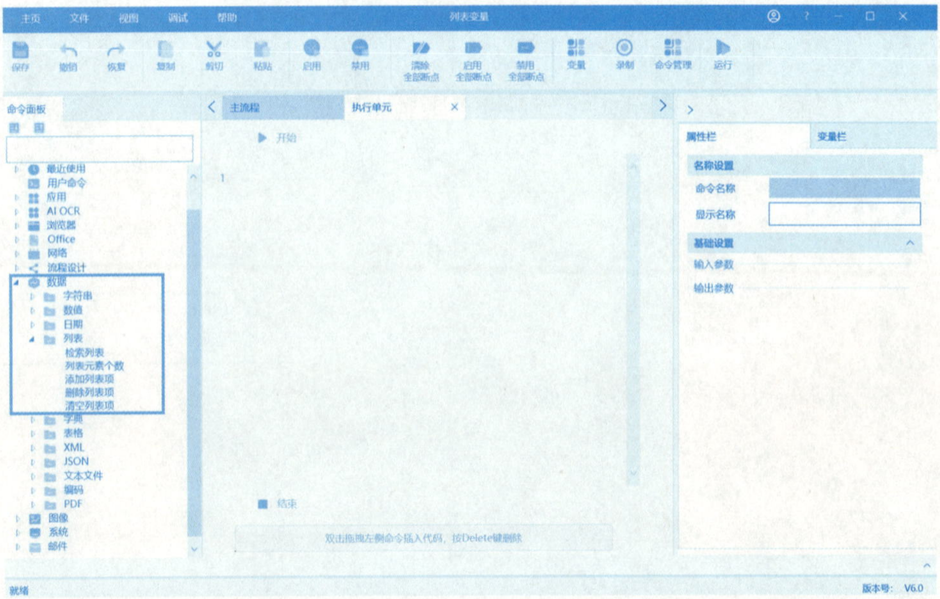

图 3 - 24　列表功能区

(二)列表变量功能应用

在智多星 RPA 上新建项目,添加表 3 - 2 所列内容,检索并输出列表中第二个位置的值。

表 3 - 2　列表变量应用

列表的位置	列表的值
1	18
2	19
3	20
……	……

1. 新建项目和创建变量

打开"智多星 RPA 设计器"主界面,在右侧单击"新建空白项目",在右侧变量栏增加"[list]"变量和"[temp]"变量。其中,"[list]"变量用以存储 list 列表内容,"[temp]"变量用以存储检索列表返回的值。

2. 添加列表项

在左侧"命令面板"中双击"添加列表项"选项,然后按列表位置依次对列表进行赋值,如图 3 - 25 所示。

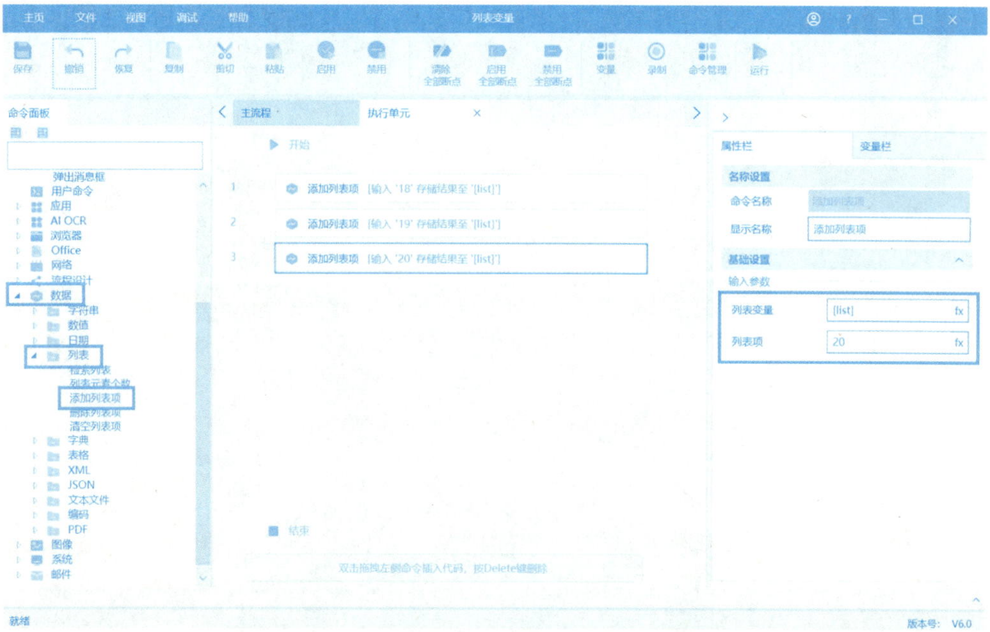

图 3 - 25　添加列表项

3. 检索列表项

在左侧“命令面板”中双击“检索列表”选项，获取“[list]”列表中第 2 个位置的值，并将结果存到“[temp]”变量中，如图 3 - 26 所示。

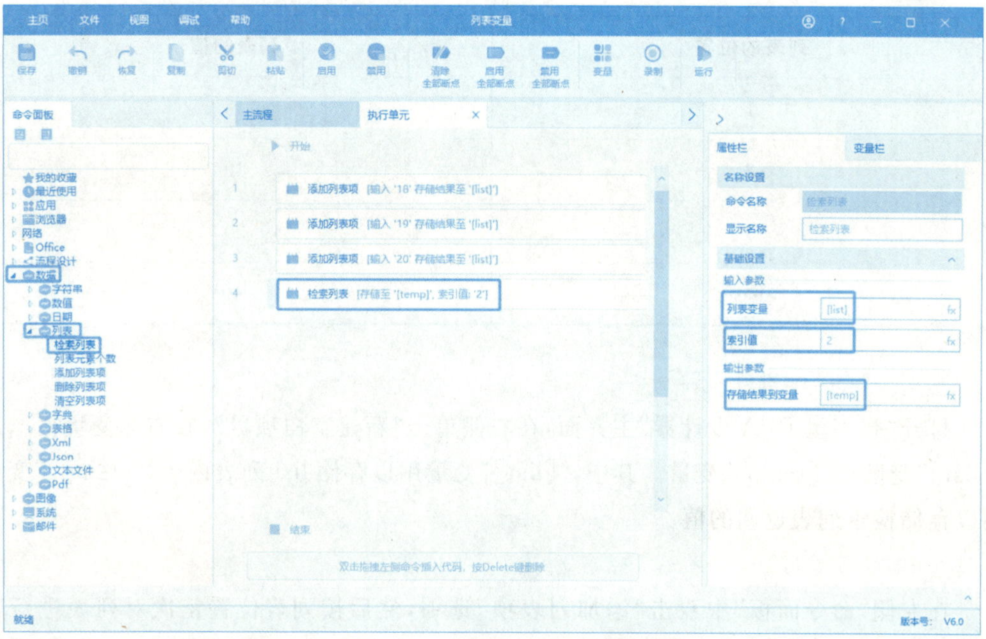

图 3 - 26　检索列表项

4. 设置弹出消息框

在"弹出消息框"选项中设置弹出消息，消息内容为"列表中第二个位置的值是：[temp]"，如图 3－27 所示。

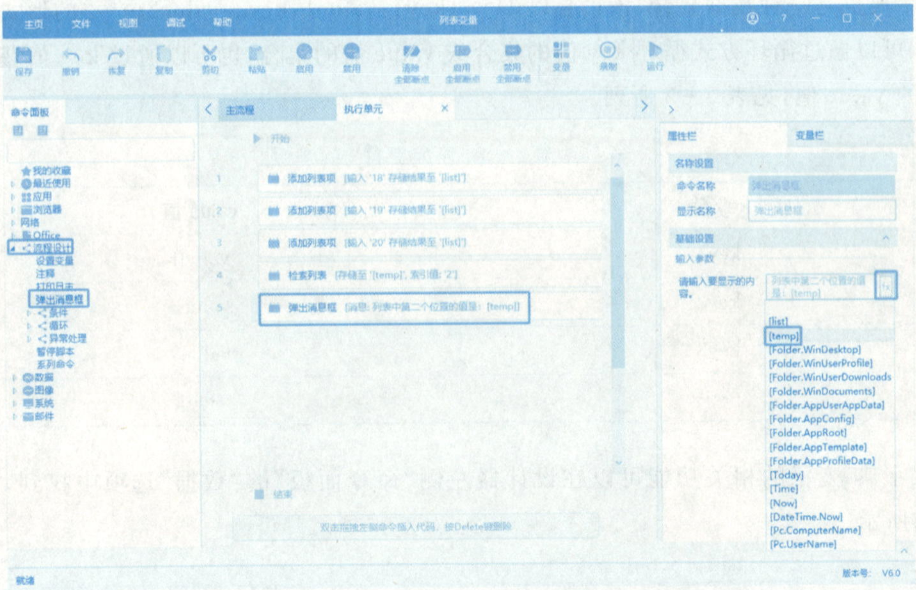

图 3－27　设置弹出消息框

5. 保存运行

单击"保存"选项保存程序，单击"运行"选项运行程序。运行结果如图 3－28 所示。

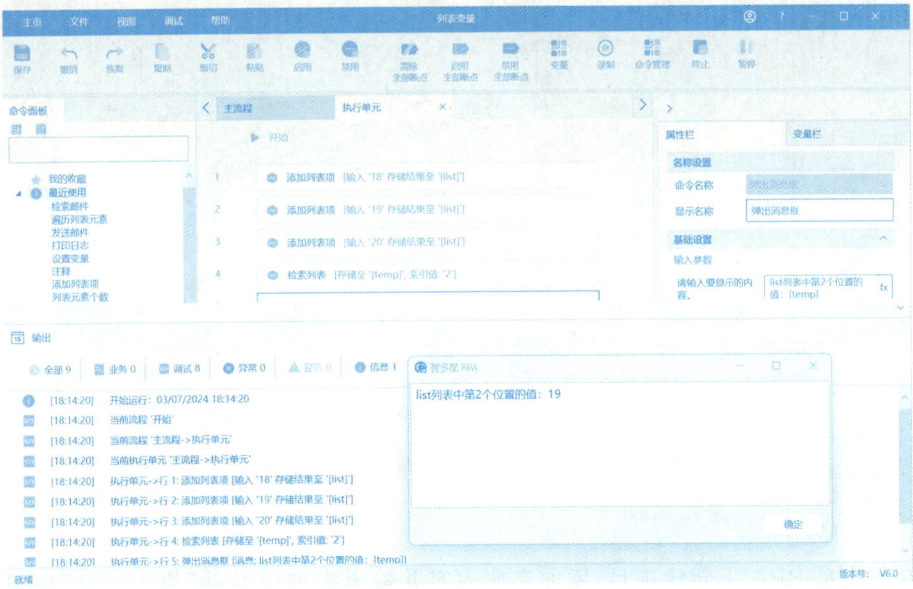

图 3－28　运行结果

三、字典变量

（一）字典变量基本介绍

字典也是一种数据集合，该集合以 $D=\{key1:value1,key2:value2\cdots\cdots\}$ 的形式进行展示，可以通过循环方式循环 key 值的集合或 value 值的集合，也可以通过 key 值获取其映射的 value 值，见表 3－3 所列。

表 3－3　字典变量

key 值	value 值
key1	value1
key2	value2
key3	value3
……	……

“字典”变量的相关功能可以在设计器左侧“命令面板”的“数据”选项中找到，如图 3－29所示。

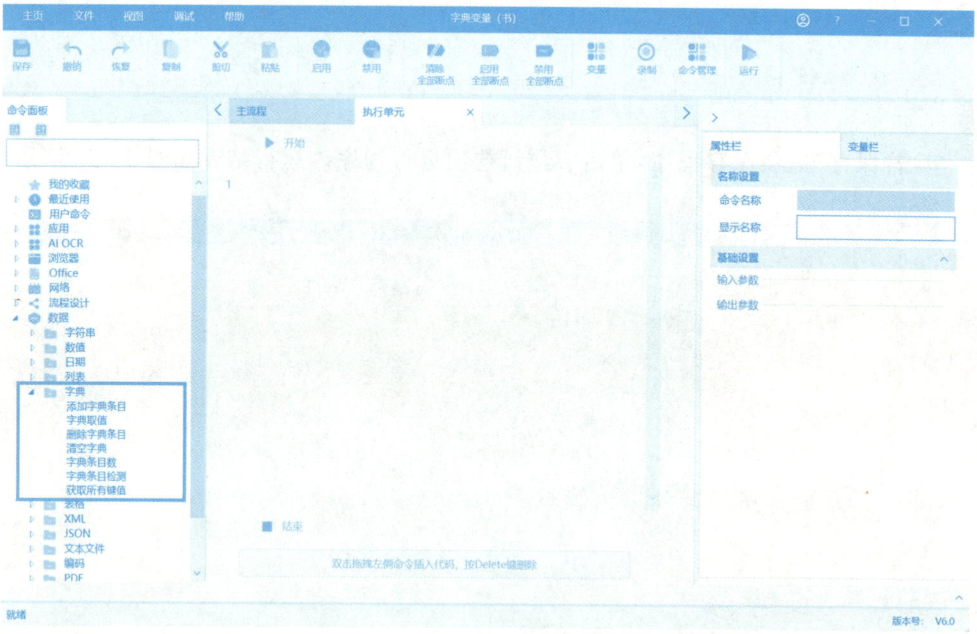

图 3－29　字典变量功能区

（二）字典变量功能应用

在智多星 RPA 上新建项目，添加字典内容并输出字典中“key”值为“003”所对应的 value 值，见表 3－4 所列。

表 3-4 字典变量应用

key 值	value 值
001	张三
002	李四
003	王五

1. 新建项目和创建变量

打开“智多星 RPA 设计器主界面”，在右侧单击“新建空白项目”。在右侧变量栏增加“[map]”变量和“[temp]”变量。其中，“[map]”变量用以存储字典变量名，“[temp]”变量用以存储字典取值返回的值。

2. 添加字典条目命令

在左侧“命令面板”中双击“添加字典条目”选项，“字典”变量选择“[map]”，将“key”值设置为“001”时，“value”值设置为“张三”。后续同理添加其他条目，如图 3-30 所示。

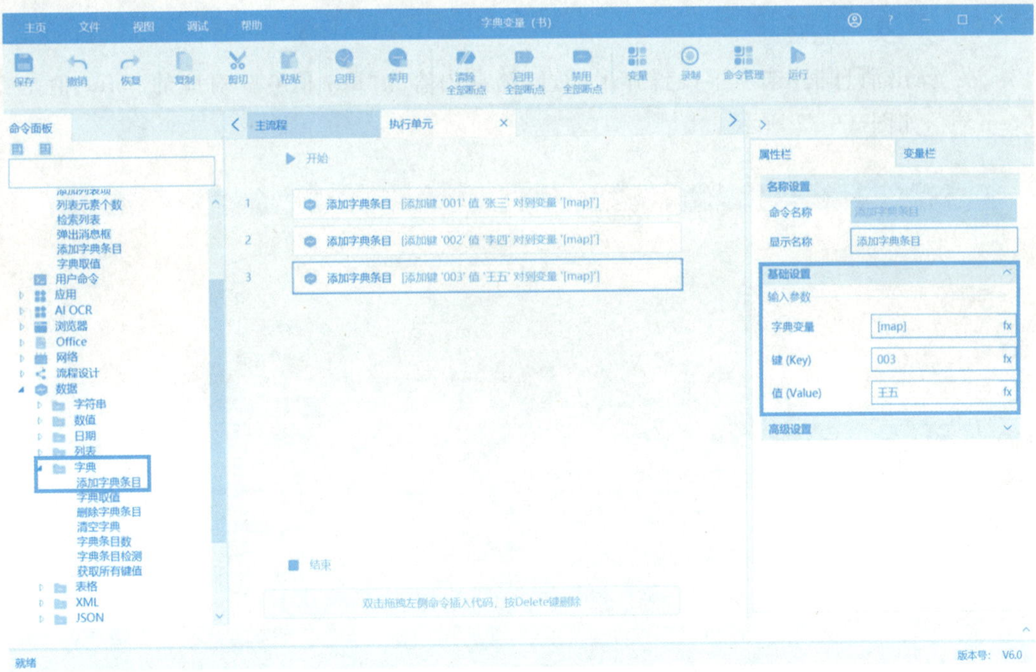

图 3-30 添加字典条目

3. 添加字典取值命令

首先在左侧“命令面板”中双击“字典取值”，取“字典”中“key”值为“003”时对应的“value”值，然后将“value”值存储在“[temp]”变量中，如图 3-31 所示。

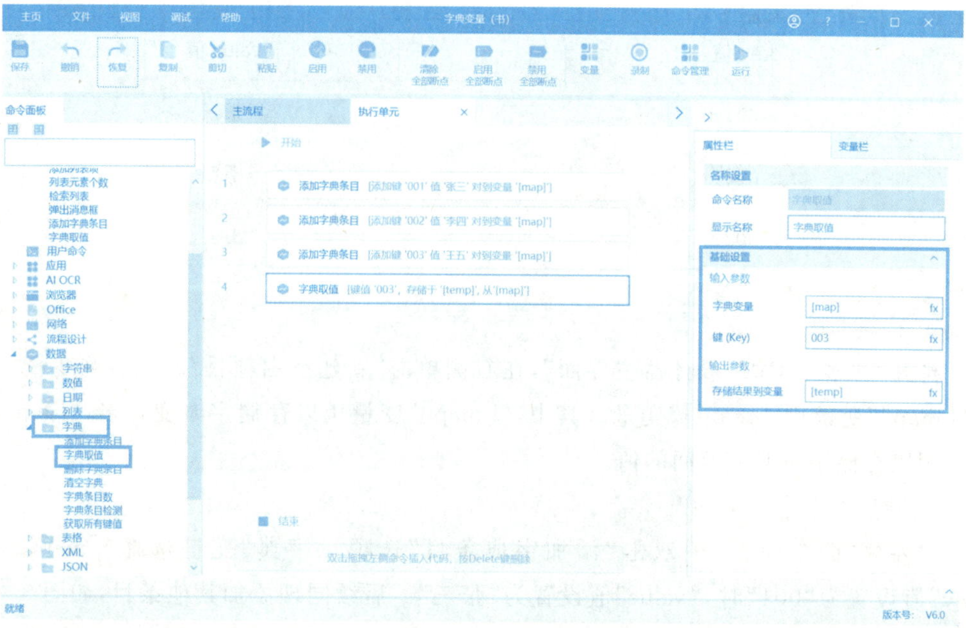

图 3-31　添加字典取值

4. 设置弹出消息框

在“弹出消息框”选项中设置弹出消息，消息内容为“key 值 003 对应的 value 值是：[temp]”，如图 3-32 所示。

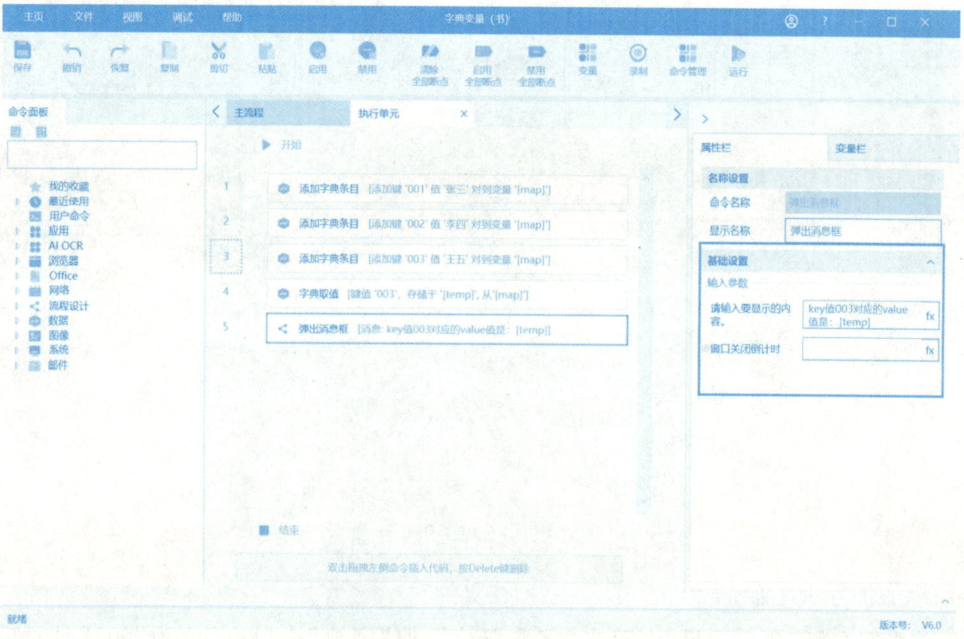

图 3-32　设置弹出消息框

5. 保存运行

单击“保存”选项保存程序，单击“运行”选项运行程序。运行结果如图 3－33 所示。

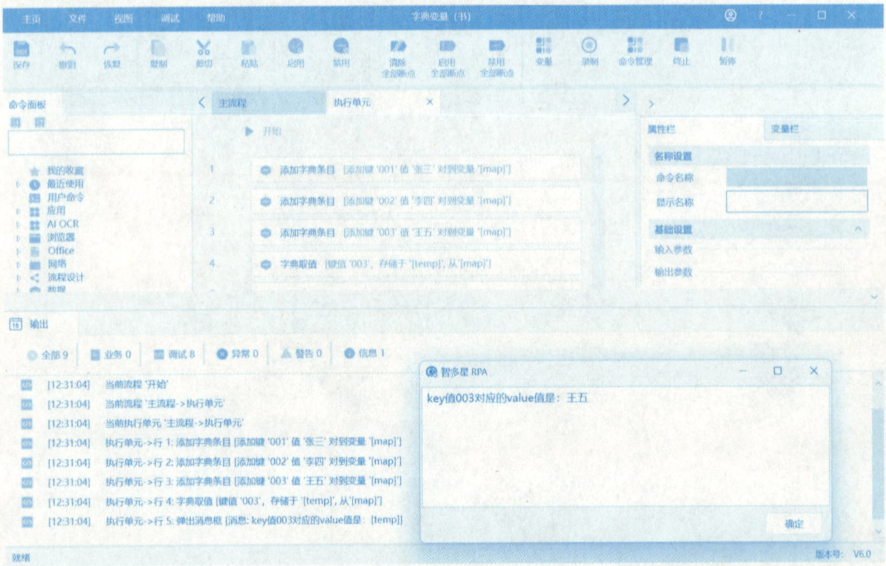

图 3－33　运行结果

第四节　智多星 RPA 常用工具命令

智多星 RPA 常用的三种工具命令为条件命令、循环命令和文件命令。其中，条件命令主要用于对某一个或多个条件进行判断从而执行不同的流程；循环命令主要用于循环执行一系列操作；文件命令主要是对 Office 文件进行一系列智能化操作。

一、条件命令

（一）条件命令基本介绍

条件命令可分为 If 条件判断、Else If 条件判断和否则（Else）。If 条件判断主要用以判断所给定的条件是否满足；Else If 条件判断一般镶嵌于 If 语句内，如果一个程序需要两个及以上 If 语句时，则使用 Else If 语句；否则（Else）必须使用于 If 语句中，即没有 If 条件判断则不能使用否则（Else）。

条件命令相关功能可以在设计器左侧“命令面板”→“流程设计”选项中找到。条件命令的判断类型可分为“If 布尔值判断”“If 字符串判断”“If 数值判断”“If 日期判断”“If 表达式判断”等（图 3－34）；比较方式运算符包含等于、不等于、大于、大于或等于、小于、小于或等于等。

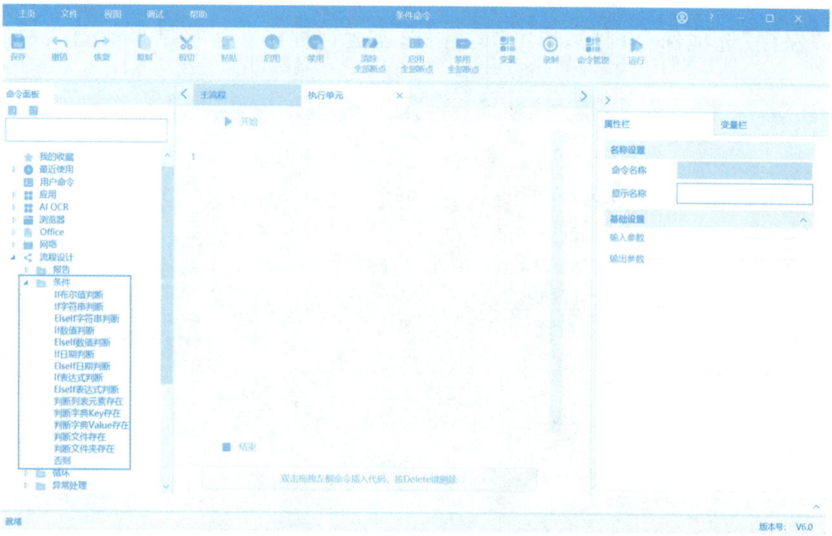

图 3－34　条件命令功能区

(二)条件命令功能应用

在智多星 RPA 上新建项目,设置变量为“小明同学期中考试数学成绩为 90 分,及格分数线为 60 分”,设置判断条件判断小明同学成绩为“及格”。

1. 新建项目和创建变量

打开“智多星 RPA 设计器主界面”,在右侧单击“新建空白项目”,在右侧“变量栏”增加变量“A”并将小明的成绩存储到“A”变量中,需注意“变量类型”为“Numeric”,如图 3－35 所示。

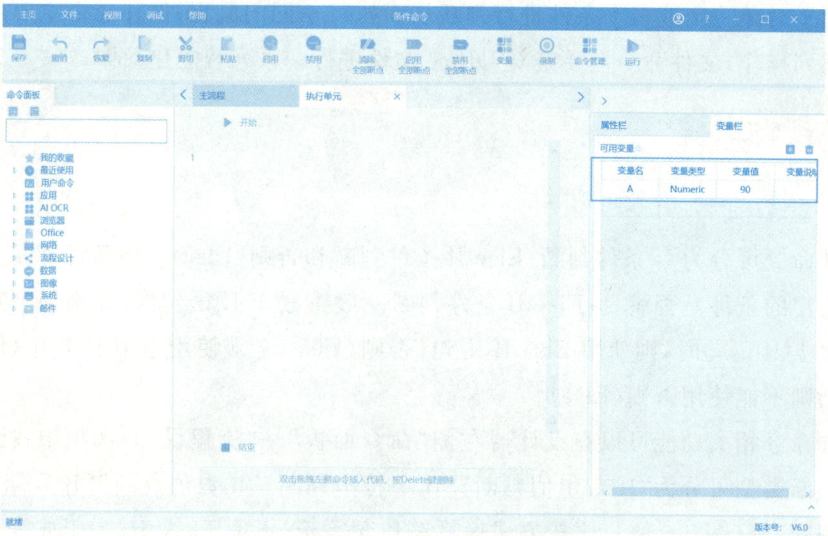

图 3－35　创建变量

2. 添加 If 数值判断条件

添加“If 数值判断”条件信息，数值“1”设为“[A]”，即小明同学的成绩，“比较方式”可通过下拉菜单选择“大于或等于”，数值“2”设为“60”，如图 3-36 所示。

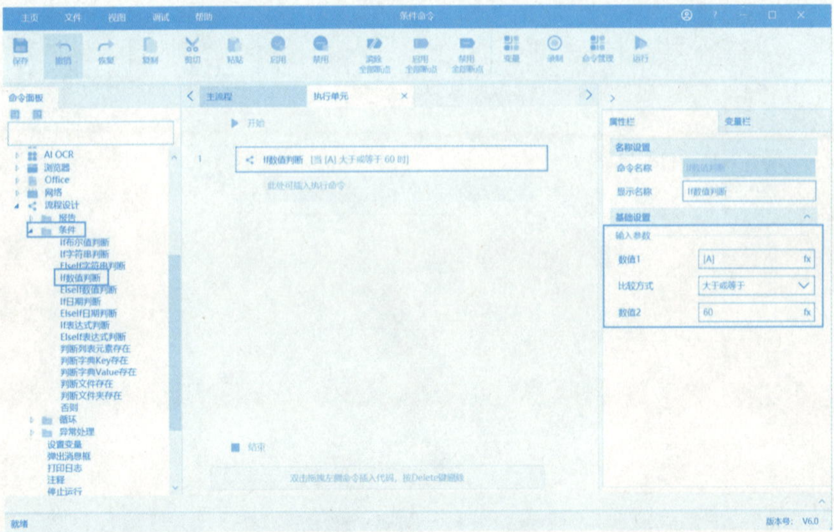

图 3-36 添加 If 数值判断条件

3. 设置及格弹出消息框

在左侧“命令面板”中双击“弹出消息框”，在“执行单元”中将其拖动插入在“If 数值判断”下，设置如果成绩满足大于或等于 60 分的及格条件，则弹出消息框显示“及格”，如图 3-37 所示。

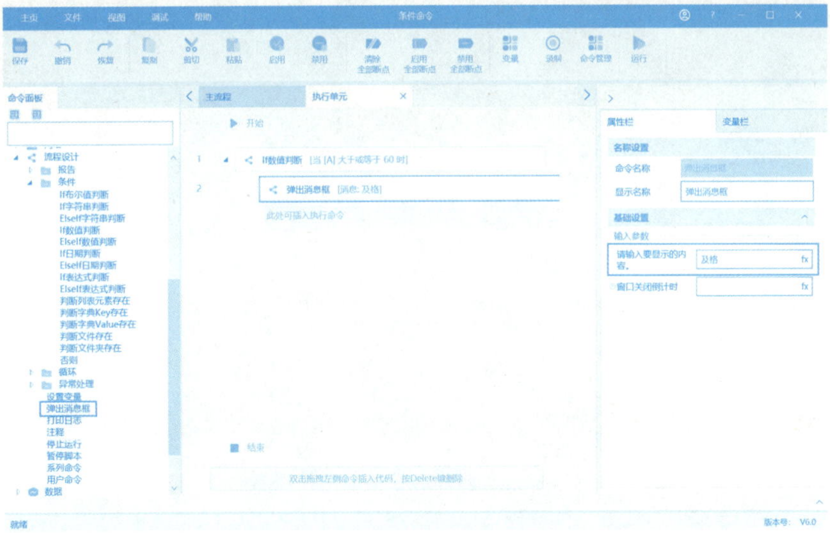

图 3-37 设置及格弹出消息框

4. 添加否则条件

在左侧“命令面板”中双击“条件”，再单击“否则”，如图 3－38 所示。

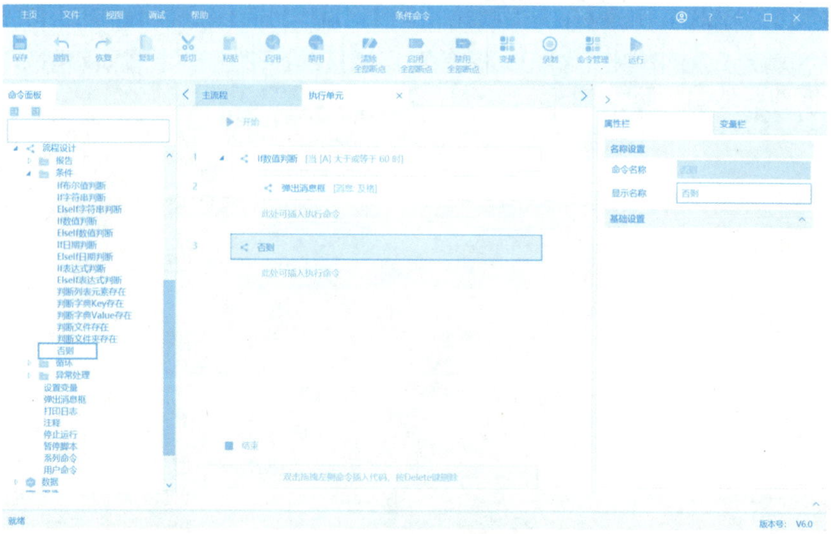

图 3－38　添加否则条件

5. 设置不及格弹出消息框

在左侧“命令面板”中双击“弹出消息框”，将其拖动插入在“否则”下，设置如果成绩小于 60 分的及格条件，则弹出显示“不及格”的消息框，如图 3－39 所示。

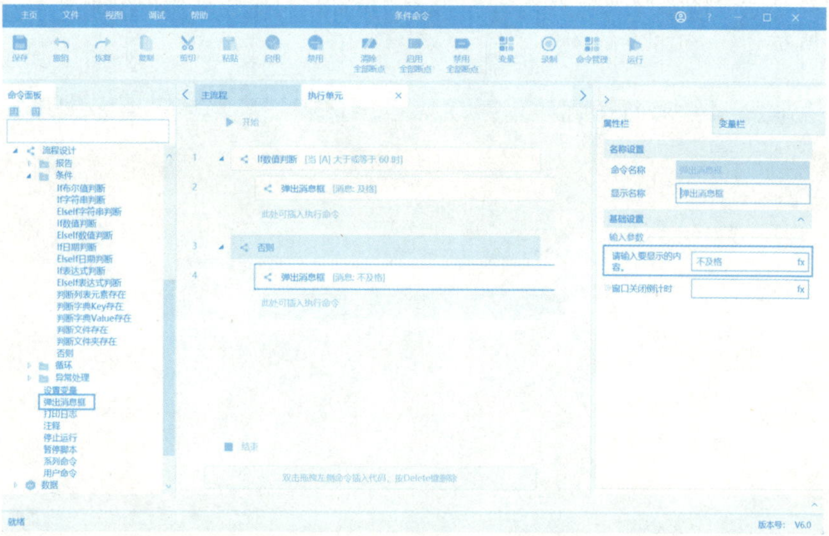

图 3－39　设置不及格弹出消息框

6. 保存运行

单击“保存”选项保存程序，单击“运行”选项运行程序。运行结果如图 3－40 所示。

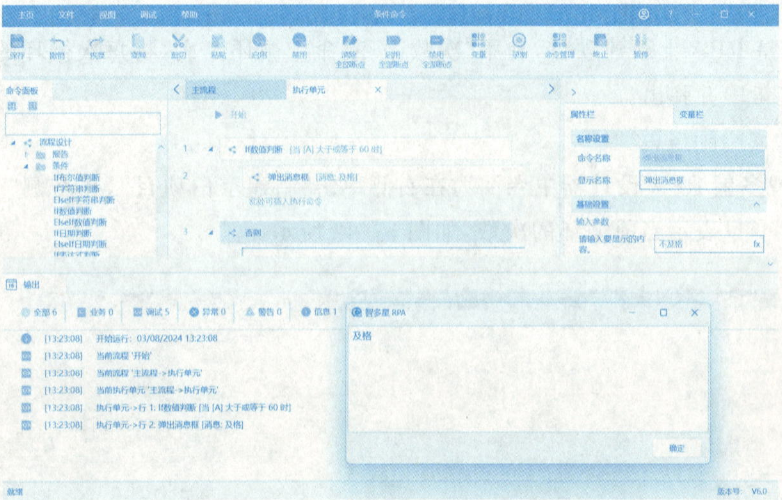

图 3 - 40　运行结果

二、循环命令

(一)循环命令基本介绍

循环命令中的“次数循环”“数值条件循环”“日期条件循环”，相当于开始循环，允许重复执行动作；“继续循环”继续执行命令允许放弃当前命令跳过循环体余下脚本开始下一次循环；“中断循环”为跳出循环体。

循环命令的相关功能可以在设计器左侧“命令面板”→“流程设计”中找到，如图 3 - 41所示。

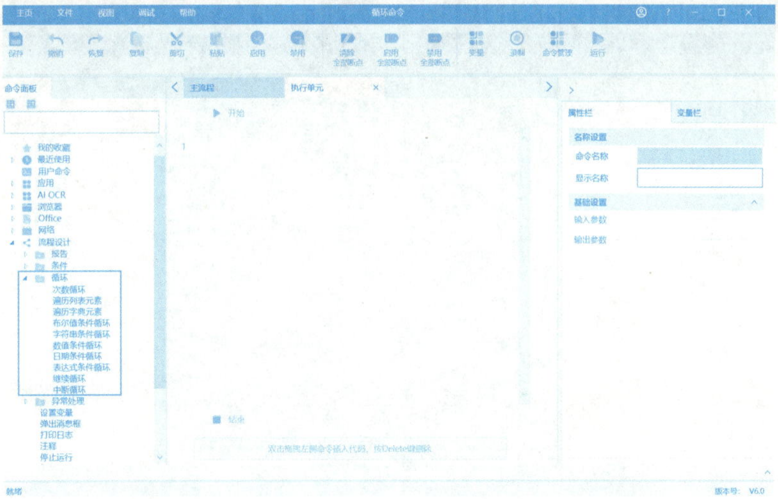

图 3 - 41　循环命令功能区

(二)循环命令功能应用

在智多星 RPA 上新建项目，利用“次数循环”命令循环 3 次，将每次循环的次数存储在“temp”变量中并弹出。

1. 新建项目和设置变量

打开“智多星 RPA 设计器主界面”，在右侧单击“新建空白项目”，在右侧“变量栏”中增加“temp”变量表示当前循环的次数，如图 3－42 所示。

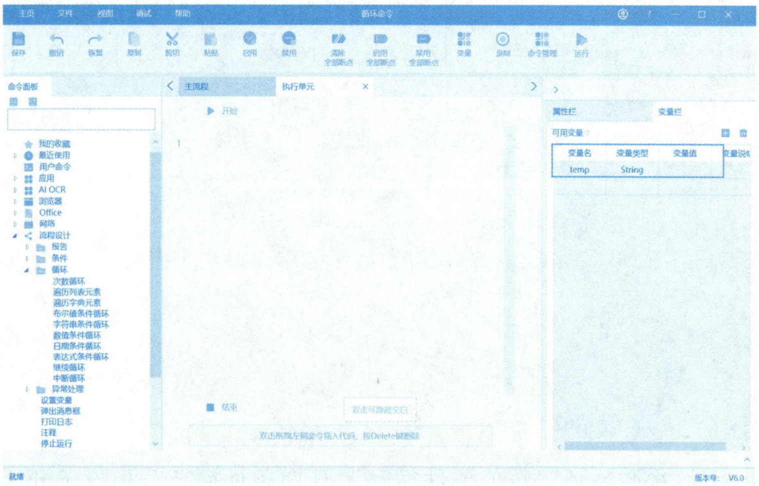

图 3－42　设置变量

2. 添加次数循环

添加“次数循环”，设置“起始值”为“1”，“递增值”为“1”，“结束值”为“3”，并将结果存储在变量“[temp]”中，如图 3－43 所示。

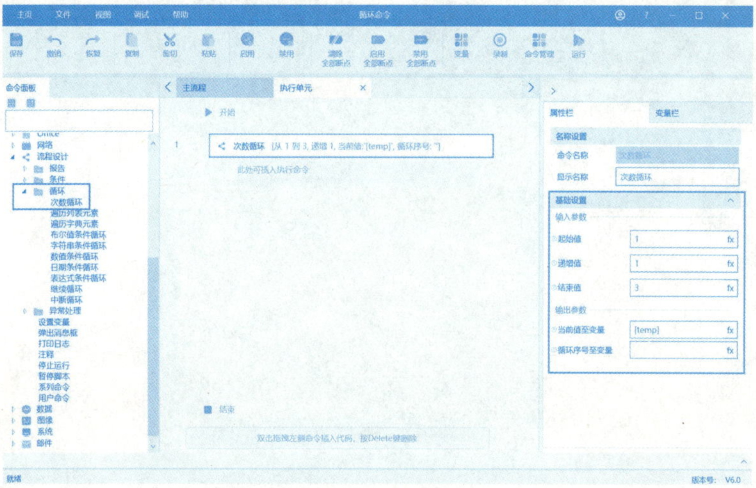

图 3－43　添加次数循环

3. 设置弹出消息框

在左侧"命令面板"中双击"弹出消息框"，将其拖动插入在"次数循环"下，将当前循环的次数在弹框中显示，如图 3－44 所示。

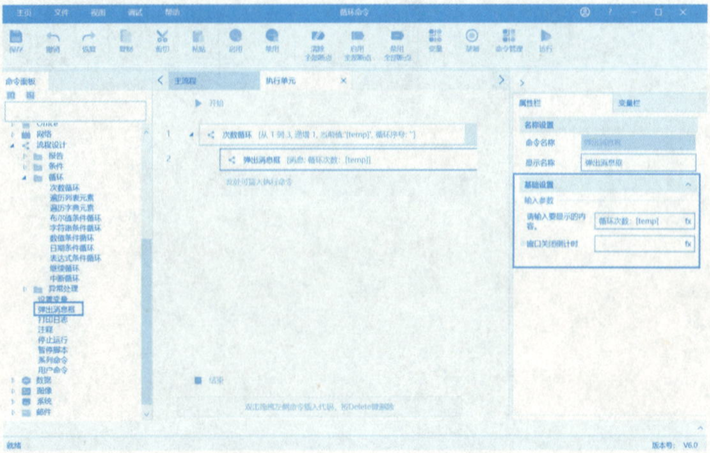

图 3－44　设置弹出消息框

4. 保存运行

单击"保存"选项保存程序，单击"运行"选项运行程序，运行结果如图 3－45 所示。单击"确定"选项后程序依次弹出对应消息，直到程序运行结束。

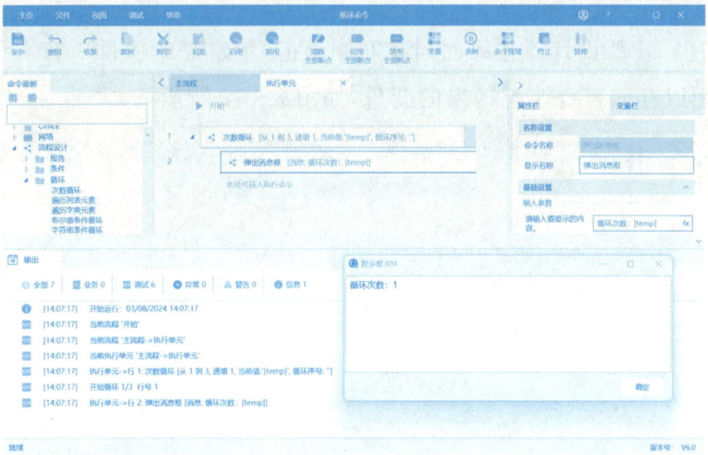

图 3－45　运行结果

三、文件命令

（一）文件命令基本介绍

智多星 RPA 设计器支持对文件的操作，相关功能可以在设计器左侧的"命令面板"

中找到。“遍历文件”选项用于遍历某个目录下的所有文件，可以使用通配符来匹配文件；“遍历文件夹”选项只遍历文件夹（目录），也可以使用通配符来过滤文件夹，如图 3－46 所示。

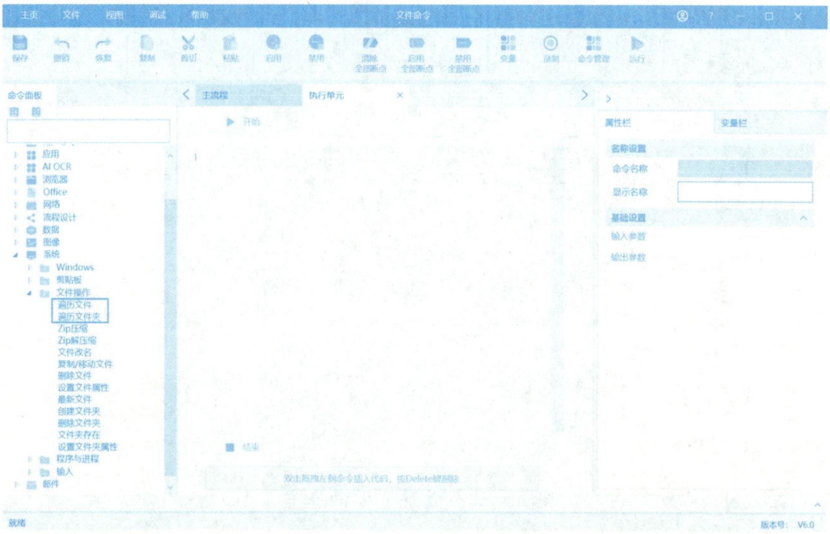

图 3－46　文件命令功能区

（二）文件命令功能应用

1. 新建项目和设置变量

打开“智多星 RPA 设计器主界面”，在右侧单击“新建空白项目”，在右侧“变量栏”增加“blwj”变量用以存储符合匹配结果的变量，如图 3－47 所示。

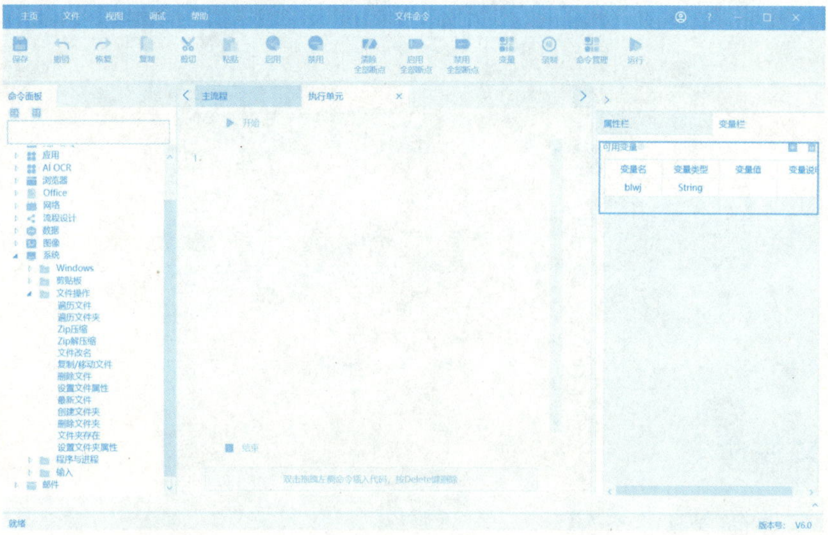

图 3－47　设置变量

2. 创建文件夹及文件

在桌面创建遍历文件夹，创建“财务大数据表 . xlsx”“财务分析表 . xlsx”“利润表 . xlsx”“资产负债表 . xlsx”等文件。

3. 添加遍历文件

添加“遍历文件”命令，将匹配符合的结果存储在“[blwj]”变量中。“文件夹”路径可以通过选项进行选择；“通配符”可以通过“ * ”号进行关键词的搜索，同时后缀要锁定搜索文件类型，如图 3 - 48 所示。

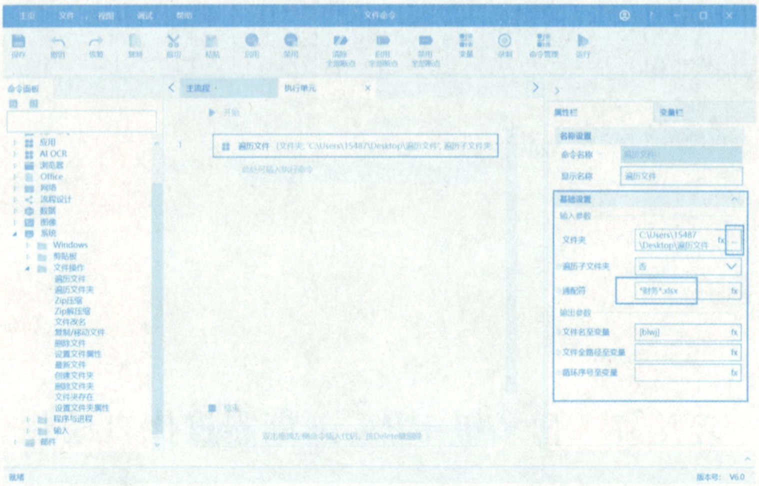

图 3 - 48　添加遍历文件

4. 设置弹出消息框

在左侧“命令面板”中双击“弹出消息框”，将其拖动插入在“遍历文件”选项下，如图 3 - 49所示。

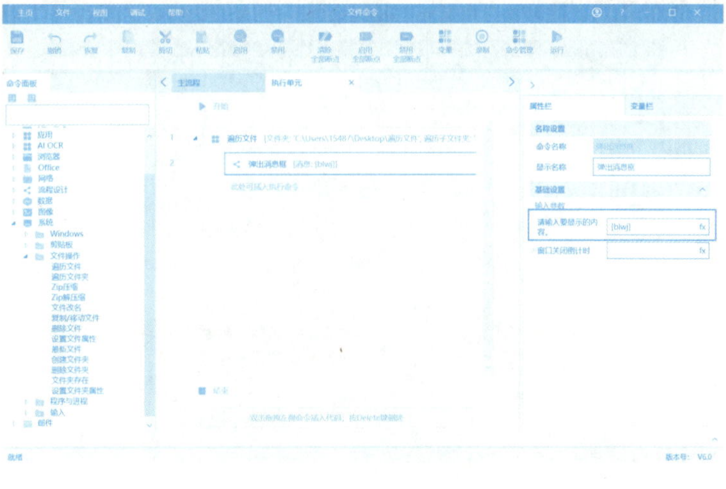

图 3 - 49　设置弹出消息框

5. 保存运行

单击“保存”选项保存程序，单击“运行”选项运行程序，运行结果如图 3－50 所示。单击“确定”选项后，程序依次弹出对应消息，直到程序运行结束。

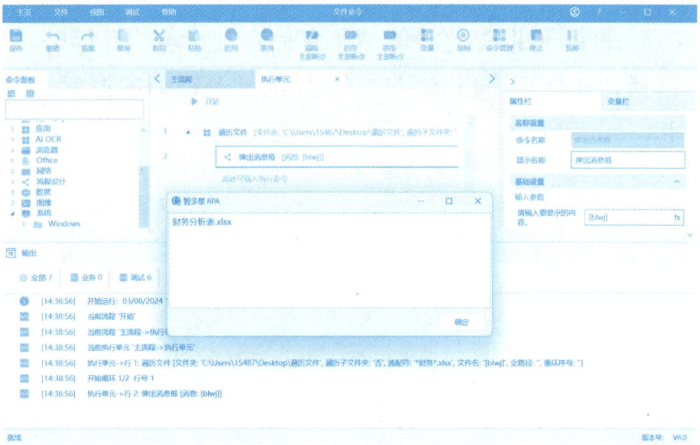

图 3－50　运行结果

第五节　智多星 RPA 浏览器操作自动化

一、浏览器操作自动化基本介绍

浏览器自动化是 RPA 财务机器人网页自动化操作的核心。智多星 RPA 设计器支持对 Chrome（谷歌）、IE、火狐等浏览器进行操作（图 3－51），能够实现导航至给定 URL、元素点击、设置文本等操作。

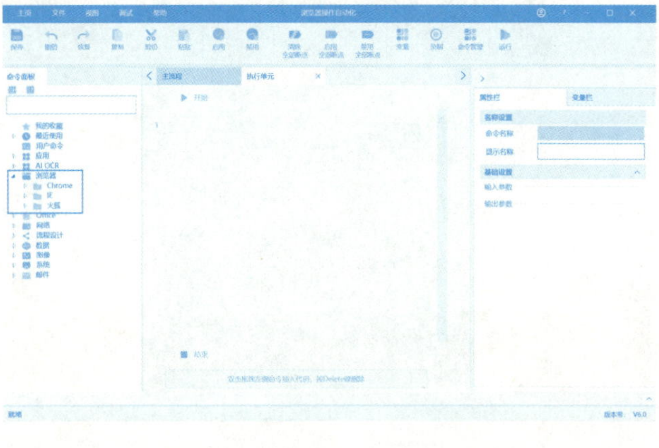

图 3－51　浏览器功能区

下面以智多星 RPA 设计器中“Chrome”命令为例，介绍与浏览器相关的操作。在 Chrome 浏览器中单击快捷键“F12”时，网页的全部 HTML 源代码就会展现出来，页面中的数据通过<head>、<body>、<div>、<title>、<tr>、<td>等标签标识。在智多星 RPA 设计器的“元素动作”命令中涉及浏览器页面元素定位时，可以使用 XPath、IDname、标签名、Class 等定位元素。

XPath 是一门在 XML 文档中定位元素的语言。因为 HTML 可以被看作是 XML 的一种实现，所以可以将页面中元素的位置转换为 XPath 来表示；再通过 XPath 使用路径表达式来选取 XML 文档中的节点。

打开 Chrome 浏览器，在浏览器中输入“https://www.baidu.com/”。进入百度网页后选择要获取 XPath 路径的位置，单击右键，再左键单击“检查”(图 3 - 52)，出现的高亮行即为定位到的标签位置，依次单击“Copy”→“Copy XPath”选项即可复制到 XPath 路径，如图 3 - 53 所示。

图 3 - 52　网页操作

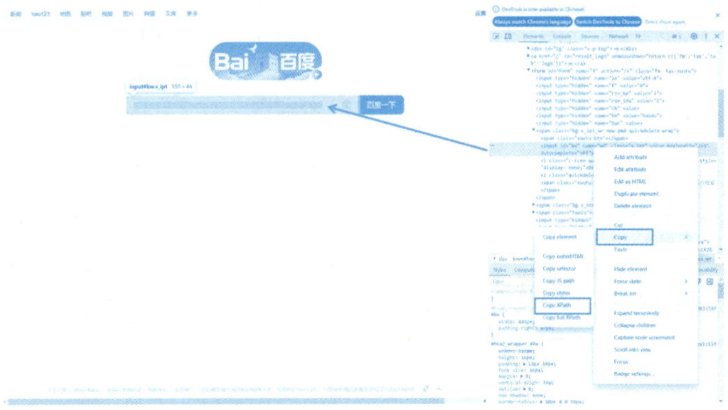

图 3 - 53　XPath 获取操作

二、浏览器操作自动化功能应用

在智多星 RPA 上新建项目，完成百度搜索机器人的开发及运行，要求机器人能够在百度内容搜索框中输入“Hello，World!”，并进行搜索。

1. 新建项目和添加创建浏览器

打开“智多星 RPA 设计器主界面”，在右侧单击“新建空白项目”，在左侧“命令面板”中双击“创建浏览器”选项，如图 3－54 所示。

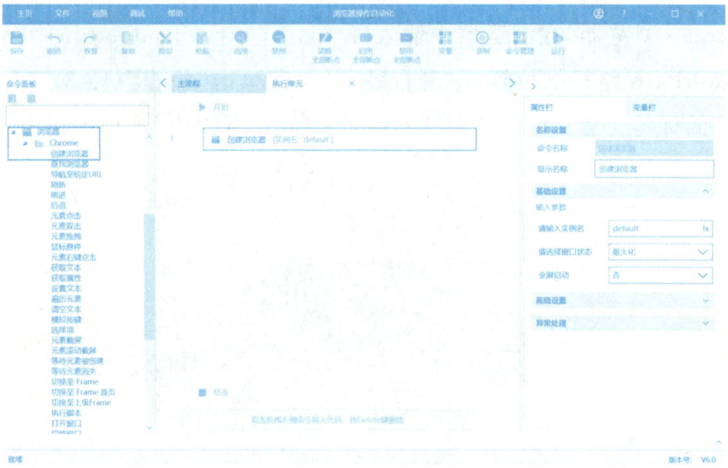

图 3－54　添加创建浏览器

2. 添加导航至给定 URL

双击“导航至给定 URL”选项，然后在右侧“属性栏”选项中增加导航地址，如图3－55 所示。

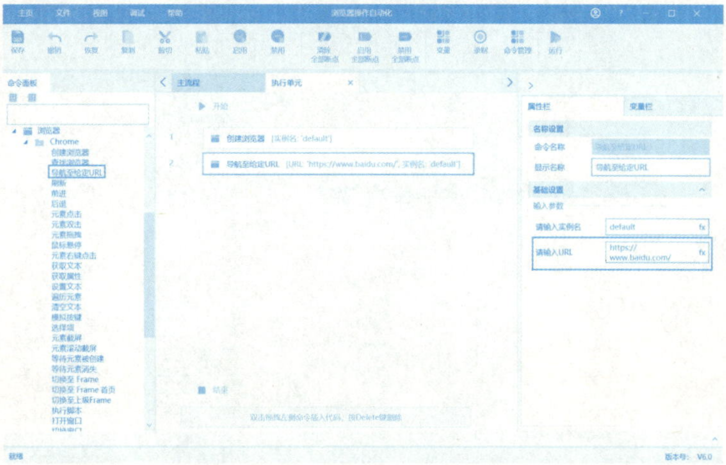

图 3－55　添加导航至给定 URL

3. 添加动作元素

（1）获取搜索框的 XPath 路径，如图 3－56 所示。

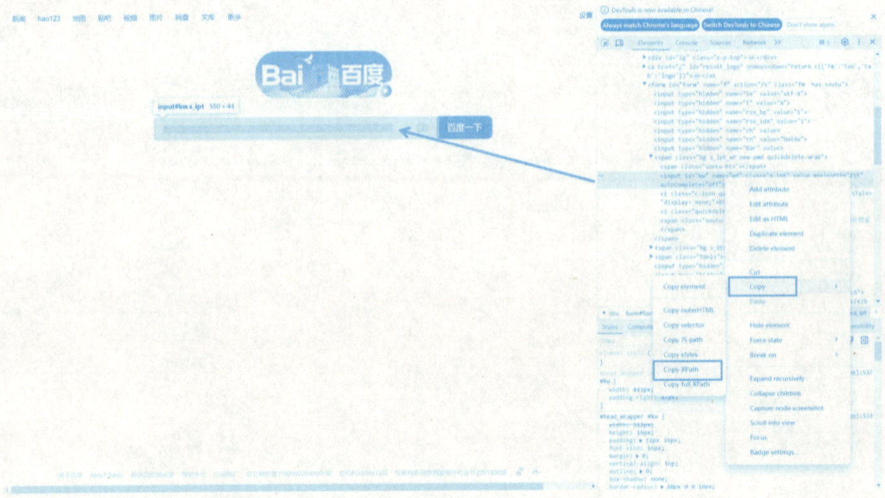

图 3－56 添加动作元素

（2）双击“设置文本”选项，将获取到的 XPath 路径粘贴至“元素搜索参数”中，并将文本内容设置为“Hello，World！”，如图 3－57 所示。

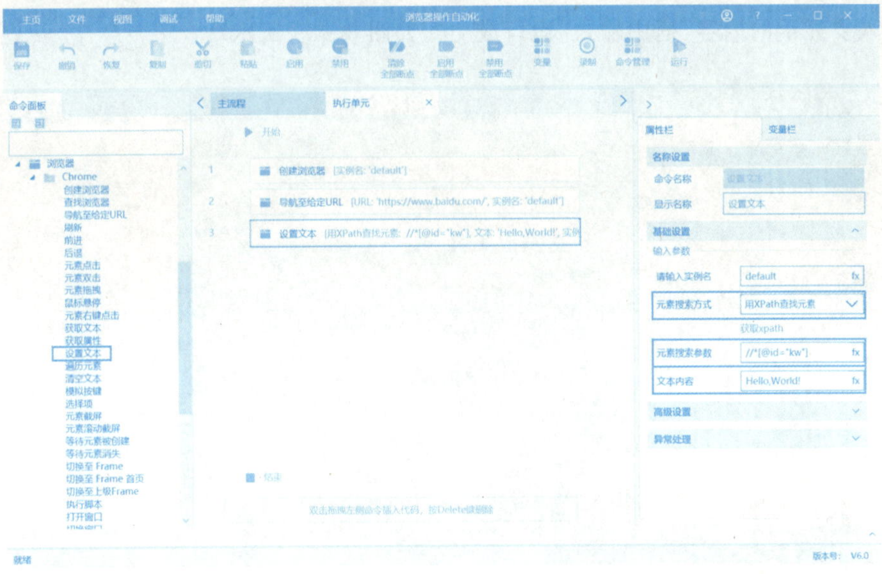

图 3－57 设置文本

（3）通过 XPath 查找元素的方式，对“百度一下”选项进行点击操作，获取“百度一下”的 XPath 路径；双击“命令面板”下的“元素点击”选项，将获取的 XPath 路径粘贴至“元素搜索参数”选项中，如图 3－58 所示。

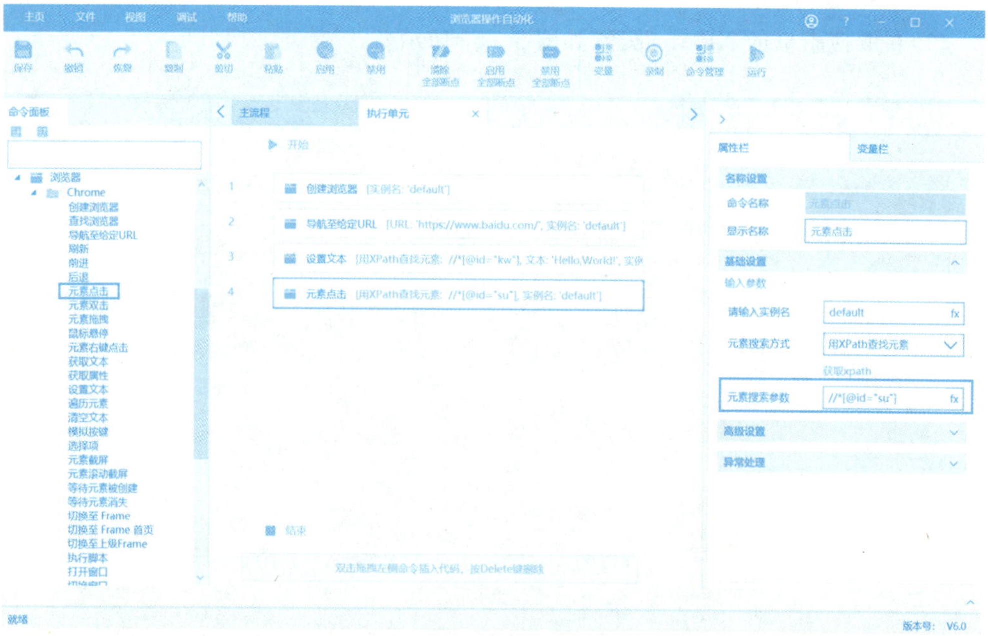

图 3-58　XPath 路径粘贴

4. 设置弹出消息

在“智多星 RPA 设计器主界面”中，单击“弹出消息框”选项，在右侧“属性栏”中的“请输入要显示的内容”框中输入“运行成功”，如图 3-59 所示。

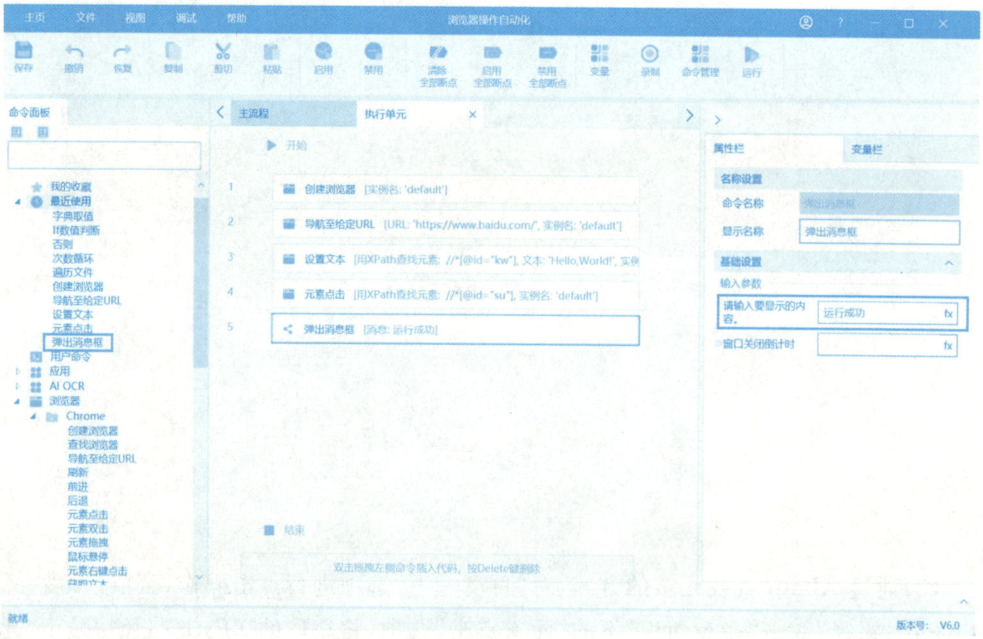

图 3-59　设置弹出消息框

5. 保存运行

单击“保存”选项保存程序，单击“运行”选项运行程序。运行结果如图 3-60 所示。

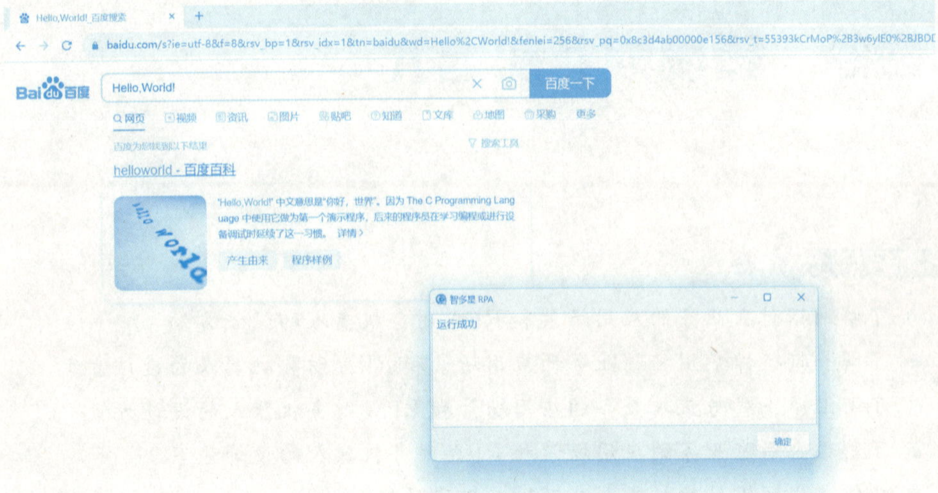

图 3-60 运行结果

职业素养

智多星 RPA 应用与财务精神：智能驱动下的责任与创新

我们在深入学习智多星 RPA 时，不仅要关注技术本身的优越性和应用场景的拓展，更要领会 RPA 在财务领域中所蕴含的责任和创新精神。我们要明确，RPA 不仅是提高效率的工具，更是推动财务行业向智能化、自动化转型的重要力量。作为未来的财务从业者，我们应积极探索 RPA 在财务管理中的更多可能性，以创新思维推动行业发展，同时坚守财务人员的职业道德，确保数据的安全性和准确性。

第四章　基础财务机器人

学习目标

- 了解网银付款业务的应用场景和 RPA 财务机器人的设计方案
- 了解长期待摊费用摊销业务的应用场景和 RPA 财务机器人的设计方案
- 了解汇率下载与录入业务的应用场景和 RPA 财务机器人的设计方案
- 了解银企对账业务的应用场景和 RPA 财务机器人的设计方案
- 能够应用网银付款机器人自动进行银行付款
- 能够应用长期待摊费用摊销机器人自动进行费用分摊并生成凭证
- 能够应用汇率录入机器人自动将汇率信息录入到 ERP 系统中
- 能够应用银企对账机器人进行自动对账

第一节　网银付款机器人

基础财务机器人主要用于帮助企业完成自动化财务管理。它可以自动化处理重复性的任务，如网银付款、汇率下载、汇率录入及银企对账等(图 4-1)。基础财务机器人可以显著降低企业的管理成本，减少人工干预和错误率，提高效率和准确性。

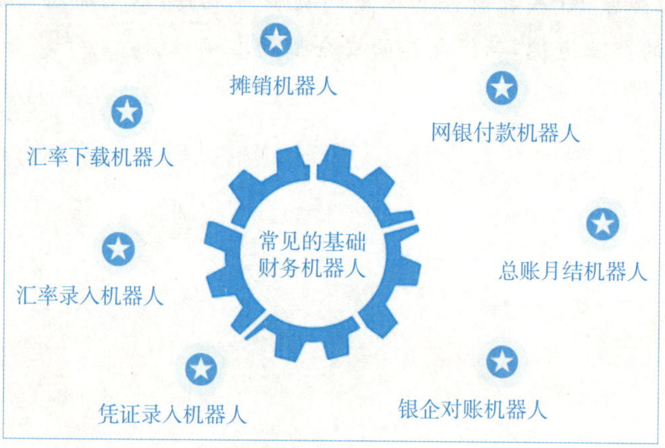

图 4-1　基础财务机器人工作任务内容

一、网银付款业务概述

网银付款业务是指出纳人员根据已审核的付款申请，通过网上银行完成款项支付的操作。网银支付对象包括对公和对私的款项支付；支付方式可分为单笔支付和批量支付；付款内容包括支付供应商货款、支付服务商服务费用、支付员工工资、支付员工报销款等。

网银对私转账是指利用网上银行系统进行的对个人账户的操作，通常需要提供收款人的姓名、账号、开户行等关键信息。网银对私转账在企业的应用场景主要有支付员工报销款、支付劳务报酬等，具有简单、重复、规则明确等特点。

网银对公转账是指通过网上银行系统进行的企业之间的转账业务，是现代电子支付体系中的一种重要形式，通常需要收款单位名称、收款单位账号、收款单位开户银行名称等关键信息。与传统的柜台转账方式相比，网银对公转账能极大地提高转账效率、降低资金风险，同时还能减少纸质凭证的使用，使转账过程更加环保。对于企业而言，网银对公转账不仅提高了财务工作效率，还有助于优化资金管理，企业可以通过网银系统实时监控账户资金流动情况，合理安排资金使用计划。同时，网银对公转账也有助于企业之间建立更加紧密的合作关系，促进业务往来。

二、业务流程分析

网银付款业务流程主要围绕财务人员登录网银系统，并根据已审核付款数据逐项填写付款信息为主，具体流程如图 4 - 2 所示。

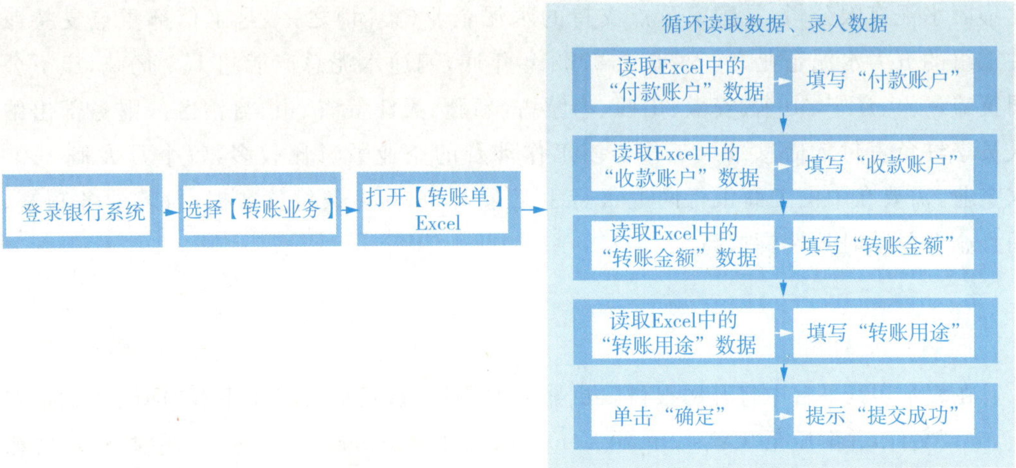

图 4 - 2　网银付款业务流程图

根据图 4 - 2 可知，网银付款机器人的工作流程：

① 打开网银付款转账单数据表格；

② 逐笔读取付款数据；

③ 登录银行网银系统；

④ 填写付款信息并逐笔完成付款。

以上工作流程在具体操作过程中，涉及的设计方案流程如图 4-3 所示。

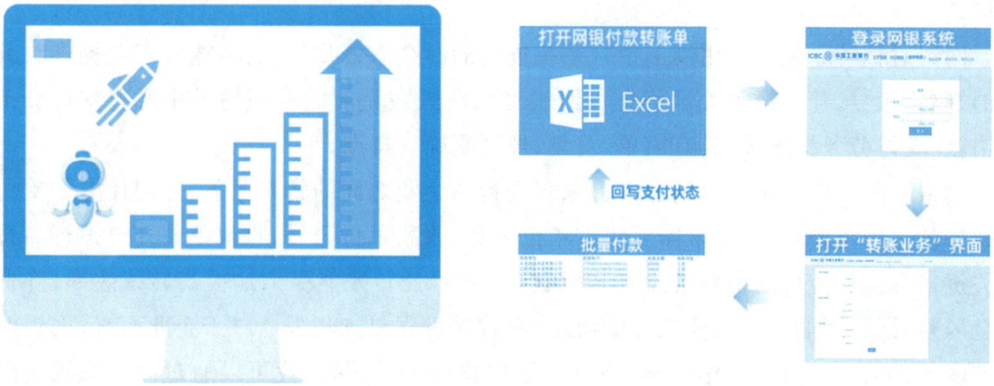

图 4-3　网银付款机器人设计方案流程

三、网银付款机器人应用

(一)业务场景描述

鸿途集团是一家集水泥、旅游、铸造等产业为一体的多元化股份制企业。其中，鸿途集团水泥有限公司，是国家重点支持的水泥企业(集团)之一，是工信部重点支持兼并重组的五大水泥企业之一。截至 2023 年年底，鸿途水泥总产能超 1.5 亿吨，旗下公司覆盖河南、辽宁、山东、安徽、山西、内蒙古、新疆、天津等省、市、自治区。财务部出纳人员李红负责付款信息录入工作。该工作涉及的企业数量比较多，每个月大概 1000 家企业，需要在中国工商银行网上银行手工录入 5000 多条付款数据；付款业务频繁，而且企业付款时效性要求高。

(二)操作步骤

1. 打开程序

在教学实践平台中打开网银付款机器人的应用，从任务资料中下载“网银付款机器人 . rar”文件，并解压至“C:\seentao\YonyouRpaStudio\Scripts”目录下，同时下载“转账单”和“银行账号”文件。

打开“智多星 RPA 设计器”，单击“打开”选项，选择“C:\seentao\YonyouRpaStudio\Scripts\网银付款机器人”文件夹中的“网银付款机器人 . proj”文件，单击“打开”选项，如图 4-4 所示。

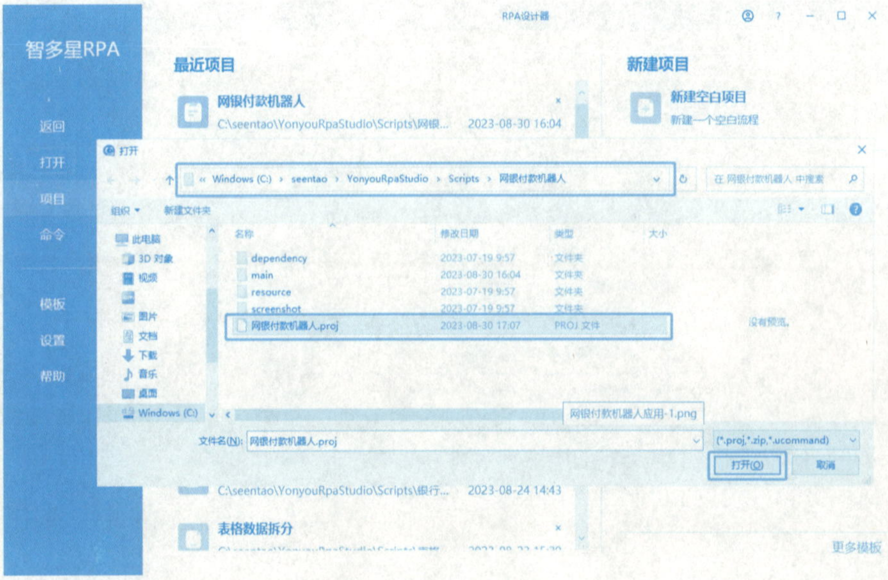

图 4－4　打开程序

2. 编写脚本

在项目“主流程”界面中双击“网银付款”选项进入脚本界面，如图 4－5 所示。

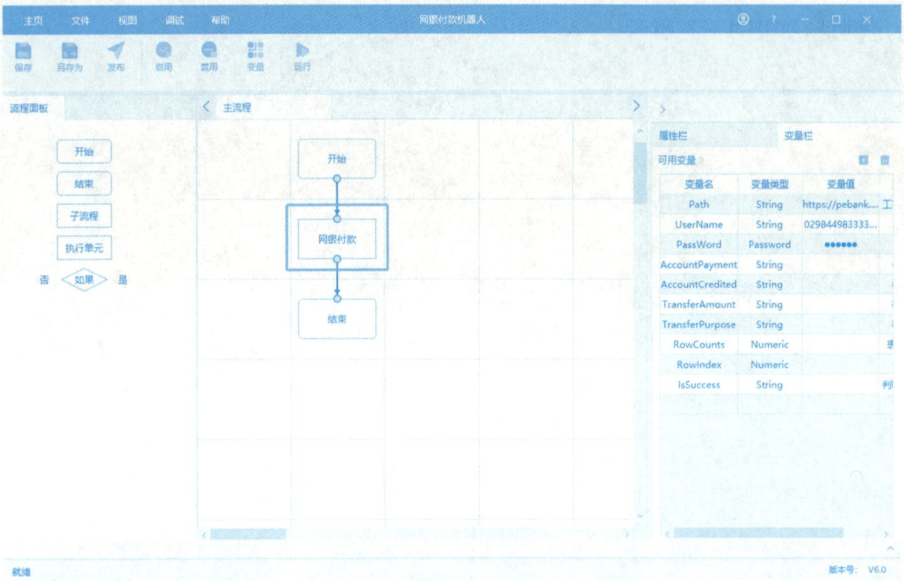

图 4－5　编写脚本

任务 1：填写“Path”网银付款网址。在右侧“变量栏”中填写“Path”变量值，正确填写后才能成功导航至给定 URL，变量值统一为“https://pebank.seentao.com/#/ebank/RPAlogin”，如图 4－6 所示。

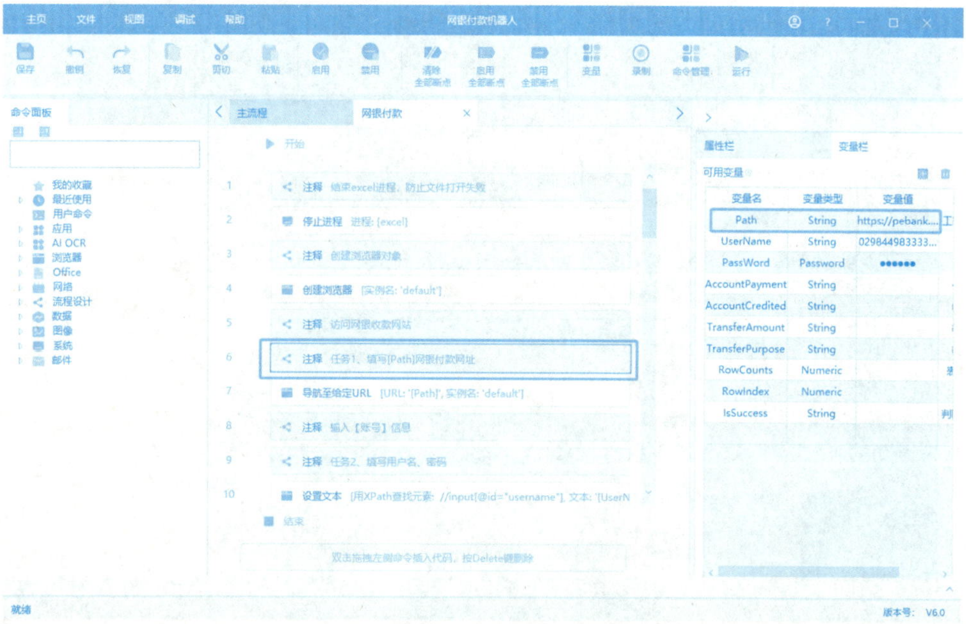

图 4-6　填写 Path 网银付款网址

任务 2:填写用户名、密码。在右侧“变量栏”中根据任务资料文件中“银行账号”信息,正确填写“UserName”和“PassWord”变量对应的值,才能在导航至给定 URL 后成功登录指定网址,如图 4-7 所示。

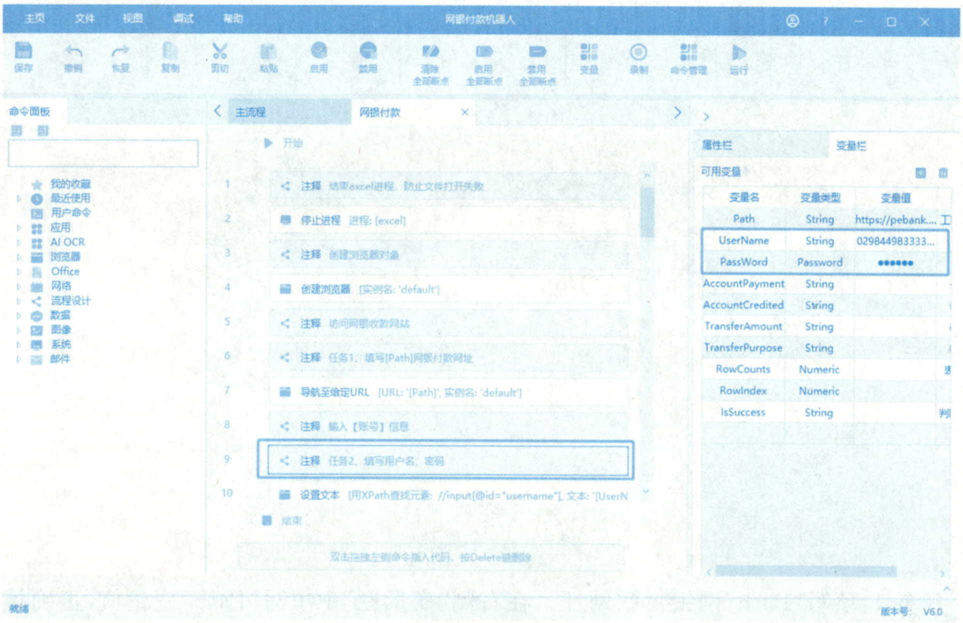

图 4-7　填写用户名、密码

任务 3:配置读取文件地址。在“打开 Excel 文件”命令中填写“请输入 Excel 文件路径”的内容,如图 4-8 所示。“转账单”文件存放路径可自行定义,填写对应的文件存放地址,也可以通过侧边按钮选择文件。

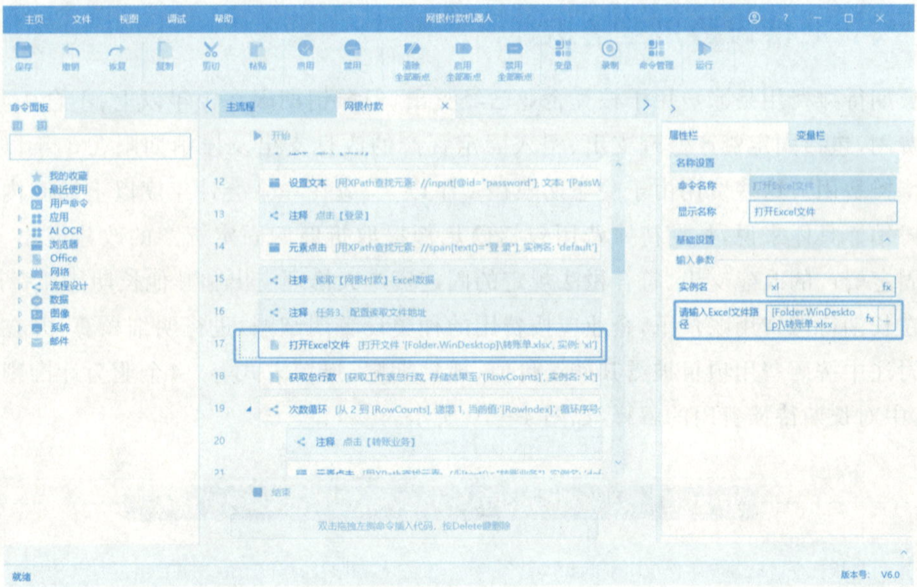

图 4-8 配置读取文件地址

3. 保存运行

单击“保存”选项保存程序,单击“运行”选项运行程序,运行结果如图 4-9 所示。打开“转账单”文件,可以查看支付是否成功。

图 4-9 运行结果

第二节 长期待摊费用摊销机器人

一、长期待摊费用业务概述

长期待摊费用是账户用于核算企业已经支出，但摊销期限在1年以上(不含1年)的各项费用，包括固定资产修理支出、租入固定资产的改良支出及摊销期限在1年以上的其他待摊费用。这些费用由于受益期限在1年以上，应在一个会计年度以上期间内分期平均摊销。具体来说，长期待摊费用包括已足额提取折旧的固定资产的改建支出、经营租入固定资产的改建支出、符合税法规定的固定资产大修理支出和其他长期待摊费用。

在长期待摊费用账户下，企业应按费用的种类设置明细账，进行明细核算，并在会计报表附注中按照费用项目披露其摊销价值、摊销期限、摊销方式等。《企业会计准则应用指南》中对长期待摊费用的解释，如图4－10所示。

《企业会计准则应用指南》中对长期待摊费用的解释如下

1801长期待摊费用

一、本科目核算企业已经发生但应由本期和以后各期负担的分摊期限在1年以上的各项费用，如以经营租赁方式租入的固定资产发生的改良支出等。

二、本科目应按费用项目进行明细核算。

三、企业发生的长期待摊费用，借记本科目，贷记“银行存款”、“原材料”等科目。摊销长期待摊费用，借记“管理费用”、“销售费用”等科目，贷记本科目。

四、本科目期末借方余额，反应企业尚未摊销完毕的长期待摊费用的摊余价值。

图4－10 《企业会计准则应用指南》中对长期待摊费用的解释

二、业务流程分析

(一)长期待摊费用摊销业务流程

长期待摊费用摊销的业务流程主要包括以下步骤：

① 确定长期待摊费用的种类和金额；

② 确定摊销期限和摊销方法；

③ 计算每期摊销额；

④ 编制会计分录；

⑤ 更新账簿和报表；

⑥ 定期复核和调整。

(二)业务流程体验

1. 业务介绍

2020年12月20日，上海享跃体育TM电商有限公司仓储部发生一笔租入固定改良支出，改良支出金额为19200元，该金额已经从银行账户支付完成。这笔改良支出19200元计入长期待摊费用，从本月开始摊销，共分24个月摊销；摊销费用计入管理费用。

任务要求：进入系统，增加2张总账凭证，分别为发生长期待摊费用的凭证和本月摊销凭证。

2. 操作步骤

(1)登录系统

在教学实践平台中登录ERP系统，在系统右上角查询rpa账号信息，示例如图4-11所示。

图4-11 登录页面一

将系统右上角的日期切换到“2020-12-20”，然后依次单击“导航”→“总账”→“凭证维护”选项，再打开凭证维护界面，如图4-12所示。

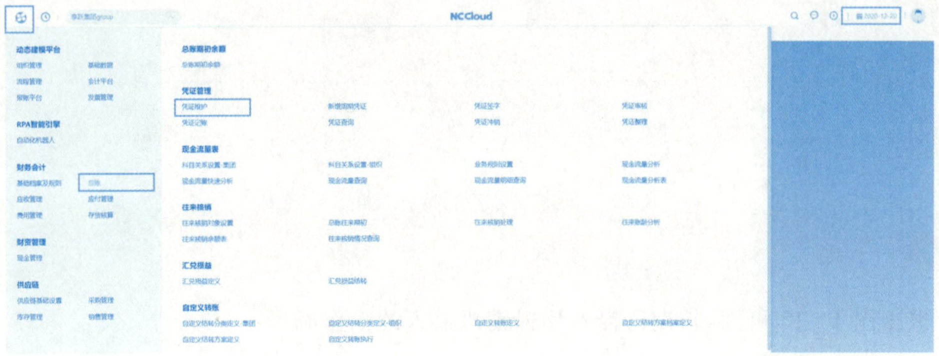

图4-12 登录页面二

(2)增加长期待摊费用发生凭证

在凭证维护界面单击“新增”选项，开始增加凭证，添加完成后单击“保存”选项，如图4-13所示。

凭证摘要：租入固定资产改良支出-姓名、组号。

借方科目：18010101\长期待摊费用\租入固定资产改良。

支出科目：根据rpa账号后三位选择对应的科目，如rpa001账号选择“长期待摊费用\租入固定资产改良支出\租入固定资产改良支出001”科目。

贷方科目：1002\银行存款。

辅助核算为“银行账户：上海享跃体育TM电商有限公司-实训21人民币活期户”。

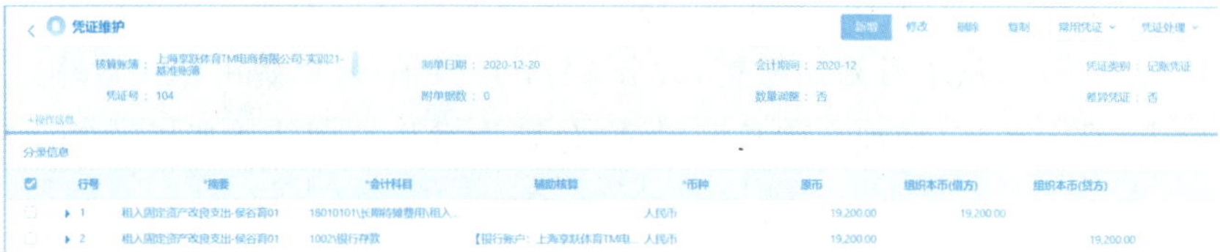

图 4-13　增加长期待摊费用发生凭证

（3）增加本月长期待摊费用摊销凭证

在凭证维护界面单击“新增”选项，开始增加凭证，添加完成后单击“保存”选项，如图 4-14 所示。

凭证摘要：租入固定资产改良支出摊销-姓名、组号。

借方科目：660225\管理费用\长期待摊费用摊销。

支出科目：根据 rpa 账号后三位选择对应的科目，如 rpa001 账号选择“长期待摊费用\租入固定资产改良支出\租入固定资产改良支出 001”科目。

贷方科目：18010101\长期待摊费用\租入固定资产改良支出\租入固定资产改良支出 001。

辅助核算：“部门：仓储部”。

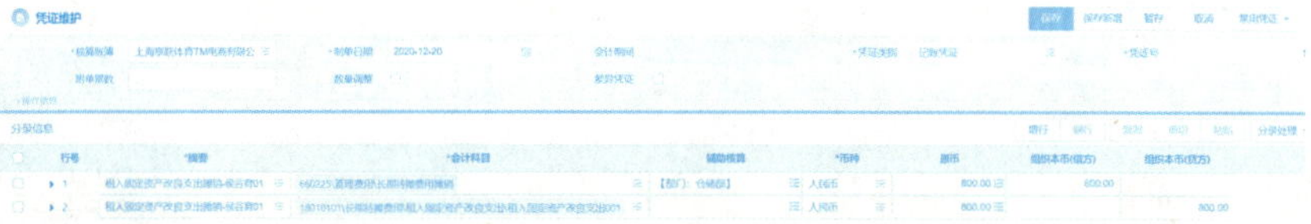

图 4-14　增加本月长期待摊费用摊销凭证

（三）长期待摊费用摊销机器人工作流程

根据图 4-15 可知，长期待摊费用摊销机器人的工作流程：

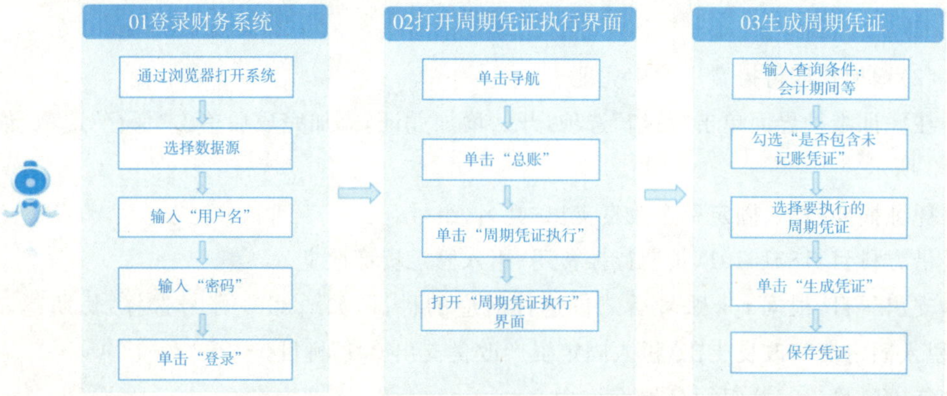

图 4-15　长期待摊费用摊销机器人工作流程

① 登录财务系统；

② 打开周期凭证执行界面；

③ 生成周期凭证。

三、长期待摊费用摊销机器人应用

（一）业务场景描述

2023年10月6日，享跃体育集团有限公司发生一笔租入固定改良支出，改良支出金额为240000元，该金额已经从银行账户支付完成。这笔改良支出的240000元计入长期待摊费用，从本月开始摊销，共分24个月摊销；摊销费用计入管理费用。系统凭证如图4－16所示。

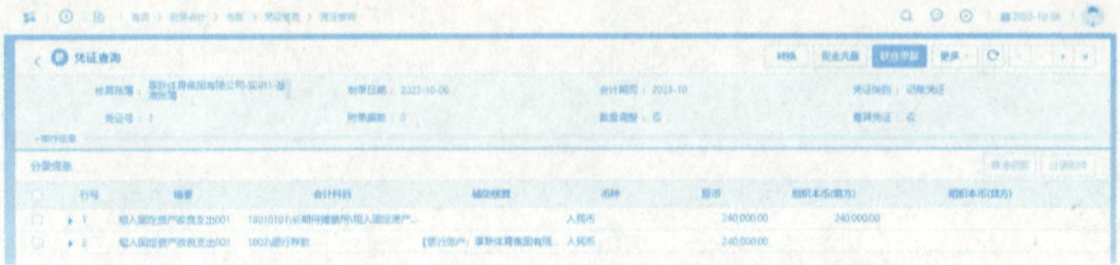

图4－16　长期待摊费用系统凭证

（二）操作步骤

1. 打开程序

在教学实践平台中打开“长期待摊费用摊销机器人”的应用，从任务资料中下载“长期待摊费用摊销机器人.rar”文件，解压至“C:\seentao\YonyouRpaStudio\Scripts”目录下，同时下载“长期待摊费用摊销机器人登录账号.xlsx”文件。

打开智多星RPA，单击“打开”，选择“C:\seentao\YonyouRpaStudio\Scripts\长期待摊费用摊销机器人”文件夹中的“长期待摊费用摊销机器人.proj”文件，单击“打开”选项，如图4－17所示。

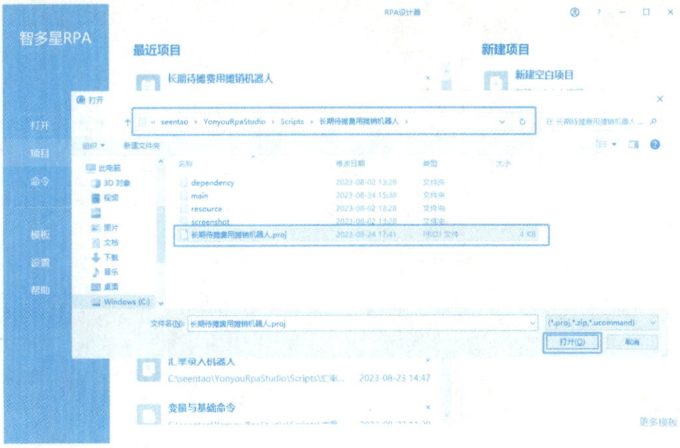

图4－17　打开程序

2. 编写脚本

在项目“主流程”界面中双击“长期待摊费用摊销”选项进入脚本界面，如图 4－18 所示。

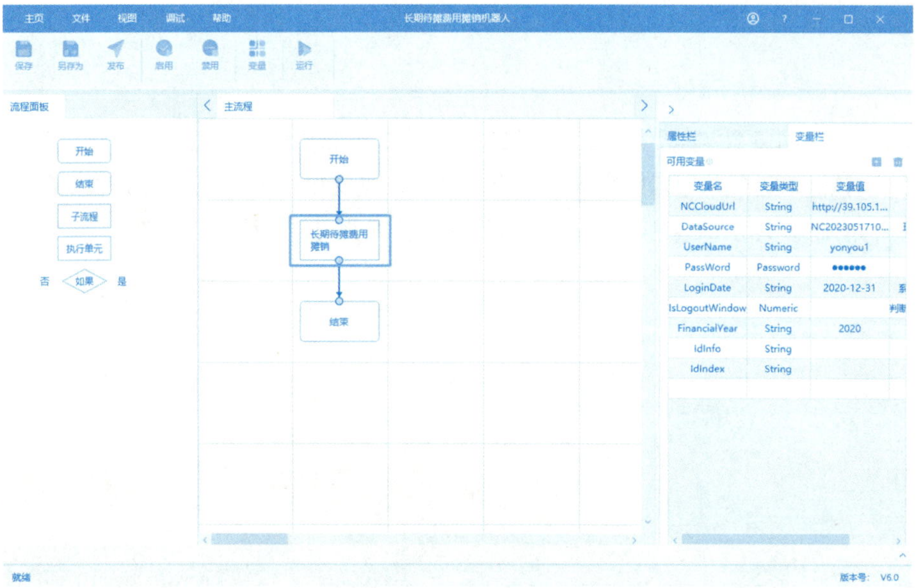

图 4－18　编写脚本

任务 1：填写“DataSource”“NCCloudUrl”“UserName”“zhouqiname”“OrgInfo”等变量的值，如图 4－19。

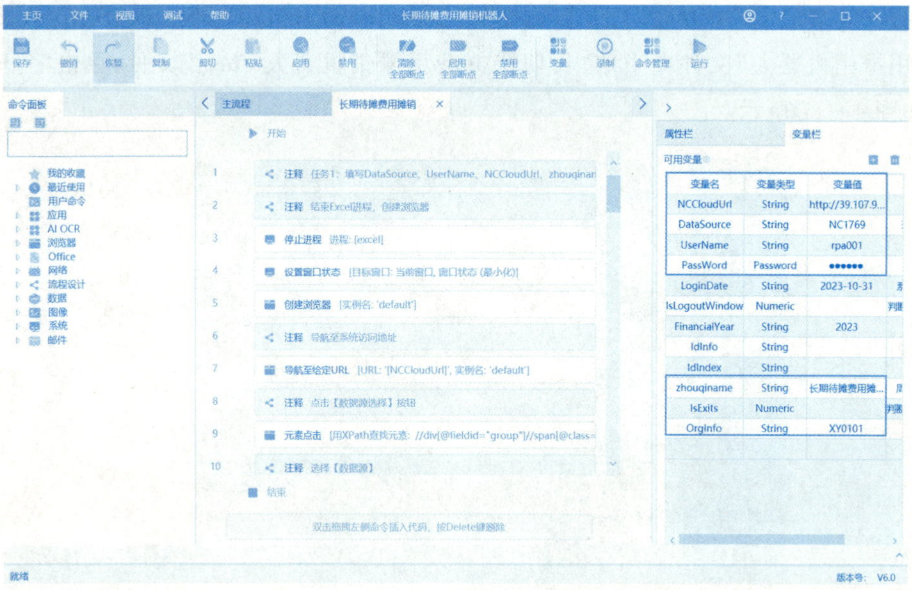

图 4－19　变量说明

DataSource：在课程主界面右上角的“工作应用”选项中单击“查看数据源”选项，复制其代码并粘贴于 DataSource 的变量值处，如图 4－20 所示。

图 4－20　查看数据源

NCCloudUrl：填写用友 NCC 轻量端访问地址，如图 4－21 所示。

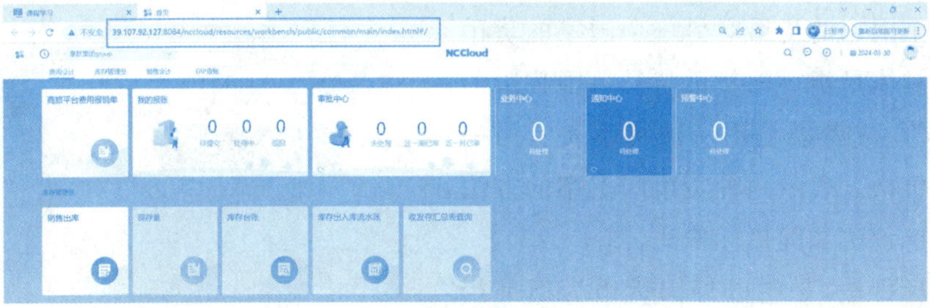

图 4－21　NCCloudUrl 变量值

UserName：依据“任务资料”中“长期待摊费用机器人登录账号．xlsx”下的“登录账号 UserName”字段填写。

zhouqiname：依据“任务资料”中“长期待摊费用机器人登录账号．xlsx”下的“周期凭证名称 zhouqiname”字段填写。

OrgInfo：依据“任务资料”中“长期待摊费用机器人登录账号．xlsx”下的“对应业务单元 OrgInfo”字段填写。

3. 保存运行

单击“保存”选项保存程序，单击“运行”选项运行程序。运行结果如图 4－22 所示。

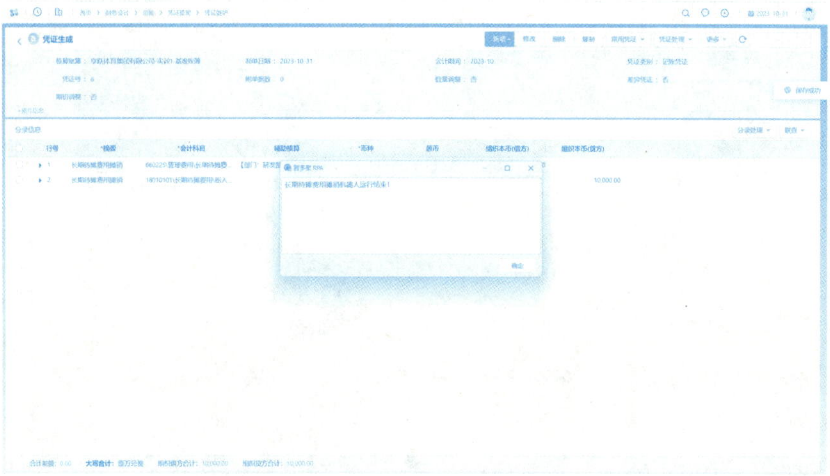

图 4－22　运行结果

第三节　汇率下载与录入机器人

一、汇率业务概述

汇率是指两种货币之间兑换的比率，亦可视为一个国家的货币对另一个国家的货币的价值。具体是指一国货币与另一国货币的比率或比价，或者说是用一国货币表示另一国货币的价格。表示两种货币间汇率的方法包括直接标价法和间接标价法（图 4－23）。

图 4－23　汇率标价方法

直接标价法，是指以外国货币为标准折合一定数量的本国货币。假如，美元对人民币的汇率为 6.5810，即 1 美元可以兑换 6.5810 元人民币，目前外汇市场上包括人民币在内的大多数货币都采用直接标价法。间接标价法，是指以本国货币为标准折合一定数量的外国货币。

企业汇率业务主要涉及企业在跨境贸易、投资及其他外汇交易过程中，对汇率风险的识别、评估、监测和控制。随着全球化的推进，企业之间贸易往来和国际合作越来越频繁，涉及的货币种类也更加多样化。在外汇交易中，企业需要时刻关注外汇市场的汇率波动、市场行情及相关交易规则、风险管理。

二、业务流程分析

（一）汇率业务流程

企业系统中的汇率业务处理流程主要涉及汇率的设置、维护、更新及其在财务交易中的应用。ERP 中汇率业务处理的一般流程：

① 汇率设置；

② 汇率维护；

③ 汇率应用。

（二）业务流程体验

1. 业务介绍

登录国家外汇管理局网站，选择“统计数据”→“人民币汇率中间价”选项，输入日期查询条件，再单击“导出表格”选项完成汇率下载。登录 ERP 系统，在系统中完成汇率信息录入。

2. 操作步骤

(1)登录系统

在教学实践平台中登录 ERP 系统，依次单击“导航”→“基础数据”→“外币汇率-全局”选项，如图 4－24 所示。

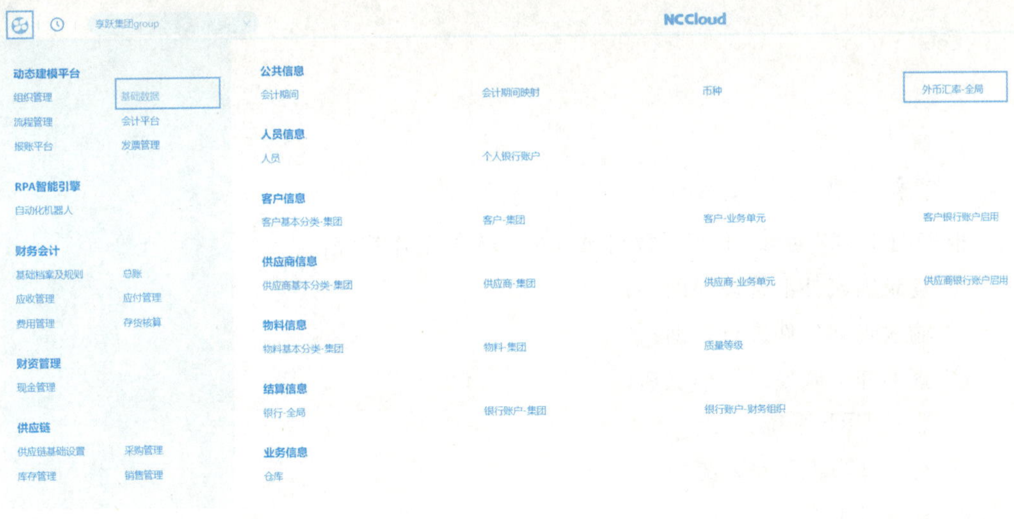

图 4－24　登录系统

(2)汇率维护

① 单击“基准汇率方案”选项前的“＋”号，展开该汇率方案下的外币信息，选择需要录入汇率的外币。例如，选择“港币”选项，再依次单击“日汇率”“修改”选项，打开汇率信息录入界面，如图 4－25 所示。

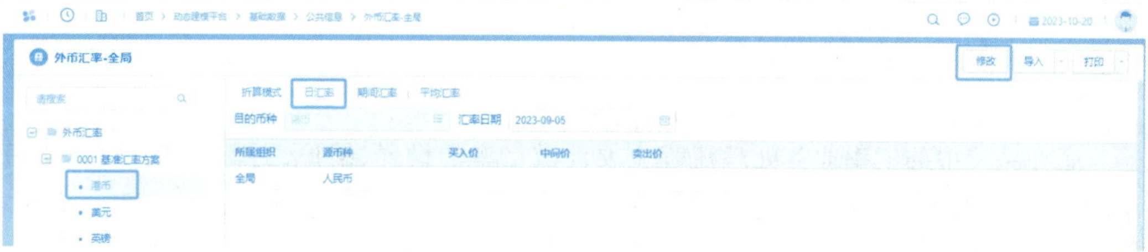

图 4－25　汇率维护

② 打开与 rpa 账号匹配的人民币汇率中间价数据表。例如，rpa001 账号打开“人民币汇率中间价数据 0329－rpa001. xls”文件，参考文件中的日期，录入汇率日期，参考文件中的“汇率信息/100”录入系统中的“中间价”。Excel 文件中的汇率信息来源于国家外汇管理局官网，对应人民币单位为 100 元，ERP 系统中对应的人民币单位为 1 元，所以在填写 ERP 中的汇率信息时需要除以 100。

③ 依次填写完港币、美元和英镑的汇率信息，完成 ERP 系统中的汇率信息录入工作，如图 4－26 所示。

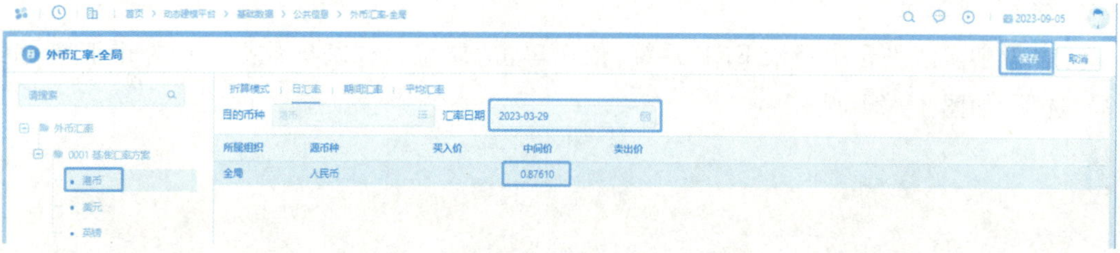

图 4－26　汇率录入

(三)汇率下载与录入机器人工作流程

根据图 4－27 可知，汇率下载与录入机器人的工作流程：

① 登录国家外汇管理局网站；

② 输入查询条件进行查询；

③ 查询并下载导出汇率表格；

④ 登录 ERP 系统；

⑤ 打开外币汇率录入界面；

⑥ 录入日汇率。

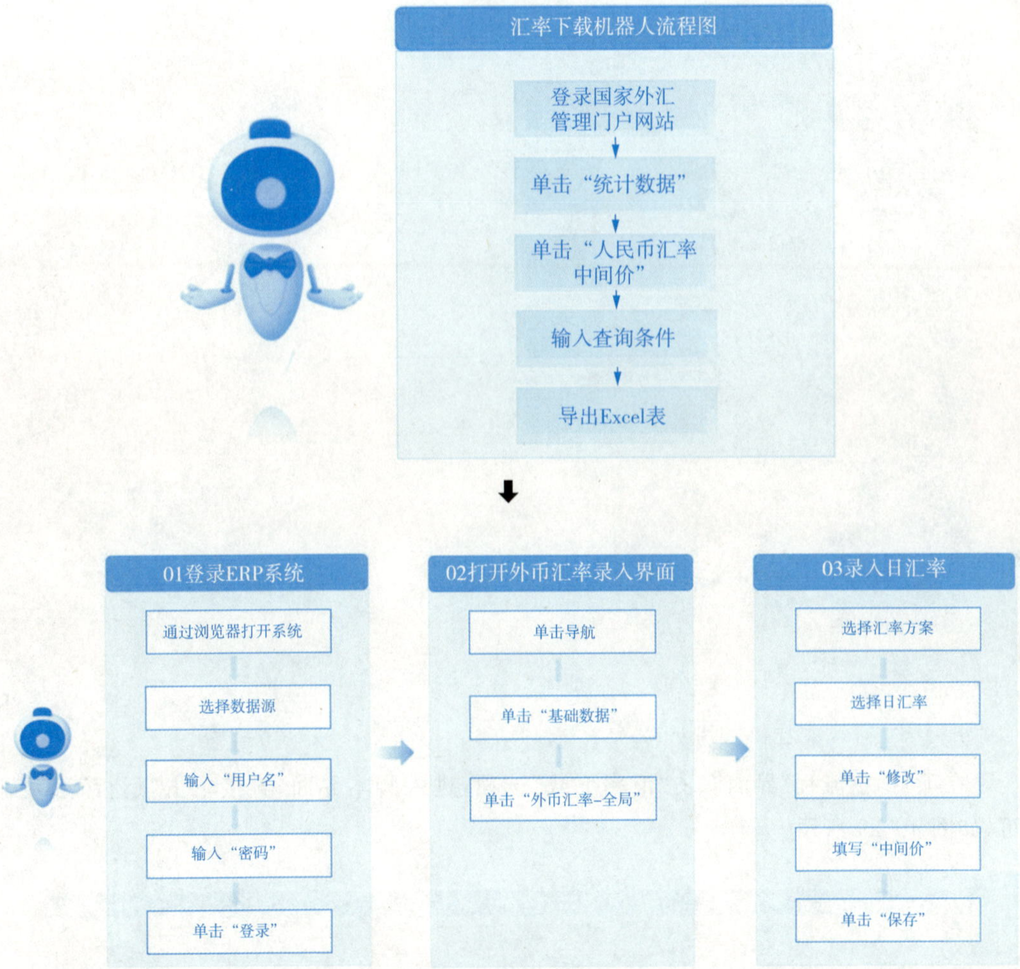

图 4-27 汇率下载与录入机器人工作流程

三、汇率下载与录入机器人应用

(一)业务场景描述

打开智多星 RPA 设计器，再打开 ERP 系统，运行“汇率下载机器人”软件，下载汇率数据；运行“汇率录入机器人”软件，将汇率信息录入到 ERP 系统中。

(二)操作步骤

1. 打开汇率下载机器人程序

在教学实践平台中打开“汇率下载机器人”的应用，从任务资料中下载“汇率下载机器人.rar”文件，并解压至“C:\seentao\YonyouRpaStudio\Scripts”目录下。

打开“智多星 RPA 主界面”，单击“打开”选项，选择“C:\seentao\YonyouRpaStudio\Scripts\汇率下载机器人”文件夹中的“汇率下载机器人.proj”文件，单击“打开”选项，如

图 4－28 所示。

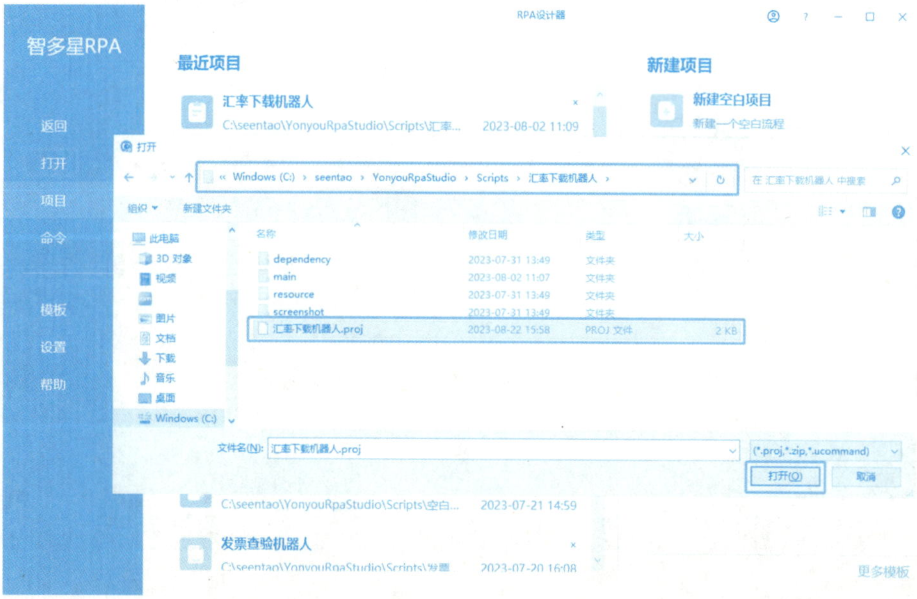

图 4－28　打开汇率下载机器人程序

2. 运行汇率下载机器人程序

在项目“主流程”界面双击“汇率下载”选项，进入脚本界面，直接单击“运行”选项即可，如图 4－29 所示。

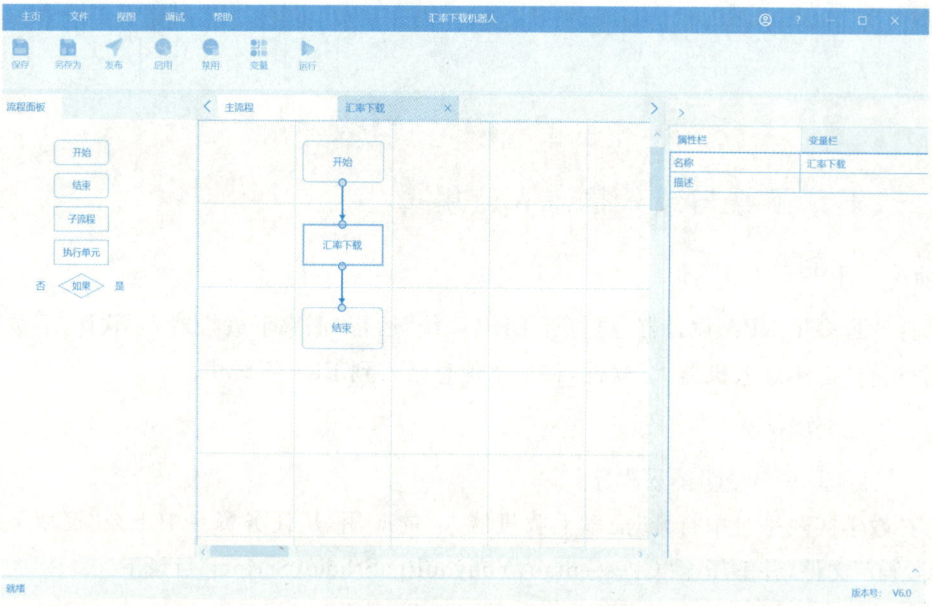

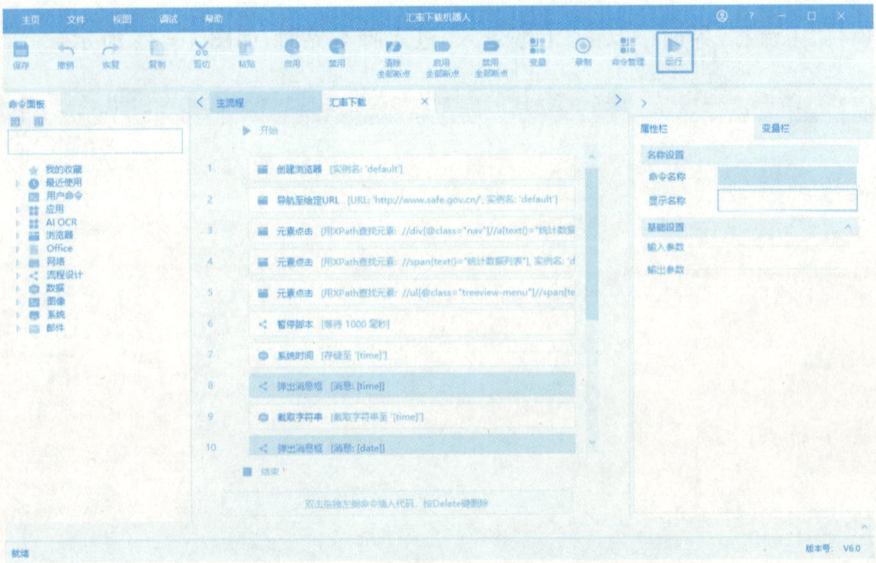

图 4-29　运行汇率下载机器人程序

3. 打开汇率录入机器人软件

在教学实践平台中打开“汇率录入机器人”的应用，从任务资料中下载“汇率录入机器人.rar”文件，并解压至“C:\seentao\YonyouRpaStudio\Scripts”目录下。

打开“智多星 RPA 主界面”，单击“打开”选项，选择“C:\seentao\YonyouRpaStudio\Scripts\汇率录入机器人”文件夹中的“汇率录入机器人.proj”文件，单击“打开”选项，如图 4-30 所示。

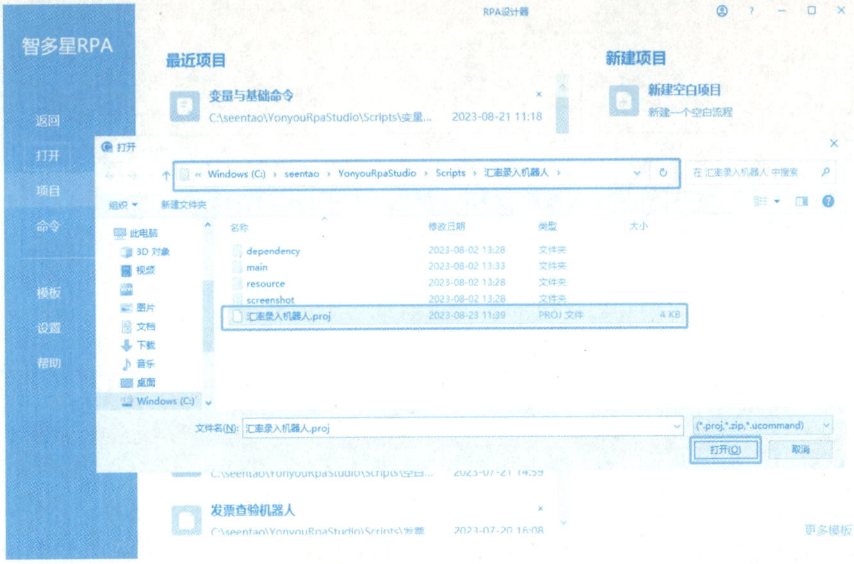

图 4-30　打开汇率录入机器人软件

4. 编写脚本

在项目“主流程”界面中双击“汇率录入”进入脚本界面，如图 4－31 所示。

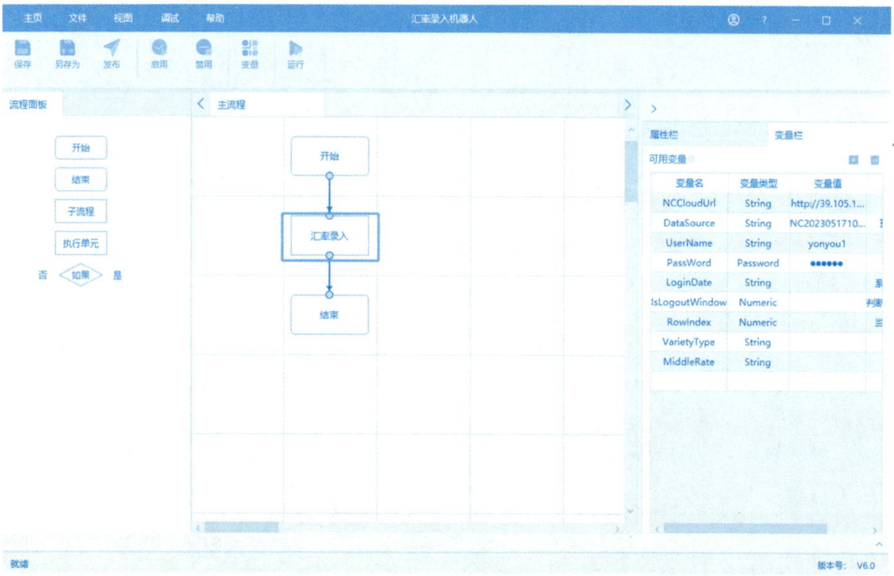

图 4－31　编写脚本

任务 1：填写“NCCloudUrl”“DataSource”“UserName”变量的值，如图 4－32 所示。

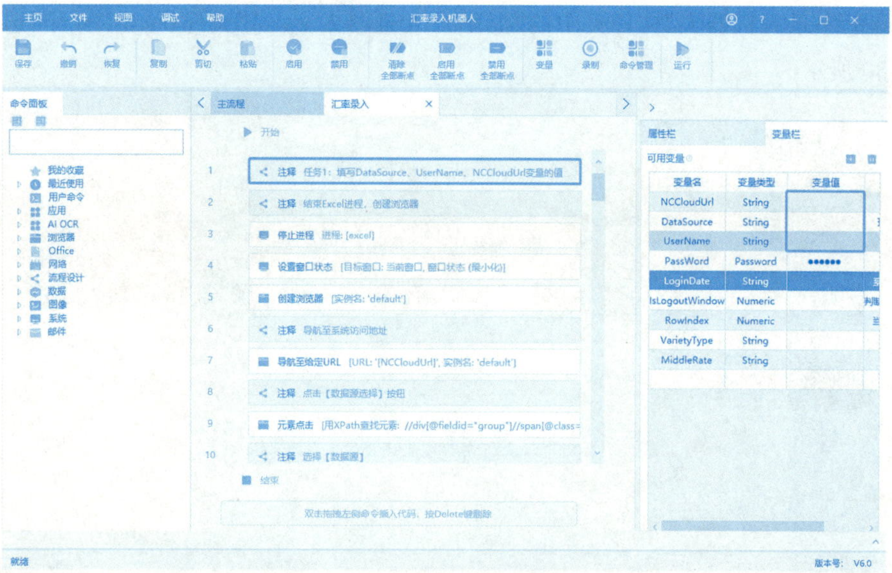

图 4－32　填写变量

任务 2：将“人民币汇率中间价”文件存放在电脑桌面。

首先在任务资料中下载“汇率录入机器人业务数据”文件，然后将与 rpa 账号匹配的数据文件存放在桌面。例如，账号为“rpa003”的同学将“人民币汇率中间价数据 0329 - rpa001. xls”放在桌面。如果文件不保存在桌面，也可以找到打开 Excel 文件的命令，在右侧“属性栏”中通过选项找到文件路径，进而打开“汇率录入机器人业务数据”文件，如图 4 - 33 所示。

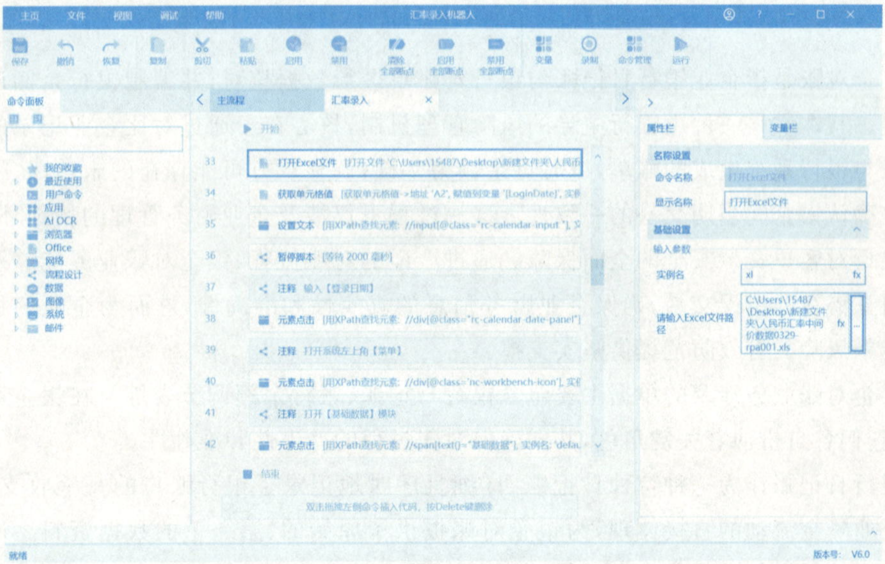

图 4 - 32　打开汇率录入机器人业务数据表

5. 保存运行

单击“保存”选项保存程序，单击“运行”选项运行程序。运行结果如图 4 - 34 所示。可以在用友 NCC 轻量端查看汇率录入是否成功。

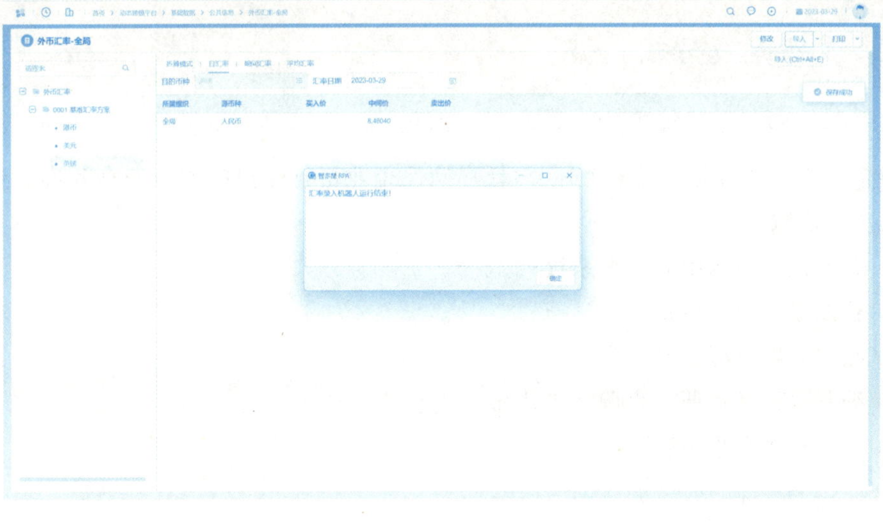

图 4 - 34　运行结果

第四节　银企对账机器人

一、银企对账业务概述

银企对账是指企业银行日记账与银行对账单进行数据核对，并编制银行余额调节表的过程。其本质是一种由银行主导的风险管理机制，核心在于通过对比企业记录的银行日记账与银行系统生成的账单，以时点余额为基础，调整双方可能存在的未达账项，从而验证并确认银企间当期交易的一致性。这一过程不仅涉及企业财务管理的精细环节，更关乎银行对客户资金安全的全面保障。通过严谨的对账流程，银企对账业务能够及时发现并纠正潜在的错误交易，确保企业财务信息的真实性和准确性，进而为企业的稳健运营和金融风险的有效防范提供坚实支撑。

银企对账业务涉及的单据主要包含银行日记账、银行余额调节表等。在银企对账业务中，它们各自扮演着关键角色，共同确保对账过程的严谨性和准确性。

银行日记账作为一种特种日记账，详细且序时地记录了银行账户的每笔收支情况。它是企业资金流动的直接体现，为银企对账提供了原始的、第一手的数据资料。通过仔细审核和核对银行日记账，企业可以全面掌握账户的资金变动情况。

银行余额调节表是在银行对账单和企业银行日记账的基础上编制的一种表格，用于调整双方余额，确保两者的数据一致。通过编制银行余额调节表，企业可以清晰地了解银行对账单余额与企业账面余额之间的差异，以及产生差异的原因。这有助于企业及时发现并解决未达账项问题，防范财务风险。同时，银行余额调节表还可以作为银行存款科目的附列资料保存，为企业后续的财务管理和决策提供重要参考。

二、业务流程分析

（一）银企对账业务流程

银企对账业务流程涉及多个环节，旨在确保企业银行账户的资金安全和准确性。该流程的主要步骤：

① 登录银企对账中心对账系统；

② 获取账户对账单；

③ 对差异项进行异常处理；

④ 编制银行余额调节表调整未达账项或余额差异；

⑤ 生成对账结果报告。

（二）银企对账机器人工作流程

根据银企对账业务流程，可知银企对账机器人的工作流程：

① 打开银行对账单获取借贷方发生金额、时间以及摘要；

② 打开银行日记账获取借贷方发生金额、时间以及摘要；

③ 计算差额并填写银行余额调节表。

三、银企对账机器人应用

（一）业务场景描述

打开智多星 RPA 设计器，运行“银企对账机器人”软件，自动完成任务资料中银行日记账和银行对账单的核对，自动编写银行余额调节表。

（二）操作步骤

1. 打开银企对账机器人程序

在教学实践平台中打开“银企对账机器人”的应用，从任务资料中下载“银企对账机器人 .rar”文件，并解压至“C:\seentao\YonyouRpaStudio\Scripts”目录下。

打开智多星 RPA，单击“打开”选项，选择“C:\seentao\YonyouRpaStudio\Scripts\银企对账机器人”文件夹中的“银企对账机器人 .proj”文件，再单击“打开”选项，如图 4 - 35 所示。

图 4 - 35　打开银企对账机器人程序

2. 编写脚本

在项目“主流程”界面中双击“银企对账”选项进入脚本界面，如图 4 - 36 所示。

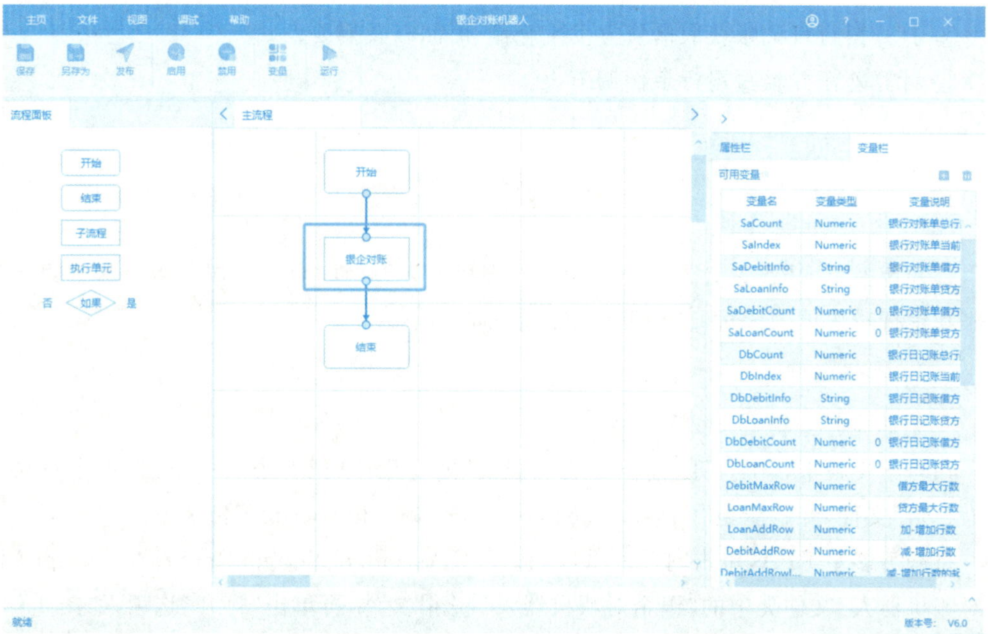

图 4-36　脚本界面

任务 1:配置打开 Excel 文件功能,选择银行对账单文件。单击“打开 Excel 文件”选项,在右侧“属性栏”中通过“请输入 Excel 文件路径”选项,选择要读取的银行对账单文件,即可生成文件路径,如图 4-37 所示。

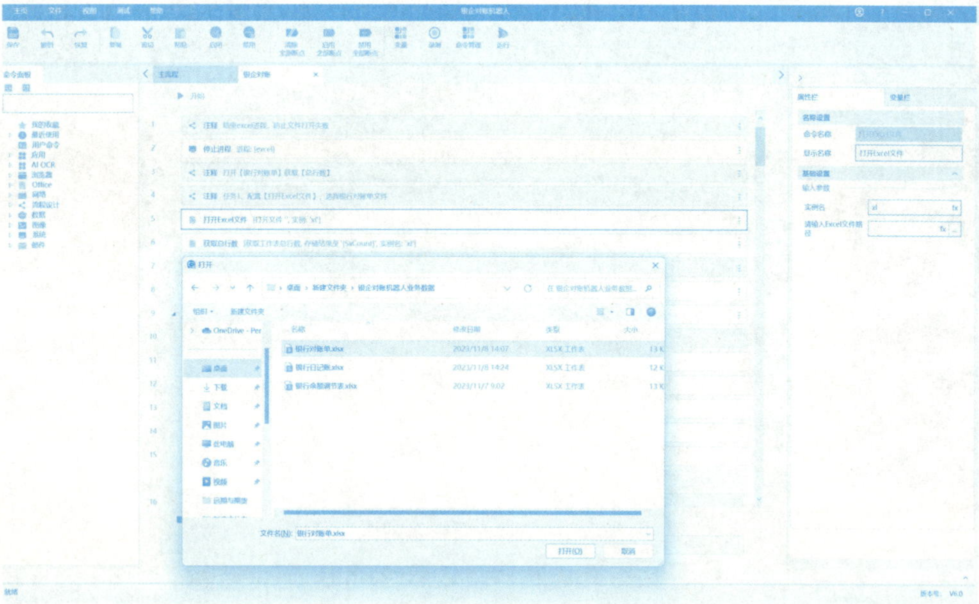

图 4-37　配置打开银行对账单文件

任务 2:配置打开 Excel 文件功能,选择银行日记账文件。单击“打开 Excel 文件”选项,在右侧“属性栏”中输入对应的 Excel 文件路径即可,如图 4-38 所示。

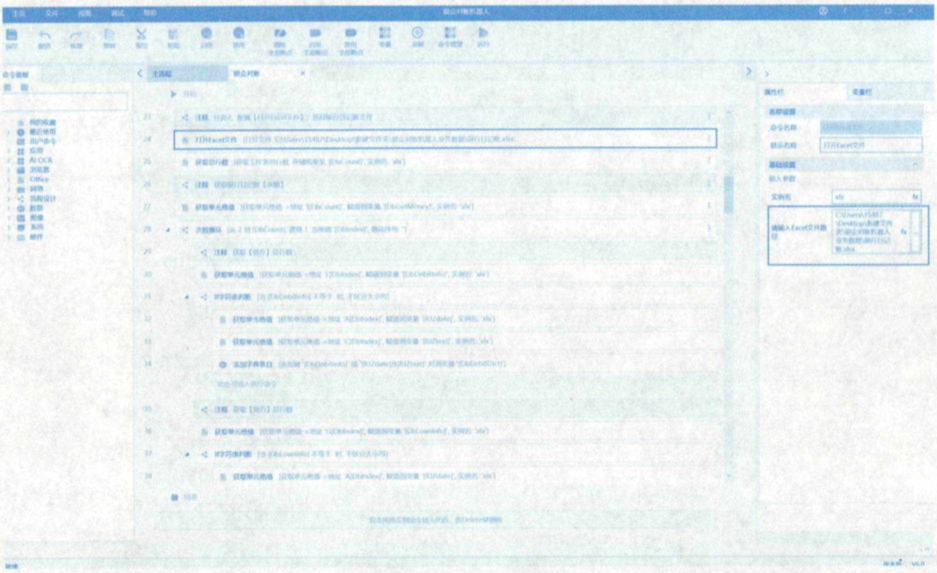

图 4-38 配置打开银行日记账文件

任务 3:配置打开 Excel 文件功能,选择银行余额调节表文件。单击“打开 Excel 文件”选项,在右侧“属性栏”中输入对应的 Excel 文件路径即可,如图 4-39 所示。

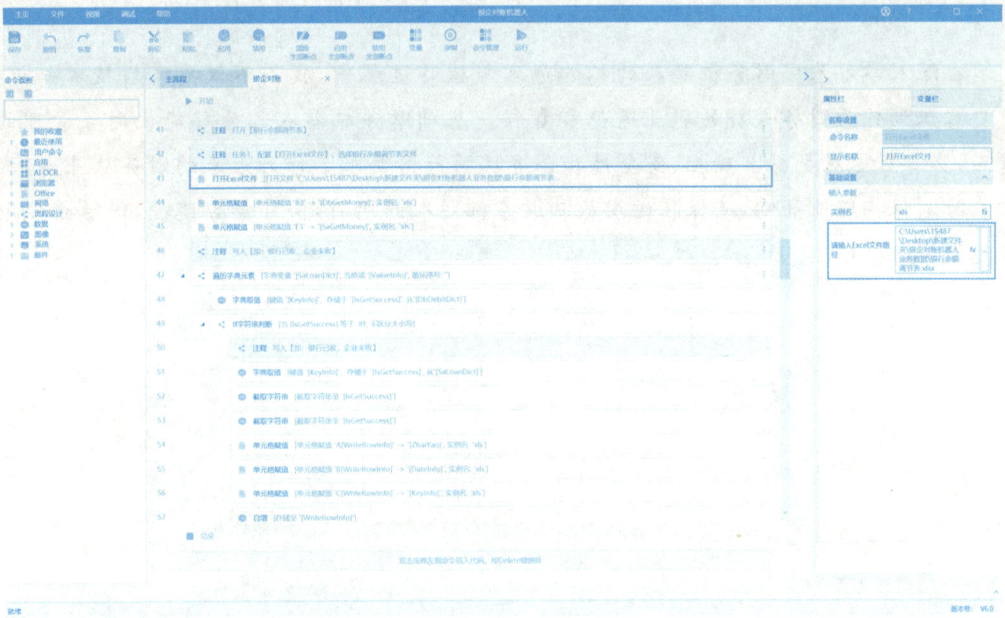

图 4-39 配置打开银行余额调节表文件

3. 保存运行

单击“保存”选项保存程序，单击“运行”选项运行程序。运行结果如图 4－40 所示。可以打开“银行余额调节表”文件查看是否成功。

银行存款余额调节表					
银行日记账			银行对账单		
调整前余额:	2707383.2		调整前余额:	3383551.2	
加：银行已收，企业未收			加：企业已收，银行未收		
摘要	日期	金额	摘要	日期	金额
销售收入	2020-12-10	1200000	销售收入	2020-12-05	650000
销售收入	2020-12-21	92000			
小计:		1292000	小计:		650000
银行已付，企业未付			减：企业已付，银行未付		
摘要	日期	金额	摘要	日期	金额
水电费	2020-12-19	7832	支付会务费	2020-12-14	50000
话费	2020-12-19	8000			
小计:		15832	小计:		50000
调整后余额:	3983551.20		调整后余额:	3983551.20	

图 4－40　运行结果页面

注意：在运行前需关闭相关的 Excel 文件，否则会导致项目运行失败。

职业素养

基础财务机器人与职业道德：技术奠基，责任同行

在深入学习基础财务机器人的工作原理与操作过程中，我们不仅要掌握技术知识，更要意识到作为财务人员的职业道德和责任。基础财务机器人作为智能化财务管理的基石，其背后是对数据准确性、安全性和合规性的严格要求。作为未来的财务从业者，我们应时刻保持职业警觉，确保在运用基础财务机器人的同时，坚守财务道德，保障企业财务稳健运行。

第五章　税务业务机器人

学习目标

- 了解发票查验业务场景中的 RPA 应用
- 了解发票开具业务场景中的 RPA 应用
- 了解个人所得税纳税申报业务场景中的 RPA 应用
- 了解增值税纳税申报业务场景中的 RPA 应用
- 能够在 RPA 机器人中填写关键命令，完成发票查验机器人的编写与运行
- 能够在 RPA 机器人中填写关键命令，完成发票开具机器人的编写与运行
- 能够在 RPA 机器人中填写关键命令，完成个人所得税纳税申报机器人的编写与运行
- 能够在 RPA 机器人中填写关键命令，完成增值税纳税申报机器人的编写与运行

第一节　发票查验机器人

税务会计的日常工作包括收票、开票、三单匹配、发票查验真伪、发票认证及纳税申报等业务。如今，这些重复的、量大的、烦琐的工作可以由税务机器人来完成，以释放财务人员劳动力。税务机器人是一种基于人工智能技术的软件系统，能够自动执行发票查验、发票开具、发票认证、三单匹配、增值税纳税申报等工作（图 5－1）。通过对企业财务数据的自

图 5－1　税务机器人涉及的主要内容

动分析和处理，税务机器人可以提高税务申报和核算的准确性和效率，减少人工操作的错误和财务人员的工作量，帮助企业降低税务风险和成本，进一步提升财务管理水平。

一、发票查验业务概述

发票查验业务是指对发票的真伪、合法性以及开具信息的准确性进行核实的过程。这一业务的主要目的是降低税收风险，避免虚假发票、重复报销等财税风险，从而保障企业和个人的合法权益。发票查验主要关注发票的开具单位、发票代码、发票号码、开票日期、金额等关键信息，并通过发票查验系统进行验证，纸质发票和电子发票都可以通过相应的平台进行查验。对于企业而言，发票查验是财税管理的重要环节，具有保障企业财税安全、促进企业合规经营、增强企业信誉度等重要意义。

《中华人民共和国发票管理办法实施细则》第七条规定："发票的基本内容包括：发票的名称、发票代码和号码、联次及用途、客户名称、开户银行及账号、商品名称或经营项目、计量单位、数量、单价、大小写金额、税率（征收率）、税额、开票人、开票日期、开票单位（个人）名称（章）等。"增值税发票是企业会计核算中的重要原始凭证。每个企业都负有依法纳税的责任和义务，而保证所接收的报销发票的真实性，既是履行依法纳税的重要举措，也是保障企业资产安全的重要手段。《中华人民共和国会计法》第十四条规定："会计机构、会计人员必须按照国家统一的会计制度的规定对原始凭证进行审核，对不真实、不合法的原始凭证有权不予接受，并向单位负责人报告；对记载不准确、不完整的原始凭证予以退回，并要求按照国家统一的会计制度的规定更正、补充。"因此，发票查验业务是一项重要的财税管理措施，对维护经济秩序、保护国家财产安全、保障企业和个人权益具有不可忽视的作用。

企业日常业务中涉及大量发票，发票查验工作的频率较高。该项工作具备简单、重复、规则明确的特征，因此，适合使用财务机器人来替代人工操作。发票查验机器人的引入，既能提升发票查验工作的效率，又能为企业节省人力、降低成本。

二、业务流程分析

（一）发票查验业务流程

发票查验的业务流程主要包括以下步骤（图 5－2）。

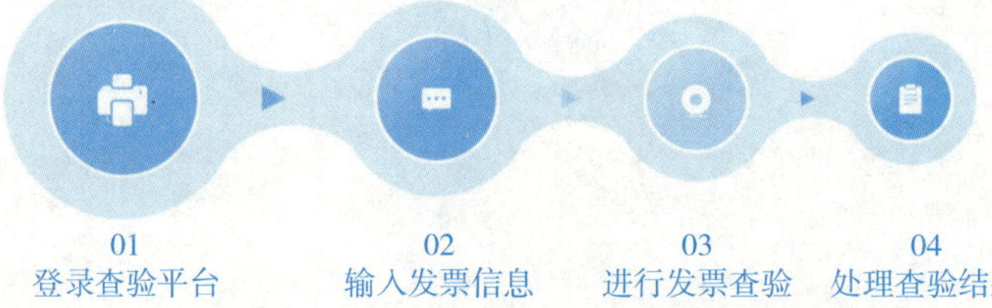

图 5－2　发票查验流程

(1)登录查验平台

首先，财务人员需要登录发票查验平台，通常为国家税务总局提供的官方查验平台，如国家税务总局全国增值税发票查验平台(图 5-3)。如果是首次使用，应先安装根证书以确保安全。

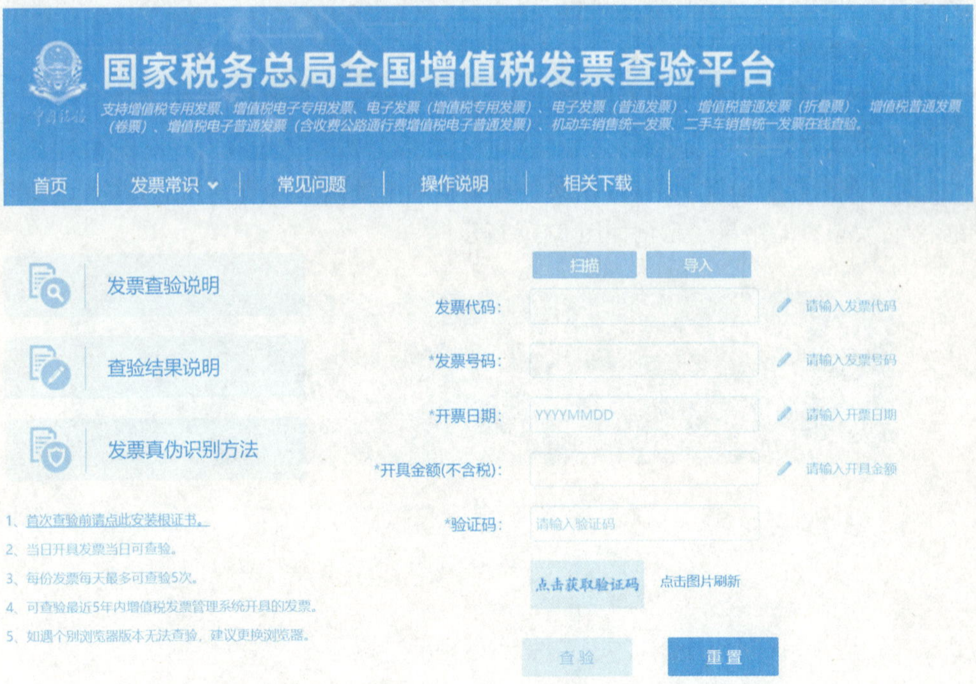

图 5-3 国家税务总局全国增值税发票查验平台

(2)输入发票信息

登录平台后，财务人员需要根据取得的纸质发票或电子发票，在页面中按照要求输入相关的查验项目信息。这些信息包括发票代码、发票号码、开票日期等。对于不同类型的发票(如增值税专用发票、普通发票等)，需要输入的校验项目有所不同。

(3)进行发票查验

确认输入的信息无误后，财务人员可以单击“查验”按钮进行查验。此时，系统会自动查验，并显示结果。财务人员可以查看发票的开具单位、开票日期等详细信息。如果发票信息真实有效，页面上会显示出发票的详细信息；如果发票存在问题或虚假，页面上会提示相应的信息。

(4)处理查验结果

根据查验结果，财务人员可以采取相应的措施。如果发票真实有效，可进行报销等后续操作；如果发票存在问题或虚假，需要及时与开票方联系并处理，避免出现财税风险。

（二）业务流程体验

1. 业务介绍

打开国家税务总局全国增值税发票查验平台，依据任务资料中的“发票查验机器人业务数据”进行发票查验，并将查验结果填写在数据表中。

2. 操作步骤

（1）登录系统

从教学实践平台中打开国家税务总局全国增值税发票查验平台。

（2）进行发票查验

根据任务资料中的发票信息，在发票查验平台中录入发票查验信息，并单击“查验”按钮，等待发票查验结果。示例如图 5－4 所示。

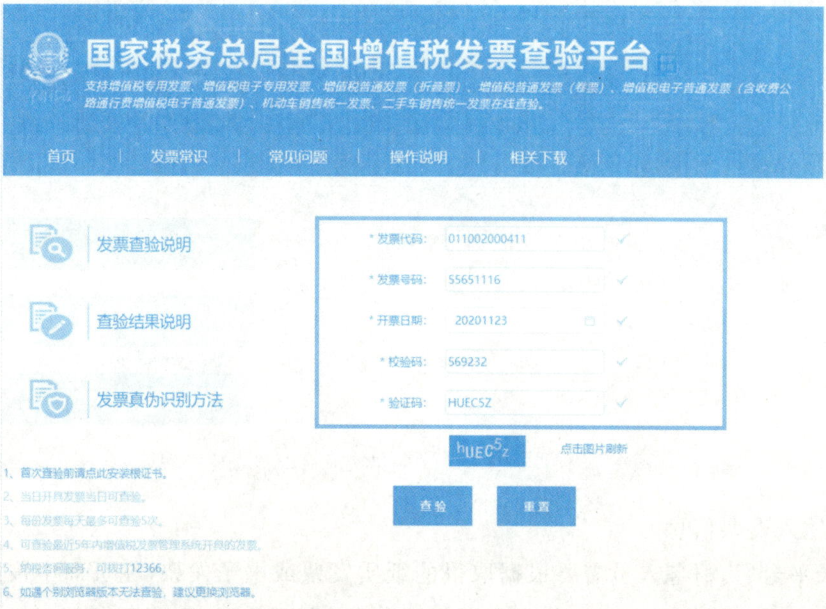

图 5－4　发票查验操作

（3）处理查验结果

查看发票查验结果，并将查验结果填写在数据表中。

① 发票查验结果：发票检验一致（图 5－5）。

当纳税人输入的发票校验信息与税务机关电子信息一致时，则显示相关的发票详细信息（如发票已被开具方作废，则在查验结果中显示“作废”标识），查询结果为“发票检验明细”。

② 发票查验结果：发票检验不一致（图 5－6）。

当纳税人输入的发票校验信息与税务机关电子信息有一项或多项不一致时，则显示“结果：不一致”的信息。

发票检验明细

查询次数：第21576次　查验时间：2024-04-04 13:19:28　打印　关闭

北京增值税电子普通发票

发票代码：011002000411　发票号码：55651116　开票日期：20201123　检验码：89055924379782123456　机器编号：127726785257

购买方	名称：享跃体育集团有限公司 纳税人识别号：91310100717864519F 地址、电话：上海市黄浦区制造局路258号308室（红双喜大厦）021-67362917 开户行及账号：招商银行股份有限公司黄浦区分行2919847591210335	密码区	

货物或应税劳务、服务名称	规格型号	单位	数量	单价	金额	税率	税额
通讯费	无	张	1	204.21	¥204.21	0%	0.00
合计					¥204.21		¥0.00
税价合计（大写）	⊗贰佰零肆圆贰角壹分				（小写）¥204.21		

销售方	名称：中国移动通信集团北京有限公司 纳税人识别号：91110000722611700L 地址、电话：北京市东城区东直门南大街7号 010-52186699 开户行及账号：中国建设银行北京新华支行 11001014600053013746	备注	

特别提示：

>>本平台仅提供所查询发票票面信息的查验结果

>>若发现发票查验结果与实际交易不符，任何单位或个人有权拒收并向当地税务机关举报

图 5－5　发票检验一致示例

结果：不一致　查验时间：2024-04-04 13:21:23　打印　关闭

天津增值税专用发票

发票代码：	1200002105
发票号码：	01838615
开票日期：	2020-03-28
开具金额：	123456

说明：发票信息不符时不得作为财务报销凭证，任何单位和个人有权拒收并举报！

图 5－6　发票检验不一致示例

③发票查验结果：查无此票。

当纳税人输入的发票校验信息无法在税务机关的电子信息中查到，则显示“查无此票”的信息。当查询结果显示“查无此票”时，在发票查验业务数据结果中记录“查验不通过”。

（三）发票查验机器人工作流程

根据发票查验业务处理的一般流程，明确发票查验机器人的工作流程：

① 自动打开发票查验清单，获取发票查验数据；

② 自动打开国家税务总局全国增值税发票查验平台；

③ 自动填写发票代码、发票号码、开票日期、开票金额、验证码等信息，自动查验发票数据；

④ 自动将发票查验结果填写在发票查验清单中。

三、发票查验机器人开发配置及运行

（一）业务场景描述

打开智多星 RPA 设计器，打开国家税务总局全国增值税发票查验平台，完成发票查验机器人的开发配置，运行机器人。

（二）操作步骤

1. 打开发票查验机器人程序

在教学实践平台中打开发票查验机器人开发配置及运行，从任务资料中下载“发票查验机器人业务数据 . rar”文件，解压存放在桌面；下载“发票查验机器人 . rar”文件，解压至“C:\seentao\YonyouRpaStudio\Scripts”目录下。

打开“智多星 RPA 主界面”，单击“打开”选项，选择“C:\seentao\YonyouRpaStudio\Scripts\发票查验机器人”文件夹中的“发票查验机器人 . proj”文件，再单击“打开”选项；在 RPA“主流程”界面双击“打开发票查验系统”选项进入对应脚本界面，如图 5 - 7、图 5 - 8 所示。

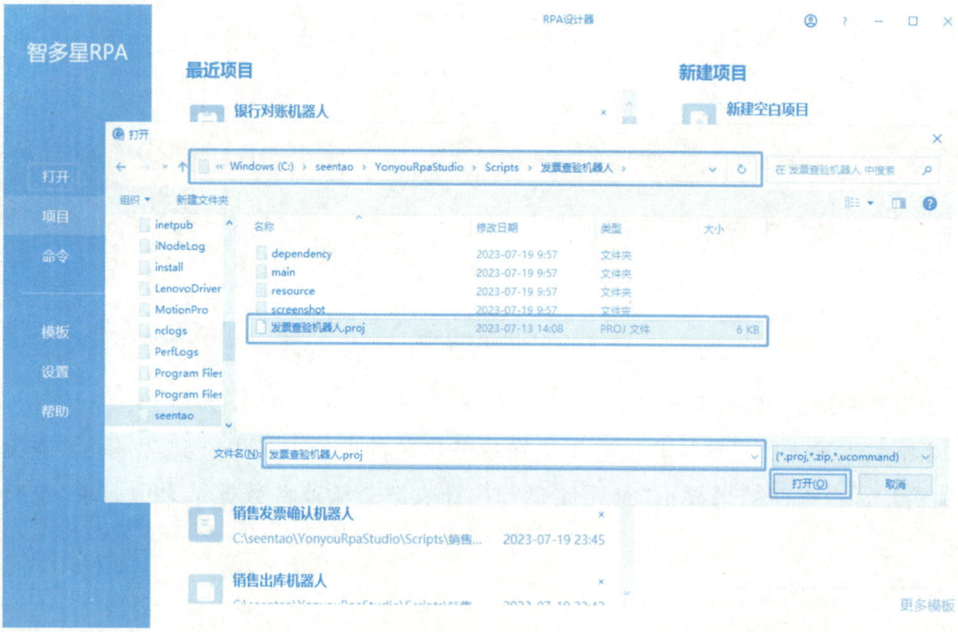

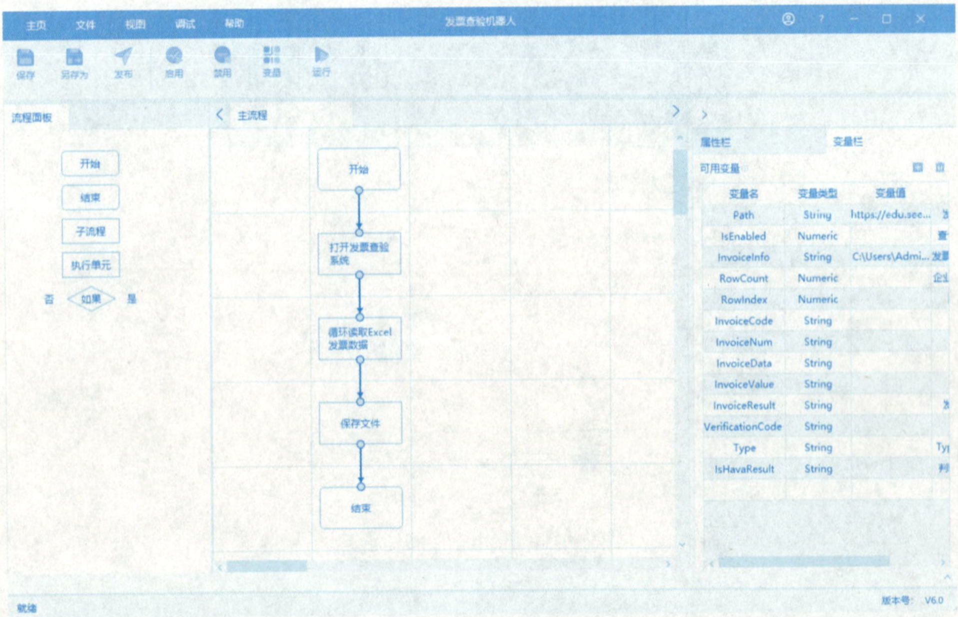

图 5－7　打开发票查验机器人程序

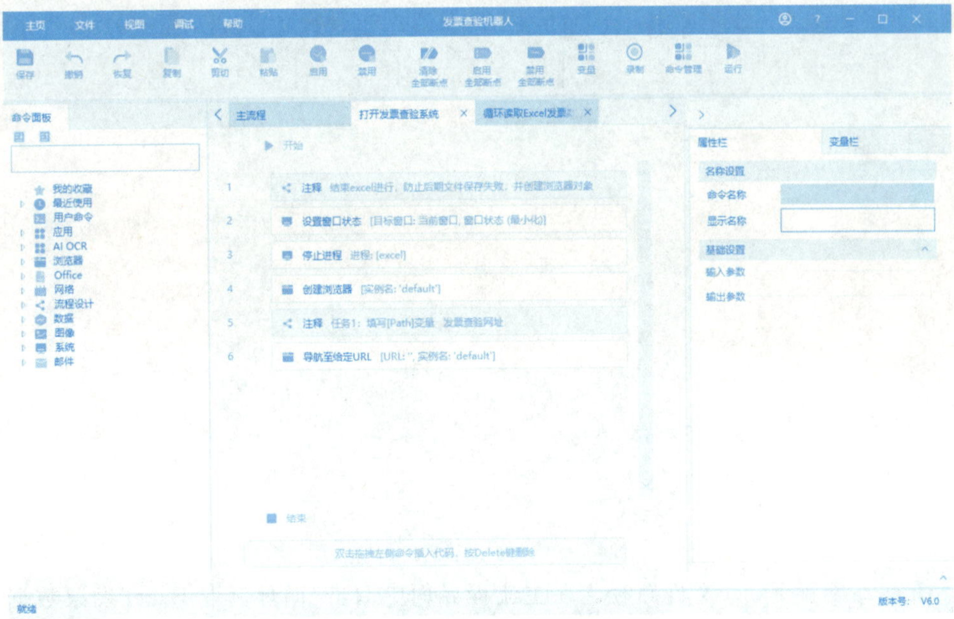

图 5－8　打开发票查验系统界面

2. 开发配置

任务 1：配置发票查验 URL。在教学实践平台中打开发票查验系统，复制访问地址信息，粘贴在右侧变量栏“Path”变量中，如图 5－9、图 5－10 所示。

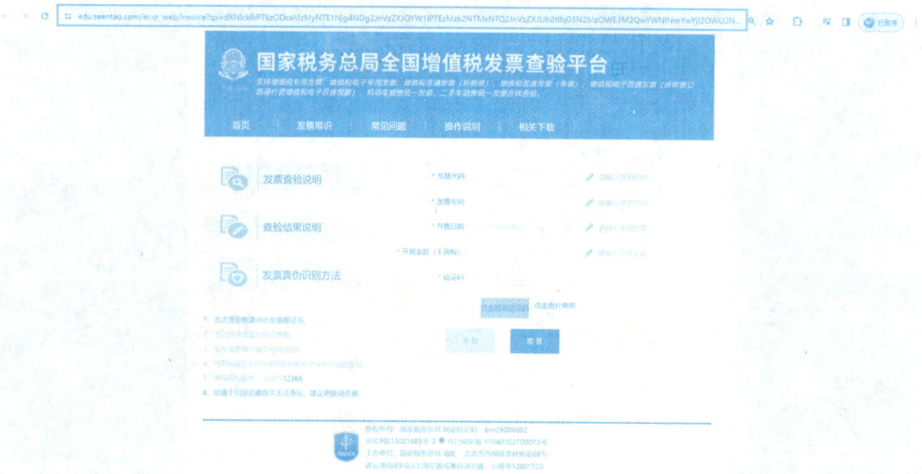

图 5-9　复制访问地址信息

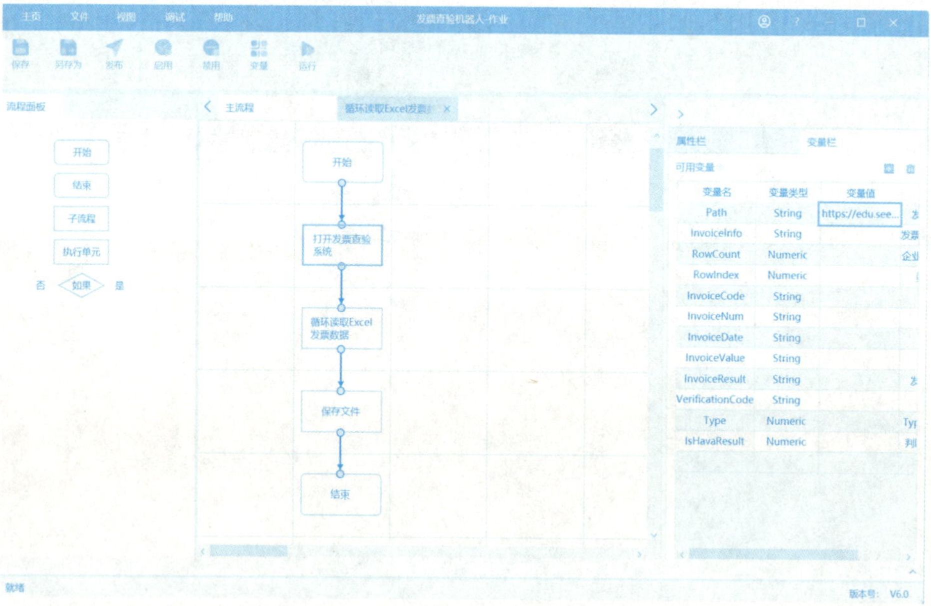

图 5-10　设置变量

任务 2：配置 Excel 文件路径。在主流程界面中双击“循环读取 Excel 发票数据”选项，在其界面中选中“打开 Excel 文件”选项；在右侧“属性栏”中单击“请输入 Excel 文件路径”选项，选中下载的发票查验数据文件并打开即可。配置 Excel 文件路径也可以先选择“发票查验数据 . xlsx”文件，然后右键依次单击“属性”→“安全”→“对象名称”选项，复制“对象名称”选项中的信息设置为“[InvoiceInfo]”变量的值，如“C：\Users\15487\Desktop\新建文件夹\发票查验机器人业务数据\发票查验数据 . xlsx”，如图 5-11 所示。

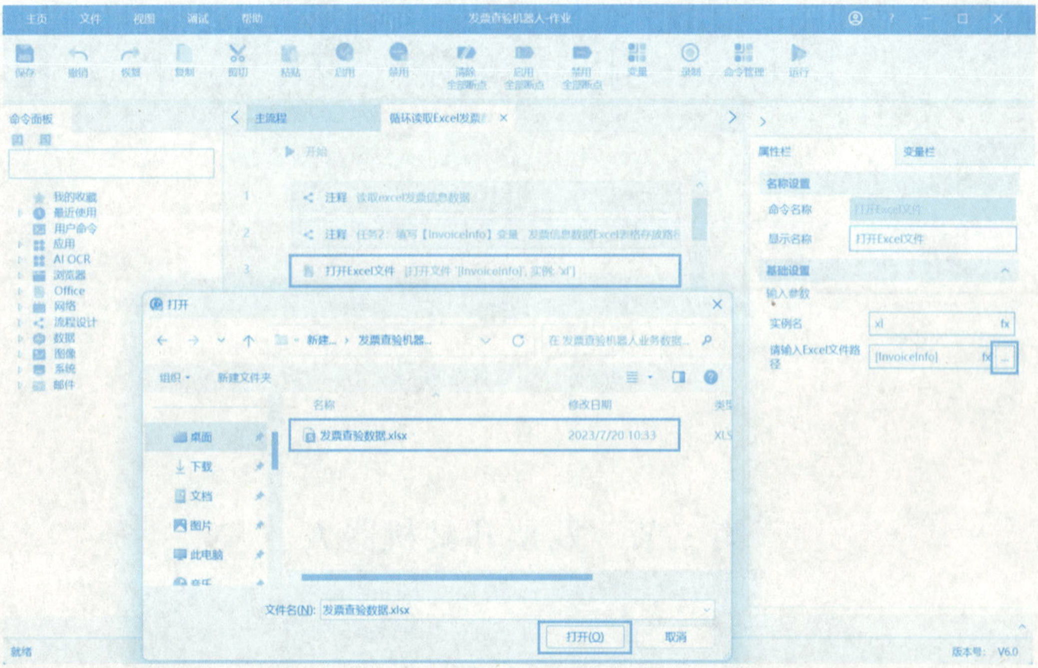

图 5-11　打开发票查验数据表格

3. 保存运行

单击“保存”选项保存程序，单击“运行”选项运行程序。运行结果如图 5-12 所示，可以打开发票查验数据文件查看结果是否录入成功。

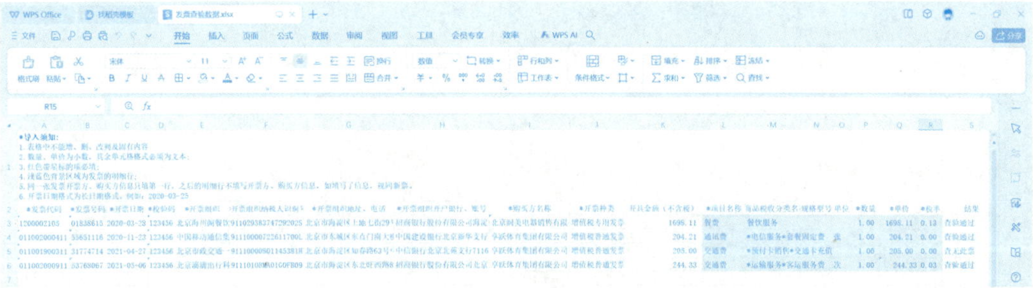

图 5－12 运行结果

第二节 发票开具机器人

一、发票开具业务概述

发票开具业务是指在法律法规规定的情况下，基于证明商品和资金所有权转移、进行会计核算和税收管理的需要，在发生经营业务确认营业收入时，由收款方向付款方开具发票的业务活动。

发票的开具不仅关乎企业的合规经营，还影响税收的征收和管理。发票开具伴随着企业的每一笔销售业务，有着严格的操作流程和管理规范。首先，需要确保发票的合法性，即开具的发票必须符合国家相关法律法规的规定。其次，发票的开具需要确保信息的准确性。这包括购买方和销售方的名称、纳税人识别号等基本信息，以及商品或服务的名称、数量、单价、金额等交易信息。任何信息的错误或遗漏都可能导致发票的无效或引发税务风险。再次，发票的开具还需要注意时效性。一般来说，发票应在交易完成后及时开具，以确保税收的及时征收和会计核算的准确性。对于不同类型的发票，如增值税普通发票和增值税专用发票，还有具体的开具时限要求。

企业发票开具业务具有量大、简单、重复、规则明确的特点，适合由财务机器人来完成。发票开具机器人的引入，既能降低发票开具业务中的错误率，减少发票更正的账务处理，又能节约人力资源，降低企业的财务管理成本。

二、业务流程分析

(一)发票开具业务流程

发票开具的业务流程主要包括以下步骤(图 5－13、图 5－14)。

(1)提交申请

业务人员提交开票申请及相关资料。

(2)采集并审核开票信息

财务人员收集并审核业务人员提交的开票信息,形成待开票台账。

(3)开具发票

财务人员根据待开票台账信息,在税务云系统中进行发票开具。

(4)票据信息查询

财务人员在税务云系统中查询开票信息。

图 5－13　发票开具业务流程介绍

图 5－14　开具发票的系统界面

(二)业务流程体验

1. 业务介绍

打开税务云系统,依据任务资料中的发票开具机器人业务数据完成发票开具业务。

2. 操作步骤

(1)登录系统

从教学实践平台中下载任务资料中的“发票开具机器人业务数据.rar”文件。打开税务云系统,单击“获取新账号”选项后,进入系统,如图5-15所示。

图5-15 登录系统

(2)增加客户档案和商品档案

① 在税务云系统中依次单击“应用设置”→“客户档案”选项,根据“客户信息导入.xlsx”文件增加客户档案,如图5-16所示。

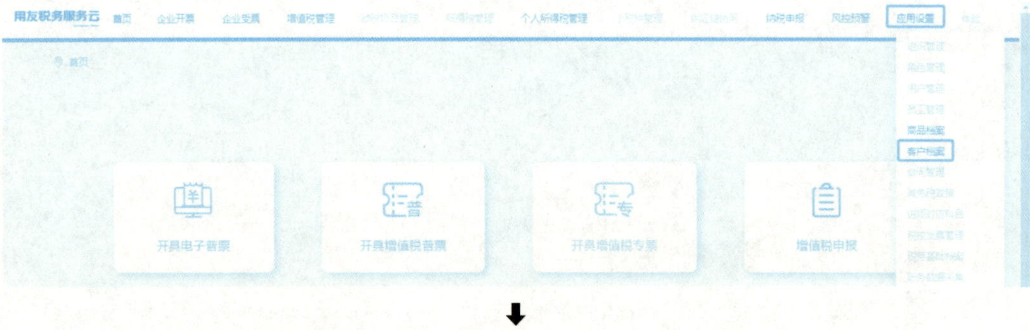

图 5-16 增加客户档案

② 依次单击“应用设置”→“商品档案”选项，根据“商品档案 . xlsx”文件增加商品档案，如图 5-17 所示。

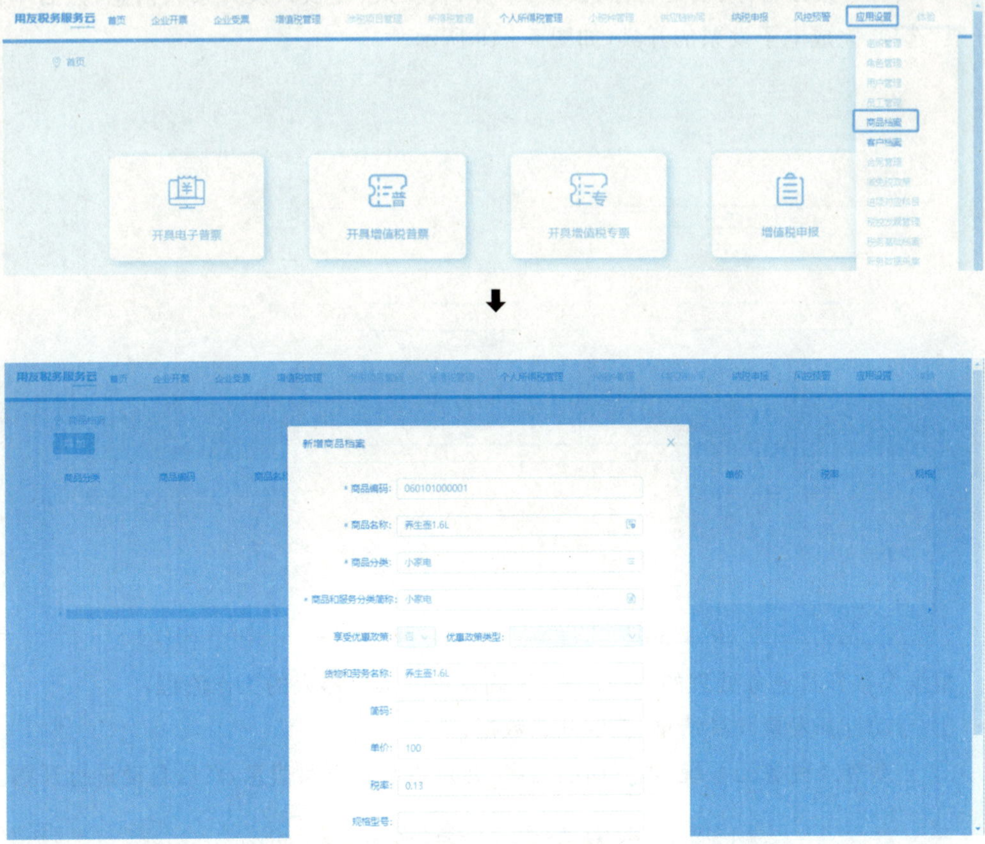

图 5-17 增加商品档案

(3)开具发票

① 在税务云系统主界面中单击“开具电子普票”选项，根据“开票信息名单 . xlsx”文件开具电子普通发票，如图 5-18 所示。

图 5-18　开具电子普票界面

② 填写购买方名称、项目名称、数量、单价、收款人、复核人及开票人信息，然后单击“开票”选项，完成电子发票的开具，如图 5-19 所示。

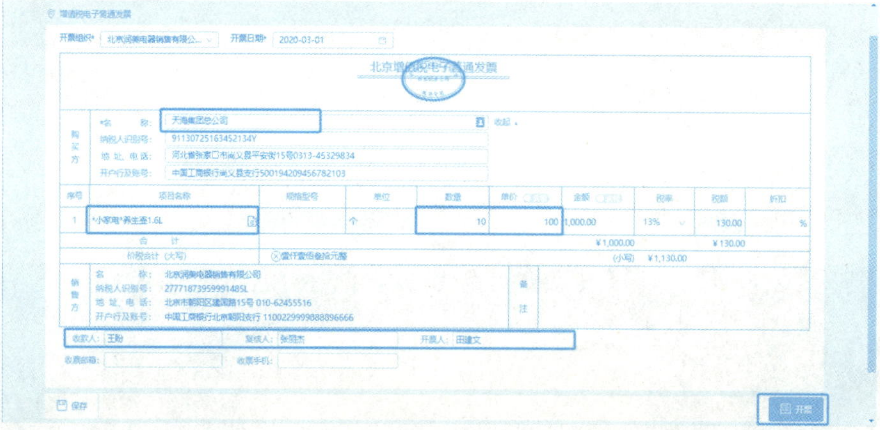

图 5-19　信息填写示意

(三)发票开具机器人工作流程

根据发票开具业务处理的一般流程，明确发票开具机器人的工作流程：

① 自动打开发票开具清单，获取开票数据；

② 自动登录税务云系统，填写商品档案、客户档案和发票信息，然后自动进行开票。

三、发票开具机器人开发配置及运行

(一)业务场景描述

打开智多星 RPA 设计器，再打开税务云系统，完成发票开具机器人的开发配置，运行机器人。

(二)操作步骤

1. 打开发票开具机器人程序

在教学实践平台中打开发票开具机器人开发配置及运行，从任务资料中下载“发票开具机器人业务数据.rar”文件，并解压存放在桌面；下载“发票开具机器人.rar”文件，解压至“C:\seentao\YonyouRpaStudio\Scripts”目录下。

打开“智多星 RPA 主界面”，单击“打开”选项，选择“C:\seentao\YonyouRpaStudio\Scripts\发票开具机器人”文件夹中的“发票开具机器人.proj”文件，再单击“打开”选项；在 RPA“主流程”界面双击“发票开具”选项进入对应脚本界面，如图 5-20 所示。

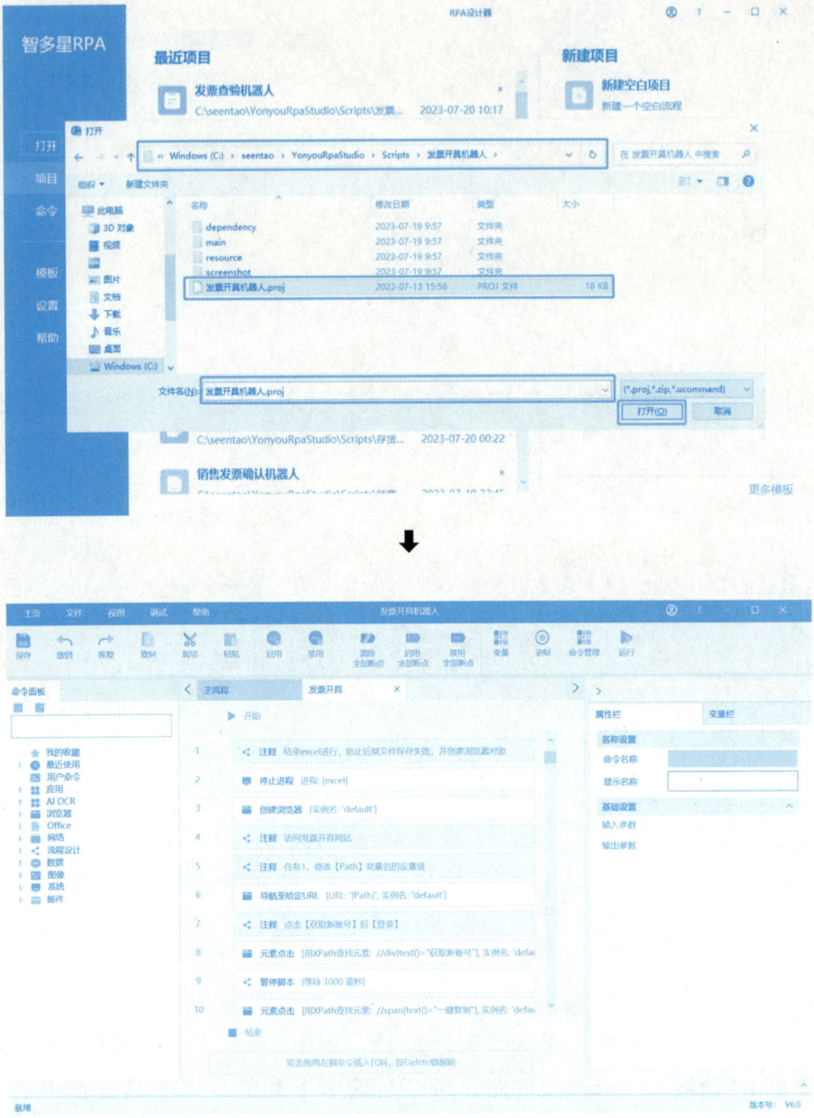

图 5-20　打开发票开具机器人程序

2. 开发配置

任务 1:配置发票开具 URL。从教学实践平台中进入税务云系统,复制访问地址信息,粘贴在右侧变量栏“Path”变量中,如图 5－21、图 5－22 所示。

图 5－21 复制访问地址信息

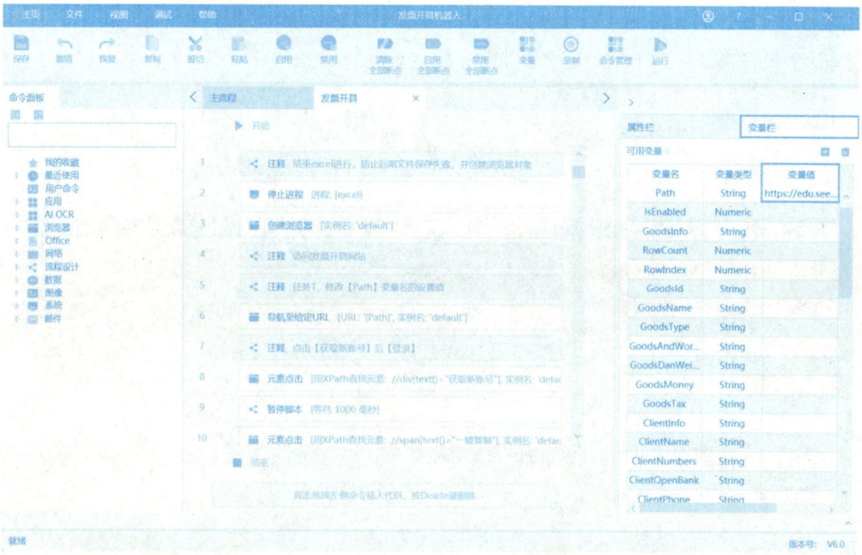

图 5－22 设置变量

任务 2:配置客户信息导入 Excel 文件路径。选中“打开 Excel 文件”选项后在右侧“属性栏”中单击“请输入 Excel 文件路径”选项,选中下载的发票开具数据中的客户信息导入文件并打开即可。配置 Excel 文件路径也可以先选择“客户信息导入 . xlsx”文件,然后右键依次单击“属性”→“安全”→“对象名称”选项,复制“对象名称”选项中的信息设置为“[ClientInfo]”变量的值，如“C:\Users\15487\Desktop\新建文件夹\发票开具机器人业务数据\客户信息导入.xlsx”，如图 5-23 所示。

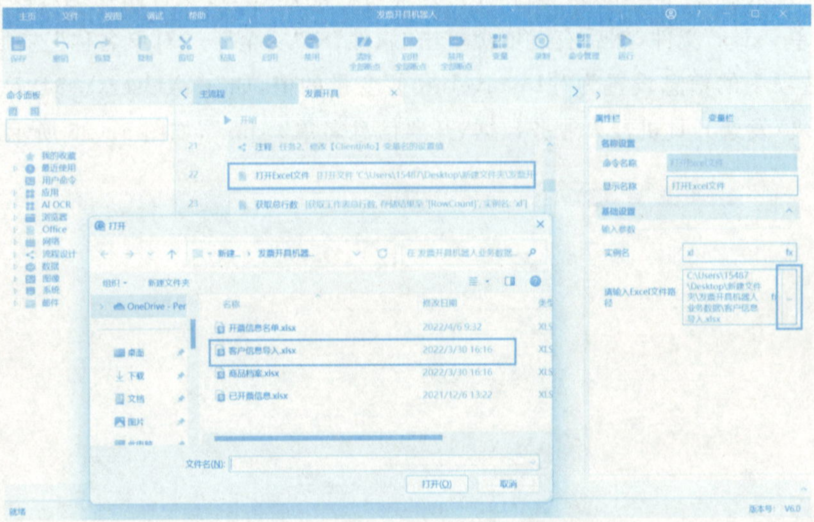

图 5-23　配置客户信息表格

任务 3：配置商品档案 Excel 文件路径。找到“注释任务 3”下的“打开 Excel 文件”选项后，在右侧“属性栏”中单击“请输入 Excel 文件路径”选项，选中下载的发票开具数据中的“商品档案.xlsx”文件并打开即可。配置 Excel 文件路径也可以先选择“商品档案.xlsx”文件，然后右键依次单击“属性”→“安全”→“对象名称”选项，复制“对象名称”选项中的信息设置为“[GoodsInfo]”变量的值，如“C:\Users\15487\Desktop\新建文件夹\发票开具机器人业务数据\商品档案.xlsx”，如图 5-24 所示。

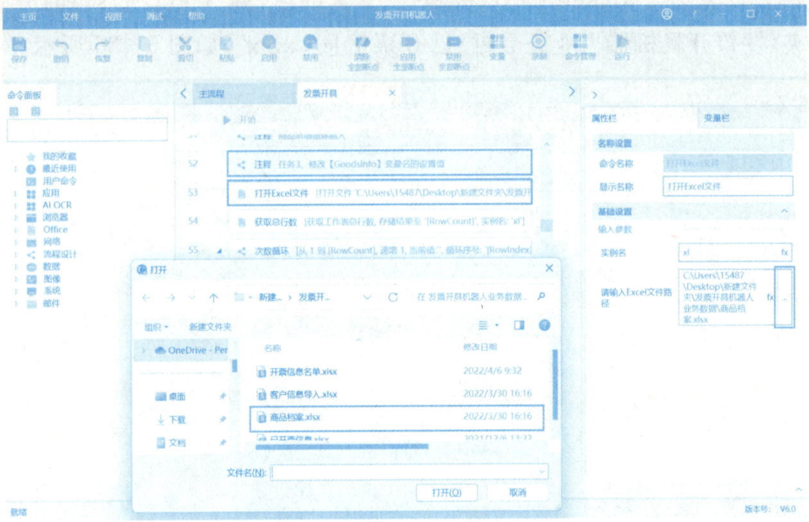

图 5-24　配置商品档案表格

任务 4:配置开票信息名单 Excel 文件路径。找到“注释任务 4”下的“打开 Excel 文件”选项后,在右侧“属性栏”中单击“请输入 Excel 文件路径”选项,选中下载的发票开具数据中的“开票信息名单 . xlsx”文件并打开即可。配置 Excel 文件路径也可以先选择“开票信息名单 . xlsx”文件,然后右键依次单击“属性”→“安全”→“对象名称”选项,复制“对象名称”选项中的信息设置为“[InvoiveInfo]”变量的值,如“C:\Users\15487\Desktop\新建文件夹\发票开具机器人业务数据\开票信息名单 . xlsx”,如图 5 - 25 所示。

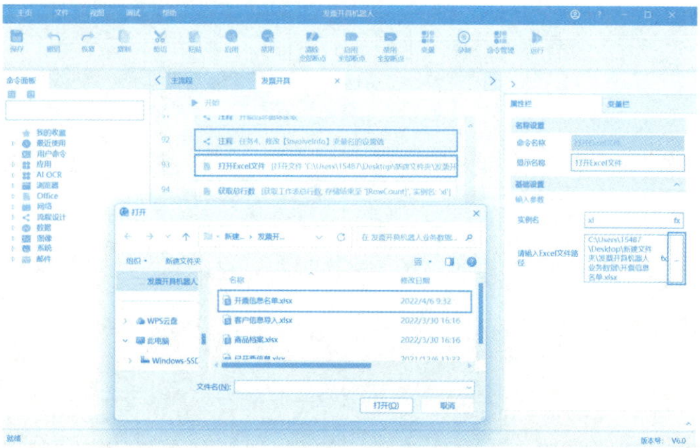

图 5 - 25　配置开票信息名单表格

任务 5:配置已开票信息 Excel 文件路径。找到“注释任务 5”下的“打开 Excel 文件”选项后,在右侧“属性栏”中单击“请输入 Excel 文件路径”选项,选中下载的发票开具数据中的“已开票信息 . xlsx”文件并打开即可。配置 Excel 文件路径也可以先选择“已开票信息 . xlsx”文件,然后右键依次单击“属性”→“安全”→“对象名称”选项,复制“对象名称”选项中的信息设置为“[MakeInvoiveExcels]”变量的值,如“C:\Users\15487\Desktop\新建文件夹\发票开具机器人业务数据\已开票信息 . xlsx”,如图 5 - 26 所示。

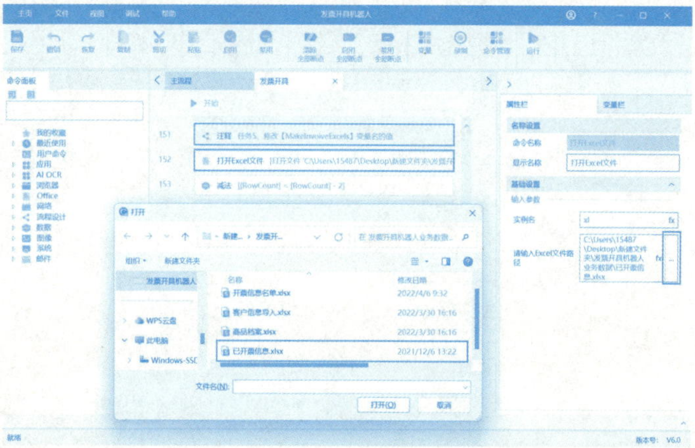

图 5 - 26　配置已开票信息表格

3. 保存运行

单击“保存”选项保存程序，单击“运行”选项运行程序。运行结果如图 5－27 所示，可以打开已开票信息文件查看发票开具结果是否成功。

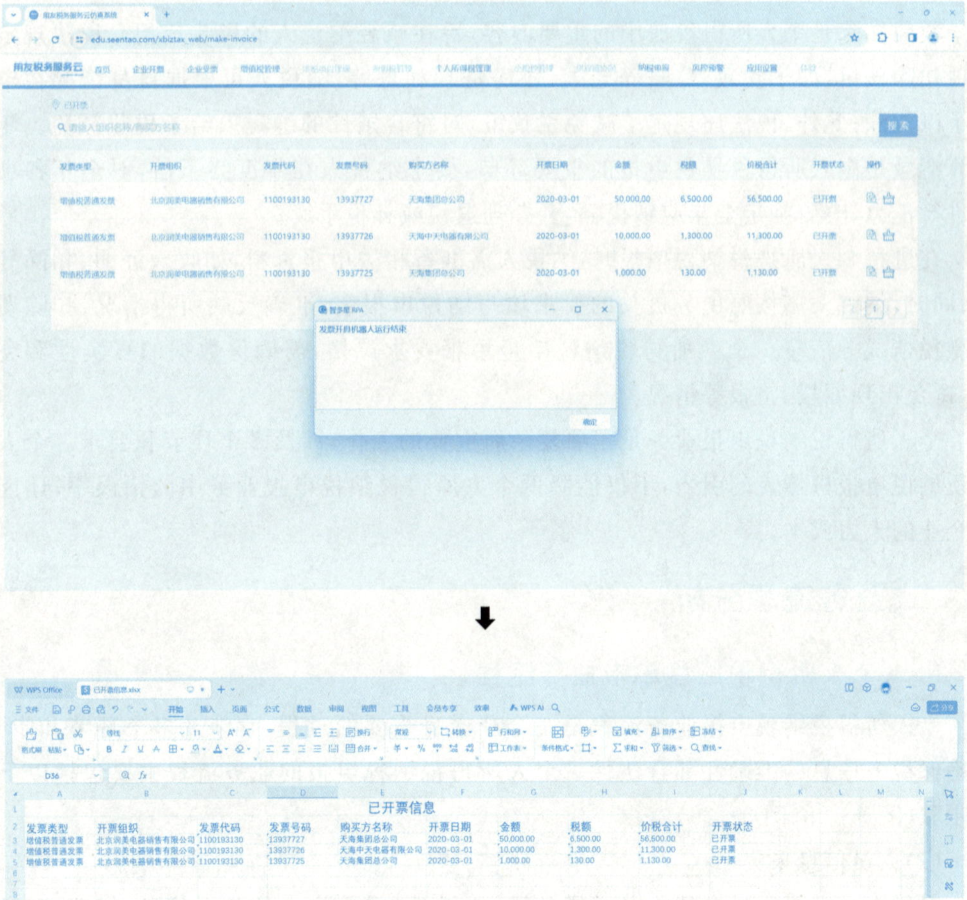

图 5－27 运行结果

第三节 个人所得税纳税申报机器人

一、个人所得税纳税申报业务概述

个人所得税纳税申报业务是税收征管体系中的重要组成部分，涉及纳税人所得申报、税款缴纳及税务机关的征收管理等多个环节。

个人所得税的纳税申报是纳税人依据税法规定，对其所得进行申报并缴纳相应税款的法定义务。在征收方式上，中国个人所得税采用综合与分类相结合的征收模式，既考虑纳税人各类所得的综合情况，又根据所得性质的不同实施分类征收，以体现税收公平和效率。个人所得税的纳税期限一般与会计年度相对应，纳税人应在规定的时间内完成申报和缴税工作。逾期申报和缴纳将面临税务行政处罚，包括滞纳金、罚款等。在缴款方式上，纳税人可通过银行转账、网上支付等方式完成税款的缴纳。

税前扣除是个人所得税法中的重要内容，旨在减轻纳税人的税收负担。税法规定了多项扣除项目，如子女教育、赡养老人、住房贷款利息等，纳税人可根据自身情况在申报时予以扣除；此外，税法还规定了减免税政策，对符合条件的纳税人给予税收减免。年度汇算清缴是个人所得税纳税申报的重要环节，要求纳税人在年度终了后，对全年各项所得进行汇总计算，确定全年应纳税额，并办理退税或补税手续。

在进行个人所得税纳税申报时，纳税人需准备相关申报资料，如收入证明、扣除凭证等；同时，纳税人需按照税务机关的要求填写纳税申报表，准确反映所得情况、扣除费用及缴税情况等信息。个人所得税纳税申报填报要求严格，需确保数据的真实性和完整性，避免出现漏报、错报等情况。

个人所得税纳税申报业务是一项复杂而重要的工作，涉及多个环节和要求。个人所得税纳税申报机器人的引入，不仅能降低个人所得税纳税申报业务中的错误率，还能降低企业的人力成本。

二、业务流程分析

（一）个人所得税纳税申报业务流程

个人所得税纳税申报业务流程是一个严谨且重要的过程，它涉及多个环节和步骤，以确保税务信息的准确性和合法性。个人所得税纳税申报的业务流程主要包括以下三个步骤（图 5 - 28、图 5 - 29）。

（1）人员信息采集

财税人员需要通过自然人电子税务局（扣缴端）采集个人的基本信息，如姓名、身份证号码、联系方式等。这些信息是后续生成税单和进行税务处理的基础。财税人员还需要对已采集的信息进行核对，确保信息的准确性和完整性。如有需要，还应要求个人进行信息的补充或更正。

（2）专项附加扣除信息采集

财税人员需要收集个人的专项附加扣除信息，如子女教育、赡养老人、住房贷款利息等。这些信息对于计算应纳税额和确定税收优惠至关重要。

（3）综合所得申报

财税人员需要根据之前采集和确认的信息，填写综合所得申报表。这一过程需要财税人员准确计算个人的应纳税所得额，并填写相关的申报项目数据表。完成综合所得申报后，财税人员计算税款，生成最终的税单提交给税务机关，以完成税款的申报和缴纳。

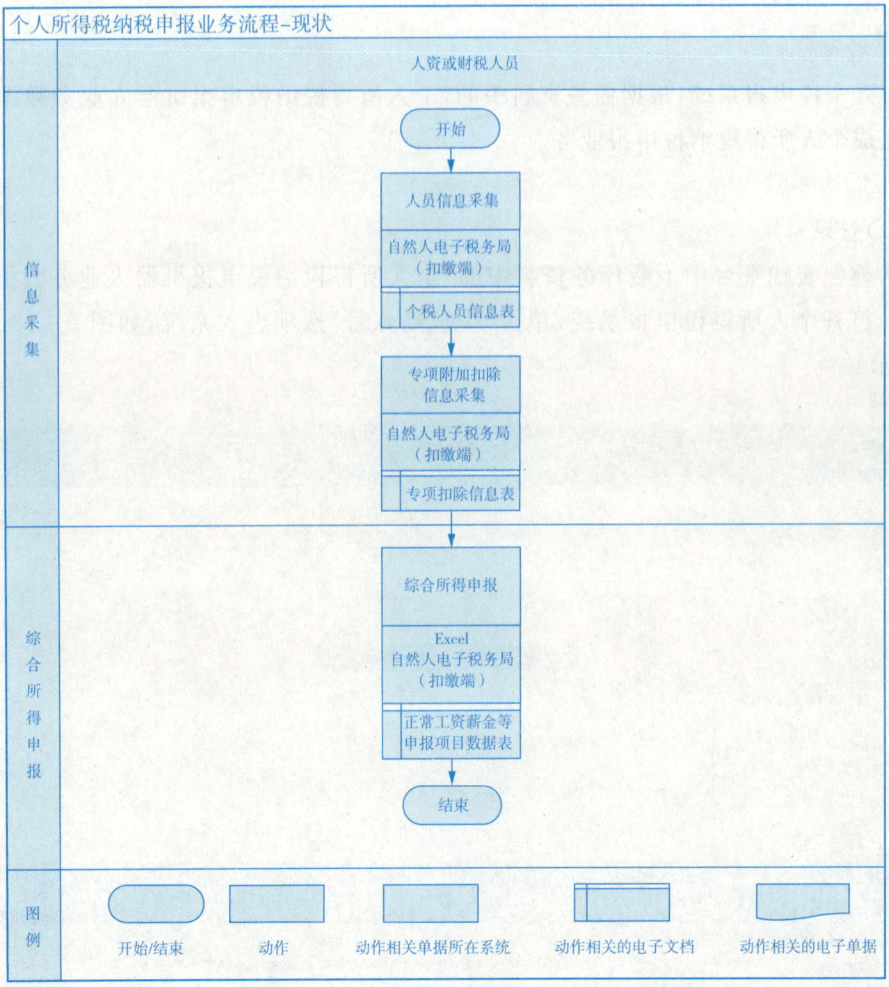

图 5－28　个人所得税纳税申报业务流程图

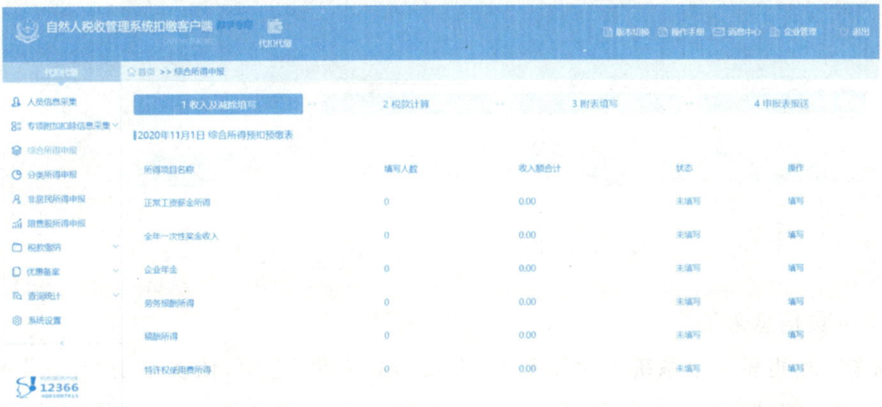

图 5－29　个人所得税纳税申报平台界面

(二)业务流程体验

1. 业务介绍

打开个税申报系统,根据任务资料中的“个人所得税纳税申报机器人业务数据 . rar”文件完成个人所得税纳税申报业务。

2. 操作步骤

(1)登录系统

从教学实践平台中下载任务资料中的“个人所得税纳税申报机器人业务数据 . rar”文件。打开个人所得税申报系统,单击“生成新账号”选项进入系统,如图 5 - 30、图 5 - 31 所示。

图 5 - 30 个人所得税纳税申报系统登录

图 5 - 31 个人所得税纳税申报系统界面

(2)人员信息采集

在个人所得税申报系统主界面单击“人员信息采集”选项,依次单击“导入”→“导入数据”选项,选择“个税人员信息表 . xlsx”导入模板,进行数据导入;数据导入成功后单击“报送”选项完成采集,如图 5 - 32、图 5 - 33 所示。

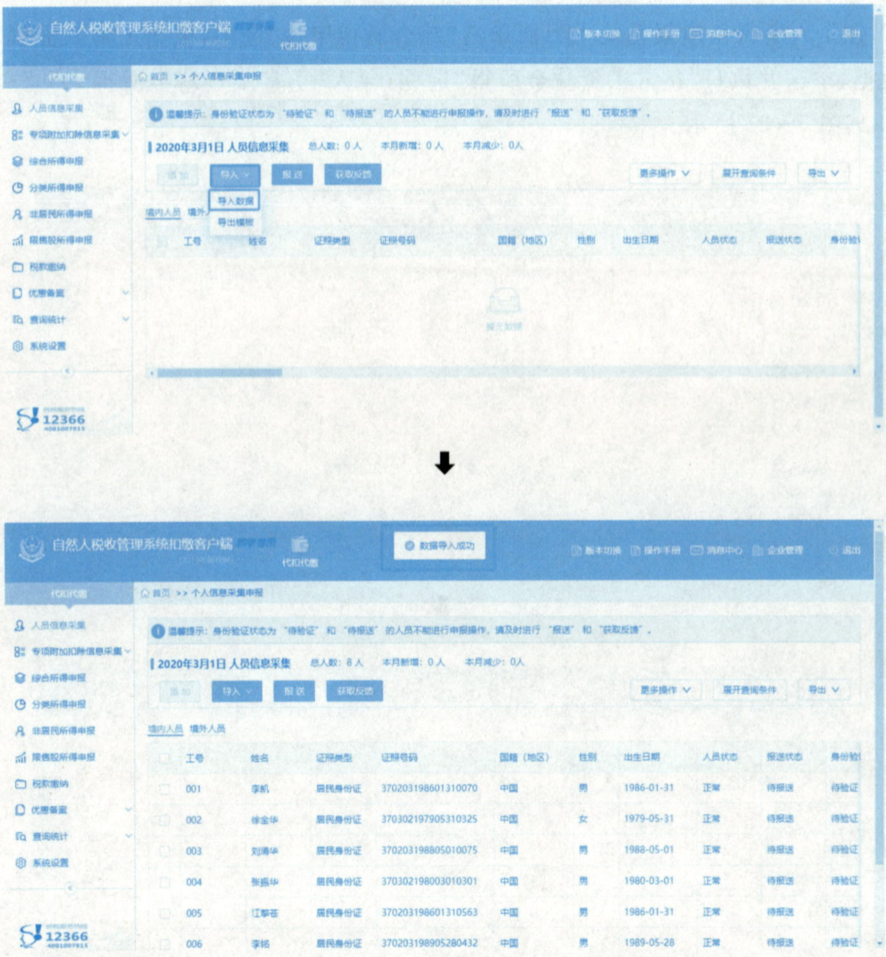

图 5-32　个税人员信息导入

图 5-33　个税人员信息报送

（3）综合所得申报

① 在个人所得税申报系统主界面单击“综合所得申报”选项，根据正常工资薪金所得业务数据，单击并填写“正常工资薪金所得”选项，导入“正常工资薪金所得 . xls”文件，如图 5 - 34、图 5 - 35 所示。

图 5 - 34　综合所得申报

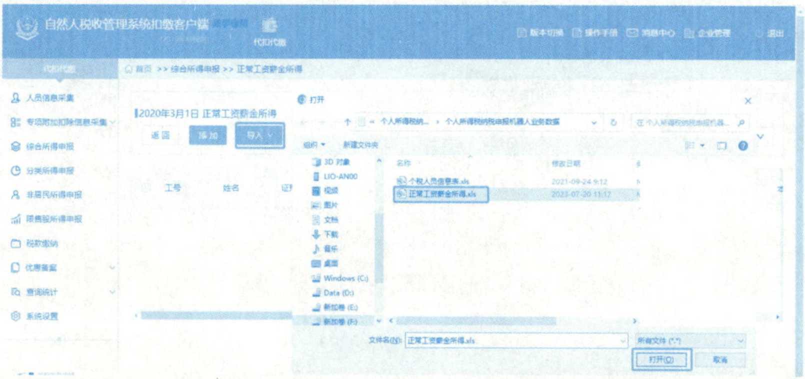

图 5 - 35　导入正常工资薪金所得文件

② 数据导入完成后，返回主界面单击“税款计算”→“重新计算”；单击“附表填写”→“申报表报送”选项，进行数据报送，如图 5－36 所示。

图 5－36　税款计算报送

(三)个人所得税纳税申报机器人工作流程

根据个人所得税纳税申报业务处理的一般流程，明确个人所得税纳税申报机器人的工作流程：

① 自动打开个人所得税纳税申报文件，获取纳税数据；

② 自动登录自然人税收管理系统扣缴客户端；

③ 自动进行人员信息采集，自动导入人员正常工资薪金所得，自动进行数据申报。

三、个人所得税纳税申报机器人开发配置及运行

(一)业务场景描述

打开智多星 RPA 设计器，打开个人所得税申报系统，完成个人所得税纳税申报机器人的开发配置，运行机器人。

(二)操作步骤

1. 打开个人所得税纳税申报机器人程序

在教学实践平台中打开"个人所得税纳税申报机器人"开发配置及运行，从任务资料中下载"个人所得税纳税申报机器人业务数据.rar"文件，解压存放在桌面；下载"个人所得税纳税申报机器人.rar"文件，解压至"C:\seentao\YonyouRpaStudio\Scripts"目录下。

打开"智多星 RPA 主界面"，单击"打开"选项，选择"C:\seentao\YonyouRpaStudio\Scripts\个人所得税纳税申报机器人"文件夹中的"个人所得税纳税申报机器人.proj"文件，单击"打开"选项；在 RPA"主流程"界面双击"个人所得税纳税申报"选项进入对应脚本界面，如图 5-37、图 5-38 所示。

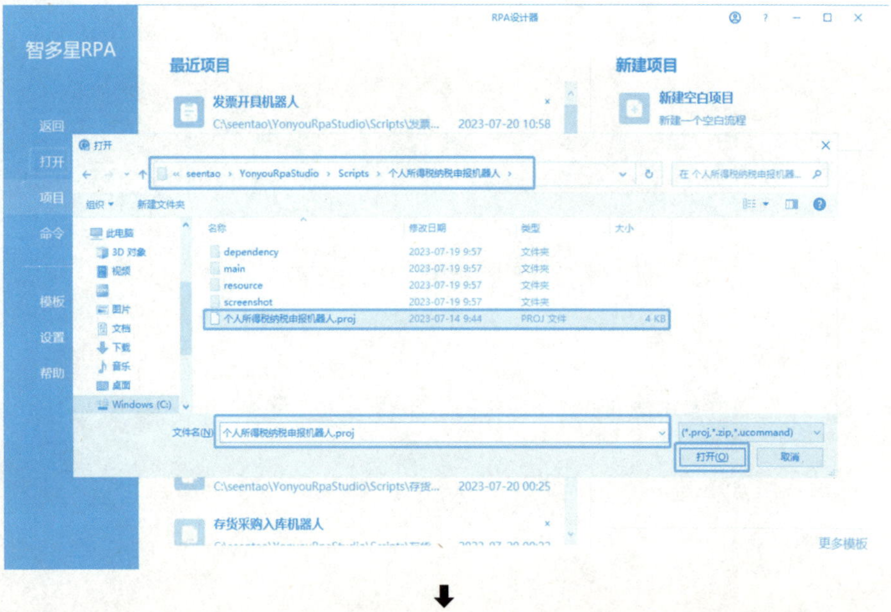

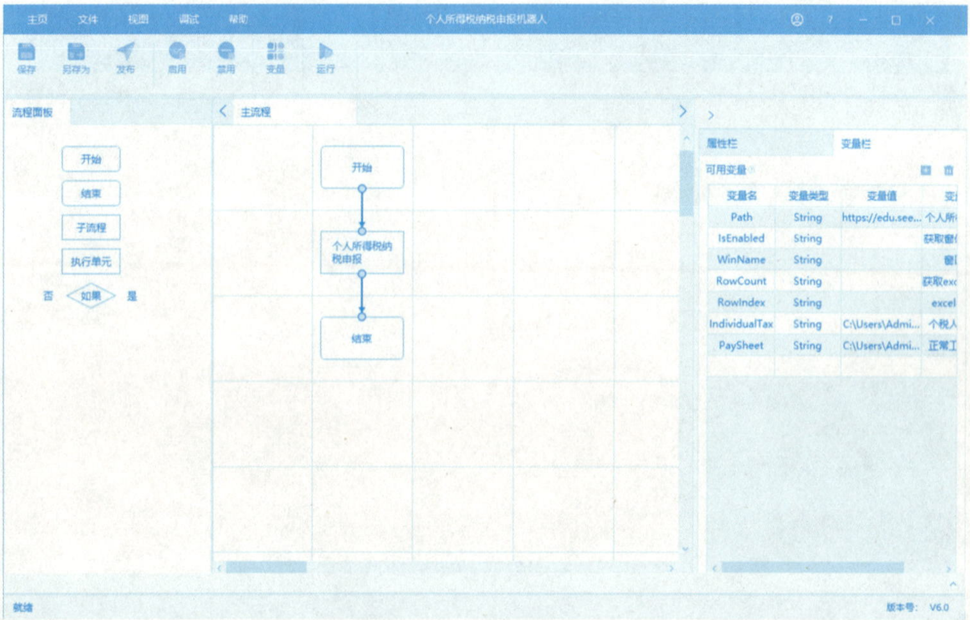

图 5-37　打开程序

图 5-38　个人所得税申报系统页面设置

2. 开发配置

任务 1:为配置个税申报 URL。从教学实践平台中进入个人所得税申报系统,复制访问地址信息,粘贴在右侧变量栏“Path”变量中,如图 5-39、图 5-40 所示。

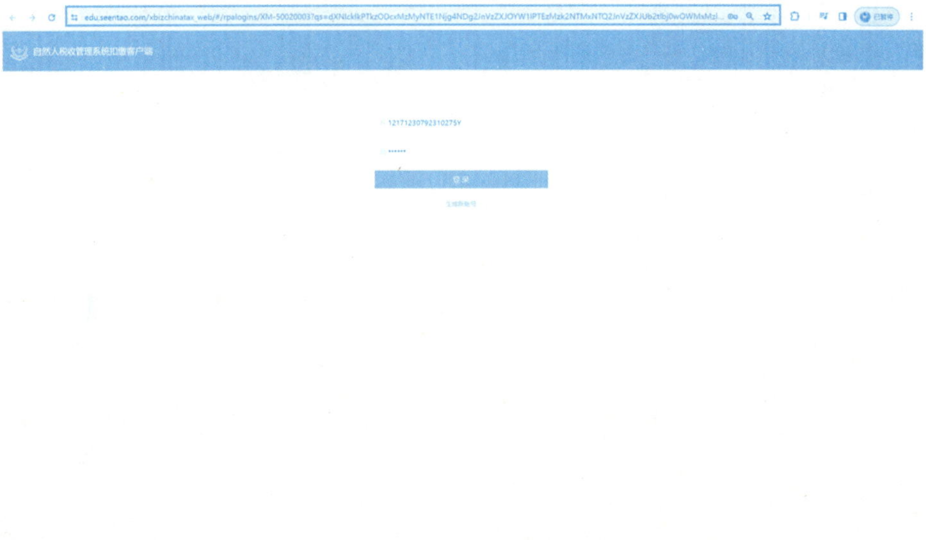

图 5-39　复制访问地址信息

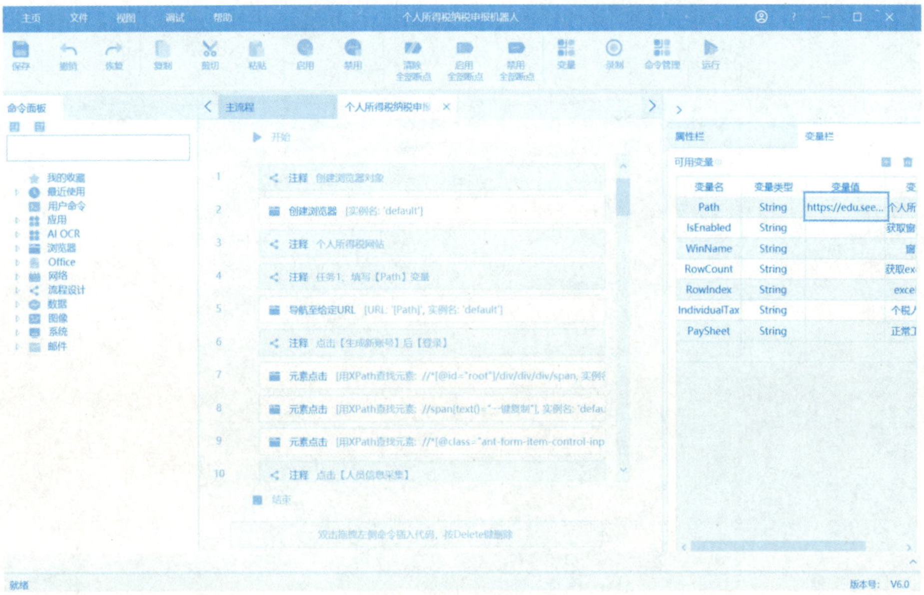

图 5-40　设置变量

任务 2:配置设置文本个税人员信息文件路径。首先,在脚本编写界面的右侧“变量栏”中找到“IndividualTax”变量名,单击对应的“变量值”选项,输入“个税人员信息表 . xls”文件存储路径信息。然后选择“个税人员信息表 . xls”文件,右键依次单击“属性”→“安全”→“对象名称”选项,将“对象名称”选项中的信息复制到“IndividualTax”变量中,如“C:\Users\15487\Desktop\个人所得税纳税申报机器人业务数据\个税人员信息表 . xls”,如图 5-41 所示。

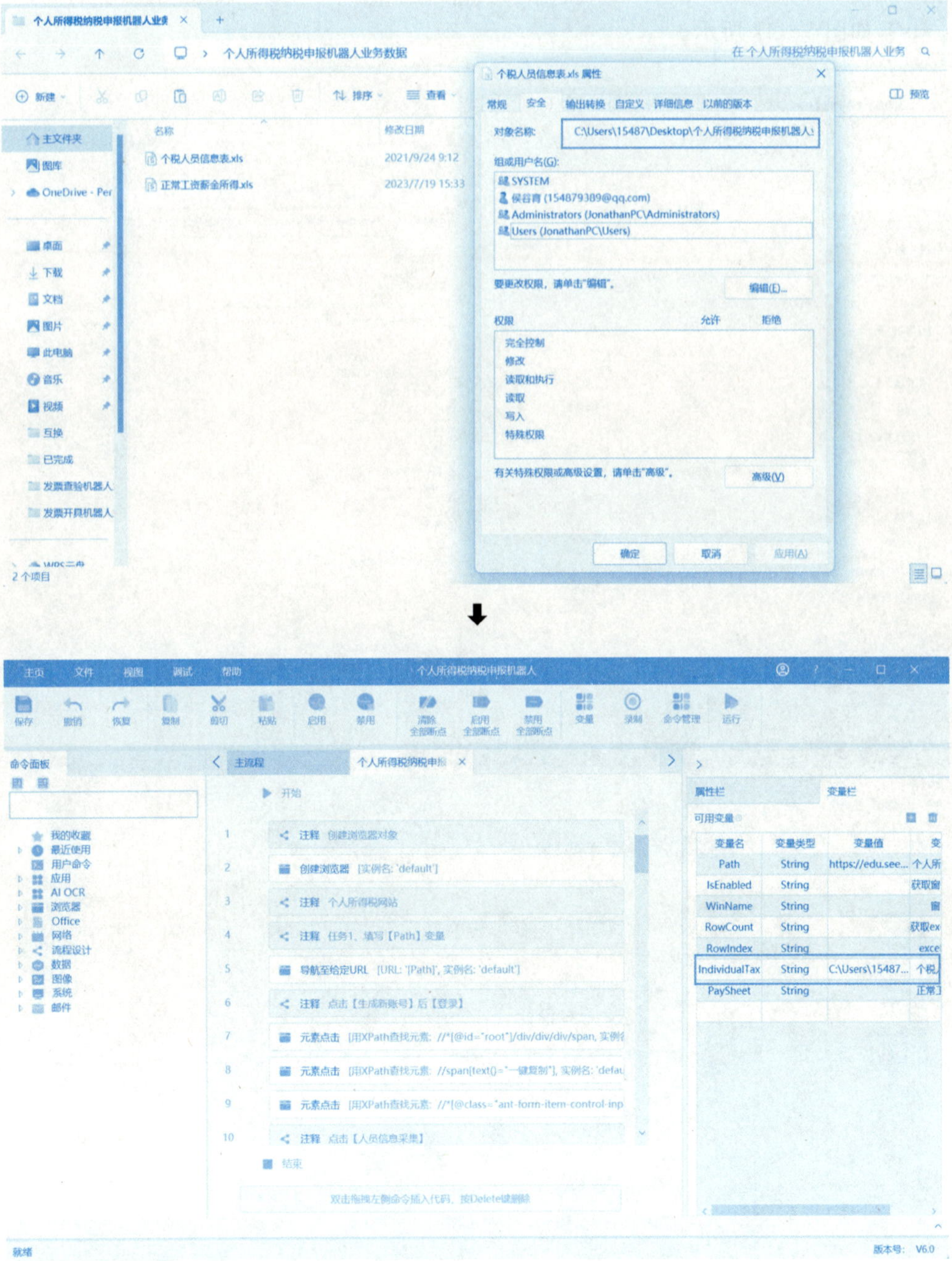

图 5-41　配置设置文本个税人员信息表格

任务 3:配置设置文本正常工资薪金所得文件路径。首先,在脚本编写界面的右侧"变量栏"中找到"PaySheet"变量名,点击对应的"变量值"选项,输入"正常工资薪金所得.xls"文件存储路径信息。然后选择"正常工资薪金所得.xls"文件,右键依次单击"属性"→"安全"→"对象名称"选项,将"对象名称"选项中的信息复制到"PaySheet"变量中,如"C:\Users\15487\Desktop\个人所得税纳税申报机器人业务数据\正常工资薪金所得.xls",如图5-42所示。

图5-42 配置设置文本正常工资薪金所得表格

3. 保存运行

单击"保存"选项保存程序,单击"运行"选项运行程序,运行结果如图5-43所示。

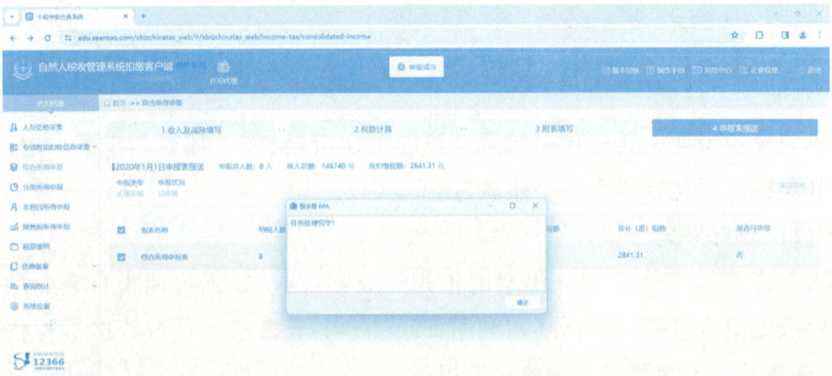

图 5-43　运行结果

第四节　增值税纳税申报机器人

一、增值税纳税申报业务概述

增值税纳税申报业务是税收征管体系中的核心环节，旨在确保纳税人依法履行纳税义务，保障国家税收收入的稳定与合法。

增值税纳税申报内容具有高度的专业性，涉及纳税人的经营活动、销售收入、进项税额、抵扣项目等多个方面。纳税人需要按照税务机关制定的申报表格，准确填写各项数据，并提供相关的税务凭证和资料。这些凭证和资料包括但不限于增值税专用发票、进货发票、销售合同等，用以证明纳税人的交易真实性和合法性。

增值税纳税申报时间具有严格的规范性，纳税人需按照税务机关规定的申报周期进行申报。一般来说，企业纳税人需要按月申报，而小规模纳税人则按季度申报。纳税人应确保在规定的申报期限内完成申报工作，避免因逾期申报而面临税务处罚。增值税纳税申报流程具有严密的逻辑性和系统性，纳税人需按照规定的流程进行操作，其流程主要包括发票开具、认证、抄报税等环节。在发票开具环节，纳税人需确保发票信息的准确性和完整性；在认证环节，纳税人需对进项发票进行认证，以确认其合法性；在抄报税环节，纳税人需将申报数据报送至税务机关，完成申报流程。

增值税纳税申报业务是一项具有专业性和规范性的工作，要求纳税人具备良好的纳税意识和扎实的税务知识。借助增值税纳税申报机器人可以有效规范申报时间和流程，确保增值税纳税申报工作的准确、高效、合规。

二、业务流程分析

(一)增值税纳税申报业务流程

增值税纳税申报业务是一项系统且严谨的工作，涉及多个环节和步骤。增值税纳税申报的业务流程主要包括以下三个步骤(图 5-44)。

(1)增值税数据采集

财税人员需要从多个来源收集增值税相关数据，这些数据可能来自企业的 ERP 系统、销售平台、发票系统等；同时，还需利用 Excel 等电子表格工具对数据进行整理、分类和汇总，以形成符合申报要求的增值税数据表。

(2)按照各地区申报要求制作申报数据表格

财税人员首先需要对数据进行进一步的整理和分析，确保数据的准确性和完整性；然后，需要根据税务部门的规定，制作符合要求的增值税申报数据表格。表格需要详细列出各项销售收入、进项税额、抵扣项目等信息，以便税务部门进行审核和计算应纳税额。

(3)导入增值税纳税申报表数据并执行申报操作

财税人员需将数据录入到国家税务总局指定的电子申报系统中。在录入过程中需要仔细核对每一项数据，确保无误。完成录入后，则需要提交申报数据至电子税务局，等待税务部门的审核。

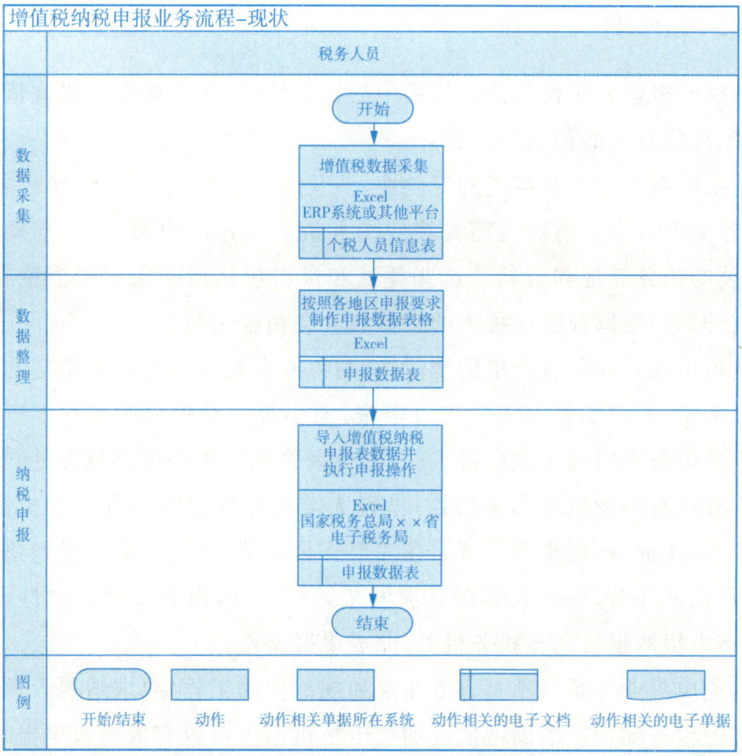

图 5-44 增值税纳税申报业务流程图

(二)业务流程体验

1. 业务介绍

打开个税申报系统，依据任务资料中的“个人所得税纳税申报机器人业务数据．rar”文件增值税纳税申报业务。

2. 操作步骤

(1)登录系统

从教学实践平台中下载任务资料中的“增值税纳税申报业务数据．rar”文件并解压。打开税务云系统，单击“获取新账号”选项，进入系统，如图 5－45、图 5－46 所示。

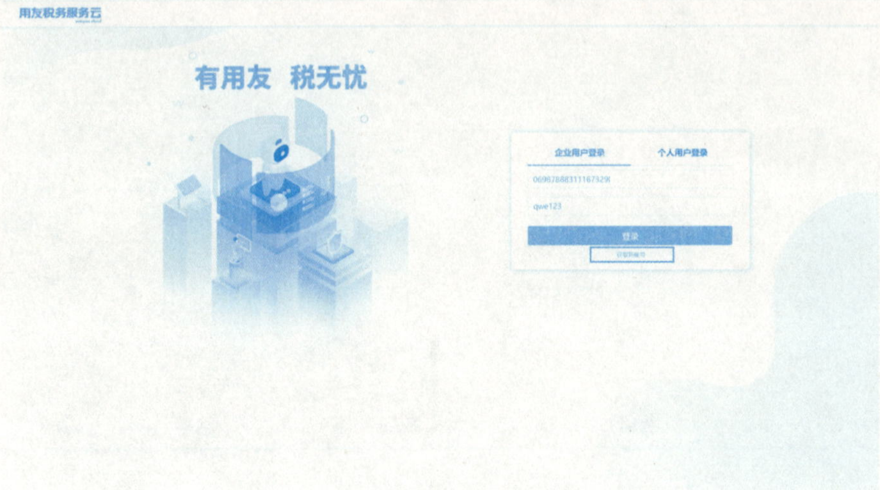

图 5－45　登录系统

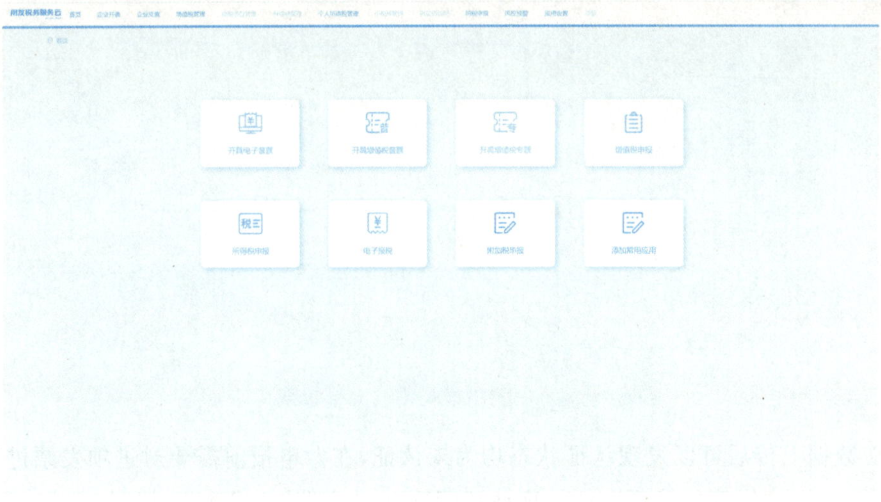

图 5－46　系统操作界面

(2)增值税数据采集

① 在税务云系统主界面依次单击“企业受票”→“采购台账”→“上传”，选择“增值税纳税申报数据.xls”文件进行上传，如图5-47所示。

图5-47 上传增值税纳税申报数据文件

② 数据上传后可以发现认证状态均为未认证，在做申报前需要对进项发票进行勾选认证，依次单击“增值税管理”→“进项认证管理”→“发票勾选”选项，如图5-48、图5-49所示。

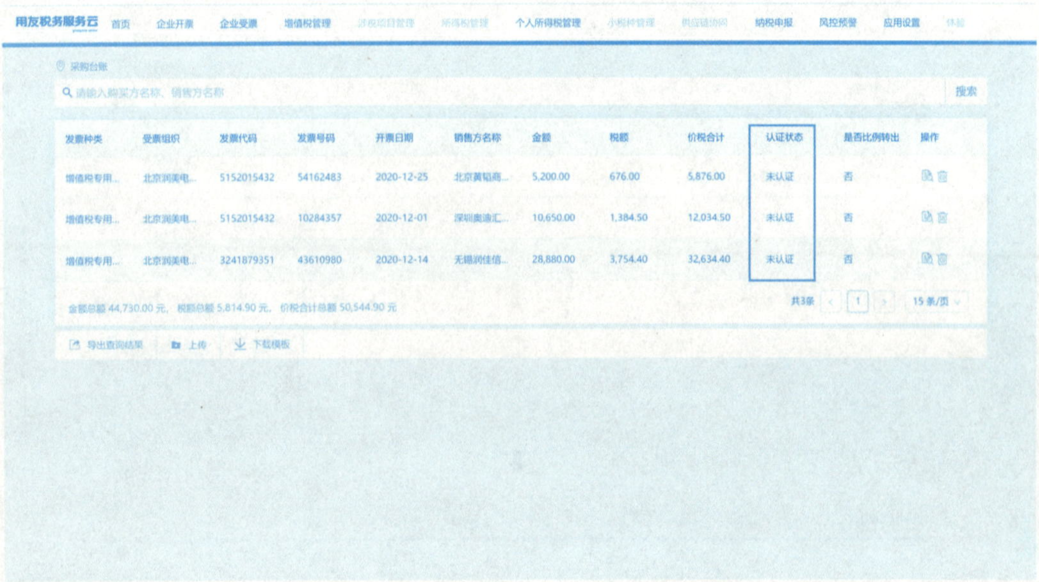

图 5-48 认证状态为未认证

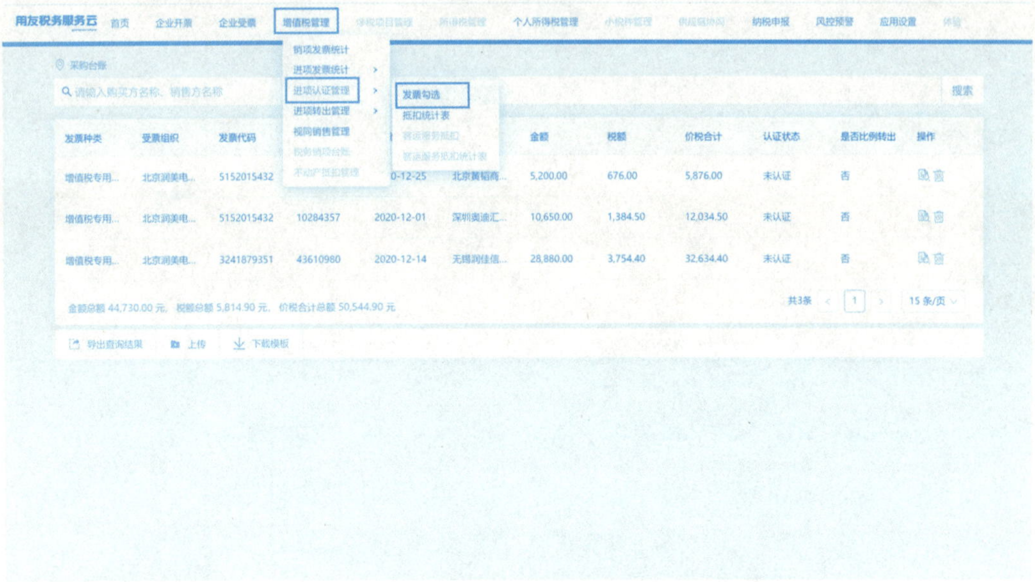

图 5-49 发票认证操作一

③ 发票勾选后单击“勾选保存”选项，然后勾选状态选择“已勾选未确认”选项，勾选所有发票后单击“确认勾选”选项。此时，采购台账中的认证状态变为已认证，如图 5-50 所示。

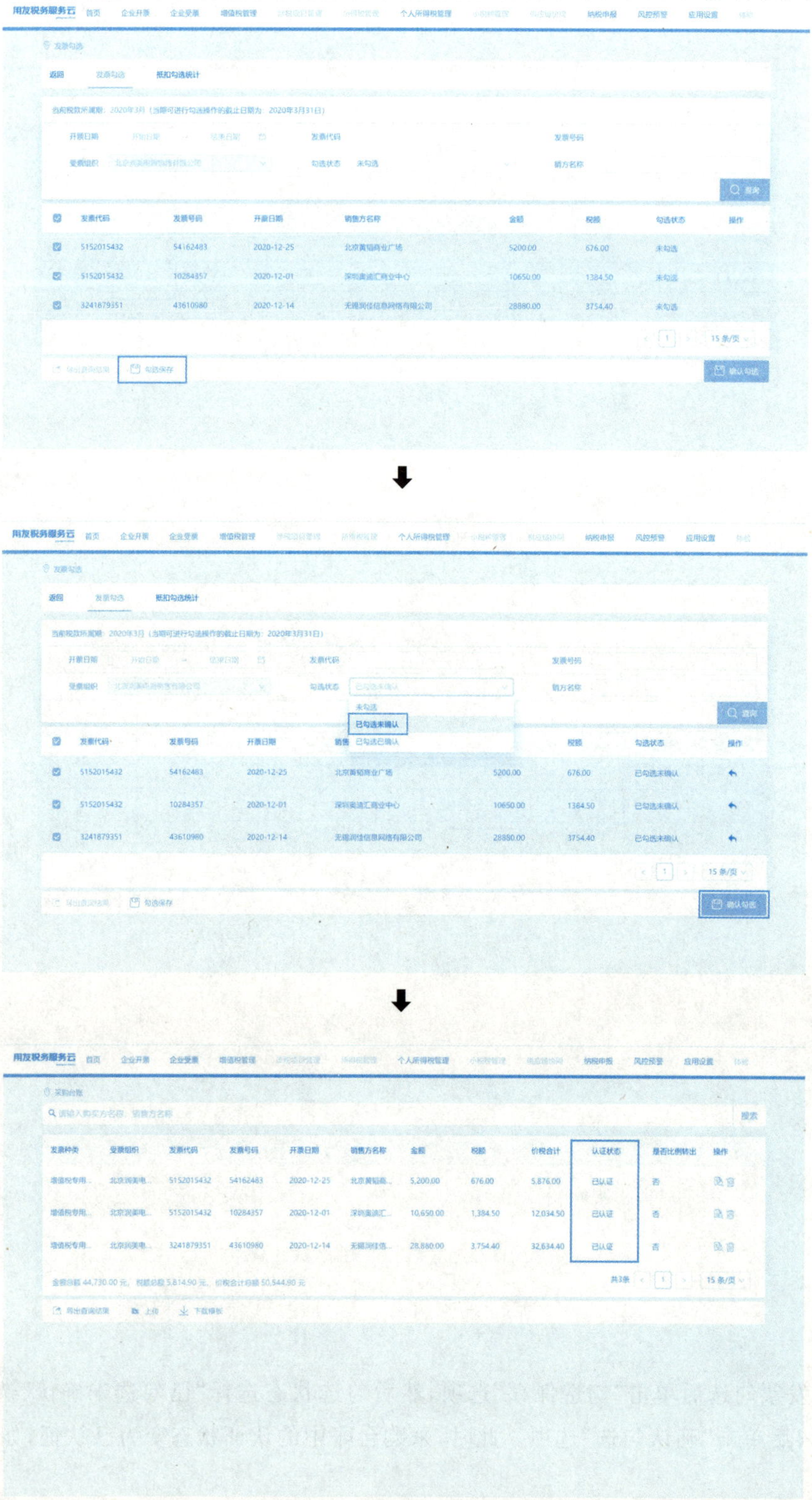

图 5－50　发票认证操作二

(3)纳税申报

① 在税务云系统依次单击“纳税申报”→“增值税申报表”选项，再单击右上角“取数”选项后下拉滚动条至页面底部，再单击“保存”选项，如图 5－51 所示。

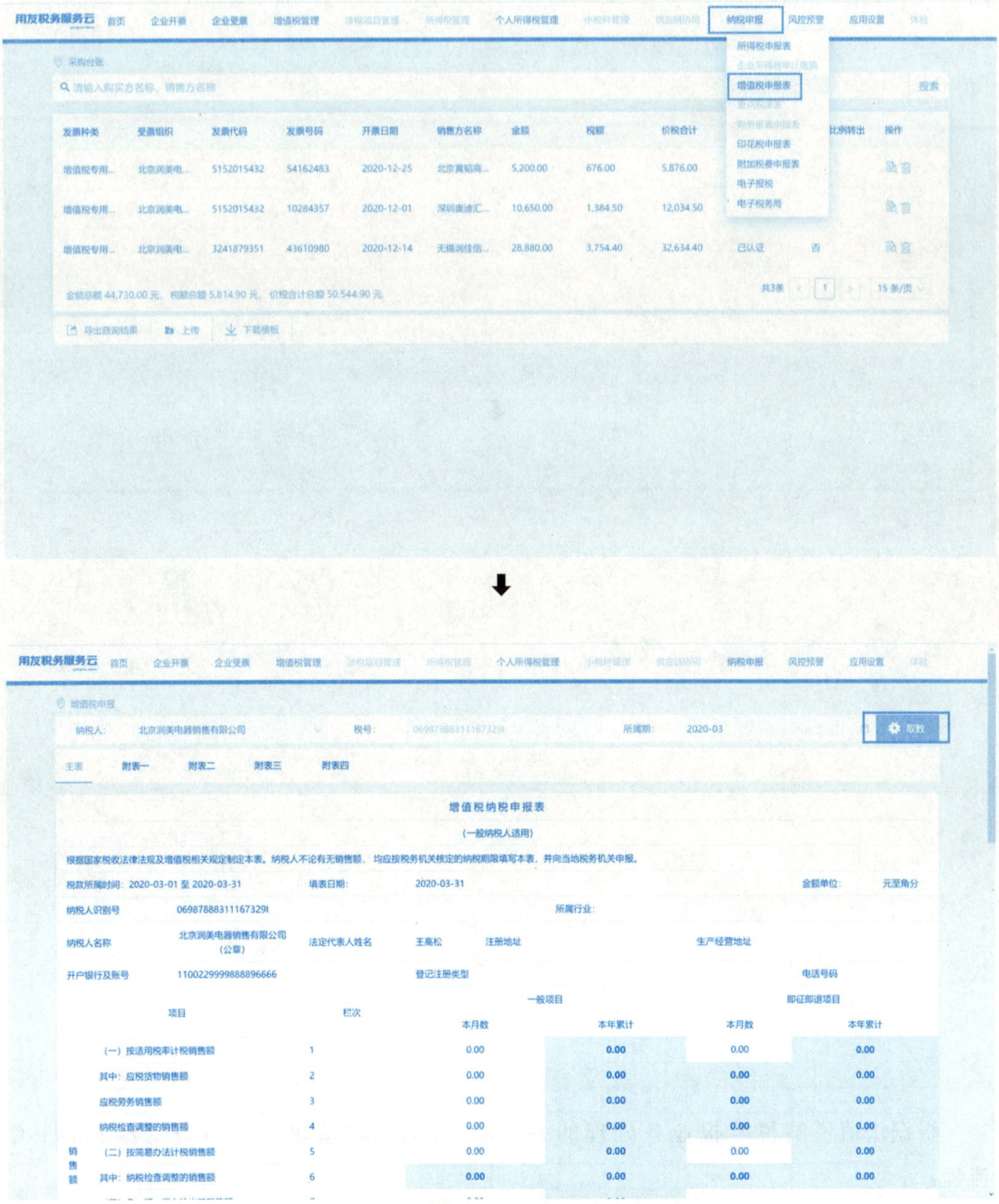

图 5－51　增值税申报表数据填写

② 单击“纳税申报”选项下的“电子报税”选项，单击“申报”选项即可完成申报，如图 5－52 所示。

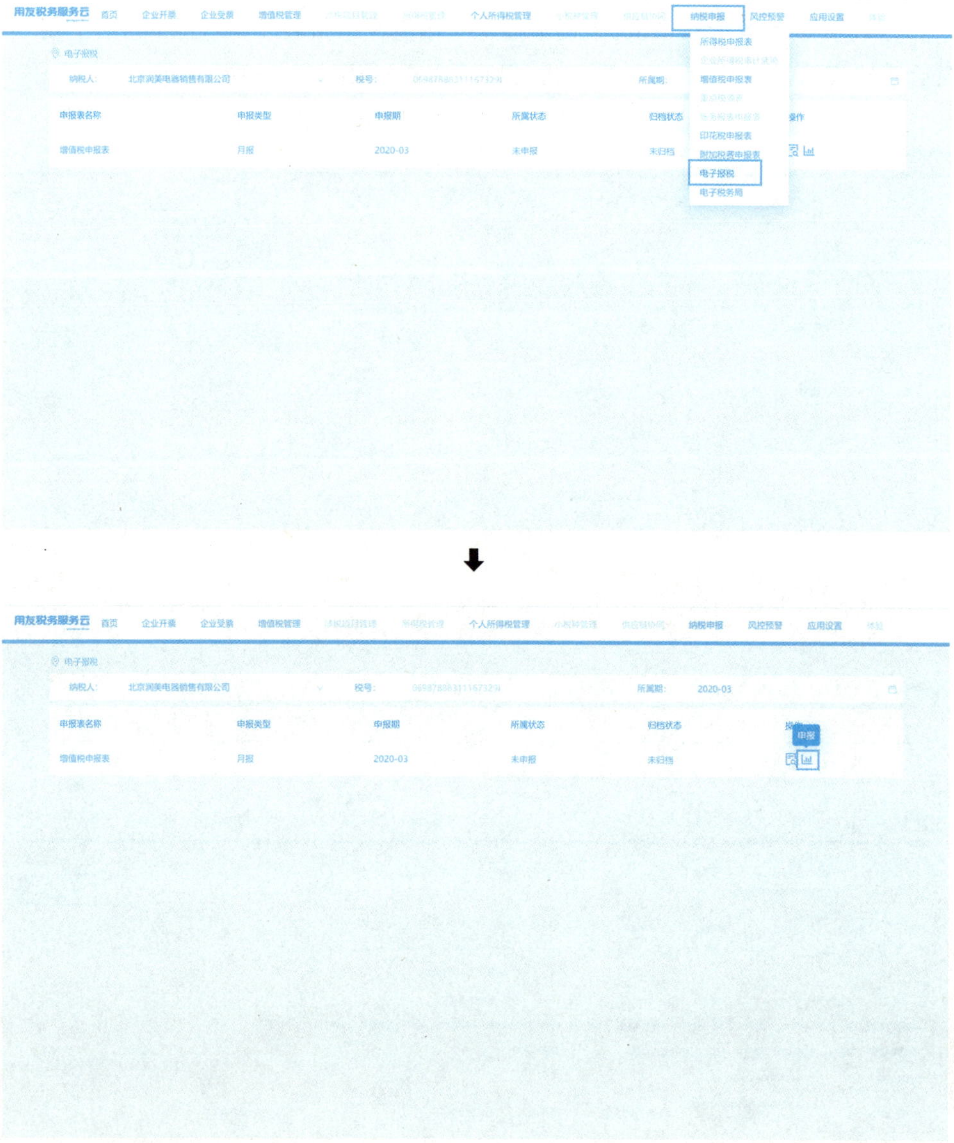

图 5－52　增值税电子报税

(三)增值税纳税申报机器人工作流程

根据增值税纳税申报业务处理的一般流程，明确增值税纳税申报机器人的工作流程：

① 自动打开增值税纳税申报文件，获取纳税数据；

② 自动登录税务云系统；

③ 自动导入增值税纳税申报数据、自动勾选、确认发票数据，进行发票认证；

④ 自动进行纳税申报。

三、增值税纳税申报机器人开发配置及运行

（一）业务场景描述

打开智多星 RPA 设计器，打开税务云系统，完成增值税纳税申报机器人的开发配置，运行机器人。

（二）操作步骤

1. 打开增值税纳税申报机器人程序

在教学实践平台中打开“增值税纳税申报机器人”开发配置及运行，从任务资料中下载“增值税纳税申报业务数据 .rar”文件，解压存放在桌面；下载“增值税纳税申报机器人 .rar”文件，解压至“C:\seentao\YonyouRpaStudio\Scripts”目录下。

打开“智多星 RPA 主界面”，单击“打开”选项，选择“C:\seentao\YonyouRpaStudio\Scripts\增值税纳税申报机器人”文件夹中的“增值税纳税申报机器人 .proj”文件，单击“打开”选项，如图 5－53 所示。在 RPA“主流程”界面中双击“增值税纳税申报”选项进入对应脚本界面。

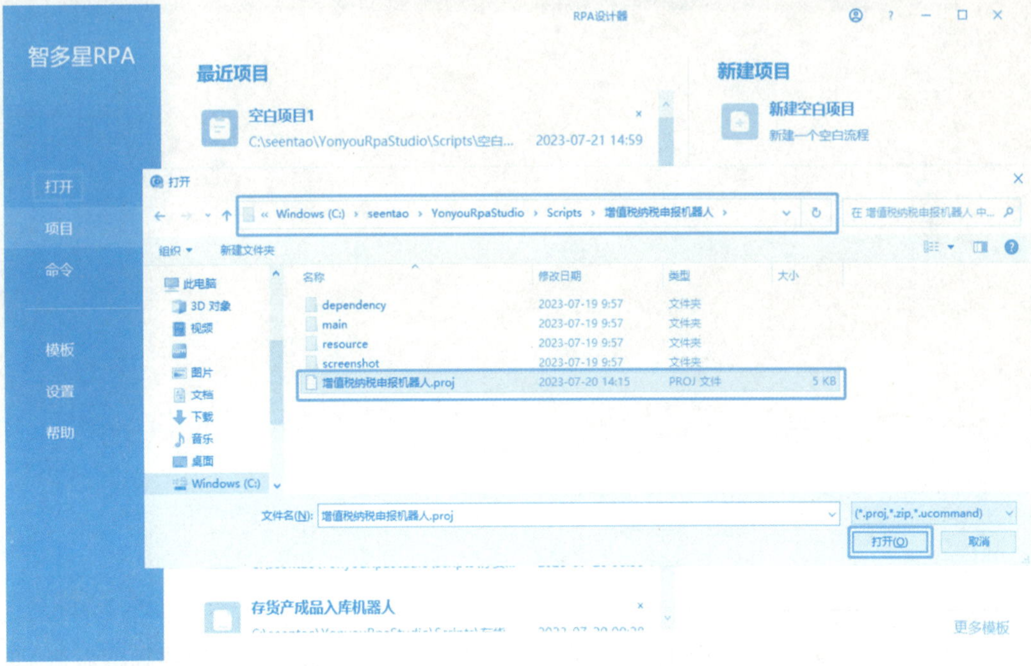

图 5－53 打开程序

2. 开发配置

任务 1：配置增值税纳税申报 URL。从教学实践平台中进入税务云系统，复制访问地址信息，粘贴在右侧变量栏“Path”变量中，如图 5－54、图 5－55 所示。

图 5-54　复制访问地址信息

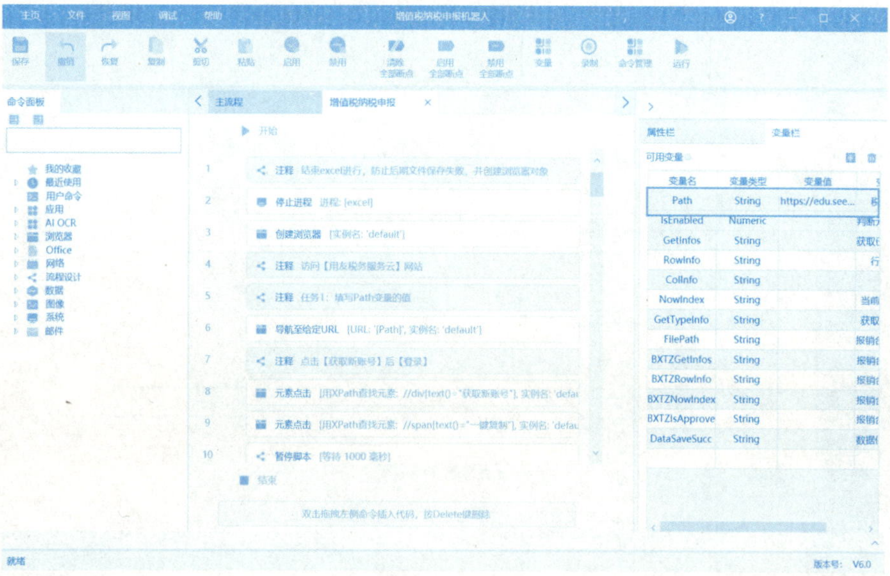

图 5-55　设置变量

任务 2:配置文本增值税纳税申报数据文件路径。首先,在脚本编写界面的右侧“变量栏”中找到“FilePath”变量名,单击对应的“变量值”选项,输入“增值税纳税申报数据 . xls”文件存储路径信息。然后选择“增值税纳税申报数据 . xls”文件,右键依次单击“属性”→“安全”→“对象名称”选项,将“对象名称”选项中的信息复制到“FilePath”变量中,如“C:\Users\15487\Desktop\增值税纳税申报业务数据\增值税纳税申报数据 . xls”,如图 5-56 所示。

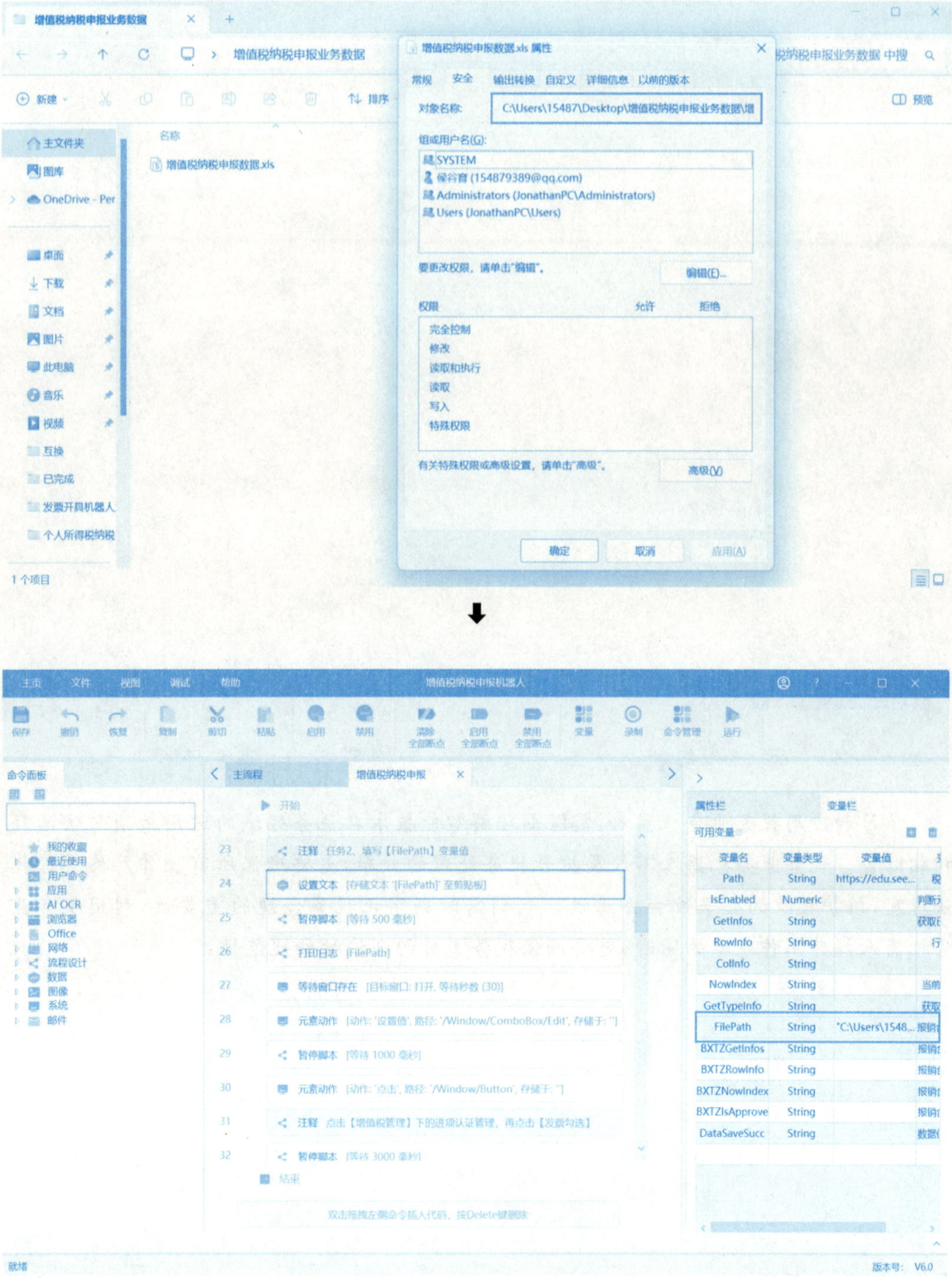

图 5－56　配置文本增值税纳税申报数据

3. 保存运行

单击“保存”选项保存程序，单击“运行”选项运行程序，运行结果如图 5－57 所示。

图 5－57　运行结果

职业素养

税务业务机器人与法治精神：智能税务，合规先行

学习和应用税务业务机器人，需深刻理解智能技术在税务领域的运用必须与法治精神相结合。税务业务机器人不仅要提升税务处理的效率，更要确保所有操作严格遵循税法规定，维护税收的公平性和公正性。我们需时刻牢记税务合规的重要性，利用税务业务机器人提升工作效率的同时，更要确保税务工作的合法性和规范性。

第六章　资金业务机器人

学习目标

- 了解银行到账通知发布业务流程
- 了解银行到账通知认领业务流程
- 了解银行对账业务流程
- 了解客户端运行机器人的流程
- 能够配置及运行银行到账通知发布机器人
- 能够配置及运行银行到账通知认领机器人
- 能够配置及运行银行对账机器人

第一节　银行到账通知机器人

企业资金业务涉及收付款、银行到账通知、银行余额查询、银行电子回单查询、银企对账等业务。这些业务可以通过机器人来自动分析和处理，提高收付款、查询余额及对账的准确性和效率，减少人工操作的失误和工作量，帮助企业降低资金风险和成本，提升财务管理水平。资金机器人涉及主要内容如图 6－1 所示。

图 6－1　资金机器人涉及主要内容

一、银行到账通知概述

银行到账通知作为银行服务体系的重要一环，是银行或金融机构为企业提供的一项重要服务，可实时通知企业其银行账户发生的资金变动情况。当企业收到客户的款项或支付供应商款项时，银行会立即通过短信、邮件、手机 App 通知等方式，将交易金额、交易对手、交易时间等交易信息推送给企业。

对于企业而言，银行到账通知是内部结算业务办理的重要依据。对于单位内部办理结算的业务，出纳需要将到账通知及时、准确地发布给各个业务人员；业务人员对到账通知进行认领并填补相关信息后，需要根据认领的到账通知生成单据并进行相应的业务处理。

通过银行到账通知，企业可以迅速确认收款是否成功，以便及时安排生产和发货；同时，企业也可以了解付款是否已经到达对方账户，确保供应商或合作伙伴能够及时收到款项。银行到账通知业务对企业的财务管理和资金运营具有重要意义。首先，它提高了企业资金管理的透明度和效率，使企业能够更加清晰地了解资金流动情况，优化资金配置。其次，到账通知有助于企业预防潜在的资金风险，如欺诈交易或误操作等。通过及时核对通知信息，企业可以迅速发现并处理异常情况，确保资金安全。此外，银行到账通知业务有助于企业提升客户关系和供应链管理水平。通过及时确认收款和付款信息，企业可以增强与客户的信任和合作，提升客户满意度并建立更加紧密的合作关系，以确保供应链的顺畅运转。

到账通知业务重复性强、处理量大且无须人为判断，是典型的规则驱动型流程，适合使用财务机器人来替代人工操作。银行到账通知机器人的应用能在很大程度上节约人力资源并提升业务处理效率。

二、业务流程分析

(一)银行到账通知业务流程

银行到账通知业务流程主要包括以下步骤(图 6 - 2)。

(1)到账发布

单位财务人员通过银企直连模块或专业平台，查询最新的账户资金变动情况，包括收款和付款记录。财务人员发布到账通知，将网银对账单推送给相关业务人员，通知其确认每笔款项的具体情况。

(2)到账认领

单位业务人员认领到账通知明细记录后进行对账，生成后续的收款单据、付款单据、商业税票或其他单据。

(二)银行到账通知机器人工作流程

根据银行到账通知业务处理的一般流程，可明确银行到账通知发布机器人与银行到

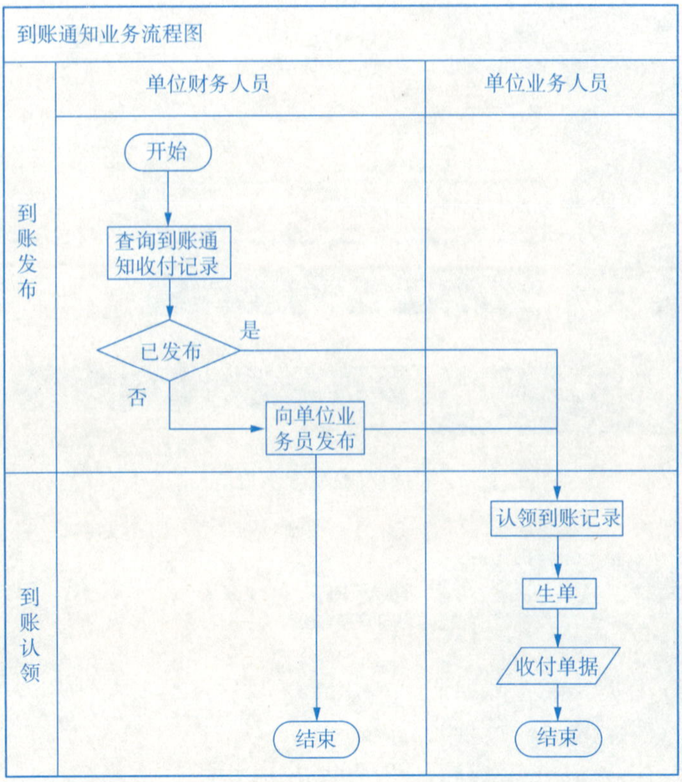

图 6－2 银行到账通知业务流程

账通知认领机器人主要工作内容：

① 到账通知发布机器人查询指定单位未发布的到账通知，并进行自动发布操作；

② 到账通知认领机器人查询指定单位未认领的到账通知，并进行自动认领操作。

三、银行到账通知机器人创建及运行

（一）准备工作

1. 查询 ERP 系统地址和用户信息

在教学实践平台中查询 ERP 系统地址和用户信息，打开 ERP 系统查询访问地址和用户信息。该地址信息和用户信息将作为配置小友 RPA 客户端的服务器地址和登录用户信息。

2. 下载并登录小友 RPA 客户端

下载“相关知识”中的“智多星 RPA 客户端安装工具包 .rar”并安装软件。在小友 RPA 登录界面，单击右上角“设置”选项，系统弹出设置 RPA 服务器地址界面。依据查询到的 ERP 地址信息，填写 RPA 服务器地址后单击“确定”选项。其中，RPA 服务器地址填写内容为“http://39.96.11.212:28289”，如图 6－3、图 6－4 所示。

图 6-3　软件设置服务器地址

图 6-4　登录系统

在课程主界面右上角的“工作应用”选项中单击“查询数据源”选项,依据 ERP 数据源信息在小友 RPA 客户端选择企业账号。依据 ERP 系统中的用户名,填写小友 RPA 客户端用户名,密码统一为“123qwe”。电脑屏幕右下角显示客户端在线图标后,说明小友 RPA 客户端登录成功。

(二)银行到账通知发布机器人

在教学实践平台中单击“银行到账通知发布机器人”创建及运行。在任务资料中下载“银行到账通知发布机器人组织编码填写规则 .doc”文件,根据文件信息在 ERP 系统中创建“银行到账通知发布机器人”,并运行机器人。

1. 创建机器人

(1)登录 NCC 系统,单击左上角“菜单”选项,依次单击“自动化机器人”→“机器人管理”选项,如图 6-5 所示。

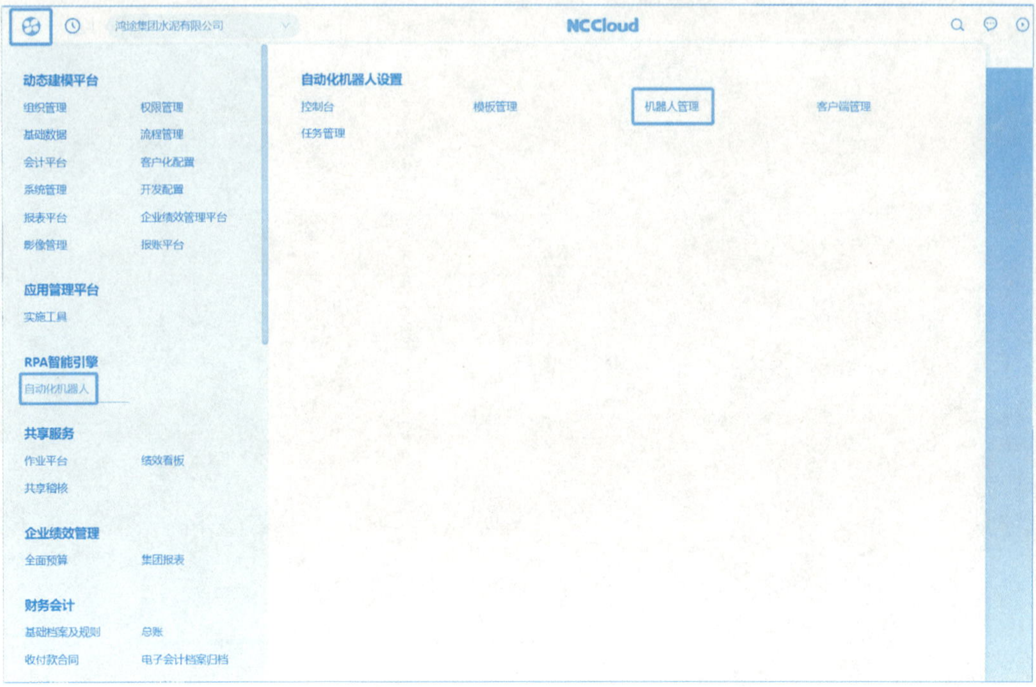

图 6-5　机器人管理操作

(2)单击“创建机器人”选项后录入机器人名称和描述,下拉选择机器人运行的客户端,再单击“下一步”选项选择“到账通知发布-RPA”模板,如图 6-6 所示。

(3)打开模板后单击上方“设置变量”选项,依次设置“NCC 服务 ip”及“NCC 服务商品”信息。以上两项信息在当前打开的 NCC 访问地址栏中获取,示例如图 6-7 所示。

(4)设置“NCC 数据源名称”的变量值,如图 6-8、图 6-9 所示。

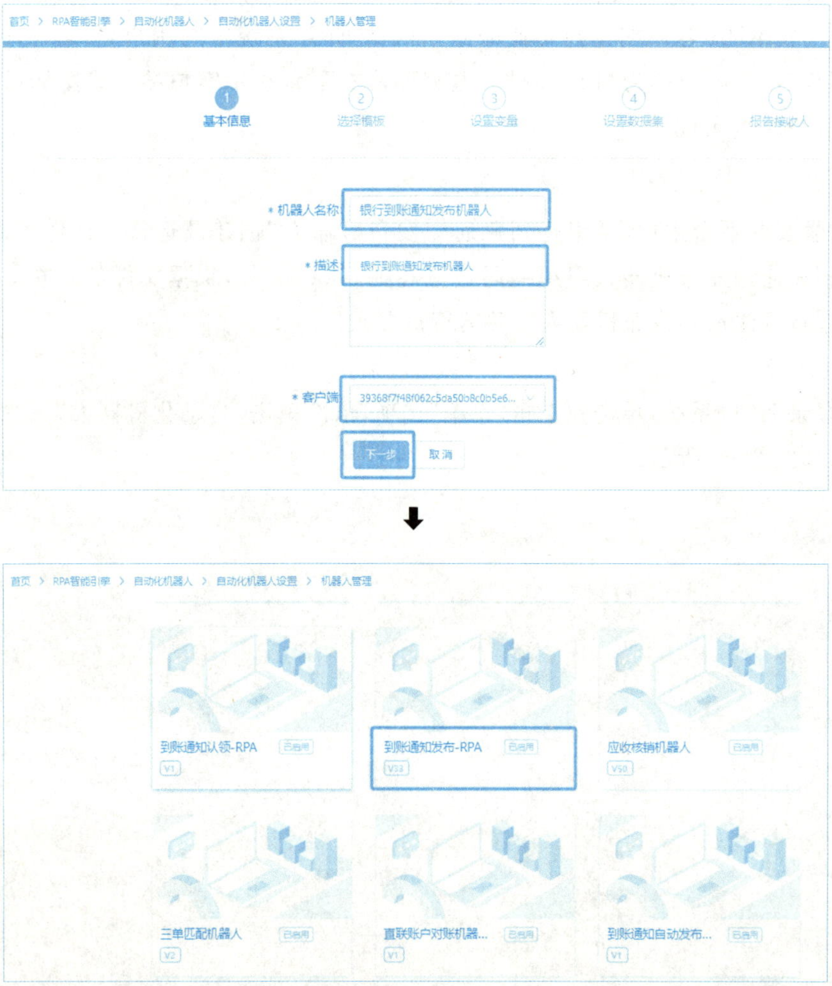

图 6-6　创建机器人

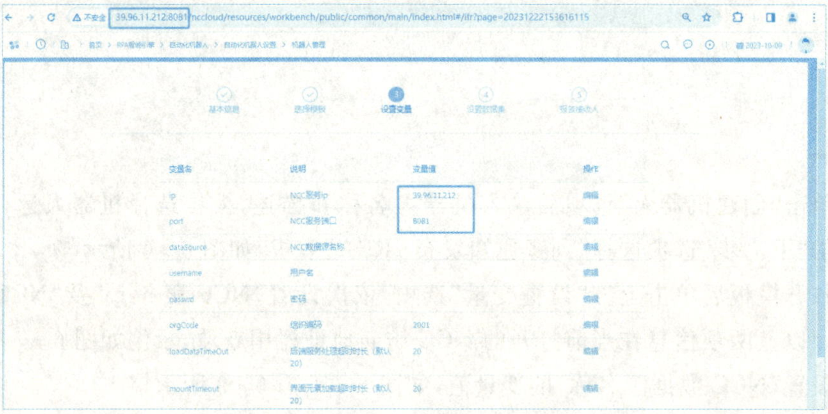

图 6-7　设置变量

图 6－8　查看数据源

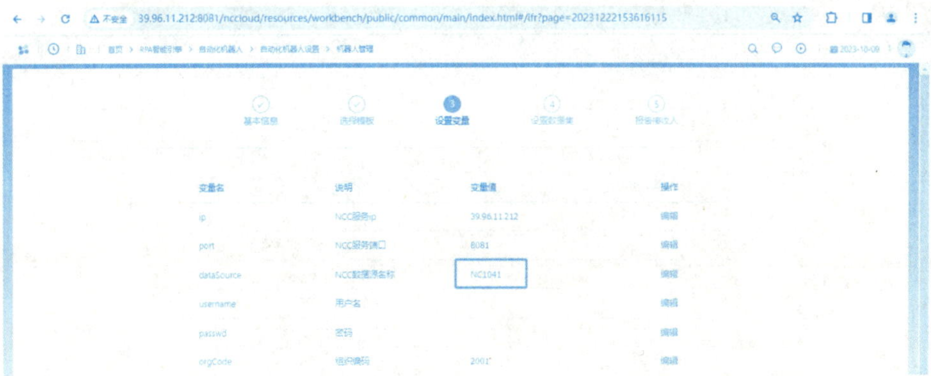

图 6－9　设置变量

(5)依据 ERP 系统中的用户名，设置“用户名”变量值为“01－00181”，密码统一默认为“123qwe”，如图 6－10 所示。

图 6－10 设置变量

(6)依据任务资料中的文件信息，填写用户对应的组织编码。例如，“01－00181”用户填写的组织编码为“XY0104”，如图 6－11 所示。

用户与ERP系统组织对应关系

新道云分组	ERP系统		
	用户	组织编码	组织名称
第1组	01-00181	XY0104	上海花桥卖场有限公司-实训1
	01-00182	XY0105	上海长宁路卖场有限公司-实训1
	01-00183	XY0106	南京中环卖场有限公司-实训1
	01-00184	XY0107	南京世纪春天卖场有限公司-实训1
	01-00185	XY0108	杭州亚新卖场有限公司-实训1
第2组	02-00181	XY0204	上海花桥卖场有限公司-实训2
	02-00182	XY0205	上海长宁路卖场有限公司-实训2
	02-00183	XY0206	南京中环卖场有限公司-实训2
	02-00184	XY0207	南京世纪春天卖场有限公司-实训2
	02-00185	XY0208	杭州亚新卖场有限公司-实训2

⬇

图 6-11　设置变量值

(7)设置完成后在当前界面下方单击“下一步”选项，填写收件人姓名和邮箱。之后，单击“是否启用”选项以启用报告接收，再单击“完成”选项，银行到账通知发布机器人创建就结束了，如图 6-12 所示。设置完成后，机器人管理界面会出现创建好的机器人。

图 6-12　创建成功页面

2. 运行机器人

(1)在机器人管理界面单击“待机”选项中的“运行”选项，机器人将开始自动执行银行到账通知发布操作(注意：机器人需要在“小友 RPA 客户端”为登陆的状态下运行)，如图 6-13 所示。

图 6-13　操作运行

(2)机器人运行结束后,邮箱可收到运行结果报告,如图 6－14 所示。

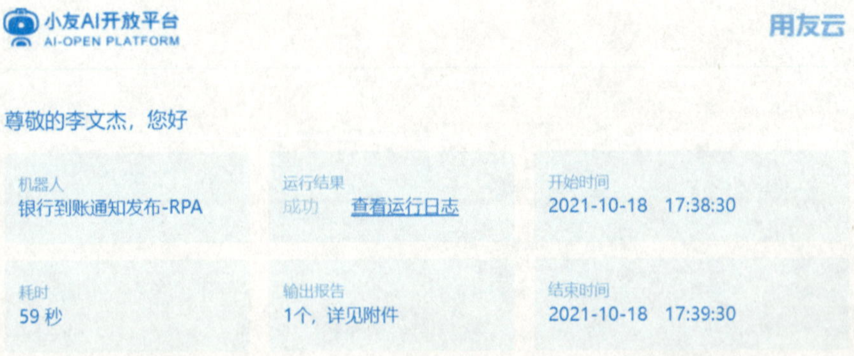

图 6－14　运行结果

(三)银行到账通知认领机器人

1. 创建机器人

(1)登录 NCC 系统,单击左上角“菜单”选项,依次单击“自动化机器人”→“机器人管理”选项,如图 6－15 所示。

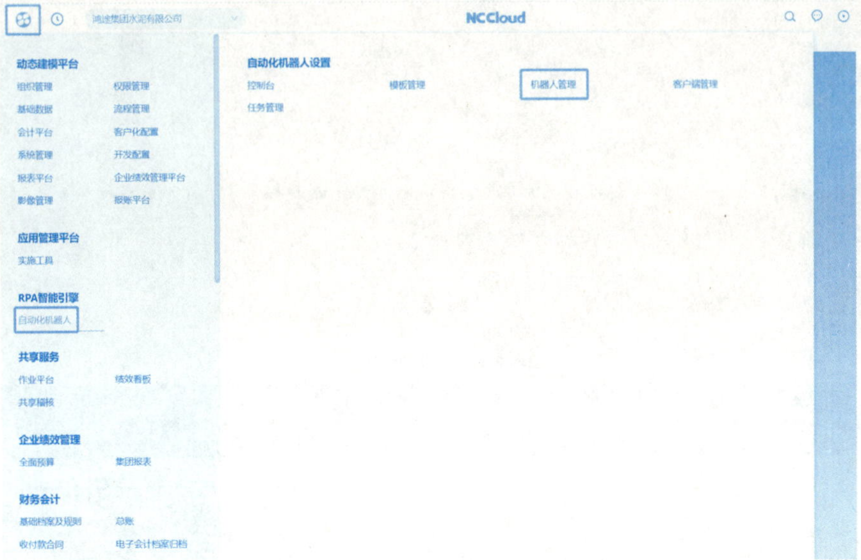

图 6－15　机器人管理

(2)单击“创建机器人”选项后录入机器人名称和描述,下拉选择机器人运行的客户端,再单击“下一步”选项选择“到账通知认领- RPA 机器人”模板。

(3)打开模板后单击上方“设置变量”选项,依次设置“NCC 服务 ip”及“NCC 服务端口”信息。以上两项信息在当前打开的 NCC 访问地址栏中获取,示例如图 6－16 所示。

图 6-16　查看数据源

(4)设置“对方单位名称”的变量值为“00”。依据任务资料中的文件信息，填写用户对应的组织编码，如“01-00181”用户填写的组织编码为“XY0104”，如图 6-17 所示。

用户与ERP系统组织对应关系

新道云分组	ERP系统		
	用户	组织编码	组织名称
第1组	01-00181	XY0104	上海花桥卖场有限公司-实训1
	01-00182	XY0105	上海长宁路卖场有限公司-实训1
	01-00183	XY0106	南京中环卖场有限公司-实训1
	01-00184	XY0107	南京世纪春天卖场有限公司-实训1
	01-00185	XY0108	杭州亚新卖场有限公司-实训1
第2组	02-00181	XY0204	上海花桥卖场有限公司-实训2
	02-00182	XY0205	上海长宁路卖场有限公司-实训2
	02-00183	XY0206	南京中环卖场有限公司-实训2
	02-00184	XY0207	南京世纪春天卖场有限公司-实训2
	02-00185	XY0208	杭州亚新卖场有限公司-实训2

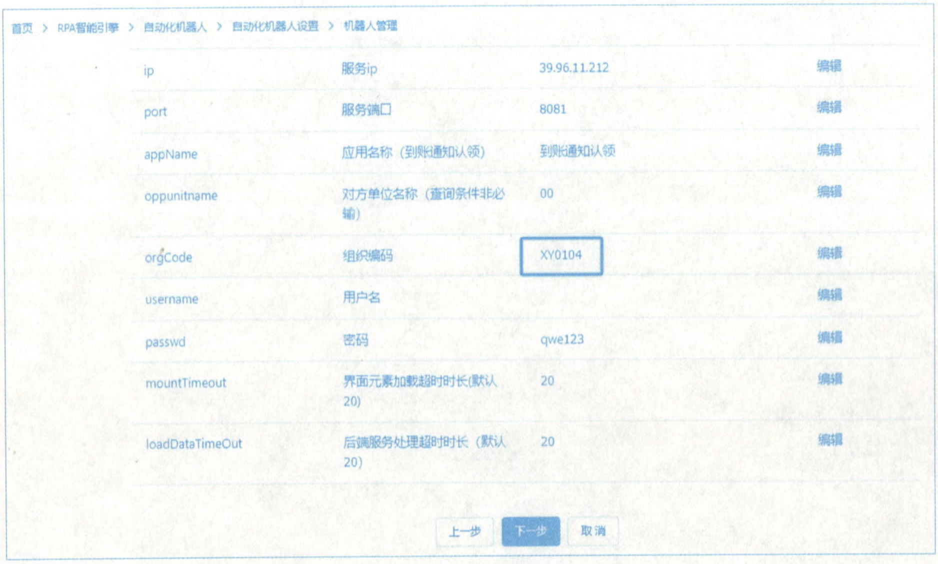

图 6-17 设置变量

（5）依据 ERP 系统中的用户名，设置“用户名”变量值为“01-00181”，密码统一默认为“123qwe”，如图 6-18 所示。

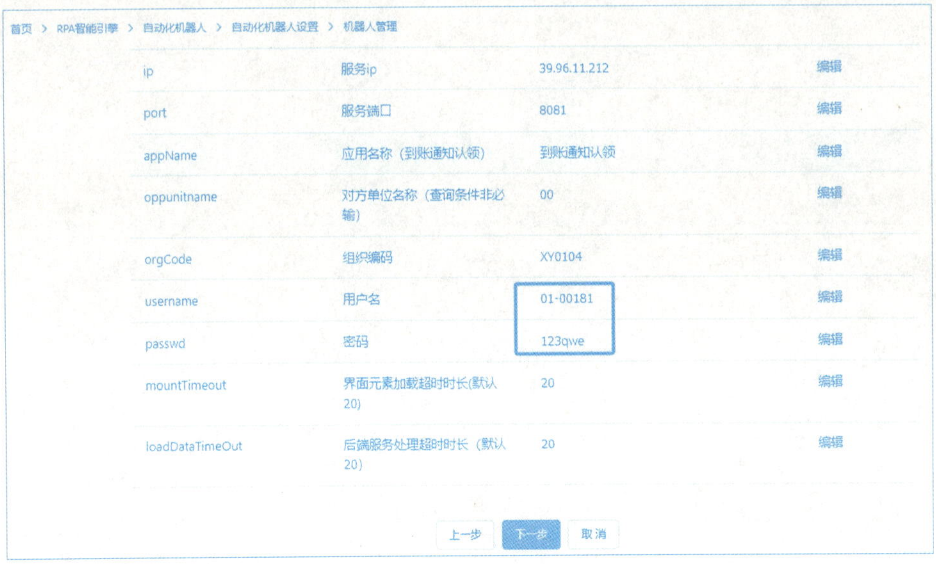

图 6-18 设置变量

（6）设置完成后在当前界面下方单击“下一步”选项，填写收件人姓名和邮箱。之后，单击“是否启用”选项以启用报告接收，再单击“完成”选项，银行到账通知认领机器人创建结束，如图 6-19 所示。设置完成后，机器人管理界面会出现创建好的机器人。

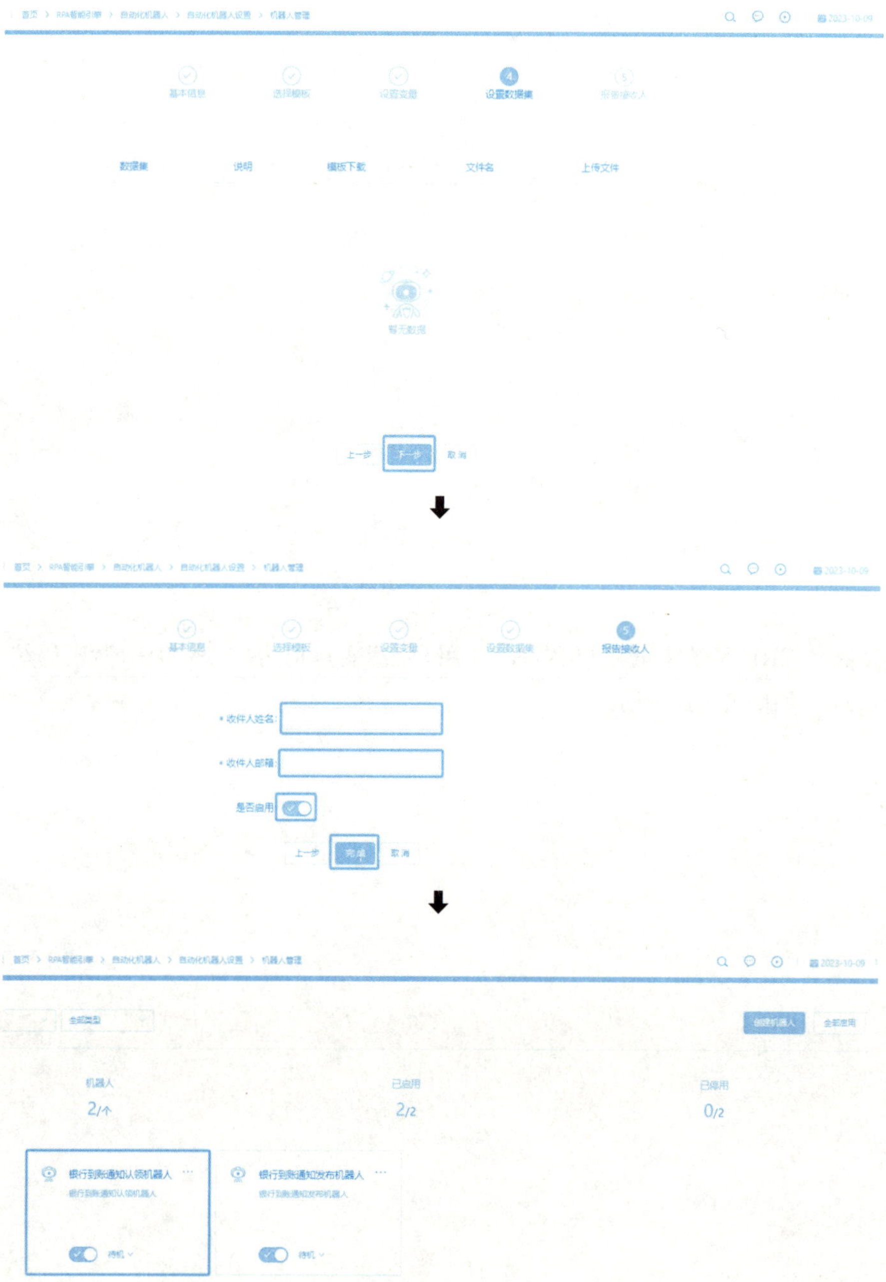

图 6-19　创建成功页面

(二)运行机器人

在机器人管理界面单击“待机”选项中的“运行”选项，机器人将开始自动执行银行到账通知认领操作(注意：机器人需要在“小友 RPA 客户端”为登陆的状态下运行)，如图6-20所示。机器人运行结束后，邮箱可收到运行结果报告。

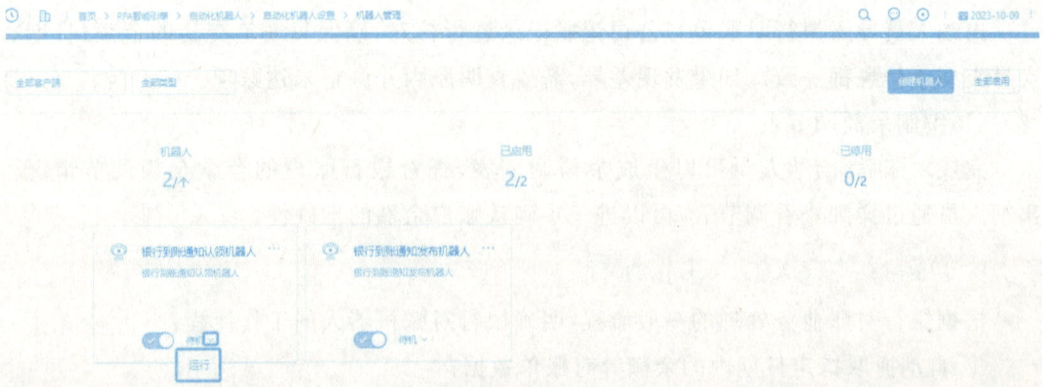

图 6-20 操作运行

第二节 银行对账机器人

一、银行对账概述

银行对账是指企业出纳人员在每月月末将企业银行存款日记账与开户银行发来的当月银行存款对账单进行逐笔核对，勾选已达账项，找出未达账项并编制每月银行存款余额调节表的过程。这一过程的目的是保证资金安全，保证每月银行账户发生情况、账户余额与单位实际账务记录发生情况、余额保持准确性。银行对账中未达账项是由于月末账务时间的差异而产生的，包括企业已收银行未收、企业已付银行未付、银行已收企业未收、银行已付企业未付。

企业银行对账业务具有高度重复、处理量大、处理时间集中的特性，属于典型的规则驱动型业务流程。银行对账机器人的应用，不仅能够大幅减少人力资源的消耗，更能显著提升业务处理的效率。

二、业务流程分析

(一)银行对账业务流程

银行对账业务流程主要步骤：

(1)生成总账凭证

总账会计需要获取银行对账相关的单据。这些单据通常包括银行对账单、企业内部的收付款凭证等，仔细核对单据后，根据单据内容编制总账凭证。

(2)查询银行日记账

企业出纳登录对应系统后，设置时间段查询银行日记账。

(3)银行对账

出纳人员导入银行对账单与公司记账记录进行核对,确保每一笔交易的金额、日期、交易类型等信息都一致。如果发现差异,需要查明原因并调整未达账项。

(4)编制余额调节表

完成对账后,出纳人员可以生成余额调节表,查看银行账户的存款余额调节情况。出纳人员通过详细查看调节表,可以进一步确认账户余额的准确性。

(二)银行对账机器人工作流程

根据银行对账业务处理的一般流程,明确银行对账机器人的工作流程:

① 自动抓取指定日期内的余额等对账单数据;

② 自动抓取指定日期内的余额等财务数据;

③ 自动执行对账操作;

④ 自动将结果记录至银行余额调节表。

三、银行对账机器人配置及运行

(一)准备工作

在教学实践平台中查询 ERP 系统地址和用户信息,并登录小友 RPA 客户端。

(二)银行对账机器人

在教学实践平台中单击“银行对账机器人”配置及运行。在任务资料中下载“银行对账机器人组织编码填写规则 . xlsx”文件,依据文件信息在 ERP 系统中创建“银行对账机器人”,并运行机器人。

1. 创建机器人

(1)登录 NCC 系统,单击左上角“菜单”选项,再依次单击“自动化机器人”→“机器人管理”选项,如图 6 - 21 所示。

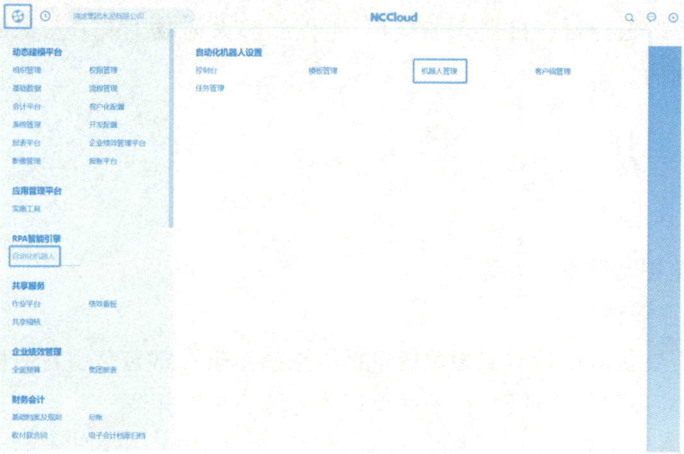

图 6 - 21　机器人管理操作

(2)单击“创建机器人”选项后录入机器人名称和描述，下拉选择机器人运行的客户端，单击“下一步”选项选择“直联账户对账机器...”模板，如图 6-22 所示。

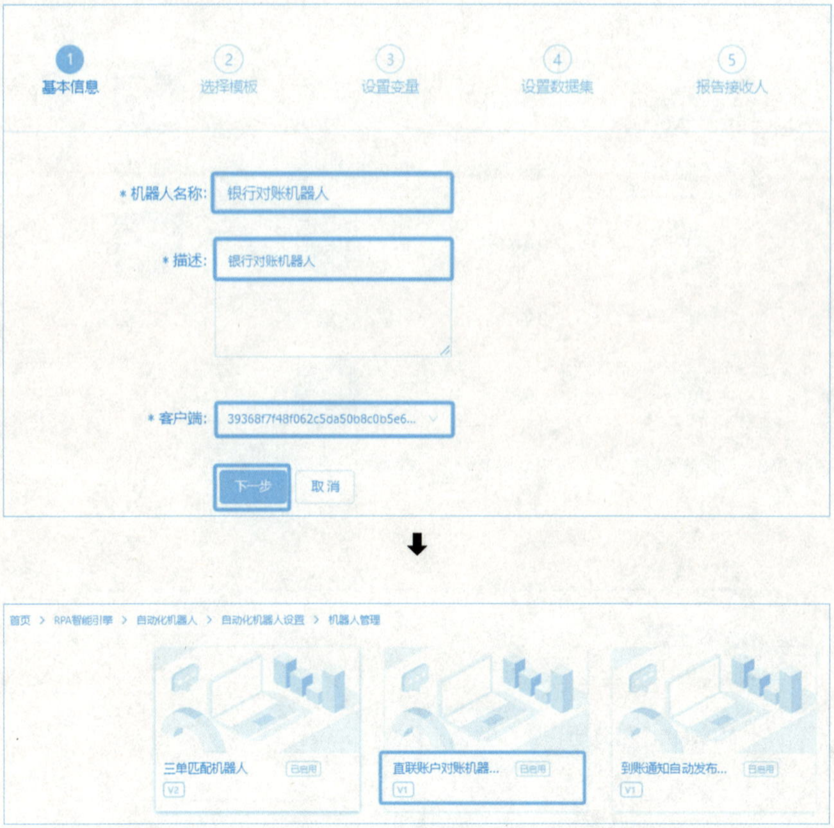

图 6-22 创建机器人

(3)打开模板后单击上方“设置变量”选项，依次设置“NCC 服务 ip”及“NCC 服务端口”信息。以上两项信息在当前打开的 NCC 访问地址栏中获取，如图 6-23 所示。

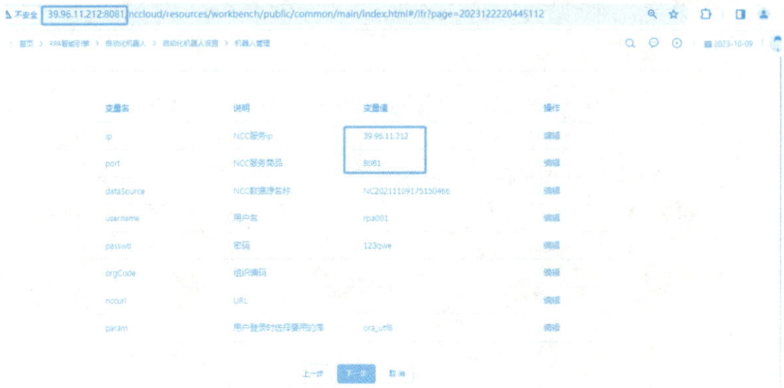

图 6-23 获取变量信息

（4）设置“NCC 数据源名称”的变量值，如图 6－24 所示。

图 6－24　设置数据源

(5)依据 ERP 系统中的用户名，设置“用户名”变量值为“01－00181”，密码统一默认为“123qwe”。依据附件资料，填写用户对应的组织编码，如“01－00181”用户填写的组织编码为“XY0104”，如图 6－25 所示。

用户与ERP系统组织对应关系

新道云分组	ERP系统		
	用户	组织编码	组织名称
第1组	01-00181	XY0104	上海花桥卖场有限公司-实训1
	01-00182	XY0105	上海长宁路卖场有限公司-实训1
	01-00183	XY0106	南京中环卖场有限公司-实训1
	01-00184	XY0107	南京世纪春天卖场有限公司-实训1
	01-00185	XY0108	杭州亚新卖场有限公司-实训1
第2组	02-00181	XY0204	上海花桥卖场有限公司-实训2
	02-00182	XY0205	上海长宁路卖场有限公司-实训2
	02-00183	XY0206	南京中环卖场有限公司-实训2
	02-00184	XY0207	南京世纪春天卖场有限公司-实训2
	02-00185	XY0208	杭州亚新卖场有限公司-实训2

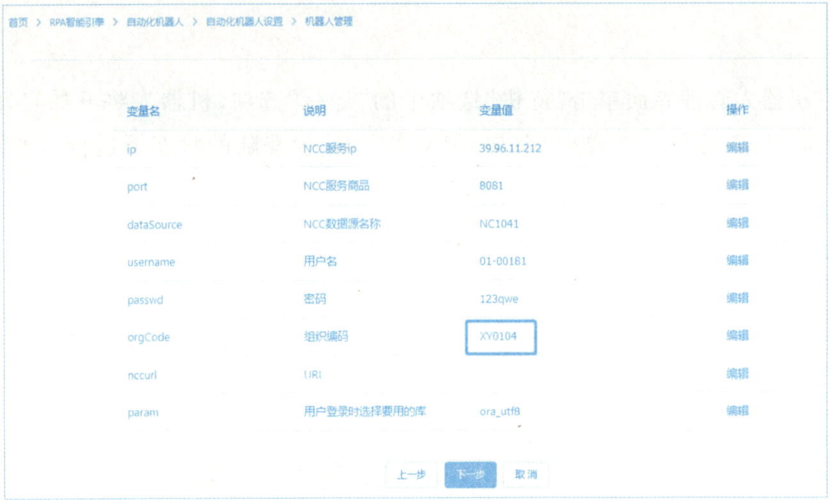

图 6－25　设置变量

(6)设置完成后在当前界面下方单击“下一步”选项，填写收件人姓名和邮箱。之后单击“是否启用”选项以启用报告接收，再单击“完成”选项，银行对账机器人创建结束，如

图 6－26 所示。

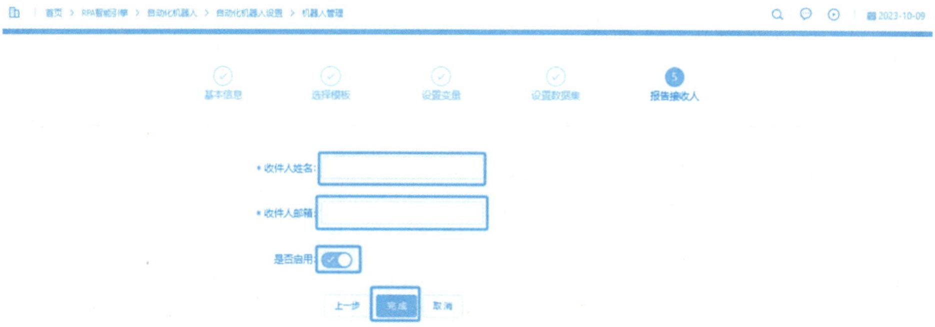

图 6－26　维护接收人信息

(7)设置完成后，机器人管理界面会出现创建好的机器人，如图 6－27 所示。

图 6－27　创建成功页面

2. 运行机器人

(1)在机器人管理界面单击“待机”选项中的“运行”选项，机器人将开始自动执行银行对账操作(注意:机器人需要在“小友 RPA 客户端”为登陆的状态下运行)，如图 6－28 所示。

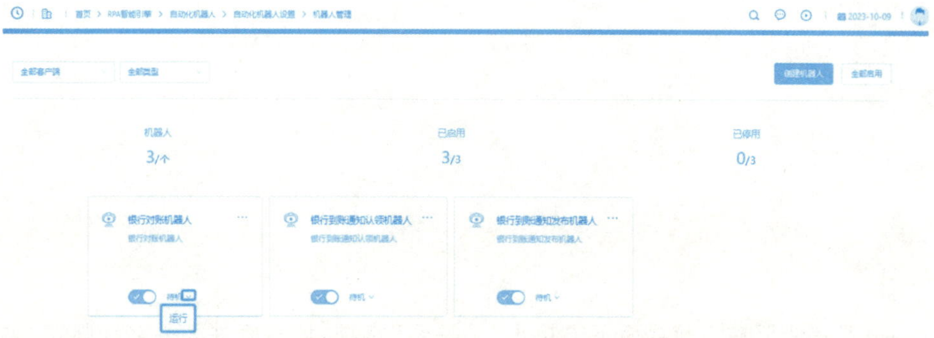

图 6－28　运行机器人

(2)机器人运行结束后，邮箱可收到运行结果报告，如图 6－29 所示。

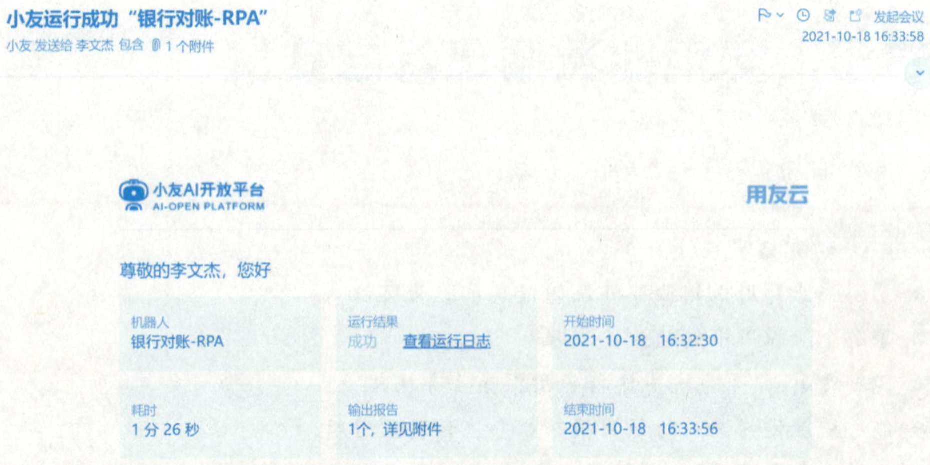

图 6－29　运行成功

职业素养

资金业务机器人与诚信为本：智能资金流，诚信守底线

在学习资金业务机器人的同时，我们必须牢记诚信为本的原则。资金是企业运营的血液，而资金业务机器人的智能管理能够极大提升资金流动的效率和安全性。我们要坚守诚信底线，确保所有资金操作的真实性和合规性，维护企业的声誉和利益；我们还要以诚信为本，利用资金业务机器人更好地服务企业发展。

第七章　费用业务循环综合实战

学习目标

- 了解企业费用报销业务涉及的信息系统及岗位
- 了解企业费用报销的业务流程
- 能够在 ERP 等系统中进行费用报销业务操作
- 能够梳理案例企业的费用报销业务流程现状问题
- 能够在智多星 RPA 设计器中配置开发、运行差旅报销与携程对账机器人
- 能够在智多星 RPA 设计器中配置开发、运行商旅平台费用报销填报机器人

本章操作项目导入

享跃体育集团是一家时尚体育用品品牌公司，共有 9 家法人公司。其中，享跃体育集团有限公司为母公司，其余 8 家公司均为享跃体育集团有限公司 100%控股的全资子公司。该集团总部设有比较完善的业务管理部门，集团各项业务管理、外部沟通及资源协调主要由总部各职能部门完成，所以出差业务主要集中在集团总部。交通费用(涉及差旅报销业务)是享跃体育集团日常费用中占比较大的一项费用，主要包括办公地通勤交通费、加班交通费及商务出行交通费。

享跃体育集团差旅报销业务现状：

① 公司尚未与携程等商旅平台签订企业服务协议；

② 员工出差自行选择机票、火车票、酒店等的预订平台；

③ 员工出差需自行垫付相关费用，出差返回后向公司申请费用报销；

④ 公司已与汉庭、如家等酒店签订了企业服务协议，员工入住汉庭、如家等酒店享受企业协议价格(同样需要员工自付)；

⑤ 公司对差旅交通费、差旅住宿费及差旅补贴标准均有明确规定，详见《享跃体育集团费用管理制度》(表 7－1～表 7－4)。

表 7－1　享跃体育集团日常费用审批权限表

支出项目	审批权限	业务审批人	财务审批人
日常费用	5000 元(不含)以下	部门经理	分管会计
	5000 元及以上，2 万元(不含)以下	总经理	分管会计-财务经理
	2 万元及以上，5 万元(不含)以下	副总裁	分管会计-财务经理
	5 万元及以上	总裁	分管会计-财务经理

（续表）

支出项目	审批权限	业务审批人	财务审批人
专项费用	1万元（不含）以下	部门经理	分管会计-财务经理
	1万元及以上，3万元（不含）以下	总经理	分管会计-财务经理
	3万元及以上，8万元（不含）以下	副总裁	分管会计-财务经理
	8万元及以上	总裁	分管会计-财务经理
其他支出/借款	2000元（不含）以下	部门经理	分管会计-财务经理
	2000元及以上，1万元（不含）以下	总经理	分管会计-财务经理
	1万元及以上，3万元（不含）以下	副总裁	分管会计-财务经理
	3万元及以上	总裁	分管会计-财务经理

表7-2　享跃体育集团差旅交通费用报销规则

人员类别	飞机	火车	轮船	长途汽车	市内交通费
副总裁及以上	公务舱票价以内实报实销	软卧/一等座票价以内实报实销	实报实销	实报实销	实报实销
总经理	经济舱票价以内实报实销	硬卧/一等座票价以内实报实销	二等舱票价以内实报实销	实报实销	实报实销
部门经理、员工	G字头火车行驶时间超过5小时、T字头火车行驶时间超过10小时可以乘坐飞机经济舱，经济舱票价以内实报实销	硬卧/二等座票价以内时报实销	三等舱票价以内实报实销	实报实销	单次200元（含）以内的部分实报实销

表7-3　享跃体育集团差旅住宿费用报销规则　　单位：元

人员类别	一类城市	二类城市	其他城市
副总裁及以上	650	550	450
总经理	500	450	400
部门经理	400	350	300
员工	350	300	250

表7-4　享跃体育集团差旅住宿费用报销标准城市分类

城市类别	城市名称
一类	北京、上海、广州、深圳、天津
二类	南京、武汉、沈阳、西安、成都、重庆、杭州、青岛、大连、宁波、济南、哈尔滨、长春、厦门、乌鲁木齐、昆明、兰州、苏州、无锡、南昌、贵阳、南宁、合肥、太原、石家庄、呼和浩特、佛山、东莞、唐山、烟台、泉州、包头
其他	以上未列示的其他城市

第一节　费用报销业务处理

一、费用报销业务概述

费用报销业务，是指企业员工因执行公务而发生的各项支出（包括但不限于差旅费、通信费、会议费、业务招待费等），按照企业规定的流程提交相关凭证，经审核批准后进行报销的过程。费用报销业务是企业日常运营中的一项重要财务活动，与企业经营管理紧密相关。

企业费用报销质量直接影响企业成本管理和控制水平。规范的费用报销制度能够保障企业资金的合理使用，防止资金浪费和流失。而有效的费用报销管理能够提升企业的内部控制水平，降低财务风险和经营风险。此外，通过管理费用报销业务，还能够促进企业内部各部门之间的沟通与协作，提升企业的整体运营效率。

二、费用报销业务信息系统

企业费用报销业务一般涉及多个信息系统，主要包括 ERP 系统、办公自动化（Office Automation，OA）系统和网银系统。这些系统旨在提高报销流程的效率和准确性，同时加强对财务数据的分析和监控。ERP 系统是一个集成化的管理软件，包含费用管理、现金管理、银企直联等模块，以实现数据的共享和同步，从而确保费用报销的准确性和合规性。办公自动化系统为费用报销提供了高效的信息处理平台，它可以自动记录相关明细和财务信息，实现信息快速录入和存储，加快了流程处理速度。网银系统可以实现费用报销实时处理，确保报销准确合规，还有助于企业建立完整的费用报销档案，使费用报销更加便捷、高效、安全。

在本章导入项目中提到的享跃体育集团，其费用报销业务由员工在 ERP 系统中录入差旅费报销单，各级审批人员审批后，由资金专员支付费用报销款，系统自动根据预置规则进行财务核算。享跃体育集团已实现业务与财务信息的融合，将相对割裂的业务管理与财务管理打通，实现业务流程标准化、入账规则自动化、会计核算统一化。享跃体育集团费用业务涉及的信息系统及相关岗位如下。

1. 费用报销业务涉及的信息系统

享跃体育集团费用报销业务涉及的信息系统主要包括商旅平台、企业 ERP 系统和网银系统，如图 7－1 所示。

（1）商旅平台

商旅平台泛指包括携程商旅、滴滴等在内的为员工出行提供服务的第三方系统。在现阶段，享跃体育集团企业 ERP 系统与商旅平台未连接。商旅平台是企业的外部系统。

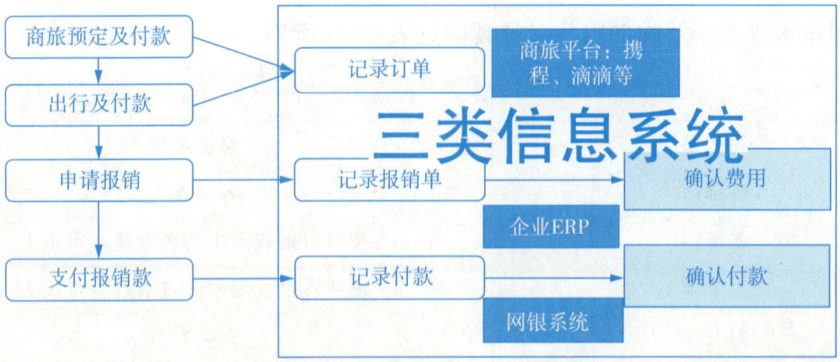

图 7-1　费用报销业务涉及的信息系统

员工出行前可自行选择商旅平台预订住宿、机票、火车票等，商旅平台记录员工的订单信息，并由员工自行收集相关票据。

(2)企业 ERP 系统

享跃体育集团企业 ERP 系统中与费用管理相关的模块包括基础设置、会计平台、费用管理、现金管理、总账等。企业 ERP 系统主要实现费用报销单的填报、审批、结算和凭证生成等。

(3)网银系统

网银系统根据企业 ERP 系统中发出的支付指令完成付款，并记录付款信息。

2. 费用报销业务信息系统数据交互

商旅平台记录员工差旅预订及付款的订单数据，企业 ERP 系统记录员工填报的差旅报销单数据，财务部费用会计根据员工出行票据、商旅平台订单数据审核报销单。网银系统记录付款信息，将该付款信息传递至企业 ERP 系统后，由资金专员确认付款并生成付款凭证，如图 7-2 所示。

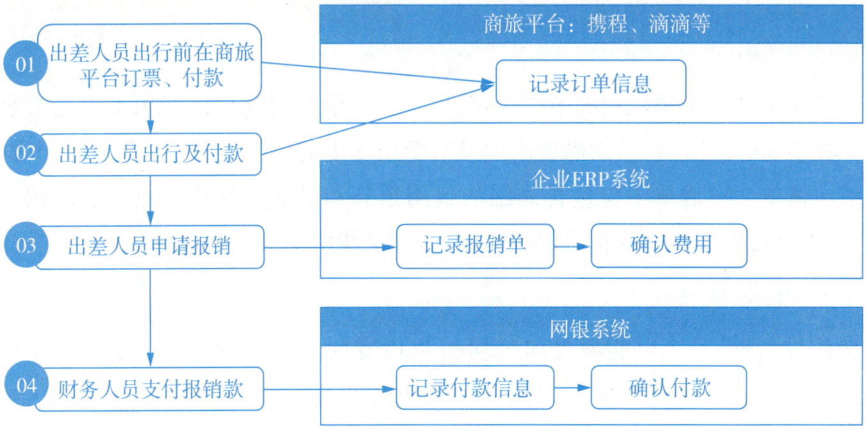

图 7-2　信息系统交互规则

3. 费用报销业务涉及岗位

费用报销业务涉及的部门及岗位具体见表 7 - 5 所列。

表 7 - 5　费用报销涉及的部门及岗位

公司内部门	岗位名称
各部门	各出差人
各部门	按照审批权限中的各级业务审批人
财务部	按照审批权限中的各级财务审批人
财务部	资金专员
财务部	总账会计

三、费用报销业务流程

费用报销业务流程主要步骤(图 7 - 3)：

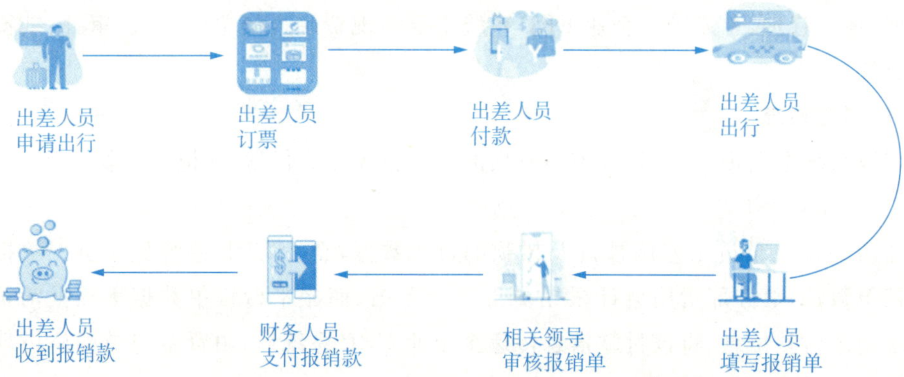

图 7 - 3　差旅报销业务流程

(一)事前申请

事前申请是费用报销流程的第一步，确保了公司能够对预期的费用支出进行事先控制和审批。在事前申请阶段，员工需要明确说明费用支出的原因、目的、金额及支付方式等，并填写费用申请单。申请单中应包含详细的费用预算和必要的附件，如合同、协议等。申请单提交后，需经过直属领导或相关部门的审批，确保费用支出的合理性和必要性。

(二)员工借款或垫付

在费用发生前，员工可能需要向公司借款以支付相关费用，或者先行垫付费用后再进行报销。借款或垫付需遵循公司的相关政策和程序，员工需填写借款单或垫付申请，并经过审批后才能取得所需资金。借款或垫付的金额应控制在批准的预算范围内，并保留好相关的票据和凭证，以便后续报销。

（三）员工报销及审批

费用发生后，员工需要按照公司的报销规定整理相关票据和凭证，并填写费用报销单。报销单应详细列明费用的发生时间、地点、金额及用途等信息，并附上相应的票据和凭证。员工将报销单提交给直属领导或财务部门进行审批，相关部门会对报销事项的真实性、合规性和准确性进行核查，确保费用支出的合法性和有效性。

（四）付款及核算

财务部门将对审批后的报销款项进行付款处理。付款方式可以是现金、银行转账等，具体根据公司的规定和员工的实际需求而定。财务部门会将报销款项记入相应的账目中，并与预算进行对比分析；同时，财务部门还会对报销单据进行归档管理，以备日后查阅和审计。

根据本章导入的操作项目，可分析享跃体育集团费用报销业务的具体流程。

1. 系统维度（图 7－4）

（1）享跃体育集团出差人员出差返回后整理费用支出单据，在企业 ERP 系统中填写、提交差旅费报销单。

（2）在企业 ERP 系统中，差旅费报销单经各审批人审核、审批后，生成待结算的单据。

（3）在企业 ERP 系统中，资金专员选择待结算的单据发出支付指令，资金专员在网银系统完成支付。网银系统记载支付记录。企业 ERP 系统自动生成费用凭证。

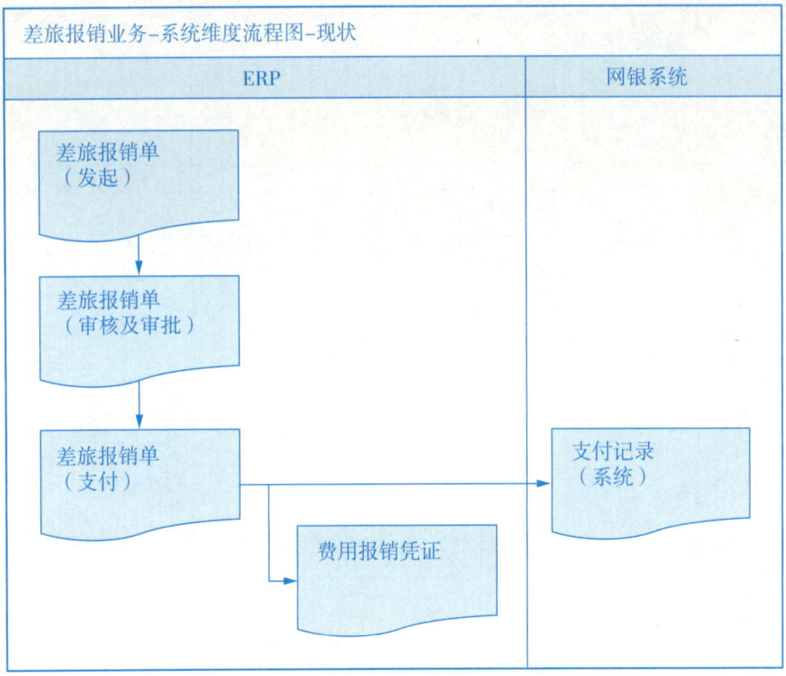

图 7－4　系统维度流程图

2. 岗位维度(图7-5)

(1)各业务部门出差人出差返回后,根据差旅费用支出单据,在企业ERP系统中填写差旅费报销单,差旅费报销单保存、提交后等待审批。

(2)各业务部门的各级业务审批人在企业ERP系统中,按照系统预置的审批流程审批差旅费报销单。

(3)财务部费用会计参照相关制度审核差旅费报销单及其附件。如果差旅费报销单总金额小于5000元,则差旅费报销单由财务部费用会计完成最终审批;如果差旅费报销单总金额大于或等于5000元,财务部费用会计审批完成后,还需要由财务部财务经理进行最终的审批。

(4)财务部资金专员在企业ERP系统中发起支付指令,在网银系统中完成款项支付,企业ERP系统自动生成费用凭证。

(5)财务部总账会计在企业ERP系统中审核费用凭证。

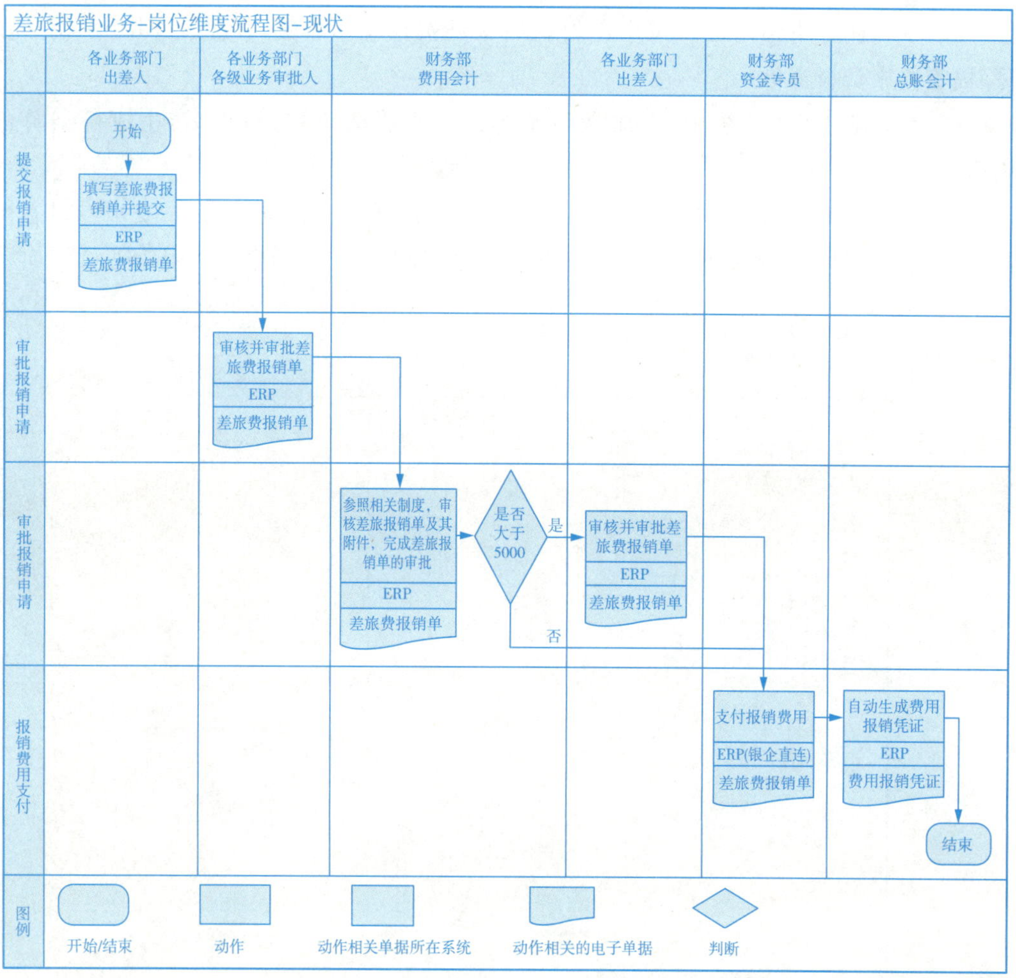

图7-5 差旅报销业务岗位维度流程图

四、费用报销业务实战

依据享跃体育集团项目资料，在教学实践平台中完成战略部经理王勇的差旅费报销单填报、审批及付款操作。

战略部王勇因业务洽谈需要，2020 年 11 月 26 日从上海乘坐飞机到北京出差，2020 年 11 月 28 日从北京乘坐飞机返回上海，2020 年 12 月 4 日在企业 ERP 系统中填写差旅费报销单申请报销。战略部门负责人和费用会计在企业 ERP 系统中审批差旅费报销单，资金专员支付差旅报销费用，总账会计在企业 ERP 系统中查询费用凭证。

（一）业务原始单据

1. 机票

机票票面总额扣除民航发展基金后可按 9% 税率抵扣进项税额。王勇出差往返机票，如图 7 - 6 所示。

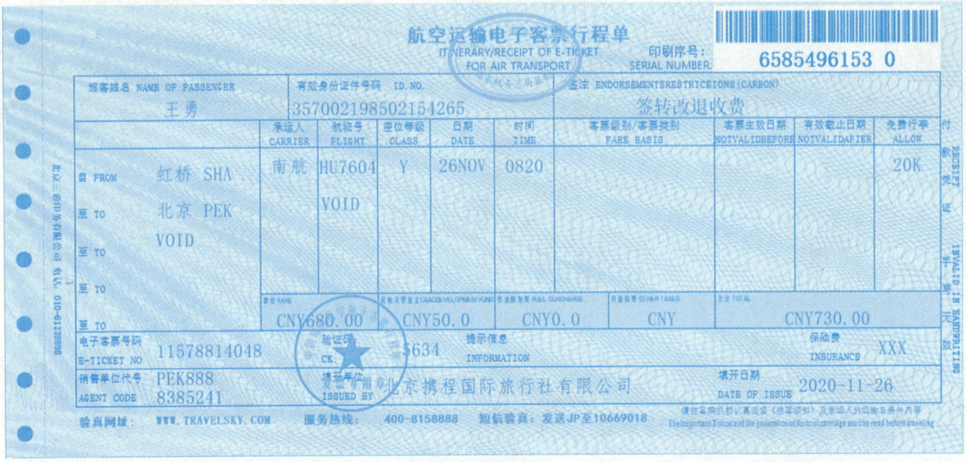

航空运输电子客票行程单
ITINERARY/RECEIPT OF E-TICKET FOR AIR TRANSPORT
印刷序号：SERIAL NUMBER 6585496153 0
旅客姓名 NAME OF PASSENGER：王勇
有效身份证件号码 ID. NO.：357002198502154265
签注 ENDORSEMENTS/RESTRICTIONS (CARBON)：签转改退收费
自 FROM 虹桥 SHA　承运人 CARRIER 南航　航班号 FLIGHT HU7604　座位等级 CLASS Y　日期 DATE 26NOV　时间 TIME 0820　免费行李 ALLOW 20K
至 TO 北京 PEK　VOID
至 TO VOID
票价 FARE CNY680.00　民航发展基金 CAAC DEVELOPMENT FUND CNY50.0　燃油附加费 FUEL SURCHARGE CNY0.0　其他税费 OTHER TAXES CNY　合计 TOTAL CNY730.00
电子客票号码 E-TICKET NO 11578814048　验证码 CK. 5634　提示信息 INFORMATION　保险费 INSURANCE XXX
销售单位代号 AGENT CODE PEK888 8385241　填开单位 ISSUED BY 北京携程国际旅行社有限公司　填开日期 DATE OF ISSUE 2020-11-26
验真网址：WWW.TRAVELSKY.COM　服务热线：400-8158888　短信验真：发送JP至10669018

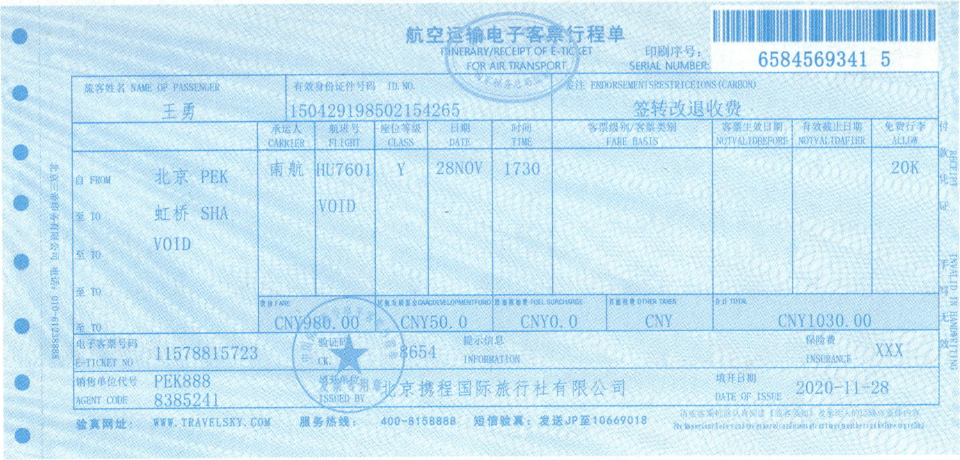

航空运输电子客票行程单
ITINERARY/RECEIPT OF E-TICKET FOR AIR TRANSPORT
印刷序号：SERIAL NUMBER 6584569341 5
旅客姓名 NAME OF PASSENGER：王勇
有效身份证件号码 ID. NO.：150429198502154265
签注 ENDORSEMENTS/RESTRICTIONS (CARBON)：签转改退收费
自 FROM 北京 PEK　承运人 CARRIER 南航　航班号 FLIGHT HU7601　座位等级 CLASS Y　日期 DATE 28NOV　时间 TIME 1730　免费行李 ALLOW 20K
至 TO 虹桥 SHA　VOID
至 TO VOID
票价 FARE CNY980.00　民航发展基金 CAAC DEVELOPMENT FUND CNY50.0　燃油附加费 FUEL SURCHARGE CNY0.0　其他税费 OTHER TAXES CNY　合计 TOTAL CNY1030.00
电子客票号码 E-TICKET NO 11578815723　验证码 CK. 8654　提示信息 INFORMATION　保险费 INSURANCE XXX
销售单位代号 AGENT CODE PEK888 8385241　填开单位 ISSUED BY 北京携程国际旅行社有限公司　填开日期 DATE OF ISSUE 2020-11-28
验真网址：WWW.TRAVELSKY.COM　服务热线：400-8158888　短信验真：发送JP至10669018

图 7 - 6　出差机票

2. 出租车车票

王勇从首都机场 T1 航站楼到如家酒店(北京水立方体育馆店)的出租车发票,以及从如家酒店(北京水立方体育馆店)到首都机场 T1 航站楼的出租车发票信息,如图 7-7 所示。

北京市出租汽车机打发票
发票联
发票代码 111591730051
发票号码 85463522

单位	000000093780
车号	A-2773T
证号	000000085733
日期	2020/11/26
上车	K1040 11:05
下车	11:46
单价	2.50元/公里
里程	28公里
等候	00:04:06
状态	1
金额	62.00元
含电调费	0.00
卡号	
原额	**
余额	**

郑金祥2020年11月印54000卷

北京市出租汽车机打发票
发票联
发票代码 111591730051
发票号码 85631520

单位	000000093780
车号	A-625J2
证号	000000085733
日期	2020/11/28
上车	K5230 15:21
下车	15:54
单价	2.50元/公里
里程	30.8公里
等候	00:02:06
状态	1
金额	67.00元
含电调费	0.00
卡号	
原额	**
余额	**

王金奎2020年11月印54000卷

图 7-7 出租车发票

3. 住宿发票及水单

王勇出差的住宿费发票及水单信息,如图 7-8、图 7-9 所示。

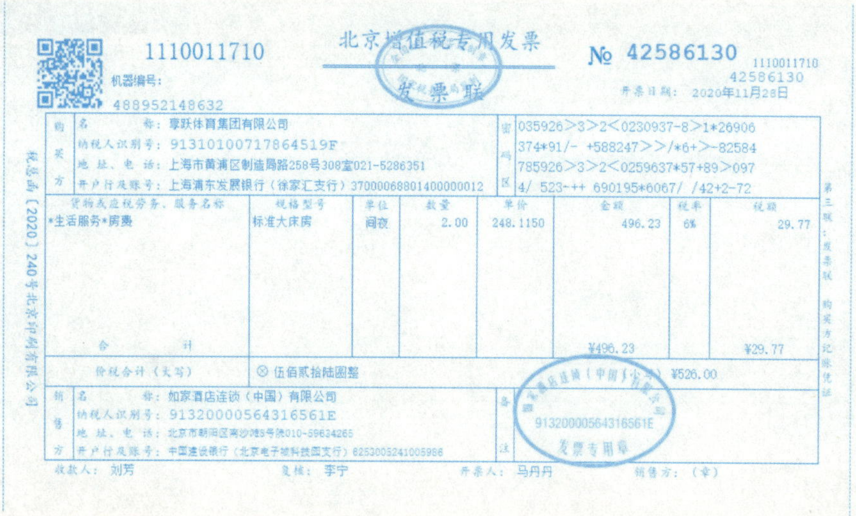

1110011710 北京增值税专用发票 № 42586130
发票联
机器编号: 488952148632
1110011710
42586130
开票日期: 2020年11月28日

购买方 名称: 享跃体育集团有限公司
纳税人识别号: 91310100717864519F
地址、电话: 上海市黄浦区制造局路258号308室021-5286351
开户行及账号: 上海浦东发展银行(徐家汇支行)37000068801400000012

密码区:
035926>3>2<0230937-8>1*26906
374*91/- +588247>>/*6+>-82584
785926>3>2<0259637*57+89>097
4/ 523-++ 690195*6067/ /42+2-72

货物或应税劳务、服务名称	规格型号	单位	数量	单价	金额	税率	税额
*生活服务*房费	标准大床房	间夜	2.00	248.1150	496.23	6%	29.77
合计					¥496.23		¥29.77
价税合计(大写)	⊗ 伍佰贰拾陆圆整				(小写) ¥526.00		

销售方 名称: 如家酒店连锁(中国)有限公司
纳税人识别号: 91320000564316561E
地址、电话: 北京市朝阳区南沙滩9号院010-59634265
开户行及账号: 中国建设银行(北京电子城科技园支行)6253005241005986
备注: 91320000564316561E 发票专用章

收款人: 刘芳 复核: 李宁 开票人: 马丹丹 销售方:(章)

税总函〔2020〕240号北京印制有限公司

第三联:发票联 购买方记账凭证

北京增值税专用发票

1110011710　　　　№ 42586130

机器编号：488952148632

抵扣联

1110011710
42586130
开票日期：2020年11月28日

购买方	名　　称：亨跃体育集团有限公司 纳税人识别号：91310100717864519F 地 址、电 话：上海市黄浦区制造局路258号308室021-5286351 开户行及账号：上海浦东发展银行（徐家汇支行）37000068801400000012	密码区	035926>3>2<0230937-8>1*26906 374*91/- +56258247>>/*6+>-89233 785926>3>2<0230937*57+89>097 4/ 737-++ 690195*6067/ /42+2-72

货物或应税劳务、服务名称	规格型号	单位	数量	单价	金额	税率	税额
*生活服务*房费	标准大床房	间夜	2.00	248.1150	496.23	6%	29.77
合　　计					¥496.23		¥29.77
价税合计（大写）	⊗伍佰贰拾陆圆整				（小写）¥526.00		

销售方	名　　称：如家酒店连锁（中国）有限公司 纳税人识别号：91320000564316561E 地 址、电 话：北京市朝阳区南沙滩8号院010-59634265 开户行及账号：中国建设银行（北京电子城科技园支行）6253005241005986	备注	如家酒店连锁（中国）有限公司 91320000564316561E 发票专用章

收款人：刘芳　　复核：李宁　　开票人：马丹丹　　销售方：（章）

税总函〔2020〕240号北京印制有限公司

第二联：抵扣联　购买方扣税凭证

图 7-8　住宿发票

如家酒店集团

如家酒店（水立方）

NO：	B03002710000586208	房号：	501
账号：	B03002710000586208	收款员：	ZHANGJUN0020
姓名：	王勇	打印时间：	2020-11-28 10:25
公司：	亨跃体育集团有限公司	到达日期：	2020-11-26 11:50
地址：	上海市黄浦区制造局路258号308室（红双喜大厦）	离开日期：	2020-11-28 10:25
团队号：		页号：	

日期	项目	单号	时间	操作人	借方	贷方
11-26	房费501		11:50	ZHANGJUN0020	263.00	
11-27	房费501		11:50	ZHANGJUN0020	263.00	
11-28	卡号：518710******8051	626714562124	10:25	ZHANGJUN0020		526.00

如家水立方店
押金单专用章

总额　526.00　526.00
余额　0.00

宾客签名：王勇

同意代客支付

付款人姓名：王勇　　房号：501　　证件号码：150429198502154265

本人同意支付以上及以下宾客在酒店内的所有消费

被付款人房号：＿＿＿＿　被付款人姓名：＿＿＿＿

付款人姓名：＿＿＿＿　日期：＿＿＿＿

地址：北京市朝阳区南沙滩8号院电话：010-5963426
传真：5233692　　邮编：102008

图 7-9　住宿水单

(二)业务实操

1. 填写差旅费报销单

(1)设置系统业务日期

以出差人王勇的角色登录企业 ERP 系统,依据实际业务发生日期在登录界面切换系统业务日期为“2020－12－04”,如图 7－10 所示。

图 7－10　设置系统日期

(2)打开差旅费报销单

填报人单击主界面的“差旅费报销单”选项后,系统自动显示报销人单位、报销人、单据日期(同系统登录日期)、报销人部门、费用承担部门等信息,如图 7－11 所示。

图 7-11　进入系统报销单页面

(3)填写报销事由

根据项目资料中的描述，王勇因业务洽谈需要出差，因此企业 ERP 系统中报销单的事由填写为“业务洽谈”，如图 7-12 所示。

图 7-12　填写报销事由

(4)填写银行账号

填写王勇个人和单位银行账号，步骤如图 7-13 所示。

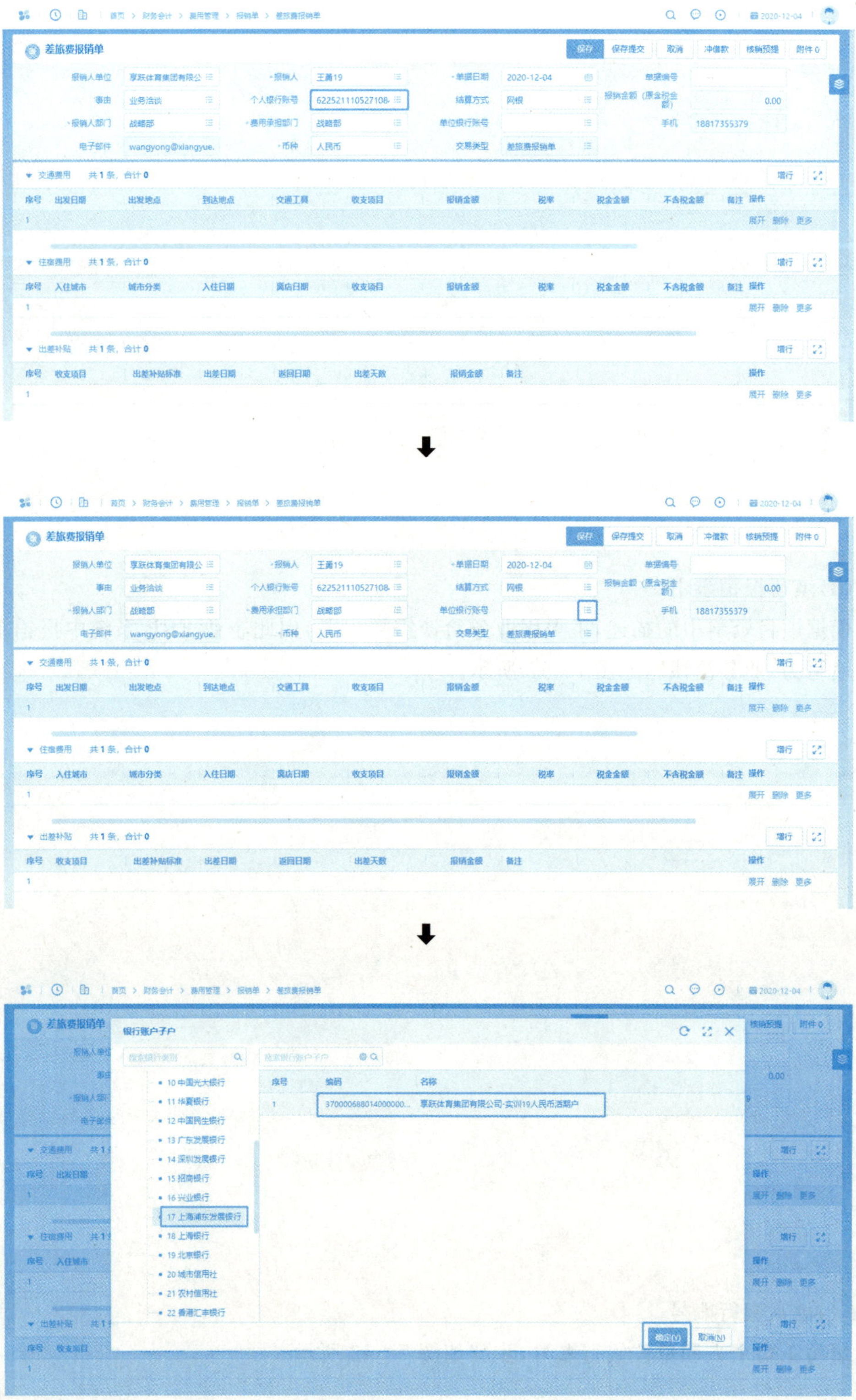

图 7-13　填写个人和银行账号信息

(5)填写交通费用

在“交通费用”选项填写机票和出租车票费用。

① 填写机票费用

根据航空运输电子客票行程单，填写报销明细。当交通工具为飞机时，税率为9%。在“交通费用”选项下按顺序填写：出发日期、出发地点、到达地点、交通工具、收支项目、报销金额、税率、税金金额等；手工计算税额并填写到“税金金额”字段中，税金金额计算公式：[（报销金额－50）×0.09]÷1.09，系统根据报销金额和税金金额自动计算不含税金额。

依据上述信息填写机票费用报销明细，如图7－14所示。

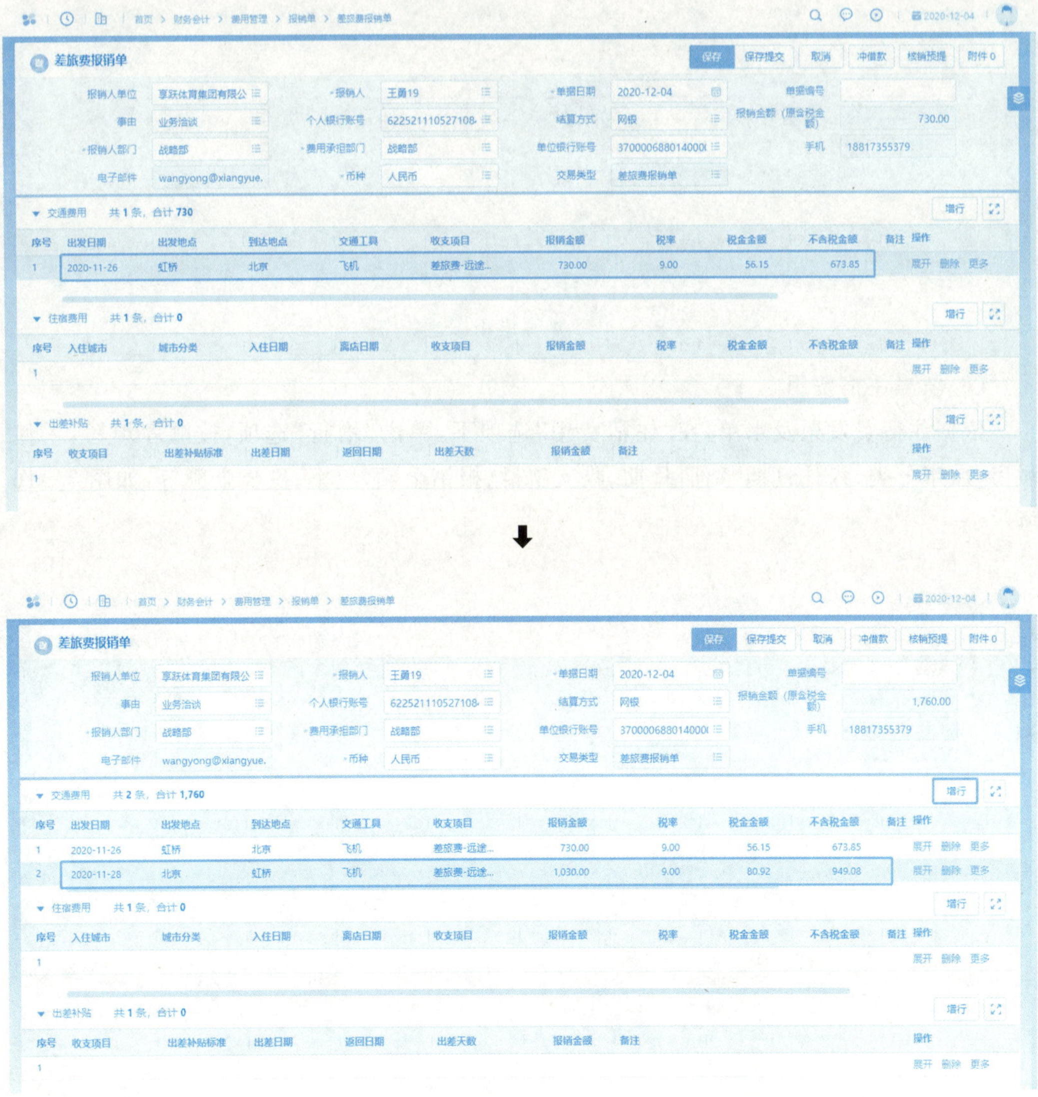

图7－14　填写机票费用

② 填写出租车票费用

根据出租车发票，填写报销明细。当交通工具为出租车时，税率为0。依据出租车发票，在“交通费用”选项下，单击“增行”选项，按顺序填写：出发日期、出发地点、到达地点、交通工具、收支项目、报销金额、税率、税金金额等，如图7－15所示。

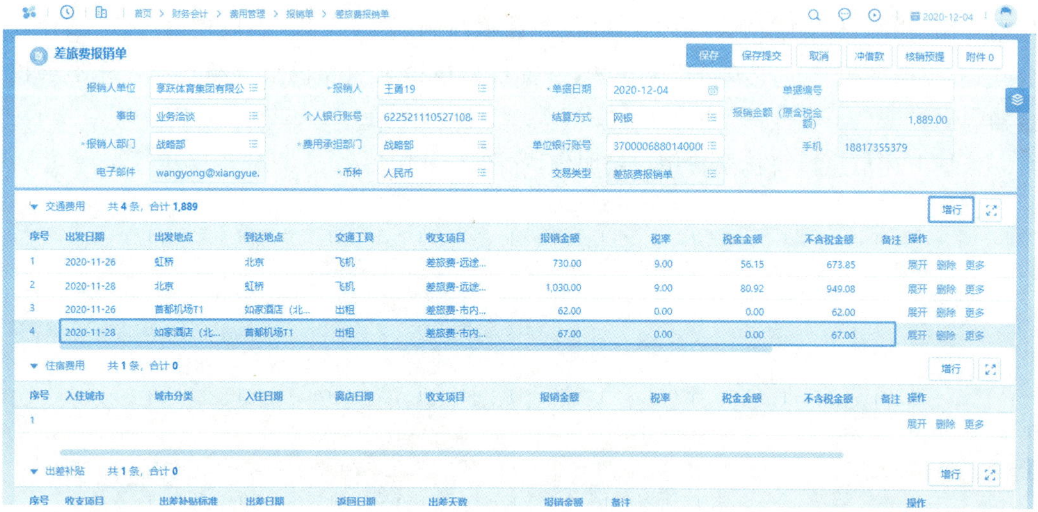

图7－15 填写出租车票费用

(6)填写住宿费用

依据住宿费发票及水单，在“住宿费用”选项下，单击“增行”选项，按顺序填写：入住城市、城市分类、入住日期、离店日期、收支项目、报销金额、税率、税金金额等，如图7－16所示。

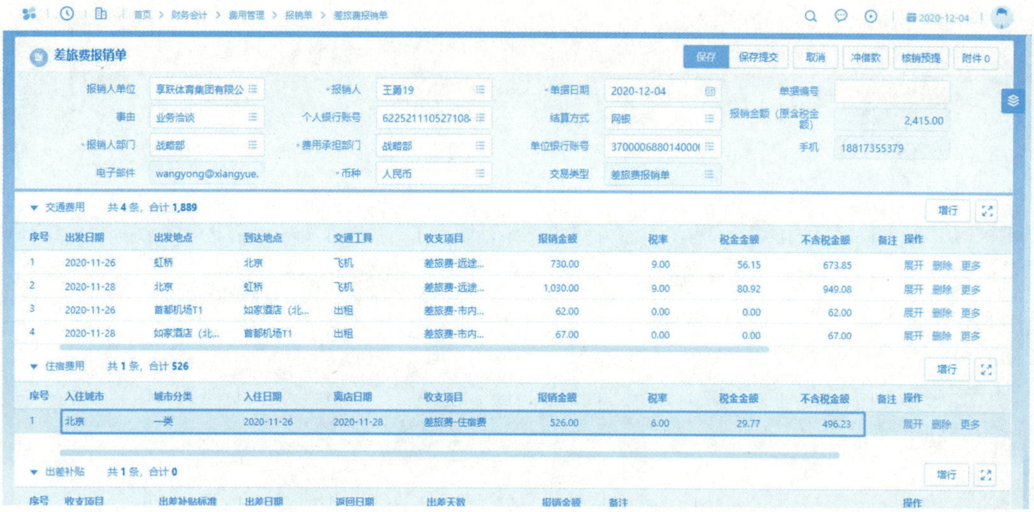

图7－16 填写住宿费用

（7）填写出差补贴

在“出差补贴”选项下，按顺序填写：收支项目、出差补贴标准、出差日期、返回日期。系统将根据费用管理制度自动计算出差天数和报销金额。

（8）保存单据

单击“保存”选项即可保存单据，如图 7－17 所示。

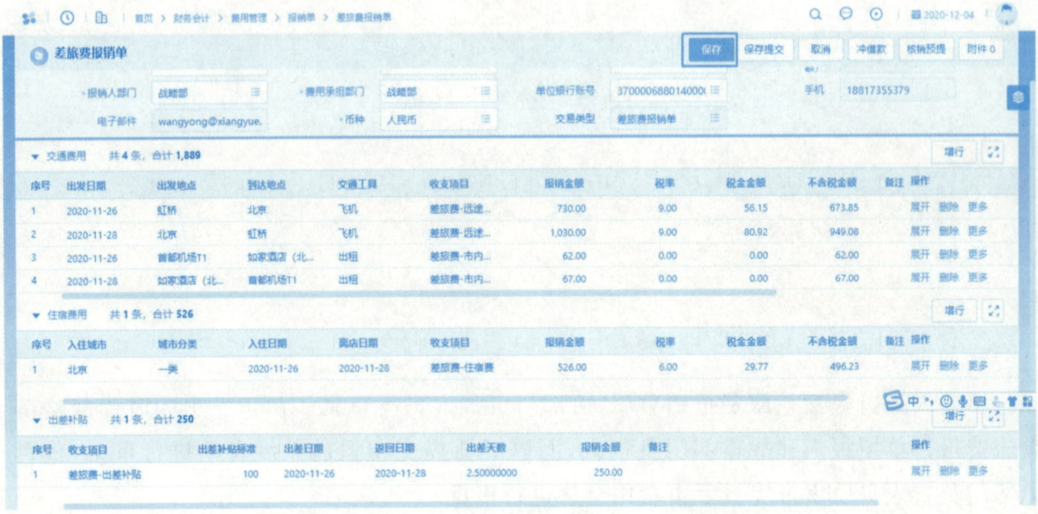

图 7－17　费用填列完成页面

（9）提交单据

单击页面上方“提交”选项即可提交单据，之后可通过“更多”→“联查审批情况”选项查询审批进程，如图 7－18 所示。

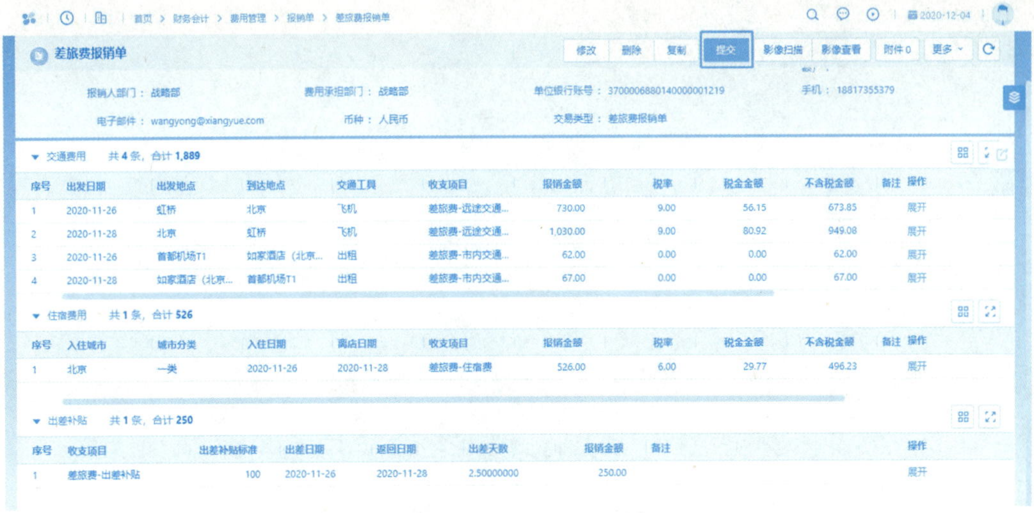

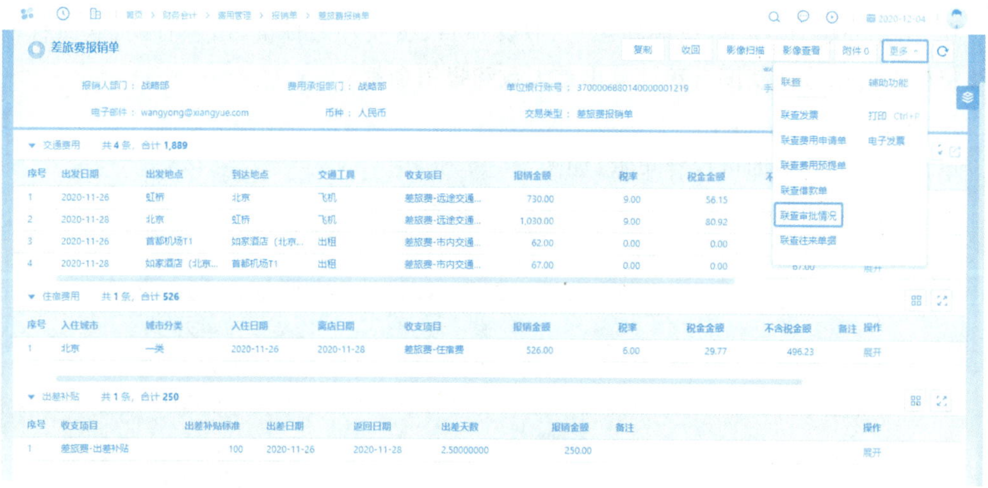

图 7-18　提交审批

2. 审批差旅费报销单

出差人王勇提交差旅费报销单后，由部门负责人进行审批。由于王勇同时为战略部差旅费报销单填报人和战略部门负责人，所以王勇提交单据后系统自动进行审批，他再以部门负责人身份审批完成后由费用会计进行审批。

(1)审批单据

① 以费用会计赵晶晶的角色登录企业 ERP 系统，单击"审批中心"选项，如图 7-19 所示。

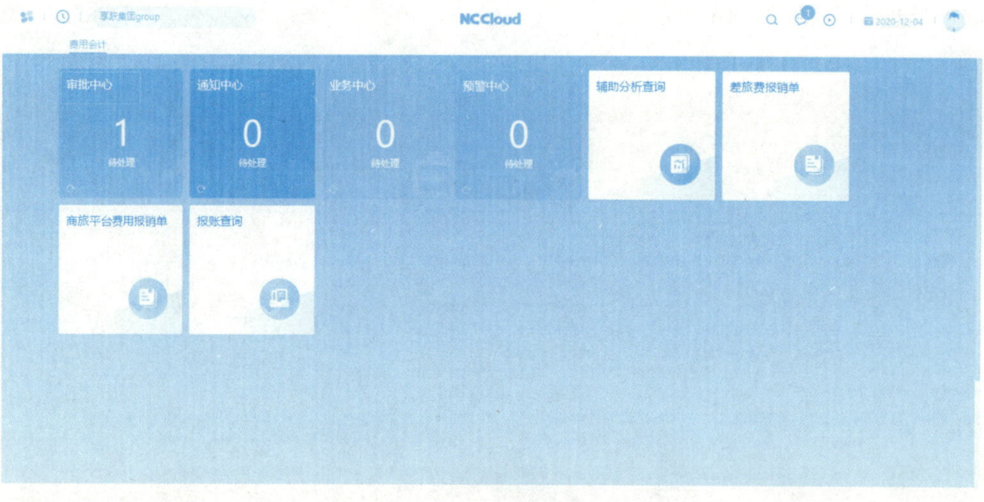

图 7-19　审批中心

② 在"审批中心"选项中，先查询选择需要审批的单据，然后单击"批准"选项，如图 7-20所示。

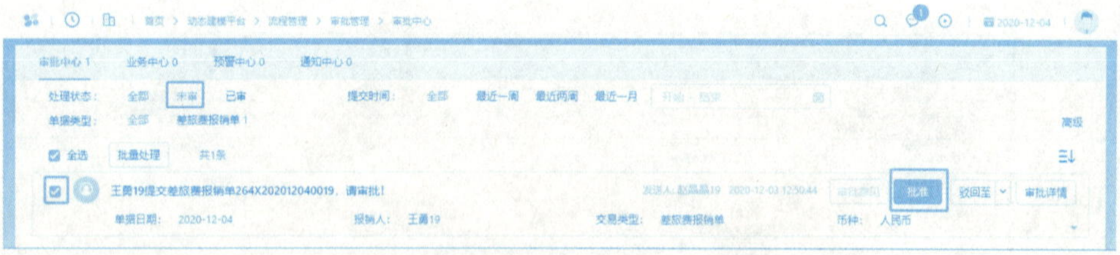

图 7-20　审批单据

(2)查询单据

单据审批完成后可以在“已审”选项下查询，如图 7-21 所示。

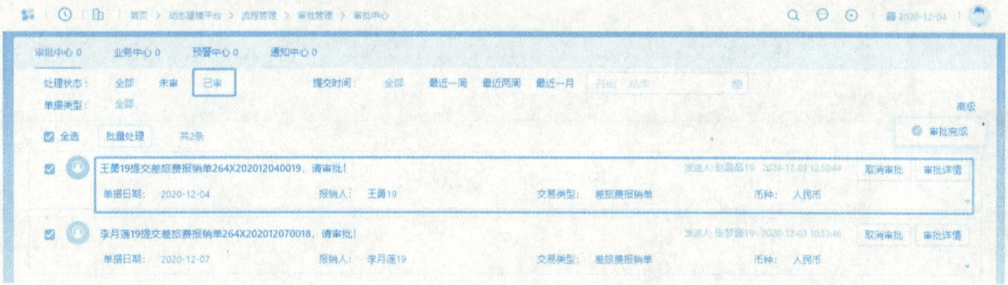

图 7-21　查询已审单据

3. 支付差旅报销费用

(1)支付差旅报销费用

① 以资金专员于小倩的角色登录企业 ERP 系统，单击“结算”选项，如图 7-22 所示。

图 7-22　系统结算

② 在“结算”选项中，输入查询条件，单击“查询”选项，查询“待结算”选项下的单据，如图 7-23 所示。

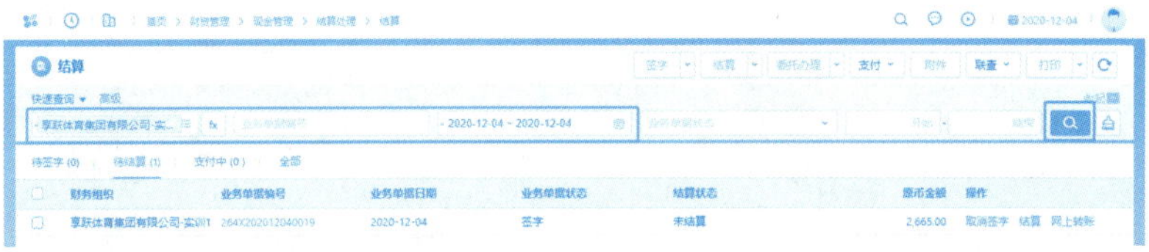

图 7-23　输入查询条件

③ 勾选待结算的单据，单击“结算”选项。结算完成后，单据状态显示为“结算成功”，如图 7-24、图 7-25 所示。

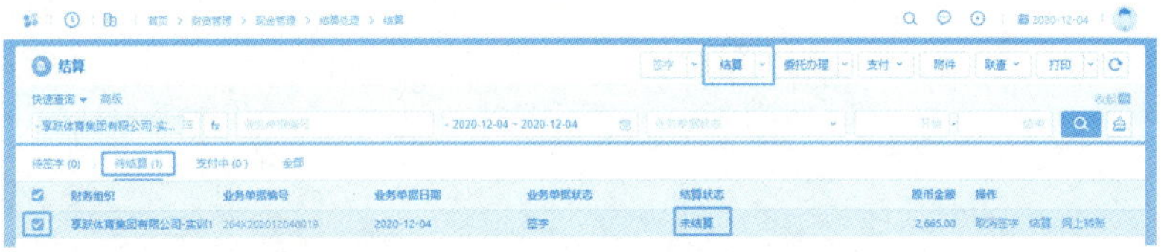

图 7-24　结算操作

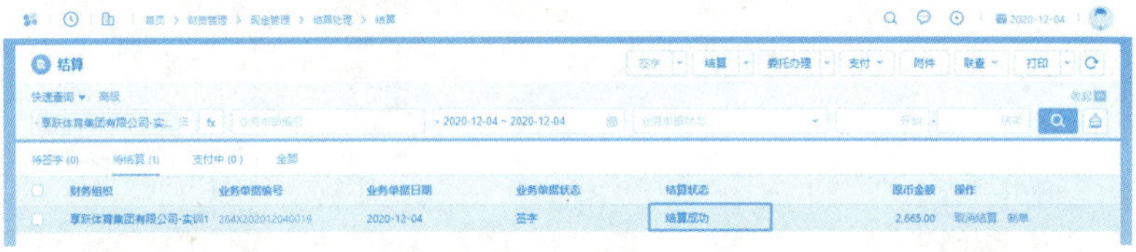

图 7-25　结算成功

（2）查询已结算单据

在结算界面，单击“高级”选项，然后输入查询条件，可在“全部状态”选项下查询已经结算完成的单据，如图 7-26 所示。

图 7-26 查询已结算单据

4. 查询差旅费报销凭证

① 以总账会计张云的角色登录企业 ERP 系统，单击“凭证查询”选项，如图 7-27 所示。

图 7-27 进入凭证查询

② 在打开的凭证查询界面单击“高级”选项，输入查询条件，单击“查询”选项，系统自动弹出符合条件的凭证，如图 7-28 所示。

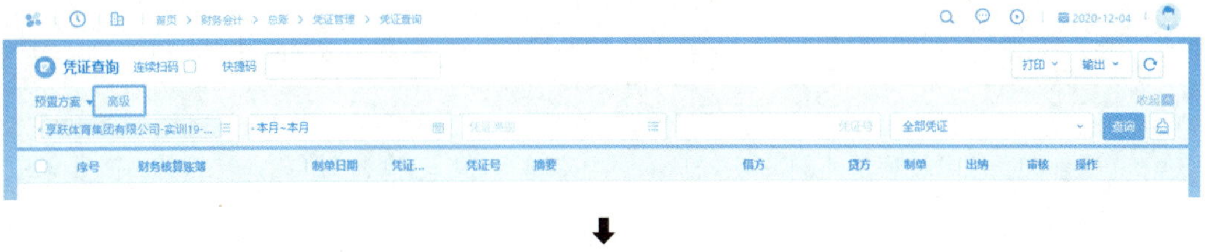

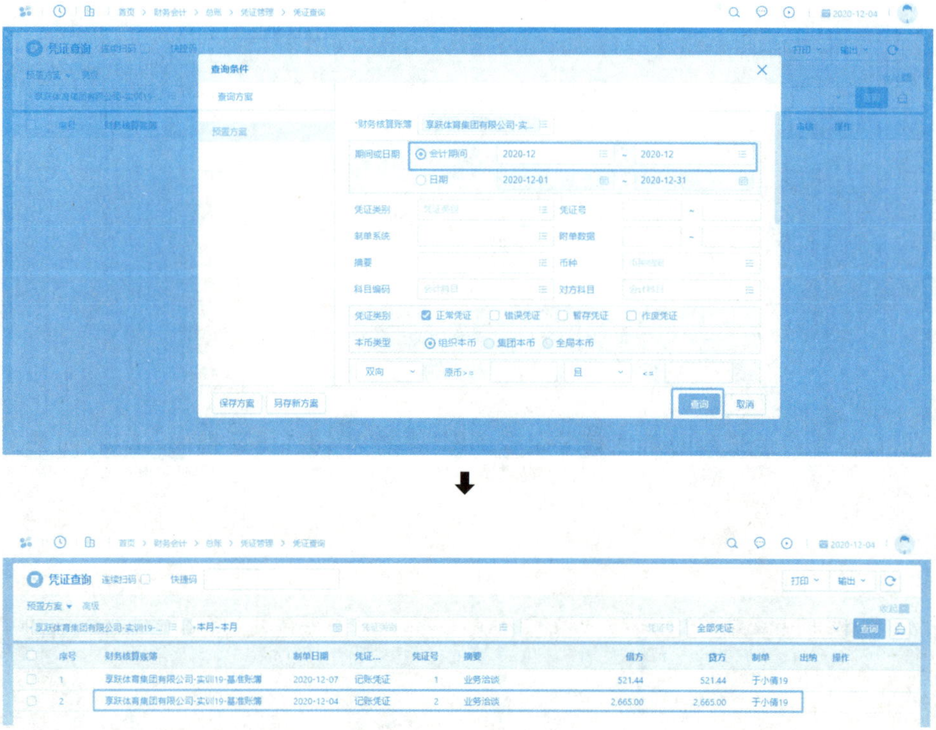

图 7-28　凭证查询

③ 双击凭证后可查询凭证明细，如图 7-29 所示。

图 7-29　凭证明细

五、实战训练

请在教学实践平台上完成研发部研发专员李月莲的差旅费报销单填报、审批及付款操作。

研发部研发专员李月莲因业务洽谈需要到绍兴出差，2020 年 11 月 26 日从上海虹桥站乘坐火车到绍兴北站，2020 年 11 月 27 日从绍兴北站乘坐火车返回上海虹桥站。2020 年 12 月 7 日，李月莲在企业 ERP 系统中填写差旅费报销单申请报销。研发部门负责人和费用会计在企业 ERP 系统中审批差旅费报销单，资金专员支付差旅报销费用，总账会计在企业 ERP 系统中查询费用凭证。

第二节　差旅费报销流程优化

一、差旅报销业务流程问题梳理——项目实战

享跃体育集团的差旅报销单需要审核的内容繁多复杂，费用会计的审核工作量非常大，虽然经常加班加点，但还是有很多同事抱怨报销速度慢，甚至有同事因此不愿意出差。曾经有同事超标准报销远途交通费，费用会计未审核出，被其他同事举报，因此使费用会计及财务经理被公司领导批评。

信息技术及流程规划部负责优化公司流程及系统落地，在借鉴了外部咨询结果后，结合集团的实际情况，总结了享跃体育集团的流程评价标准。

请在教学实践平台上完成差旅费报销业务流程问题梳理。可依据享跃体育集团的流程评价标准，从周期时间、通过率、成本及服务效果等四个方面进行评价，如图 7－30 所示。

周期时间	流程从开始到结束所经历的时间
通过率	单位时间内流程能够服务的客户数量
成本	每完成一次流程需要花费的成本
服务效果	客户满意度

图 7－30　享跃体育集团的流程评价标准

二、商旅平台应用优化方案

为解决差旅费报销业务流程问题梳理中总结的比较突出的问题，由费用会计发起，财务经理提案，经总经理批准后，享跃体育集团与携程公司签订了商旅平台企业服务协议，对差旅费报销业务流程进行了改进。

(1)员工出差的机票、火车票、酒店均可通过携程商旅平台企业账户预订，并采用月结的方式，由公司支付相关费用，员工无须再垫付相关费用。

(2)费用会计可参照《享跃体育集团费用管理制度》中关于机票、火车票、酒店报销标准的规定，在携程商旅平台企业账户进行差旅标准设置，实现在订单环节进行标准控制，由事中控制转为事前控制，费用会计无须再审核这些差旅项目是否符合报销标准。

(3)员工出差结束后在 ERP 系统中填写“差旅费报销单”时，需要填写通过携程商旅平台预订的费用事项、金额及订单号。其中，机票行程单、酒店发票无须员工单独获取，由携程按账单周期统一邮寄给公司财务部；火车票报销凭证需要员工自取，在提交

“差旅费报销单”时一并提交，无须粘贴（由费用会计存档，统一附于“商旅平台费用报销单”后）。

（4）携程月结账单的周期为上月26日至本月25日，账单需要本月28日前完成确认，本月31日前完成付款。每月月底，费用会计完成月度对账后，申请开票及票据邮寄，汇总数据填写“商旅平台费用报销单”申请付款、确认费用即可。

三、RPA应用优化方案

企业运用商旅平台服务加强了内部控制，提高了费用管理效率。在此基础上还可以利用RPA技术对差旅费报销业务流程进行再优化，从而实现全面自动化流程，如图7-31所示。

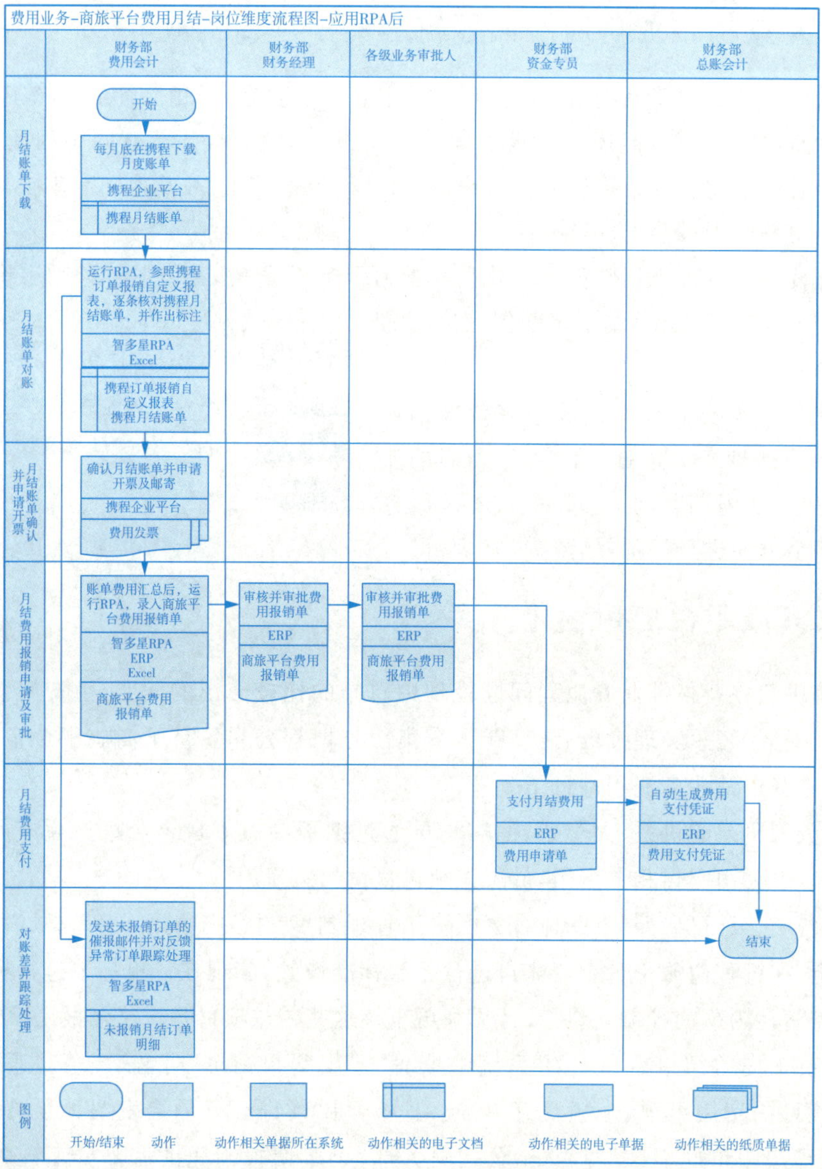

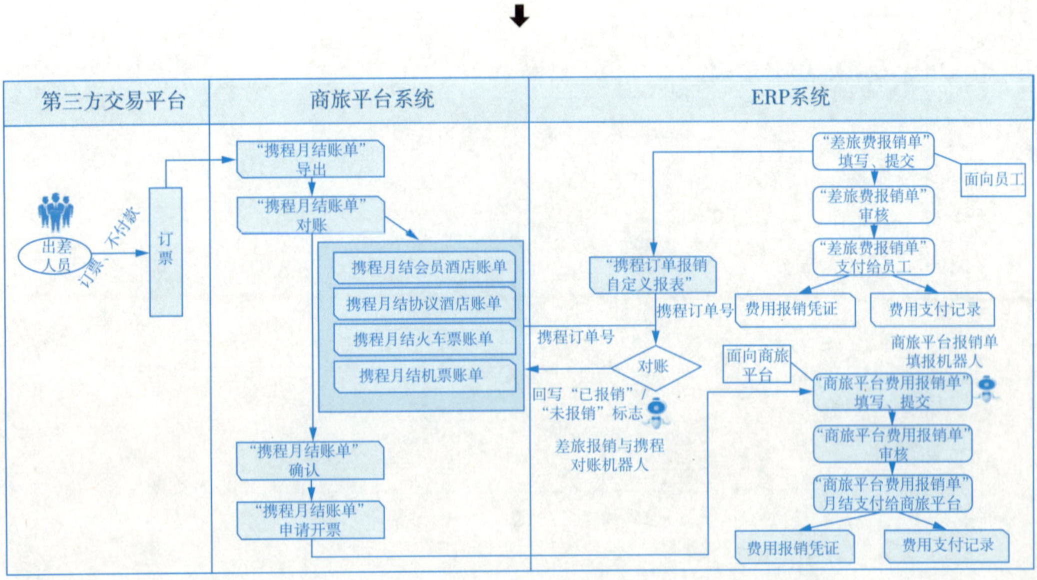

图 7-31　RPA 优化后流程图

RPA 机器人主要参与改进的流程环节：

① 应用 RPA 机器人自动核对月结账单与携程订单报销报表，标注未报销订单；

② 应用 RPA 机器人自动录入费用报销单并提交；

③ 应用 RPA 机器人自动发送未报销订单的催报邮件并对反馈异常订单进行跟踪处理。

第三节　费用循环机器人

一、差旅报销与携程对账机器人

（一）差旅报销与携程对账机器人业务逻辑

（1）RPA 机器人从企业 ERP 系统台账中读取“携程订单报销报表”中的“商旅平台订单编号”数据。

（2）RPA 机器人读取“商旅平台月结账单”中的“订单号”数据。

（3）RPA 机器人核对“商旅平台订单编号”与“订单号”数据。如果“商旅平台月结账单”中的“订单号”在“携程订单报销报表”中存在，则在“商旅平台月结账单”中“订单号”对应行填写“已报销”标志，否则填写“未报销”标志，如图 7-32 所示。

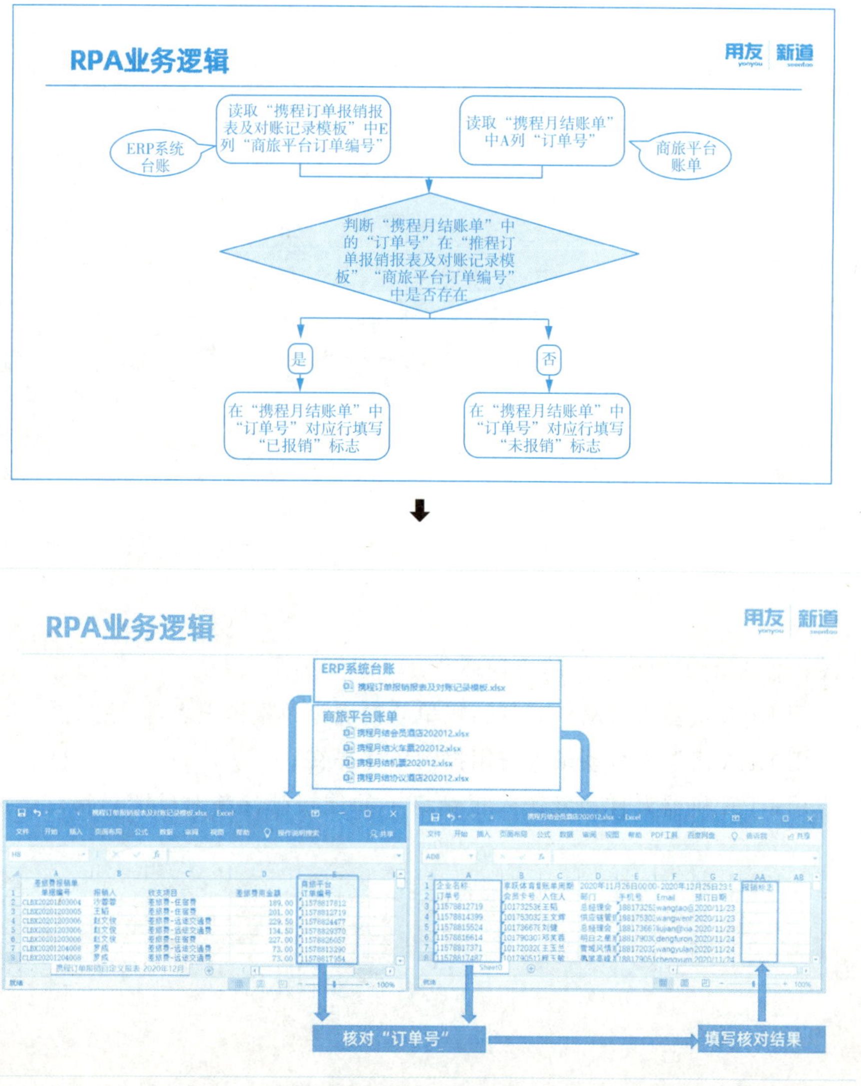

图 7-32 差旅报销与携程对账机器人 RPA 业务逻辑

(二)差旅报销与携程对账机器人开发配置及运行

1. 打开差旅报销与携程对账机器人程序

在教学实践平台中打开“差旅报销与携程对账机器人”开发配置及运行，从任务资料中下载“差旅报销与携程对账机器人开发业务数据 . rar”；下载“差旅报销与携程对账机器人 . rar”文件，文件解压至“C:\seentao\YonyouRpaStudio\Scripts”目录下。

打开“智多星 RPA 主界面”，单击“打开”选项，选择“C:\seentao\YonyouRpaStudio\Scripts\差旅报销与携程对账机器人”文件夹中的“差旅报销与携程对账机器人 . proj”文件，单击“打开”选项，在 RPA“主流程”界面双击“差旅报销与携程对账”选项进入对应脚本界面，如图 7-33 所示。

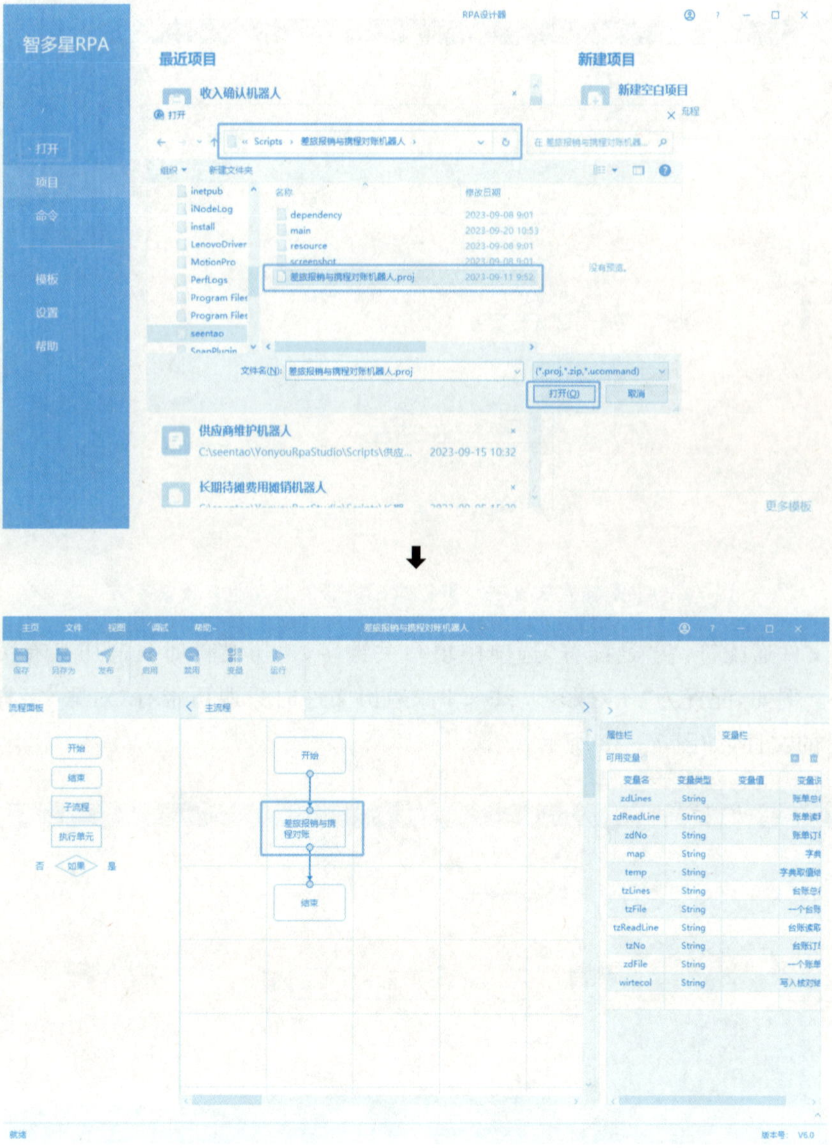

图 7-33　打开程序

2. 开发配置

任务：遍历文件夹中的“携程订单报销报表及对账记录模板．xlsx”文件。在命令框中找到任务 1，配置“遍历文件”命令。

配置“遍历文件”路径：在打开的编辑命令界面选中“遍历文件”选项后，在右侧“属性栏”中单击“文件夹”选项，在弹出的浏览文件夹界面中选择“差旅报销与携程对账机器人开发业务数据”文件夹，单击“确定”后，在编辑命令界面会自动显示该文件夹名称及其路径，如“C:\Users\10214\Desktop\差旅报销与携程对账机器人开发业务数据”，如图 7-34 所示。

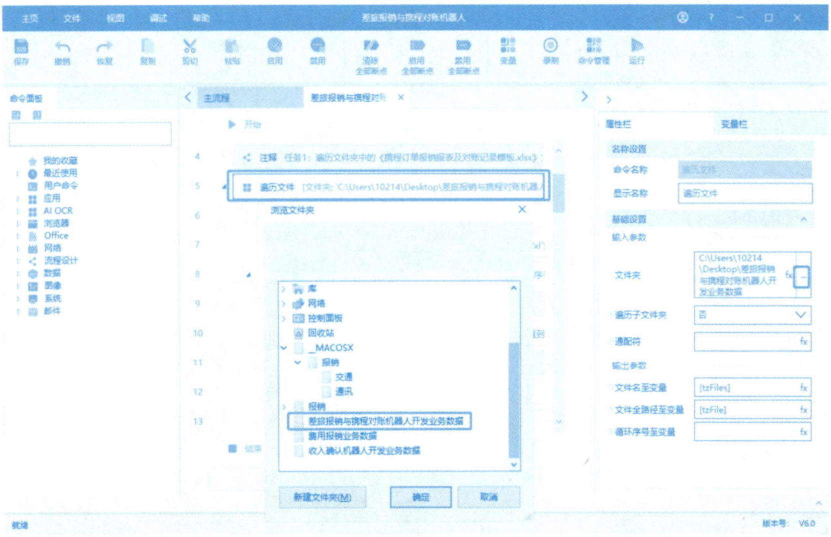

图 7 - 34　配置差旅报销与携程对账机器人开发业务数据表格

配置文件通配符：在“通配符”选项中填写关键字，遍历文件时只遍历带有关键字字样的文件。例如，配置为“ * 对账 * . xlsx”时，遍历文件时只遍历带有“对账”字样且格式为“. xlsx”的文件，如图 7 - 35 所示。

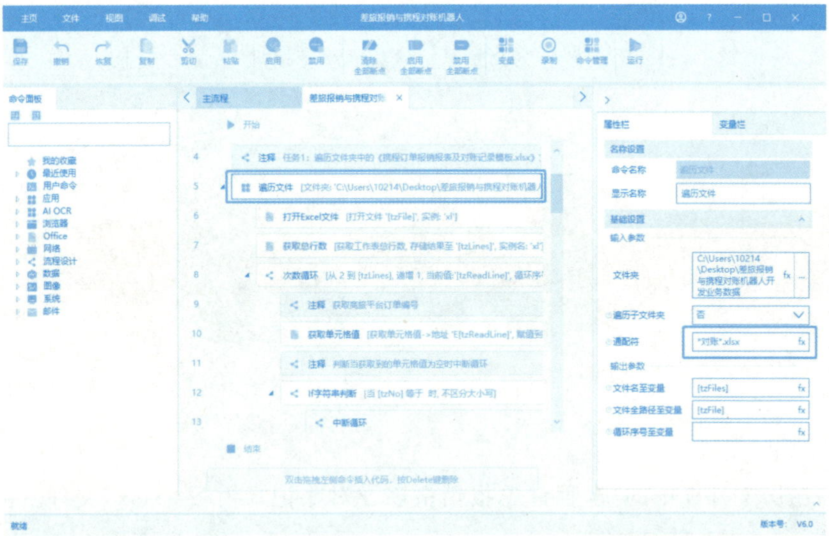

图 7 - 35　配置文件通配符

配置“遍历文件”：遍历“差旅报销与携程对账机器人开发业务数据”文件夹中的携程月结文件。先配置遍历文件路径，在打开的编辑命令界面选中“遍历文件”功能，然后在右侧“属性栏”中单击“文件夹”选项，在弹出的浏览文件夹界面中选择“差旅报销与携程对账机器人”文件夹，单击“确定”选项后，在编辑命令界面会自动显示该文件夹名称及其路径，如“C:\Users\10214\Desktop\差旅报销与携程对账机器人开发业务数据”。

配置文件通配符：需在“通配符”中填写关键字，遍历文件时只遍历带有关键字字样的文件。例如，配置为“＊月结＊. xlsx”时，遍历文件时只遍历带有“月结”字样且格式为“. xlsx”的文件，如图 7－36 所示。

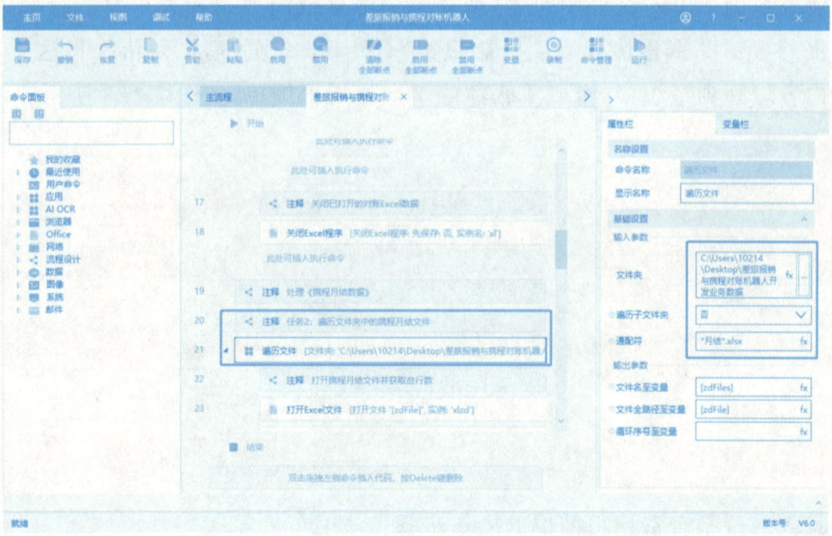

图 7－36　配置差旅报销与携程对账机器人开发业务数据表格

3. 保存运行

单击“保存”选项保存程序，单击“运行”选项运行程序，如图 7－37 所示，可以打开差旅报销与携程对账机器人开发业务数据文件夹中含有“月结”字样的“. xlsx”文件查看运行结果。

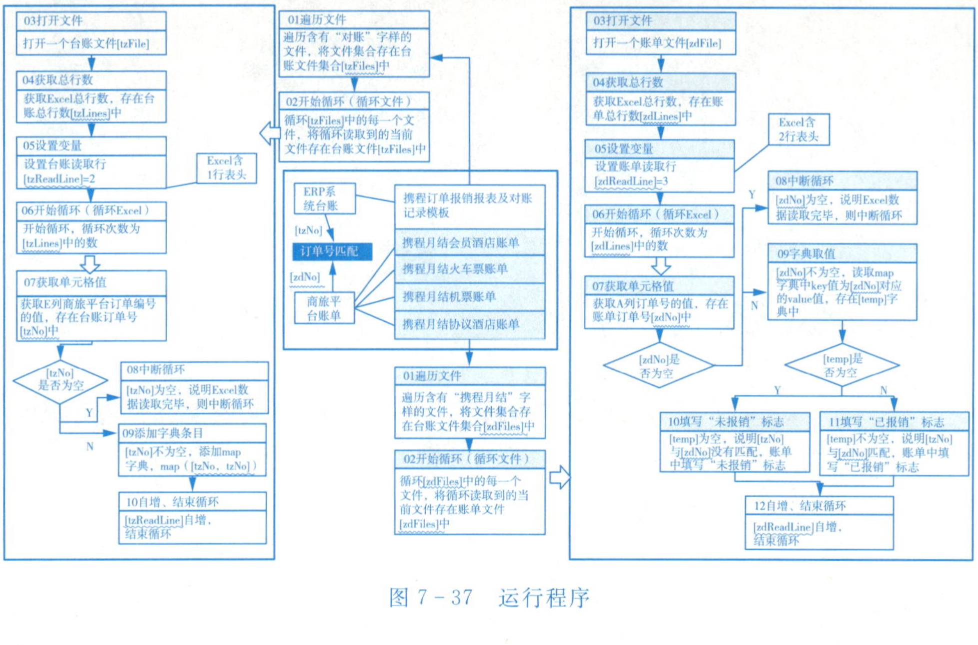

图 7－37　运行程序

二、商旅平台费用报销填报机器人

(一)商旅平台费用报销填报机器人业务逻辑

RPA 机器人模拟手工操作,自动录入费用报销单并提交。“商旅平台报销单填报机器人开发业务数据.xlsx”文件中包含“携程机票汇总报销”“携程火车票汇总报销”“携程会员酒店汇总报销”“携程协议酒店汇总报销”4 个 Sheet 页签,需要依次将这 4 个 Sheet 页签中的内容填写到系统中,生成 4 张商旅平台费用报销单,如图 7-38 所示。

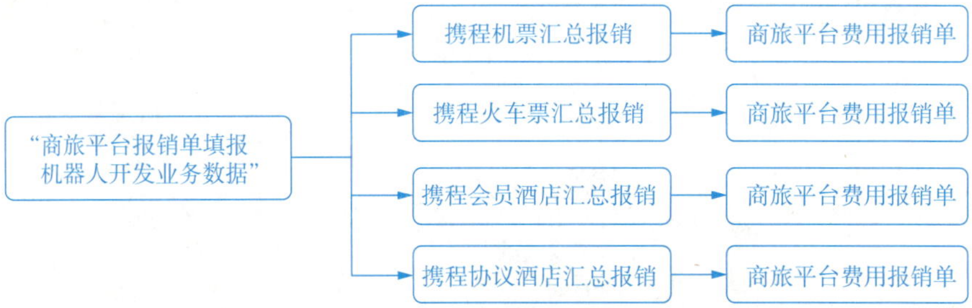

图 7-38　开发业务数据内容

手工录入商旅平台费用报销单的操作步骤:

① 打开并登录 ERP 系统;

② 打开商旅平台费用报销单新增界面;

③ 根据业务信息增加商旅平台费用报销单。

根据手工录入商旅平台费用报销单的操作步骤,商旅平台费用报销单填报机器人的业务逻辑如图 7-39 所示。

图 7-39　手工录入商旅平台费用报销单的操作步骤

(二)商旅平台费用报销填报机器人开发配置及运行

1. 打开商旅平台费用报销单填报机器人程序

在教学实践平台中打开“商旅平台费用报销单填报机器人”开发配置及运行，从任务资料中下载“商旅平台费用报销单填报数据.rar”文件；下载“商旅平台费用报销单填报机器人.rar”文件，文件解压至“C:\seentao\YonyouRpaStudio\Scripts”目录下。

打开“智多星 RPA 主界面”，单击“打开”选项，选择“C:\seentao\YonyouRpaStudio\Scripts\商旅平台费用报销单填报机器人”文件夹中的“商旅平台费用报销单填报机器人.proj”文件，单击“打开”选项，在 RPA“主流程”界面双击“商旅平台费用报销单填报”进入对应脚本界面，如图 7-40 所示。

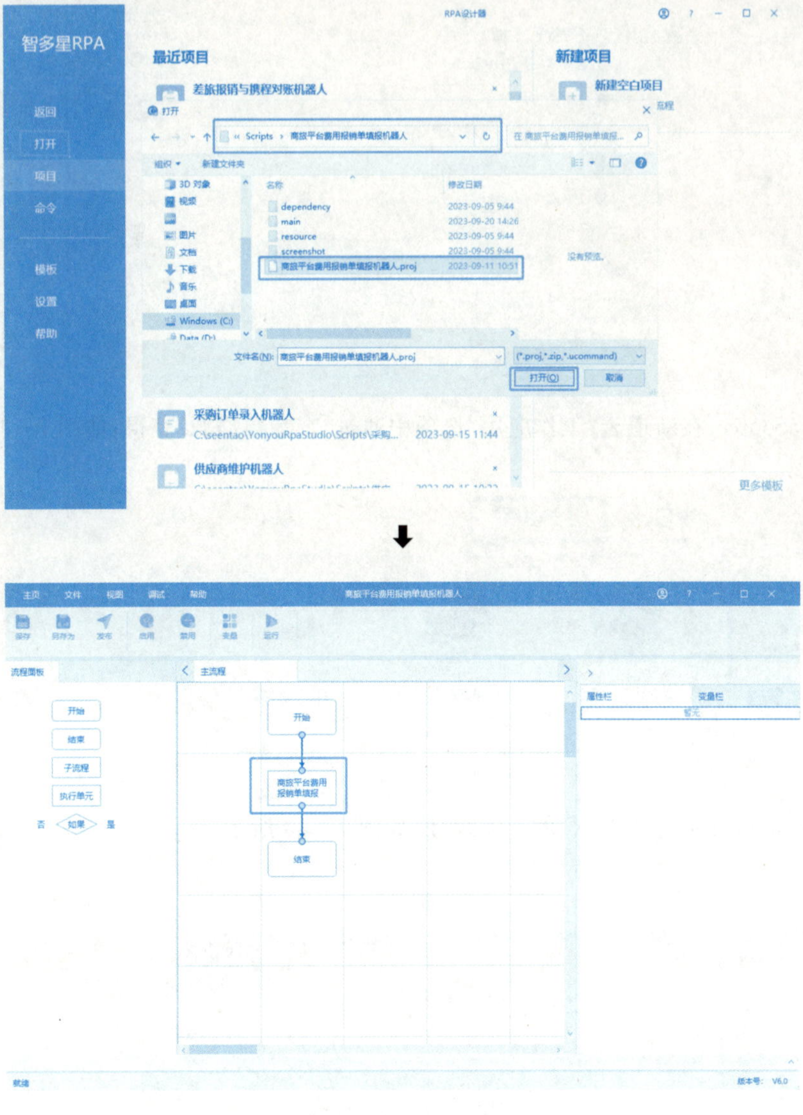

图 7-40　打开程序

2. 开发配置

任务 1：填写“dataSource”“username”“nccloudurl”“Sheetnumber”变量的值，并在变量栏中设置变量，如图 7 - 41 所示。

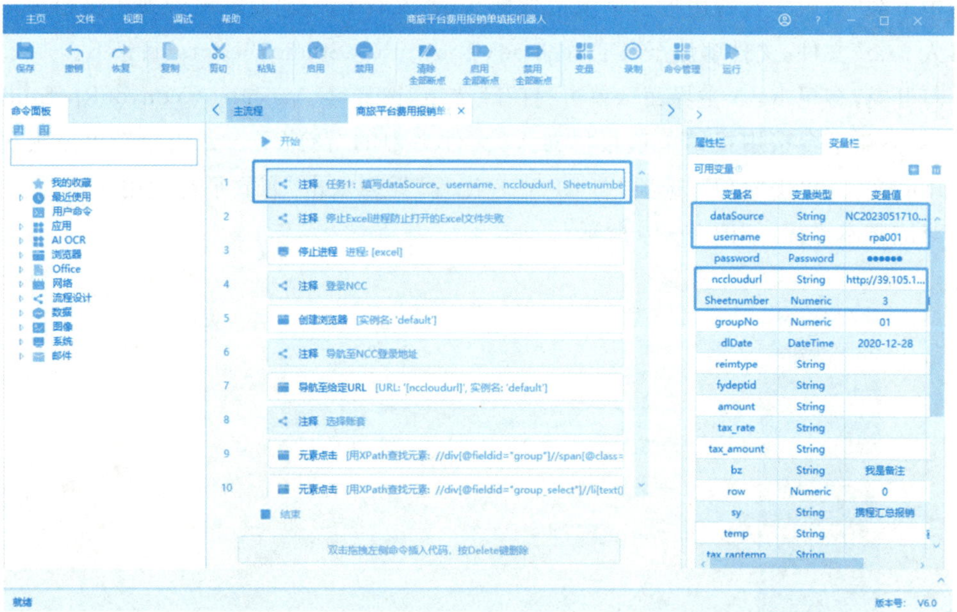

图 7 - 41　设置变量

① dataSource：在新道云“工作应用”选项中通过“查看数据源”获得，如图 7 - 42 所示。

图 7 - 42　查看数据源

② username：为登录 NCC 的 rpa 账号，如图 7 - 43 所示。

图 7 - 43　查看 username 信息

③ nccloudurl：为访问 NCC 的地址，如图 7－44 所示。

图 7－44　查看 nccloudurl 信息

④ Sheetnumber：Sheetnumber 记录“商旅平台报销单填报机器人开发业务数据．xlsx”文件中 Sheet 文件页签的顺序号，如果本次执行“携程会员酒店汇总报销”页签中的数据，则“Sheetnumber”的值为“3”，如图 7－45 所示。

商旅平台费用报销单

月结会员酒店

报销类型	费用项目	费用承担部门	收支项目	报销金额	税率	税额	无税金额
差旅	会员酒店	财务部	差旅费-住宿费	547.00	0.06	30.96	516.04
差旅	会员酒店	出口管理部	差旅费-住宿费	716.00	0.06	40.53	675.47
差旅	会员酒店	电商管理部	差旅费-住宿费	1,666.00	0.06	94.30	1,571.70
差旅	会员酒店	法务部	差旅费-住宿费	1,594.00	0.06	90.23	1,503.77
差旅	会员酒店	公关部	差旅费-住宿费	1,214.00	0.06	68.72	1,145.28
差旅	会员酒店	供应链管理部	差旅费-住宿费	1,629.00	0.06	92.21	1,536.79
差旅	会员酒店	会员管理部	差旅费-住宿费	802.00	0.06	45.40	756.60
差旅	会员酒店	明日之星系列事业部-本部	差旅费-住宿费	378.00	0.06	21.40	356.60
差旅	会员酒店	明日之星系列事业部-渠道对接部	差旅费-住宿费	624.00	0.06	35.32	588.68
差旅	会员酒店	明日之星系列事业部-设计部	差旅费-住宿费	1,909.00	0.06	108.06	1,800.94
差旅	会员酒店	明日之星系列事业部-市场推广部	差旅费-住宿费	416.00	0.06	23.55	392.45
差旅	会员酒店	诗与远方系列事业部-供应链对接部	差旅费-住宿费	843.00	0.06	47.72	795.28
差旅	会员酒店	诗与远方系列事业部-渠道对接部	差旅费-住宿费	249.00	0.06	14.09	234.91
差旅	会员酒店	诗与远方系列事业部-设计部	差旅费-住宿费	1,426.00	0.06	80.72	1,345.28
差旅	会员酒店	诗与远方系列事业部-市场推广部	差旅费-住宿费	1,342.00	0.06	75.96	1,266.04
差旅	会员酒店	信息及流程规划部	差旅费-住宿费	921.00	0.06	52.13	868.87
差旅	会员酒店	雪域风情系列事业部-本部	差旅费-住宿费	1,326.00	0.06	75.06	1,250.94
差旅	会员酒店	雪域风情系列事业部-供应链对接部	差旅费-住宿费	667.00	0.06	37.75	629.25
差旅	会员酒店	雪域风情系列事业部-设计部	差旅费-住宿费	665.00	0.06	37.64	627.36

图 7－45　Sheetnumber 值

任务 2：选择打开文件。在命令框中找到“任务 2”，配置“打开 Excel 文件”命令。在打开的编辑命令界面中找到“注释任务 2”下的“打开 Excel 文件”选项后，在右侧“属性栏”中单击“请输入 Excel 文件路径”选项，选择需要读取数据“商旅平台报销单填报机器人开发业务数据．xlsx”文件并打开即可，如图 7－46 所示。

任务 3：填写“2.1 单击”脚本行中的“元素搜索参数”，完成对单据中“事由”字段的单击操作。

① 登录 NCC 系统，在打开的 NCC 系统主界面中，单击左上角图标，依次单击“财务会计”→“费用管理”→“报销单”→“商旅平台费用报销单”选项，打开“商旅平台费用报销单”，如图 7－47 所示。

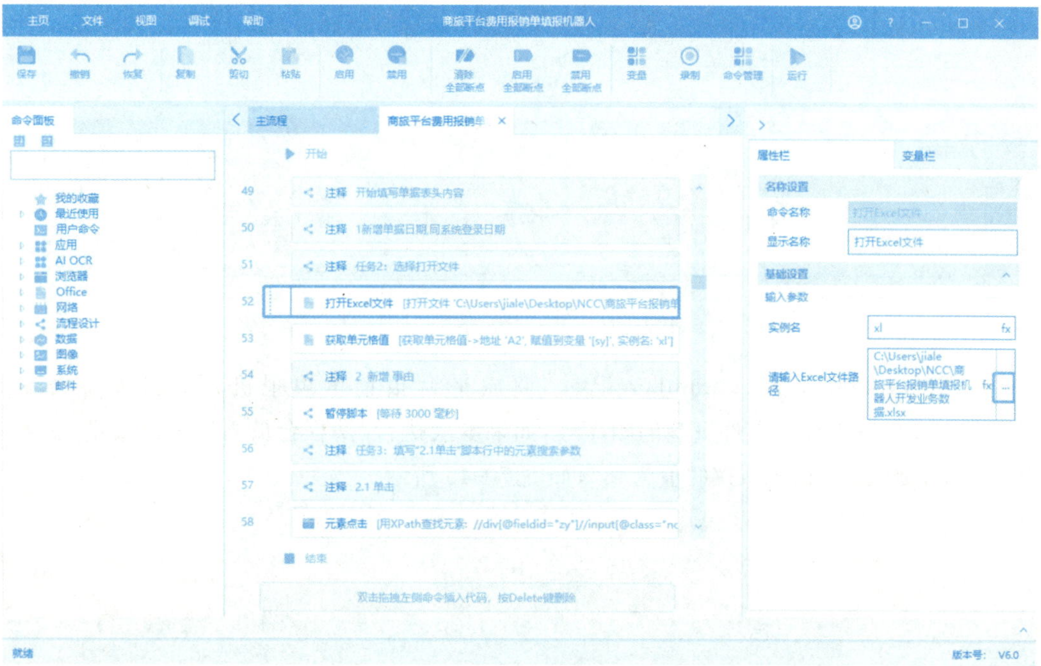

图 7-46　打开报销单填报数据表格

图 7-47　打开商旅平台费用报销单

② 在商旅平台费用报销单中找到“事由”，然后右键单击，在弹出的界面中单击“检查”选项，如图 7-48 所示。

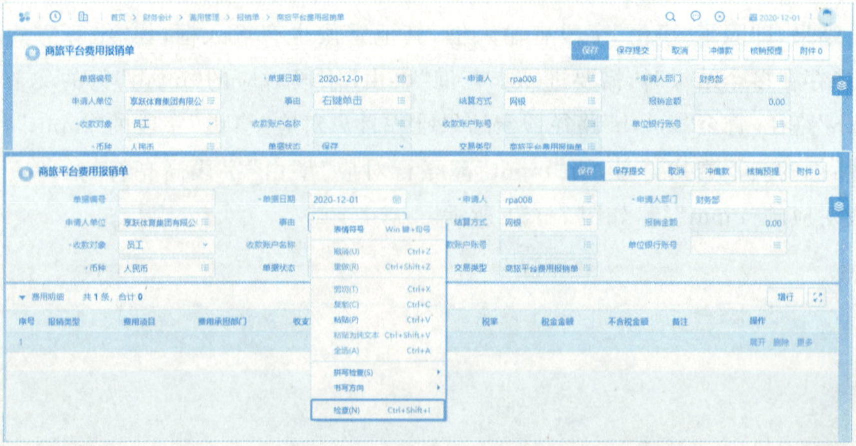

图 7-48　检查“事由”字段

③ 单击“检查”后，界面弹出对应的“Elements”内容，在界面中显示有颜色的“input”行对应事由字段的输入框，如图 7-49 所示。根据“input”行内容，编写其“xpath”，如图 7-50所示。

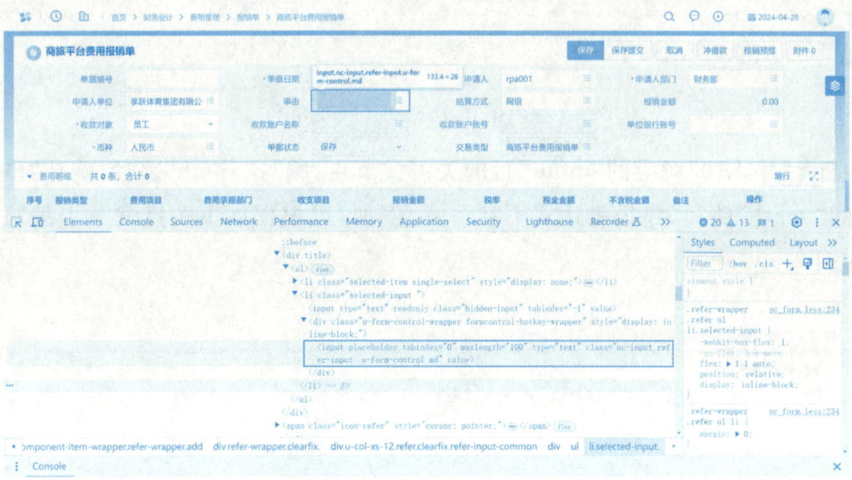

图 7-49　查询 input 行内容

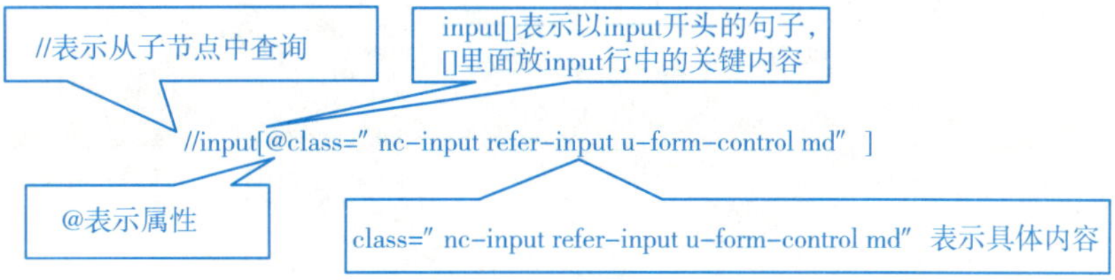

图 7-50　编写 xpath 的逻辑

④ 按下【Ctrl＋F】快捷键弹出搜索框，然后在搜索框中写入“xpath”路径，显示搜索到10个结果，即除了“事由”字段有输入框，其他字段也有输入框，如“结算方式”也有输入框。当存在多个结果时，需要进一步查询“事由”字段对应的“input”行的父节点，再编写“xpath”路径，直至“xpath”路径搜索结果唯一且只对应“事由”字段的“input”行。单击搜索框后面的向下查找符号，当“input”高亮行对应“事由”字段高亮行时，即查询到“事由”字段对应的“input”行，如图7－51所示。

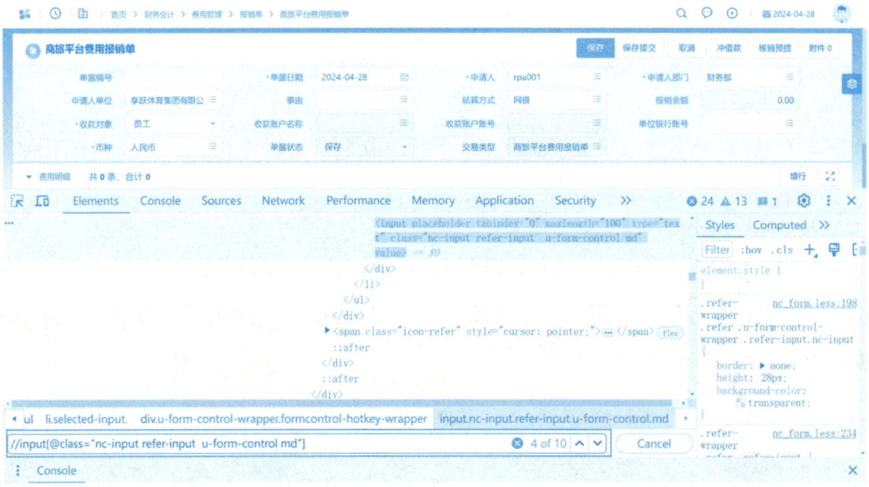

图7－51　事由字段与对应的input行

⑤ 查询“4 of 10”对应的“input”行的关键父节点，编写“xpath”路径，确认“事由”字段输入框的“xpath”路径(路径表达式不唯一)。例如，可根据如下关键父节点编写“xpath”路径，如图7－52所示。

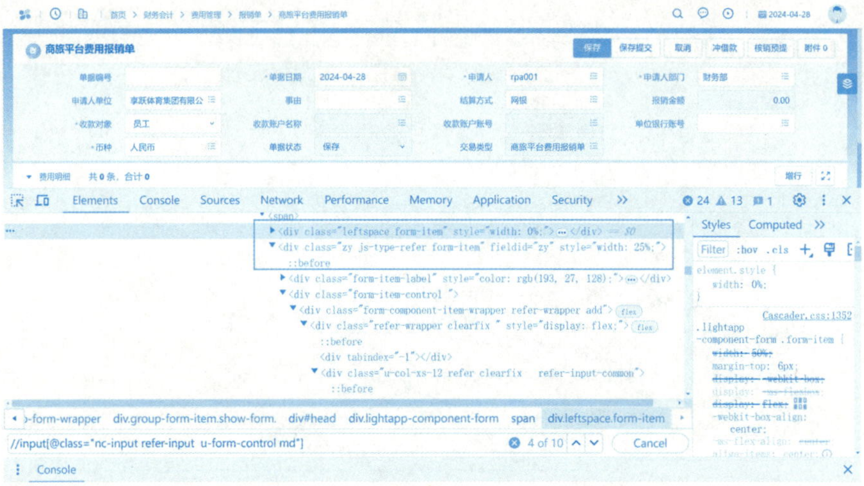

图7－52　查询对应xpath

⑥ 编写“事由”字段的“xpath”路径：//div[@fieldid="zy"]//input[@class="nc-input refer-input u-form-control md"]，将该“xpath”路径复制粘贴到搜索框中，结果唯一(1 of 1)且“事由”字段高亮，表示该路径可以准确定位“事由”字段输入框，如图 7-53 所示。

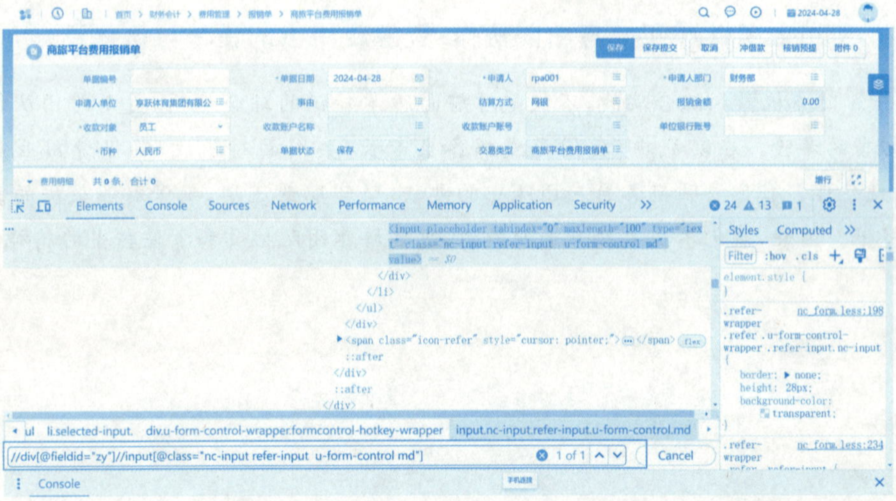

图 7-53　编写事由字段的 xpath 路径

⑦ 在命令框中找到“任务 3”，将//div[@fieldid="zy"]//input[@class="nc-input refer-input u-form-control md"]复制粘贴到“2.1 单击”选项对应脚本行的“元素搜索参数”中，如图 7-54 所示。

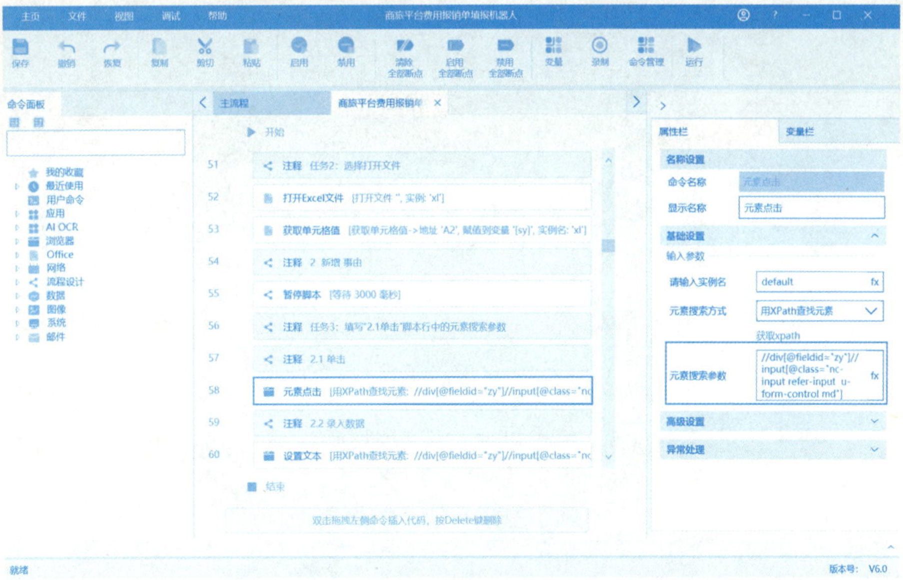

图 7-54　设置元素搜索参数

3. 保存运行

单击“保存”选项保存程序，单击“运行”选项运行程序，运行结果将直接显示在 NCC 系统的商旅平台费用报销单界面。

职业素养

费用业务循环实战与团队协作：智能应用中的责任与协作精神

RPA 财务机器人综合实战，不仅是对前面所学知识的综合运用，更是对团队协作和责任担当的考验。在实战中，我们要发挥各自专长，共同面对挑战，确保费用业务的准确、高效处理。我们要明确各自在团队中的责任，坚守职业道德，确保财务数据的真实性和合规性。因此，我们不仅要提升专业能力，更要培养团队协作和责任担当的精神。

第八章　销售业务循环综合实战

学习目标

- 了解企业销售的业务流程
- 了解企业销售业务涉及的信息系统与岗位
- 能够在 ERP 等系统中进行销售业务操作
- 能够梳理案例企业的销售业务流程现状问题
- 能够设计采用 RPA 机器人后的销售业务流程方案
- 能够在智多星 RPA 设计器中配置运行客户维护机器人
- 能够在智多星 RPA 设计器中配置运行销售订单录入机器人
- 能够在智多星 RPA 客户端中配置运行收入确认机器人
- 能够在智多星 RPA 客户端中配置运行应收核销机器人

本章操作项目导入

享跃体育集团是一家时尚体育用品品牌公司，其开创了把所有运动用品汇集在一个商场内的销售概念，致力于大众运动领域，是全球体育用品的设计者和品牌缔造者，同时也是运动用品的零售商。该集团集运动用品研发、设计、品牌、生产、物流及全渠道零售为一体，目前在全球 54 个国家和地区拥有 1500 多家商场，员工超过 9 万人。截至 2019 年底，享跃体育集团在中国已经拥有 294 家商场实体店，遍布全国约 112 个城市；于 2009 年起步的电子商务业务也已经覆盖超过 400 个城市。享跃体育集团积极拥抱技术创新，推动业务数字化转型，应用智能技术，在不断提升运行效率、压缩运营成本的同时，持续改善用户的消费体验。

享跃体育集团专注于体育用品销售，其销售业务包括线上销售和线下销售两种方式。线上销售主要是通过在天猫平台上开设的自营旗舰店进行商品销售，由电商管理部负责管理，同时，由享跃体育集团有限公司出资设立了独立的法人公司上海享跃体育 TM 电商有限公司（下文简称“电商公司”），经营电商业务，进行独立核算，自负盈亏。线下销售又分为国内销售和出口销售。国内销售主要是通过设立在全国各地的大卖场进行销售（下文简称“门店零售”），由卖场管理部负责管理，每个卖场都由一家独立的法人公司进行运营。出口销售由出口管理部负责管理，并设有独立的法人公司“上海享跃体育出口有限公司”进行运营。享跃体育集团的销售业务组织、业务流程与销售渠道如图8－1～图8－3所示。

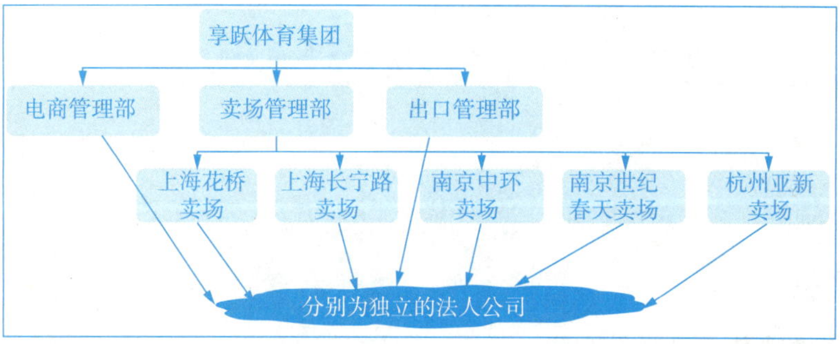

图8－1　享跃体育集团组织架构

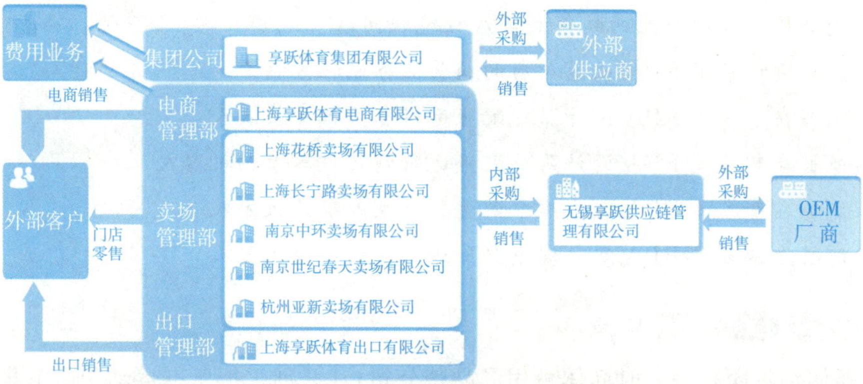

图8－2　享跃体育集团销售业务流程图

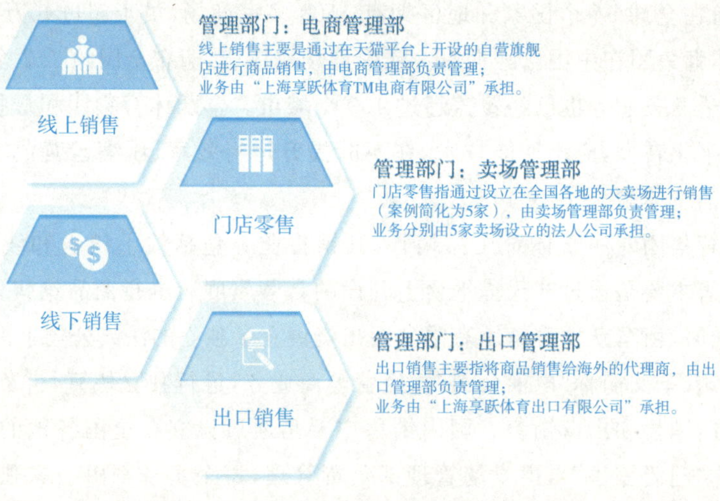

图8－3　享跃体育集团销售渠道

第一节　销售业务处理

一、销售业务概述

销售业务是指企业为了实现销售目标而实施的签署销售合同、开具发票、发出产品、确认收款等一系列活动的总称。这些活动涵盖了从产品推广到客户服务的整个过程，是企业实现经济效益的重要手段，也是企业与客户建立联系的桥梁。

销售业务包括销售产品、打开市场、增加销售额、维护客户关系和提高市场份额等。通过销售，企业可以了解客户需求，同时也可以帮助客户解决问题，提供优质的产品和服务。

销售业务可以根据不同的分类方式进行划分。根据销售渠道，销售可以分为直销、渠道销售和电子商务销售等。直销是指生产厂家或代理商直接向消费者销售产品或服务的方式；渠道销售是通过经销商或批发商等中间渠道销售产品或服务的方式；电子商务销售是通过互联网等电子渠道销售产品或服务的方式。此外，根据销售对象的不同，销售业务也可以分为消费品销售、工业品销售和服务销售等。消费品销售，是指消费者购买的日用品、食品、饮料等商品的销售业务；工业品销售是指企业之间进行的原材料、设备、机器等产品的销售业务；服务销售是指提供各种服务的销售业务，如旅游、保险、金融等服务。

销售业务是企业实现经济效益和与客户建立联系的重要手段，是企业创造经营收入的主要活动。

享跃体育集团的销售业务涵盖了线上与线下销售。线上销售即电商销售，主要由“电商公司”负责在天猫平台上进行；线下销售包括出口和门店销售。本章将以“电商公司”为主体，介绍电商销售业务处理及流程优化、RPA 应用的内容。

二、销售业务信息系统

企业销售业务一般涉及多个信息系统，主要包括销售信息系统（Sales Information System，SIS）、客户关系管理（Customer Relationship Management，CRM）系统、ERP 系统、OA 系统等。这些信息系统共同构成了企业销售业务的信息支持体系，可以帮助企业更好地了解客户需求、优化销售策略、提高销售效率；同时，这些系统还可以提供实时数据和分析报告，为企业的销售决策提供有力支持。销售信息系统是一个用来辅助企业销售活动、销售管理和销售决策的工具，可以分为管理销售信息系统和操作销售信息系统。管理销售信息系统负责管理销售信息、控制销售活动、处理销售业务、制定销售方针、分析销售环境及效果、规划销售策略、制定报表和预算等内容。操作销售信息系统则是销售活动的实现工具，通过它可以缩短销售周期、降低销售成本，为管理销售信息系统的实现提供信息基础。客户关系管理系统用于客户信息的管理、分析和利用。通过了解客户需求、预测市场趋势，帮助企业制定更好的销售和营销策略，提高客户满意度，赢得更多的客户。客户关系管理系统与销售信息系统紧密相关，共同支持着企业的销售业务。

根据本章项目导入，享跃体育集团电商销售业务涉及的信息系统及相关岗位设置如下。

1. 电商销售业务涉及的信息系统

在客户下单、打包发货、确认收货、收到货款 4 个主要业务环节中，主要涉及 ERP 系统、电商平台、支付平台这三个信息系统，如图 8－4 所示。

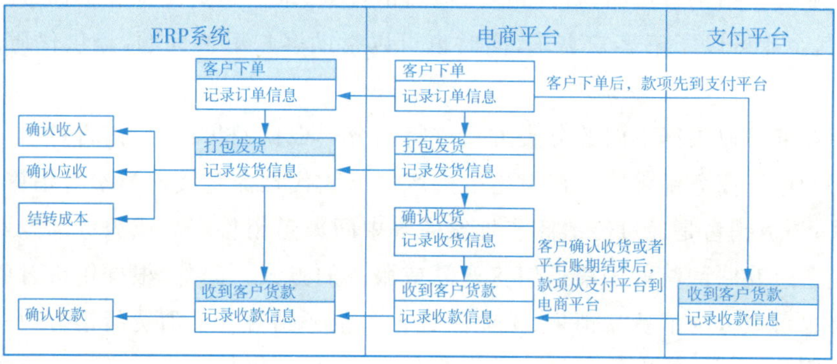

图 8－4　享跃体育集团电商销售业务信息系统

2. 电商销售业务信息系统数据交互

在电商销售过程中，客户从电商平台下单并付款，电商平台记录订单信息并将订单数据和发货数据传递给电商公司的 ERP 系统。电商公司依据订单信息发货，平台记录发货信息，同时 ERP 系统据此进行收入及成本的确认。客户收到商品后，在电商平台上确认收货，电商平台将货款支付到电商公司的账户中，支付平台收到货款后把收款数据传递给电商平台。支付平台将收款数据传递给电商公司的 ERP 系统后，ERP 系统据此确认收款并核销应收款项，如图 8－5 所示。

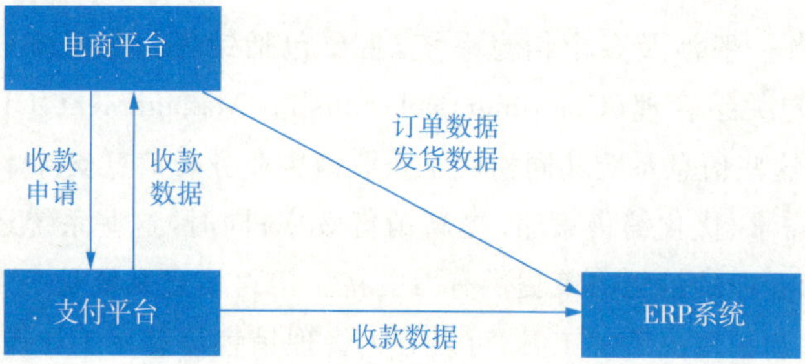

图 8－5　享跃体育集团电商业务流程

3. 电商销售业务涉及岗位

电商销售业务涉及的岗位见表 8-1 所列。

表 8-1　享跃体育集团电商业务岗位一览表

公司内部门	岗位名称
运营部	客服专员
运营部	运营专员
仓储部	发货专员
仓储部	拣货专员
仓储部	打包专员
仓储部	库存管理员
财务部	销售会计
财务部	资金专员
财务部	总账会计

三、销售业务流程

（一）一般销售业务流程

1. 处理客户订单

客户提出订单需求是销售业务的起点。企业收到客户订单后，根据客户需求签署销售合同或销售订单，列示客户订购的商品名称、规格、数量等。

2. 发货

商品发出一般是确认销售成立的标志之一。企业销售部门根据签署的销售合同或销售订单，安排仓储部门编制发运凭证并对外发出商品。发货凭证一般为一式多联，其主要目的是证明货物的发出和物流信息，为买家和卖家提供交易的记录和证据。如果企业采用永续盘存制度，发运凭证则是逐日记录存货变动信息的依据。

3. 向客户开出账单并登记销售业务

开出账单包括开具和向客户寄送销售发票。企业根据销售合同的约定，提供开具发票申请和开具发票的信息，财务部门根据审批完成的开票申请完成对外发票的开具。企业应正确和及时地开出账单。

4. 收款并记录

财务部门应根据销售部门反馈的收款信息，及时查询收款到账情况并反馈给销售部门。

5. 提取坏账并核销

企业应定期对应收账款的可收回性进行检查，根据应收账款发生坏账的可能性，按账龄计提坏账准备。在确认应收账款无法收回时，应按会计准则对已计提的坏账准备进行核销。

(二)电商销售业务流程

电商销售业务流程与一般销售业务流程在主要环节上基本一致,但是在信息处理和收款业务流程上存在差异,如图8-6、图8-7所示。

电商销售整体业务现状流程说明				
序号	活动说明	岗位/角色	系统	表单
001	客户在电商平台下单后，电商平台在“订单报表”和“宝贝报表”中记录客户下单信息	客户	电商平台	“订单报表” “宝贝报表”
002	运营部运营专员在电商平台中导出“订单状态=卖家已发货”的“订单报表”和“宝贝报表”	运营部-运营专员	电商平台	“订单报表” “宝贝报表”
003	运营部运营专员依据导出的“订单报表”和“宝贝报表”，按照商品汇总生成发货订单	运营部-运营专员	线下	“订单报表” “宝贝报表”
004	运营部运营专员依据商品汇总生成的发货订单，在ERP系统中录入“销售订单”，“销售订单》不体现销售商品的明细数据，体现销售商品的汇总数据	运营部-运营专员	ERP系统	“销售订单”
005	仓储部库存管理员核对“电商平台发货信息”和“纸质发货单”	仓储部-库存管理员	电商平台	纸质“发货单”
006	仓储部库存管理员在ERP系统中，依据销售订单生成销售出库单	仓储部-库存管理员	ERP系统	“销售出库单”
007	财务部销售会计在ERP系统中，依据销售出库单生成销售发票	财务部-销售会计	ERP系统	“销售发票”
008	财务部销售会计审核销售发票后，ERP系统自动生成销售成本结转单，用来结转销售成本	财务部-销售会计	ERP系统	“销售成本结转单”
009	财务部总账会计在ERP系统中可查询由销售成本结转单生成的总账凭证 借：主营业务成本 贷：库存商品	财务部-总账会计	ERP系统	“总账凭证”
010	财务部销售会计审核销售发票后，ERP系统自动生成应收单，用来确认应收、确认收入	财务部-销售会计	ERP系统	“应收单”
011	财务部总账会计在ERP系统中可查询由应收单生成的总账凭证 借：应收账款 贷：主营业务收入 应交税费-应交增值税（销售税额）	财务部-总账会计	ERP系统	“总账凭证”
012	电商销售业务收款子流程，详细见“电商销售收款业务现状流程”	财务部-销售会计	ERP系统	“收款单”
013	财务部销售会计依据应收单和收款单进行应收账款的核销操作	财务部-销售会计	ERP系统	/

图8-6 电商销售业务流程

电商销售收款业务现状流程				
序号	活动说明	岗位/角色	系统	表单
001	客户在电商平台下单后，电商平台在“订单报表”和“宝贝报表”中记录客户下单信息	客户	电商平台	“订单报表” “宝贝报表”
002	客户在电商平台下单后，客户支付货款，客户的货款直接入账到支付平台的账户中	客户	支付平台	/
003	客户收到货后，在电商平台确认收货	客户	电商平台	“订单报表” “宝贝报表”
004	客户确认收货后，客户支付的货款才会从支付平台的账户中转入到电商公司的企业支付宝账户中	/	支付平台	/
005	财务部资金专员每日导出支付宝账单，汇总收款数据	财务部-资金专员	支付平台	/
006	财务部资金专员依据汇总的收款数据，在ERP系统中录入收款单	财务部-资金专员	ERP系统	“收款单”
007	财务部总账会计可在ERP系统中查询收款凭证，企业支付宝账户收到的资金入账到“其他货币资金”科目 借：其他货币资金 贷：应收账款	财务部-总账会计	ERP系统	“总账凭证”
008	财部部资金专员在ERP系统中核销应收单与收款单	财务部-资金专员	ERP系统	/

图8-7 电商销售业务收款流程

四、销售业务实战

享跃体育集团电商销售业务由电商公司负责,其详细销售数据均在天猫平台的企业账户中，由运营专员将该数据统计汇总后，按日录入 ERP 系统中。当天 24:00 前完成付款的订单，电商公司会在次日完成全部发货，同时每日将前一日已发货的订单按照商品汇总后录入到 ERP 系统中，并以此确认收入和成本。天猫平台企业账户可以按照“卖家已发货”这个交易状态导出销售数据，但是需要同时导出订单报表和宝贝报表，才能获得完整的销售数据信息。

ERP 系统中的销售出库单由库存管理员完成。库存管理员常驻在中心仓现场与发货专员对接，每日发货专员将当日完成发货的天猫系统打印的纸质发货单交由库存管理员。库存管理员每日在 ERP 系统中参照销售订单，并核对纸质发货单生成销售出库单。

财务部销售会计每日参照销售出库单生成销售发票，系统自动生成销售应收单、成本结转单。销售会计提交销售应收单，系统自动生成收入确认凭证。销售会计通过成本结转单进行成本计算，系统自动生成成本结转凭证。总账会计可在 ERP 系统总账模块查询自动生成的收入确认凭证和成本结转凭证。

(一)销售订单、收入及成本确认

1. 业务数据准备

(1)下载天猫销售数据

在教学平台中打开“下载、汇总天猫销售数据”任务，进入卖家平台系统。系统默认打开“交易管理”→“已卖出的宝贝”选项，下载“订单状态”为“卖家已发货”的订单报表和宝贝报表，然后进行数据汇总，如图 8-8 所示。

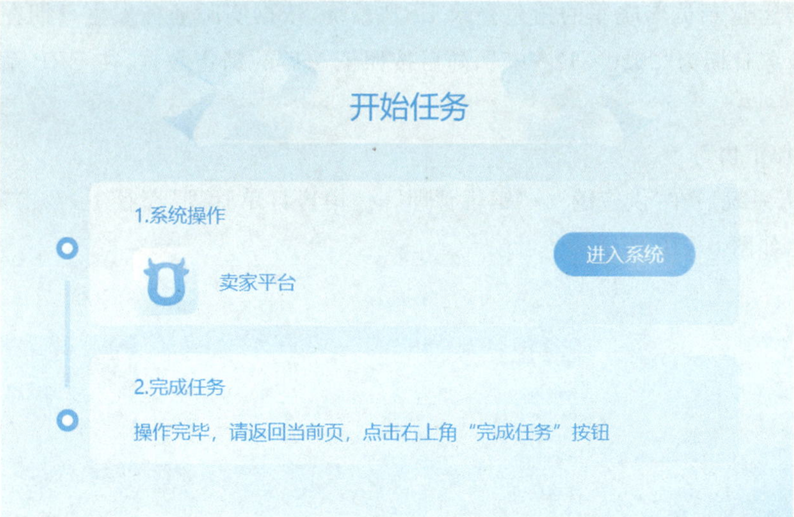

图 8-8 开始任务页面

在“订单状态”处选择“卖家已发货”选项，单击“搜索订单”选项；单击“批量导出”选项，系统弹出提示，再单击“确定”选项；分别点击“下载订单报表”“下载宝贝报表”选项，将附件保存到本地默认路径（“此电脑/我的电脑＞下载”），如图 8-9 所示。

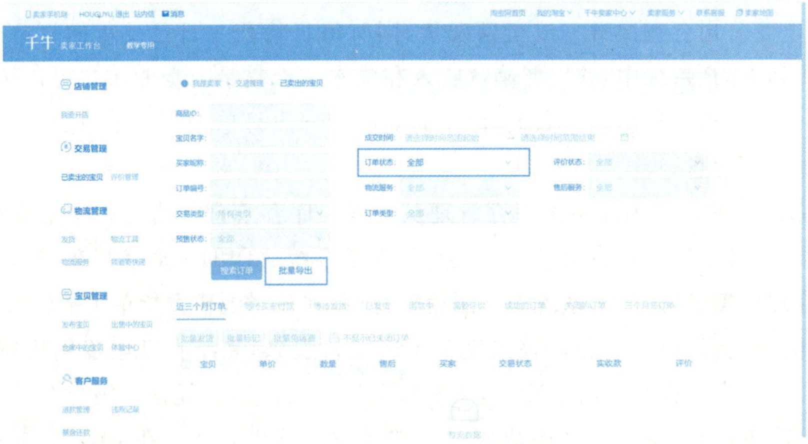

图 8-9　卖家平台系统

(2)汇总已下载的天猫销售数据

在订单报表中筛选 2020 年 12 月 7 日发货的订单(即“订单付款时间”为 2020 年 12 月 6 日的订单),参照订单报表中的“订单编号”筛选宝贝报表中对应的订单,将宝贝报表中昨日发货的订单,用价格×购买数量计算订单金额,与订单报表中的总金额核对一致后,将宝贝报表按照商品明细(外部系统编号)汇总购买数量及订单金额。

2. 销售运营专员录入销售订单

以销售运营专员李晓军的角色登录 ERP 系统,依据实际业务发生日期在登录界面切换系统业务日期为“2020-12-07”,随后按照汇总后的销售数据,在 ERP 系统中录入销售订单。

(1)增加销售订单

① 进入系统后在“供应链”→“销售管理”→“销售订单管理”路径下,双击“销售订单维护”选项,如图 8-10 所示。

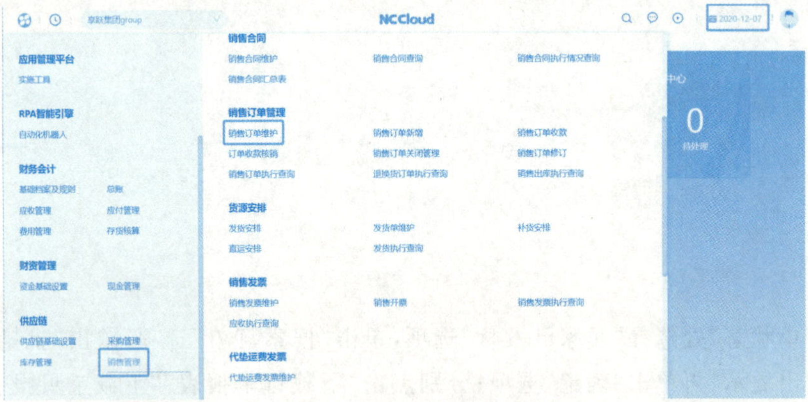

图 8-10　销售订单维护

② 单击“新增”→“自制”选项进入订单编辑界面，如图 8－11 所示。依次填写“销售组织”“订单类型”“客户”和“部门”等信息，详细步骤如图 8－12 所示。

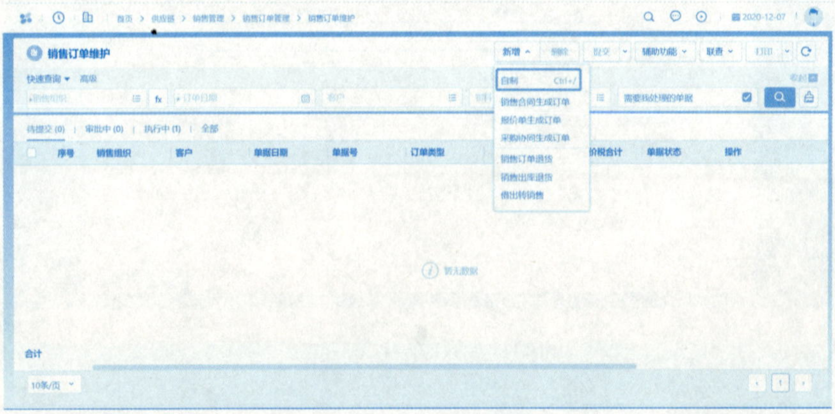

图 8－11　新增自制单据

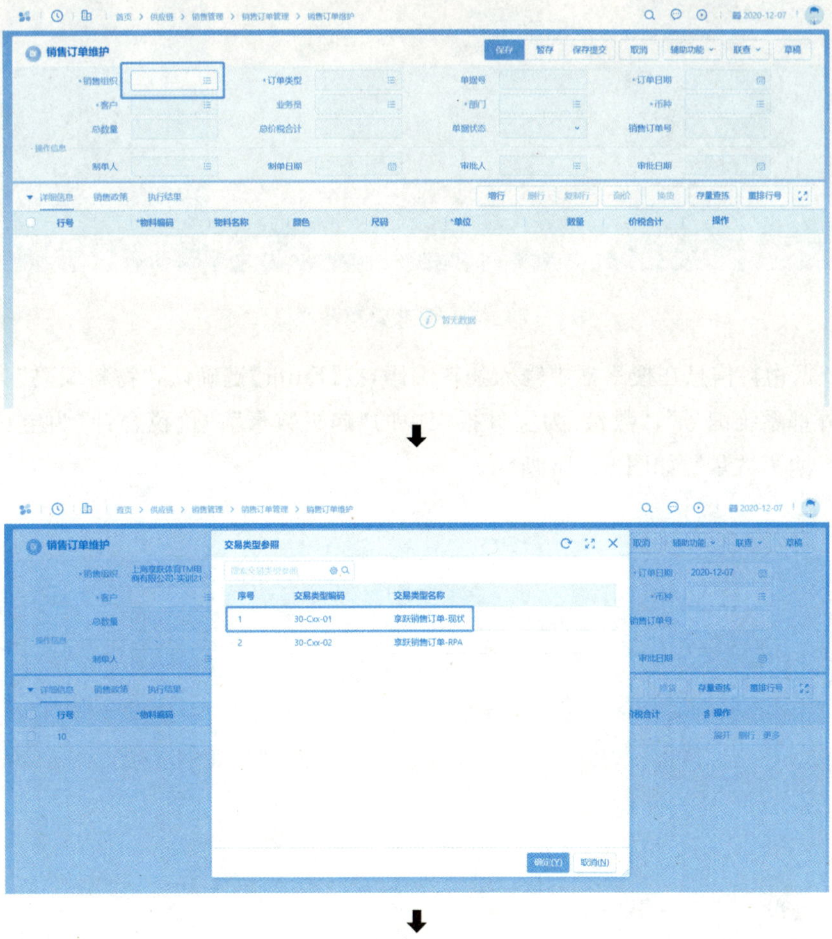

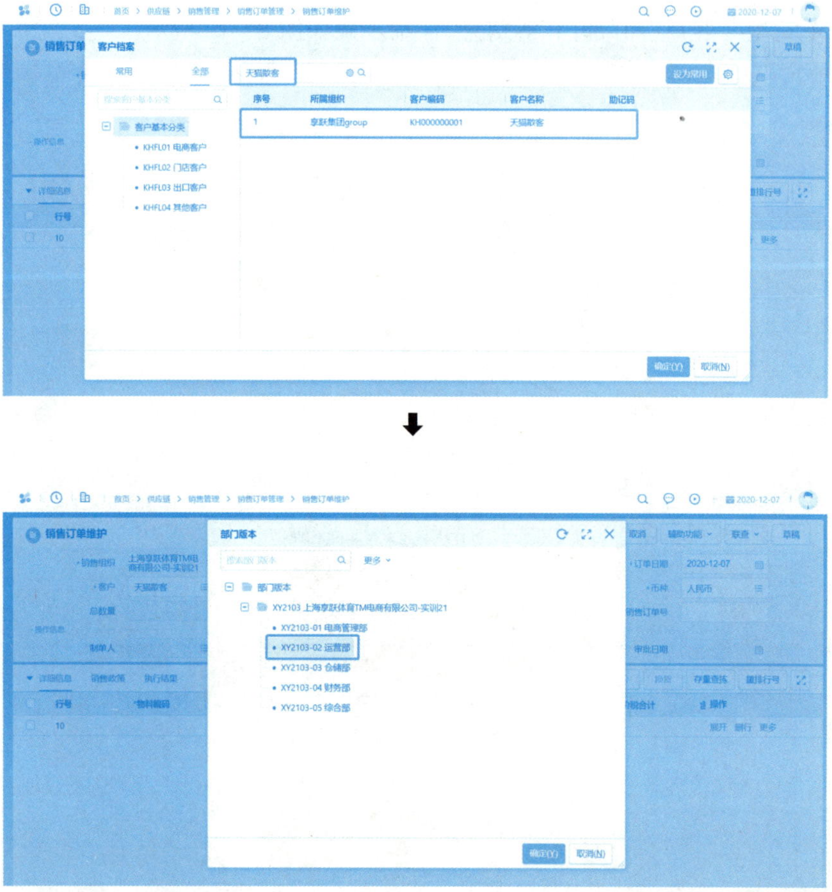

图 8－12　填制销售订单基本信息

③ 依据物料信息在搜索框中输入物料编码，按【Enter】键确认，“物料编码”为宝贝报表中的“外部系统编号”；“数量”为宝贝报表中的“购买数量”；“价税合计”为宝贝报表中的“价格×购买数量”，如图 8－13 所示。

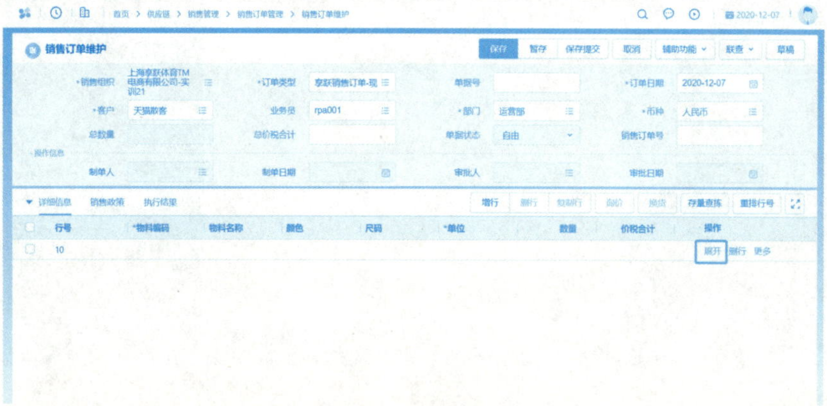

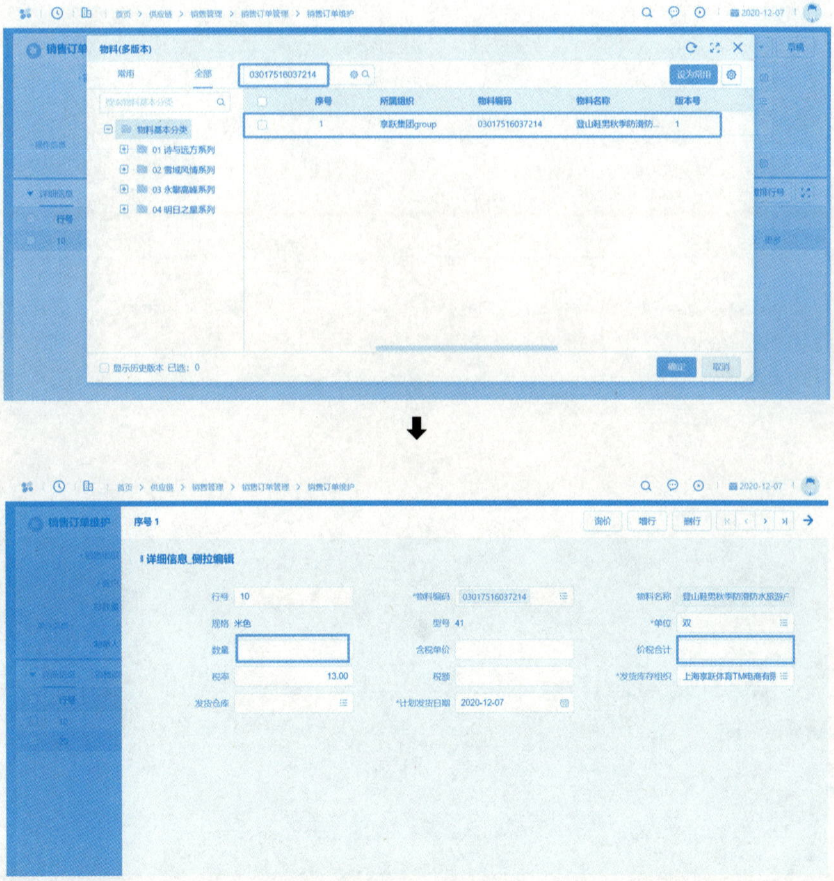

图 8－13　填制销售订单物料信息

④ 填写发货仓库，选择“天猫仓库”，如图 8－14 所示。

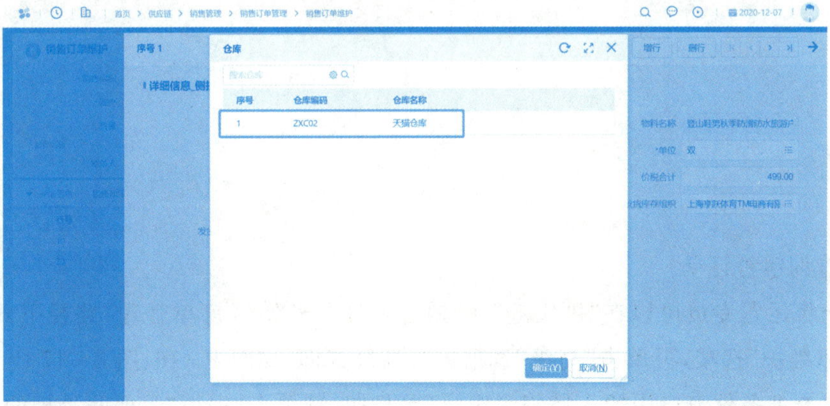

图 8－14　填制销售订单发货仓库

⑤ 单击“增行”选项，继续录入销售订单信息。重复上述的录入信息操作，录入完成后单击“保存提交”选项，即销售订单单据执行保存、提交（相当于审核）操作，如图 8－15 所示。

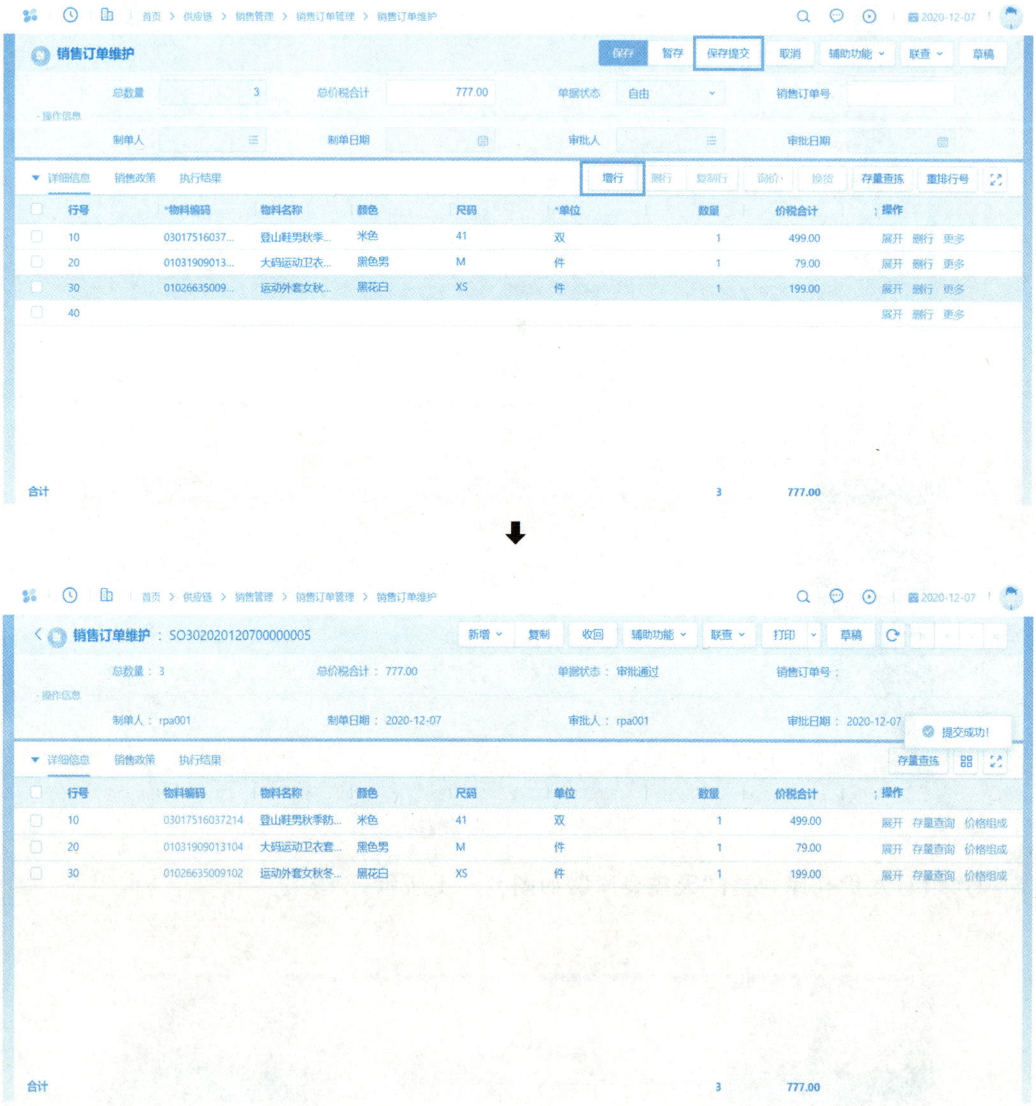

图 8－15 填制销售订单

（2）查询销售订单

① 销售运营专员可以在“供应链”→“销售管理”→“销售订单管理”路径下双击打开“销售订单维护”选项，再单击“高级”选项进行高级查询，如图 8－16、图 8－17 所示。

② 在查询条件窗口中输入销售组织、订单日期、制单人，去掉“需要我处理的单据”选项后的“√”，单击“查询”选项后，系统自动显示符合条件的单据。不同状态的单据在不

同节点(“待提交”“审批中”“执行中”“全部”)下显示。单击相应的单据号即可进入对应单据详细界面,查询订单详情,如图 8-18、图 8-19 所示。

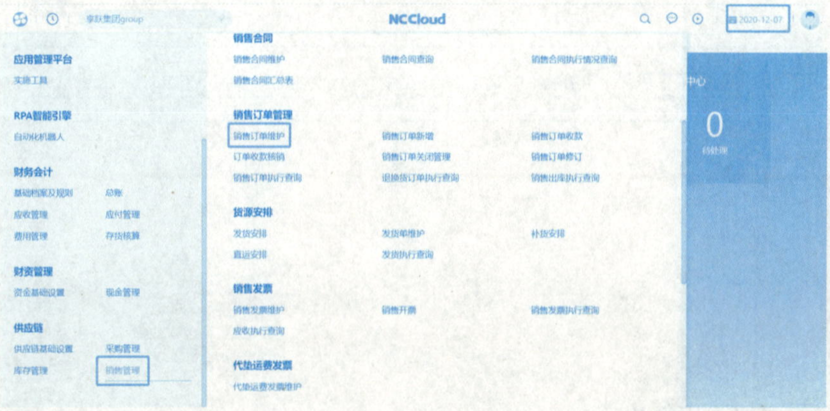

图 8-16 销售订单维护

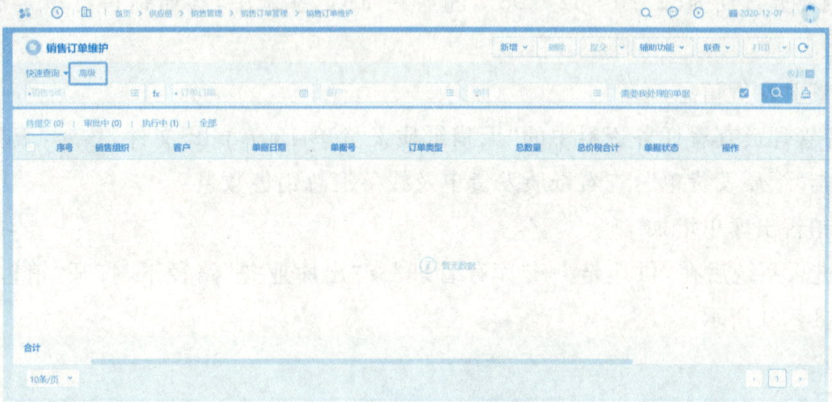

图 8-17 销售订单查询

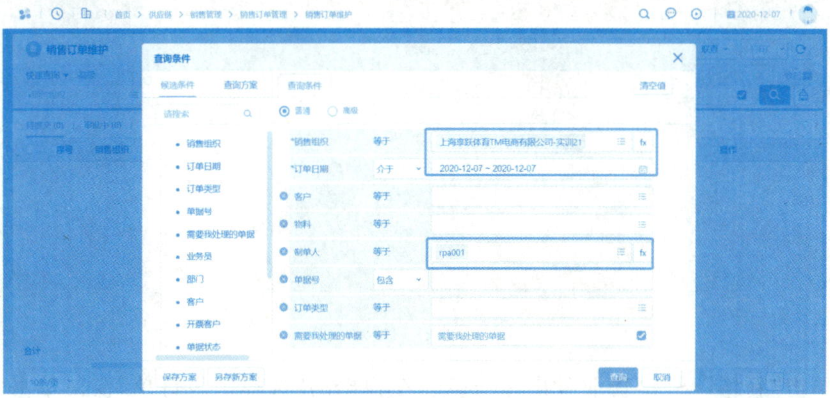

图 8-18 查询条件

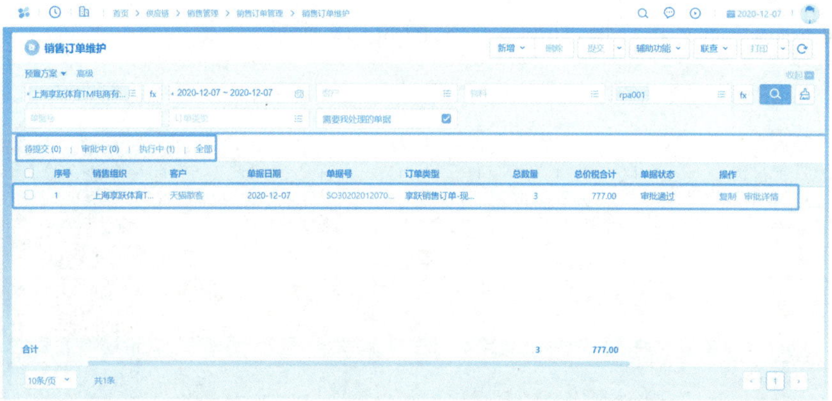

图 8－19　查询结果

3. 库管员录入销售出库单

以销售库存管理员陈横的角色登录 ERP 系统，依据实际业务发生日期，在登录界面切换系统业务日期为“2020－12－08”，随后在 ERP 系统中，参照销售订单生成销售出库单。

(1)核对发货信息

库存管理员查看任务资料中的“天猫纸质发货单 1207.pdf”文件，核对“天猫系统发货信息”与“纸质发货单”，查看纸质发货单及线下汇总销售数量。

(2)销售出库单增加

① 进入系统后在“供应链”→“库存管理”→“出库业务”路径下，打开“销售出库”选项，如图 8－20 所示。

图 8－20　销售出库

② 单击“新增”→“销售业务出库”选项，在弹出的“选择销售订单”窗口单击“高级”选项，查询需要生成销售出库单的销售订单，如图 8－21、图 8－22 所示。

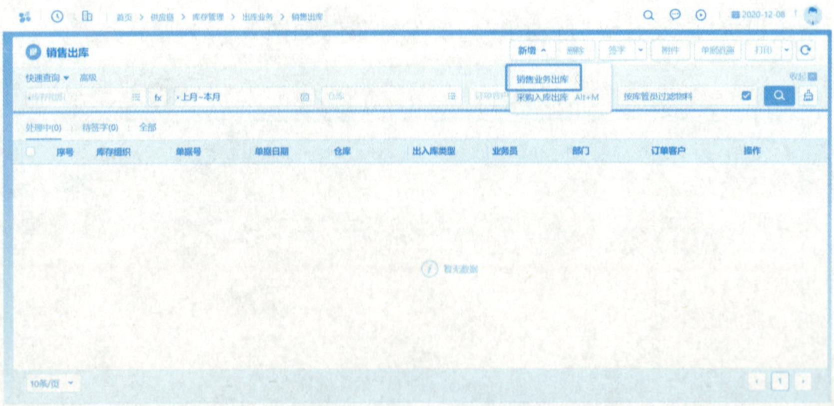

图 8－21　单击“销售业务出库”

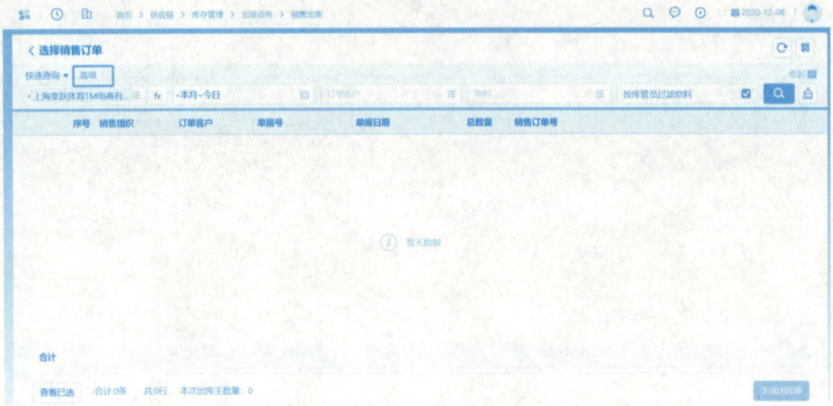

图 8－22　查询销售订单

③ 在“查询条件”窗口填写查询条件，录入发货库存组织和计划发货日期，去掉“按库管员过滤物料”选项后的“√”，再单击“查询”选项进行查询，如图 8－23 所示。

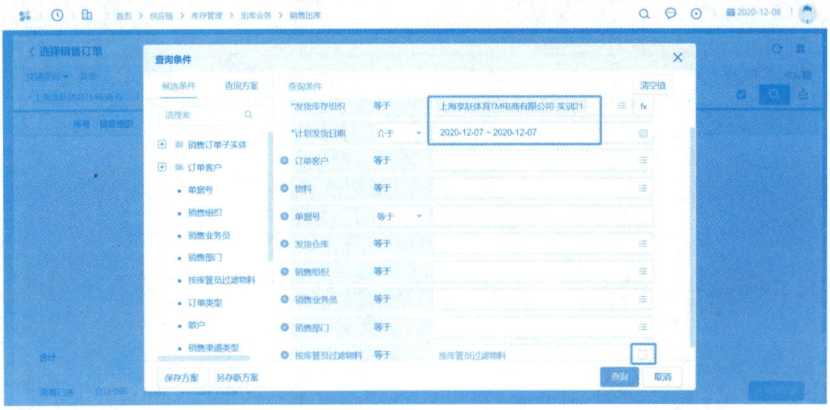

图 8－23　输入查询条件

④ 在查询结果中选择需要出库的销售订单，单击“生成出库单”选项。单击“自动取数”选项，系统根据“应发数量”自动填写“实发数量”，如图 8－24 所示。

图 8－24　生成出库单

⑤ 单击“保存”选项保存单据；单击“签字”选项，进行单据签字操作。保存完成并签字审核过的单据显示如图 8－25 所示。

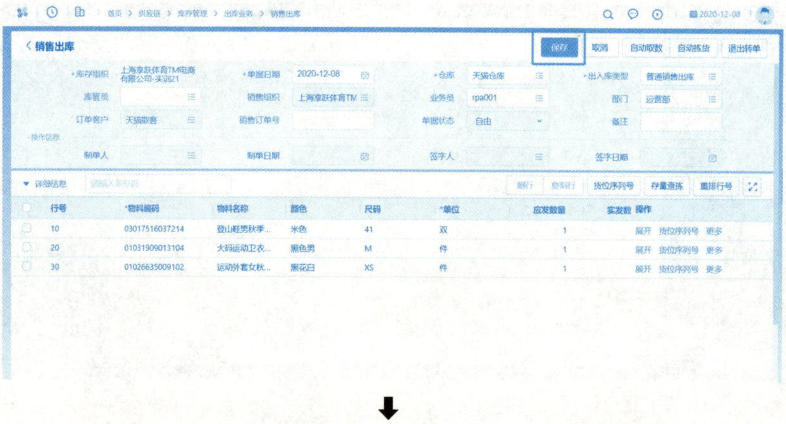

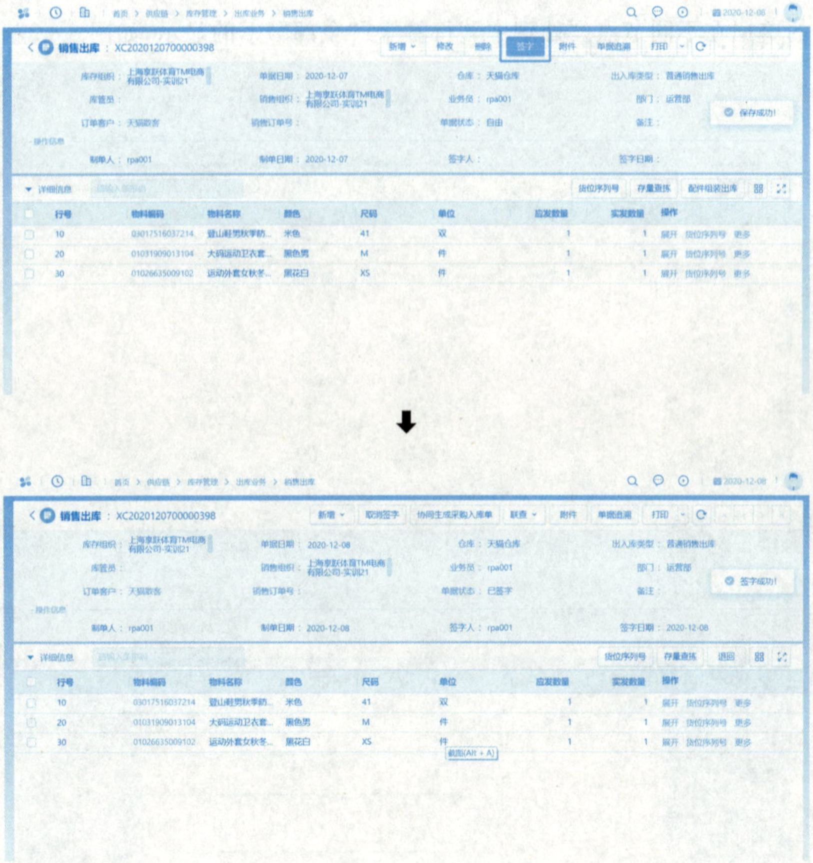

图 8-25　签字保存单据

(3)查询销售出库单

① 库存管理员返回主界面在“供应链”→“库存管理”→“出库业务”路径下，单击“销售出库”选项，如图 8-26 所示。

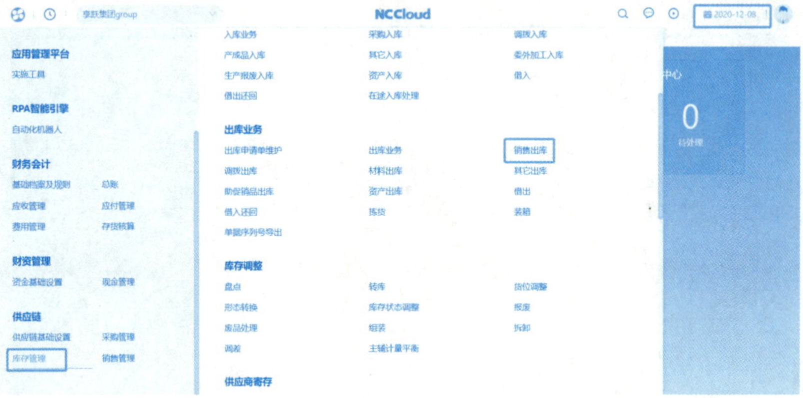

图 8-26　销售出库

② 在“销售出库”窗口中单击“高级”选项进行高级查询，输入查询条件后，即可查询不同状态的单据在不同节点（“处理中”“待签字”“全部”）下的显示，如图 8-27～图 8-29 所示。

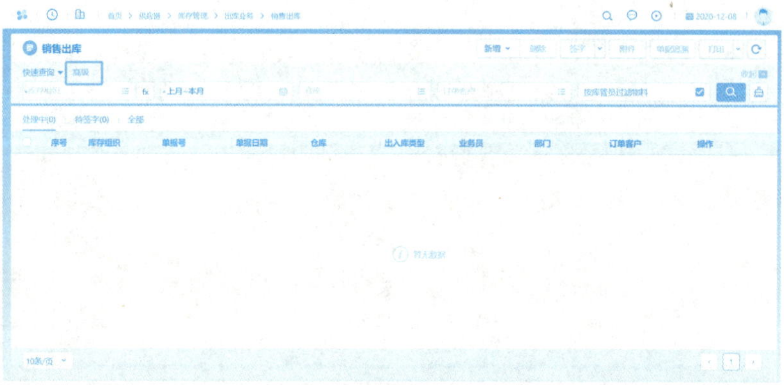

图 8-27　查询出库单据

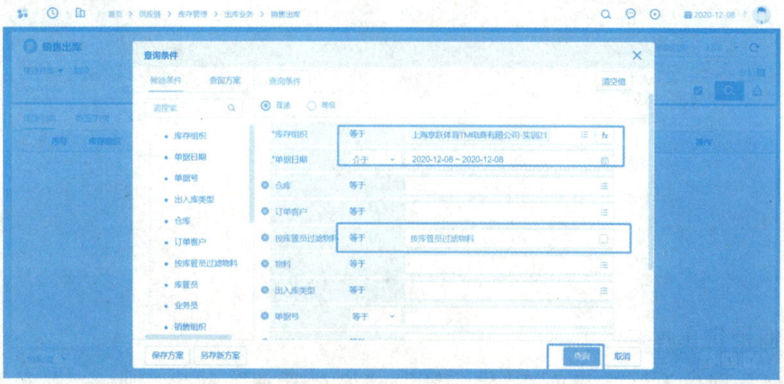

图 8-28　查询条件

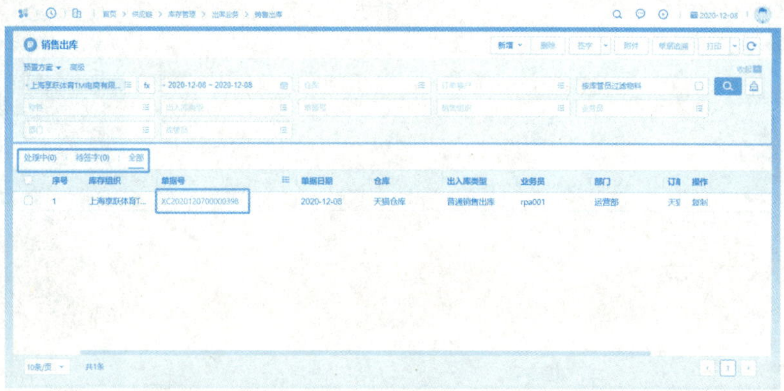

图 8-29　查询结果

4. 销售会计录入销售发票

以销售会计吴莹莹的角色登录 ERP 系统，依据实际业务发生日期在登录界面切换系统业务日期为“2020－12－08”，随后在 ERP 系统中，参照销售出库单生成销售发票。

(1)销售发票增加

① 进入系统后在“供应链”→“销售管理”→“销售发票”路径下，单击“销售发票维护”选项，如图 8－30 所示。

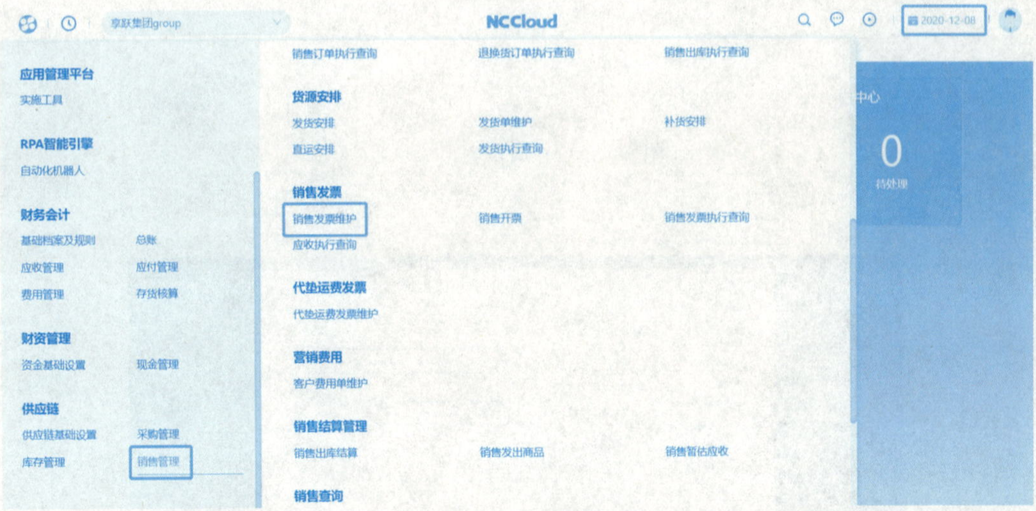

图 8－30　销售发票维护

② 单击“销售开票”选项，在“选择订单/出库单”窗口中单击“销售出库”选项，在“销售出库”页单击“高级”选项，输入查询条件进行查询，如图 8－31～图 8－33 所示。

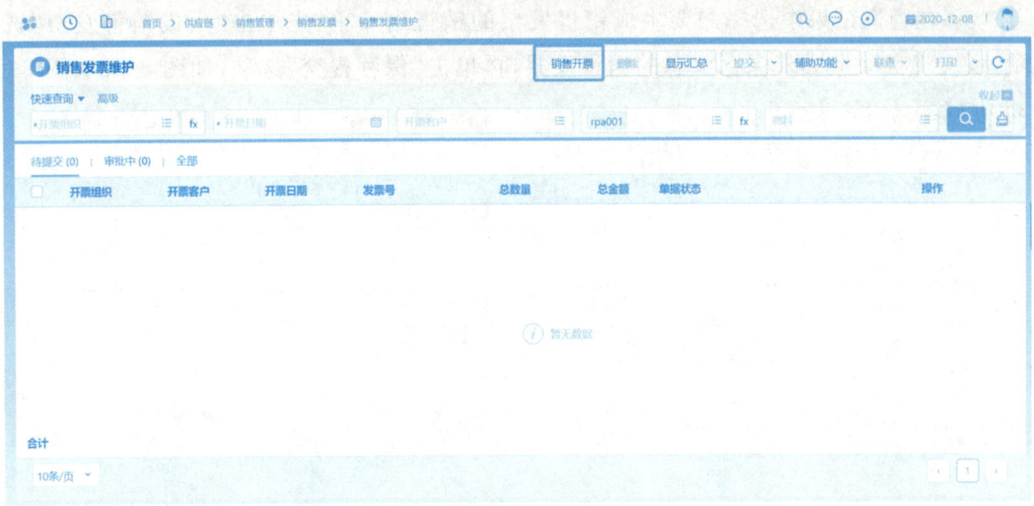

图 8－31　新增销售发票单据

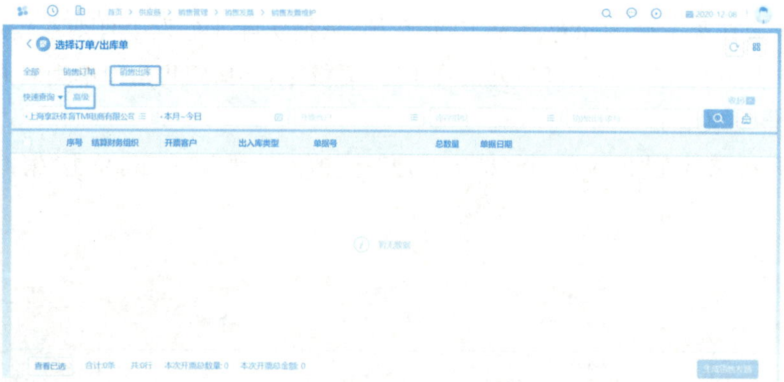

图 8-32　查询销售出库单据

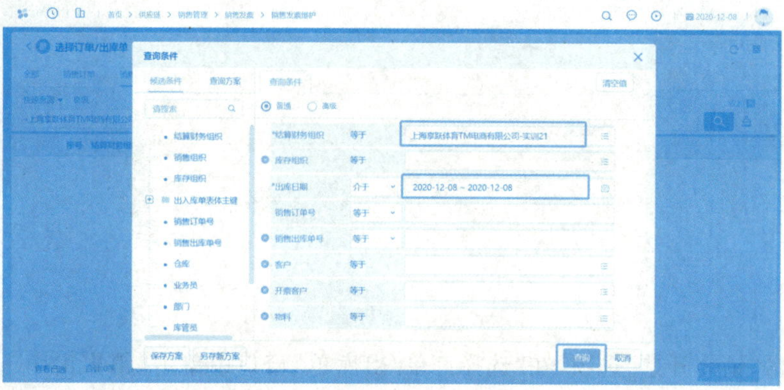

图 8-33　查询条件

③ 在查询结果中选择需要生成销售发票的销售出库单，先单击“生成销售发票”选项，系统将自动生成未保存状态的销售发票，再单击“保存提交”选项，如图 8-34、图 8-35 所示。

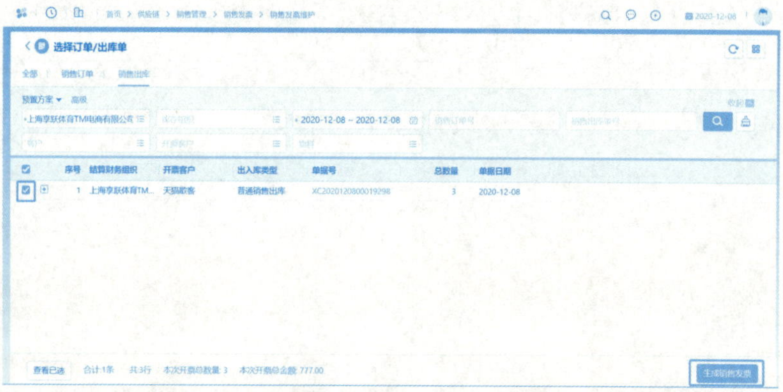

图 8-34　生成销售发票

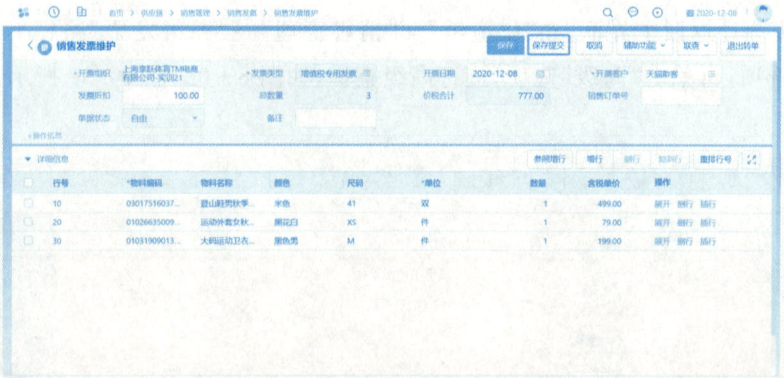

图 8－35　提交保存

④ 提交成功后，系统将显示“提交成功”字样，同时自动生成销售成本结转单和应收单。依次单击“联查”→“单据追溯”选项可以查询到与销售发票相关的直接上下游单据，如图 8－36、图 8－37 所示。

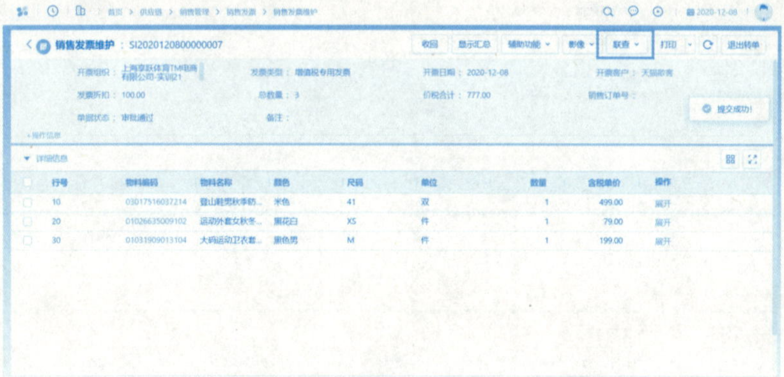

图 8－36　“联查”→“单据追溯”

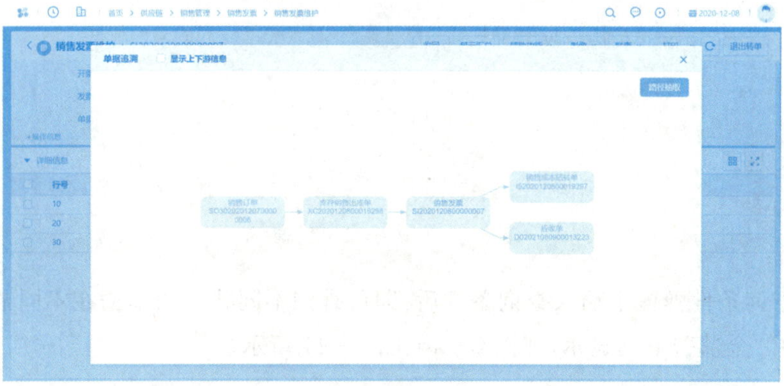

图 8－37　上下游信息

(2)销售发票查询

① 销售会计返回主界面,在“供应链”→“销售管理”→“销售发票”路径下单击“销售发票维护”选项,再单击“高级”选项,进行高级查询,如图8-38、图8-39所示。

图8-38 销售发票维护

图8-39 销售发票查询

② 在查询条件弹窗中输入查询条件后,即可查询不同状态的单据在不同节点(“待提交”“审批中”“全部”)下的显示,如图8-40、图8-41所示。

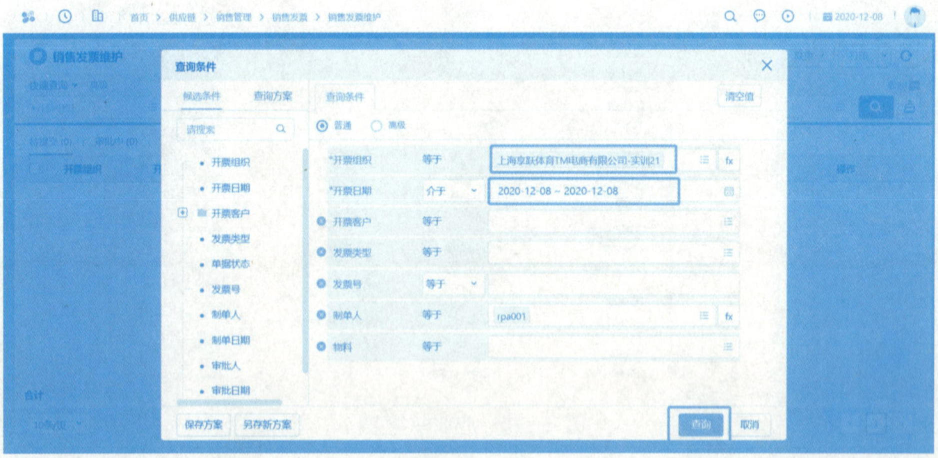

图 8-40 查询条件

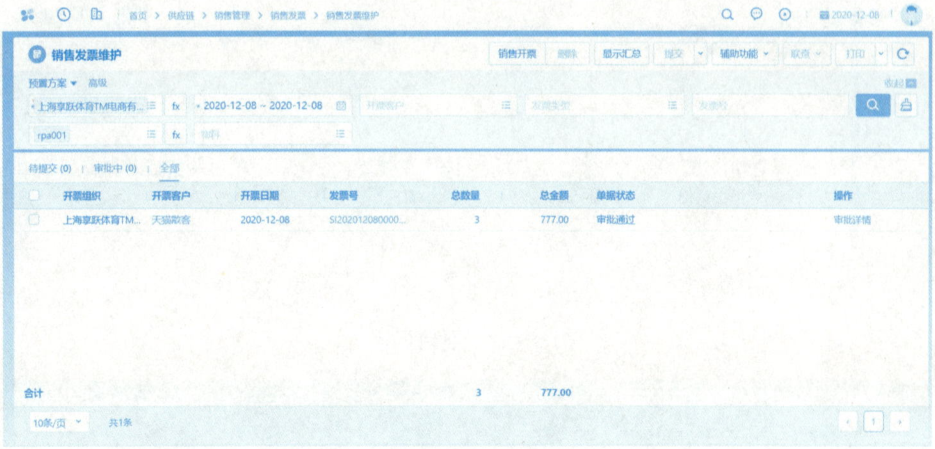

图 8-41 查询结果

5. 销售会计确认应收和成本

以销售会计吴莹莹的角色登录 ERP 系统，依据实际业务发生日期在登录界面切换系统业务日期为“2020-12-08”，随后在 ERP 系统中完成应收单的审核和销售成本的计算。

(1)应收单审核

① 进入系统后在“财务会计”→“应收管理”→“应收日常业务”路径下，双击“应收单管理”选项，如图 8-42 所示。

② 在弹出的“应收单管理”窗口中单击“高级”选项进行高级查询，输入查询条件后单击“查询”选项，系统将自动显示符合查询条件的单据；单击具体单据号即可查询对应的应收单详细信息，如图 8-43～图 8-45 所示。

图 8－42　应收单管理

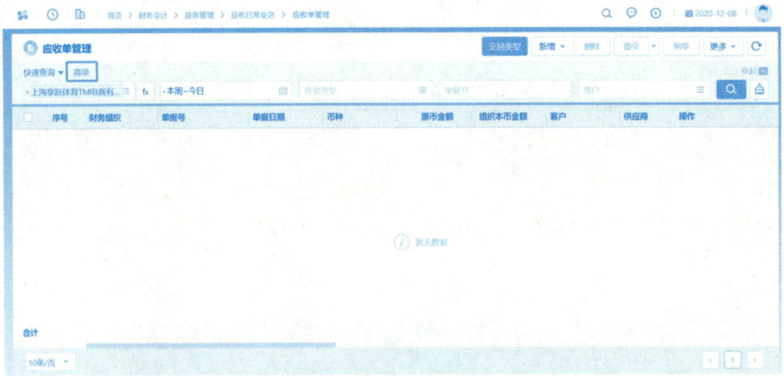

图 8－43　查询单据

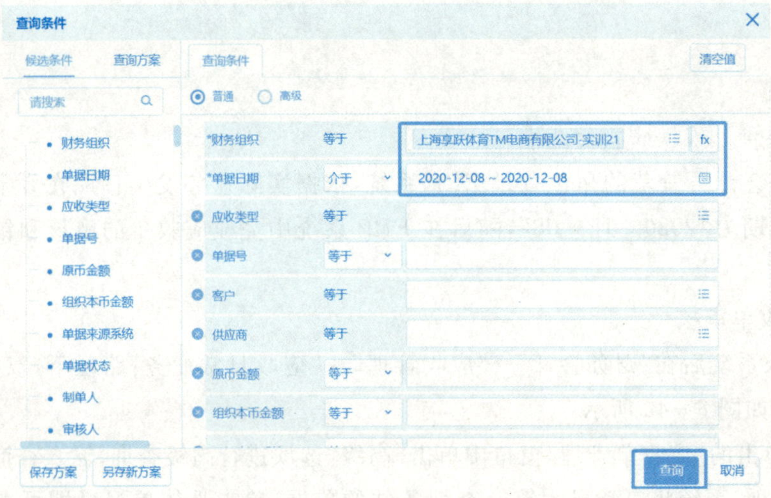

图 8－44　查询条件

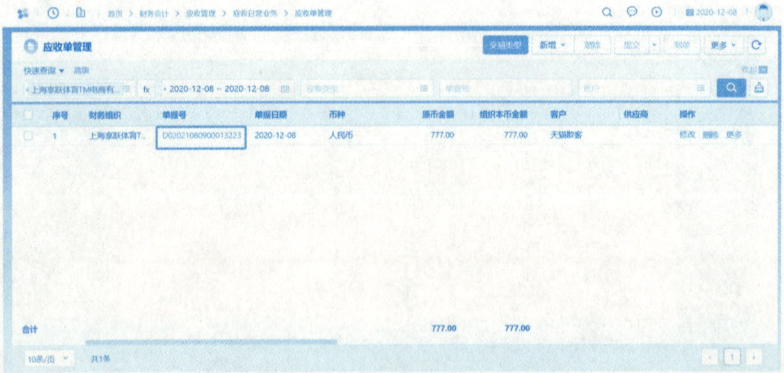

图 8-45 查询结果

③ 单击"提交"选项，审核应收单，如图 8-46 所示。

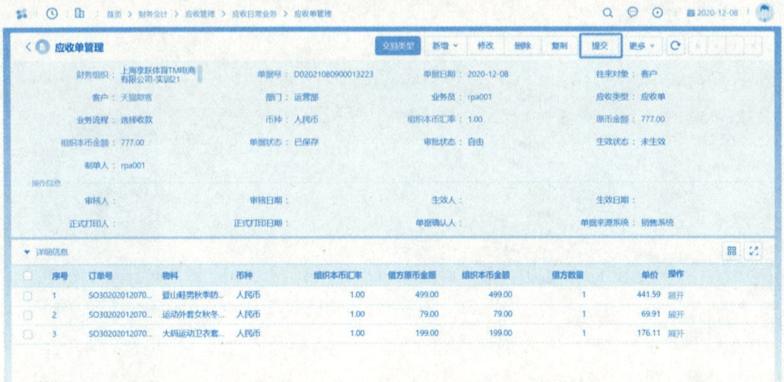

图 8-46 提交单据

④ 应收单提交完成后，可以单击"更多"→"单据追溯"选项，联查与其直接相关的上下游单据，如图 8-47、图 8-48 所示。

图 8-47 单据追溯

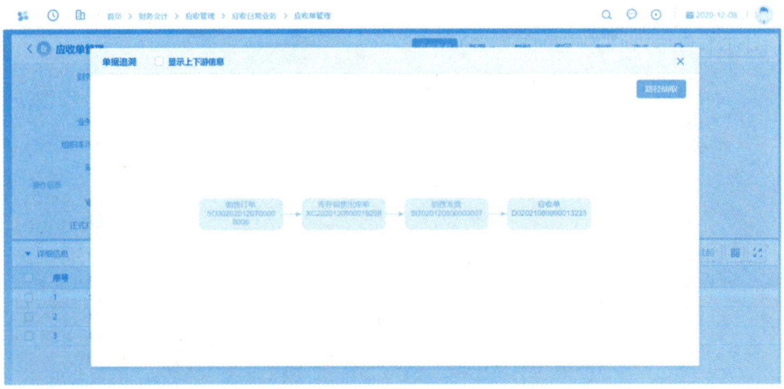

图 8-48　上下游信息

(2)销售成本计算

① 返回主界面，在“财务会计”→“存货核算”→“账务处理”路径下，双击“成本计算”选项，如图 8-49 所示。

图 8-49　成本计算

② 在“成本计算”界面中填写“成本域”“查询日期”信息后，单击“查询”选项，系统将自动弹出满足查询条件的销售成本结转单，如图 8-50 所示。

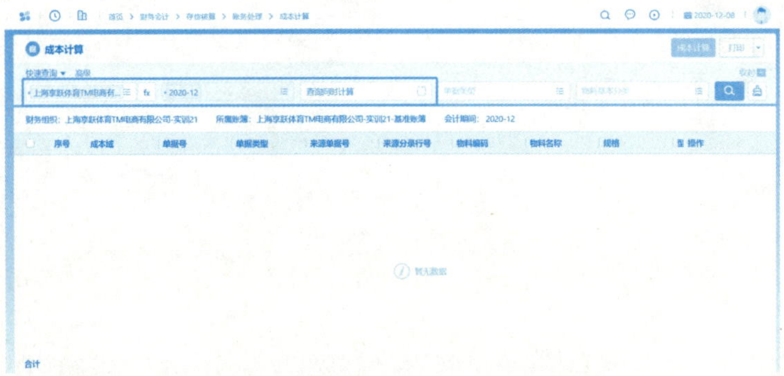

⬇

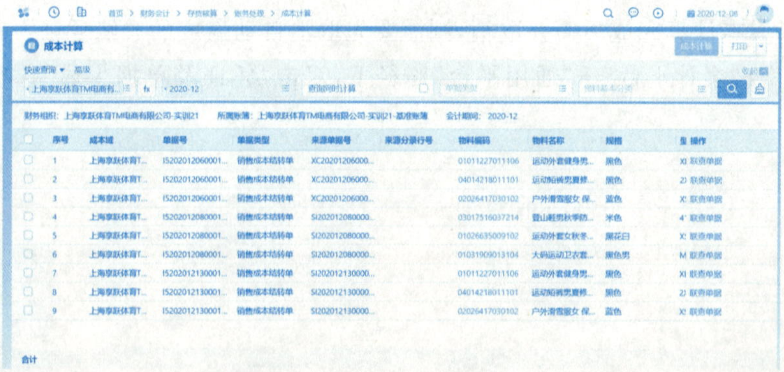

图 8-50 销售成本结转单

③ 在查询结果中勾选需要进行成本计算的销售成本结转单，单击“成本计算”选项即可完成销售成本计算。成本计算完成后，系统将给出对应提示，同时系统自动生成成本确认凭证，总账会计可以在总账模块中查询成本确认凭证，如图 8-51、图 8-52 所示。

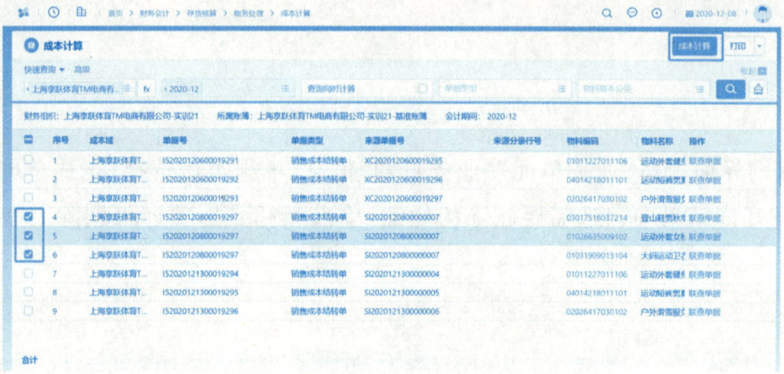

图 8-51 勾选销售成本结转单

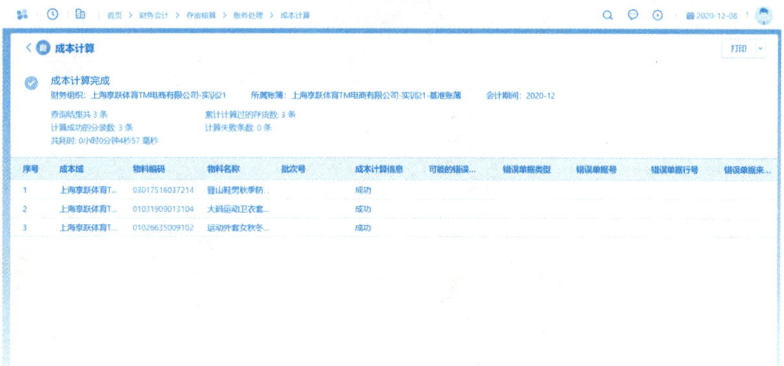

图 8-52 成本计算完成

（3）销售成本计算取消

① 如果成本计算完成后需要取消，则需要先取消自动生成的总账凭证。首先，在“动态建模平台”→“会计平台”→“通用平台”路径下，双击“凭证及单据生成”选项，如图 8-53 所示。

图 8-53　凭证及单据生成

② 在查询界面填写“业务单元”“业务日期”信息，单据类型选择“正式单据”，单击“查询”选项。在查询结果中勾选需要删除的凭证，单击“删除”选项即可删除总账凭证，如图 8-54、图 8-55 所示。

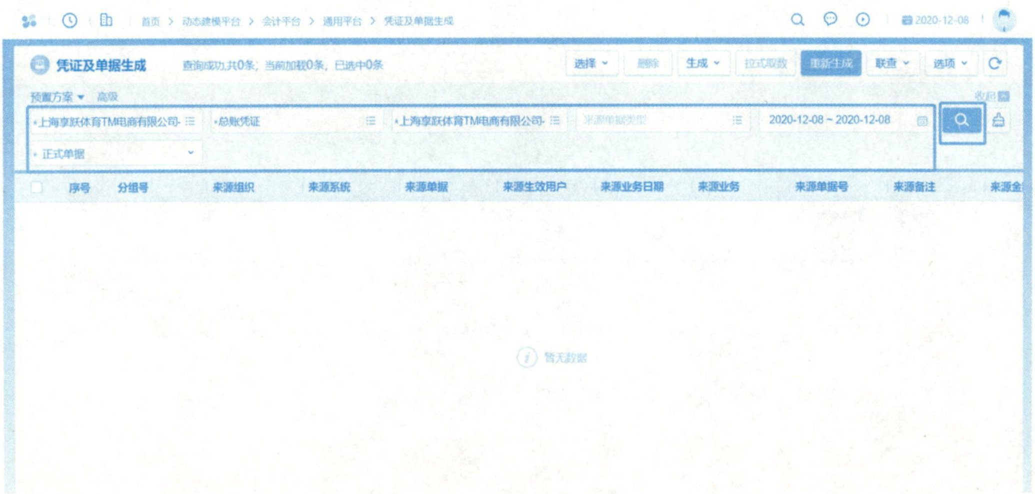

图 8-54　查询单据

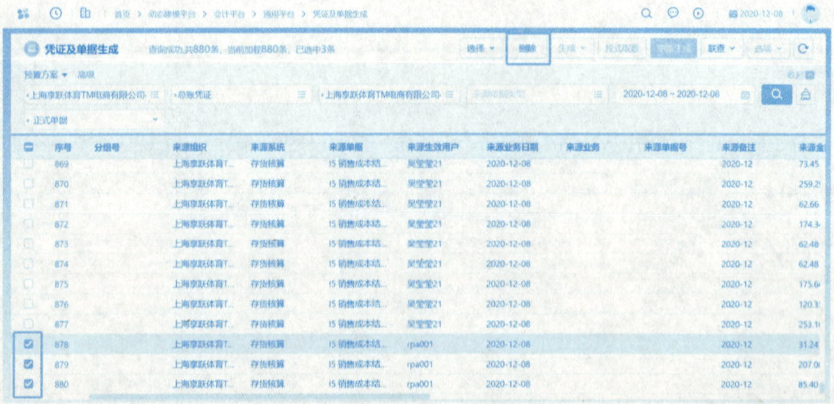

图 8-55 勾选、删除单据

③ 返回主界面后，单击“存货核算”选项，再单击“取消成本计算”选项，在查询界面“成本域”信息后单击“查询”选项，在查询结果中勾选需要取消成本计算的单据，单击“取消成本计算”选项，如图 8-56 所示。

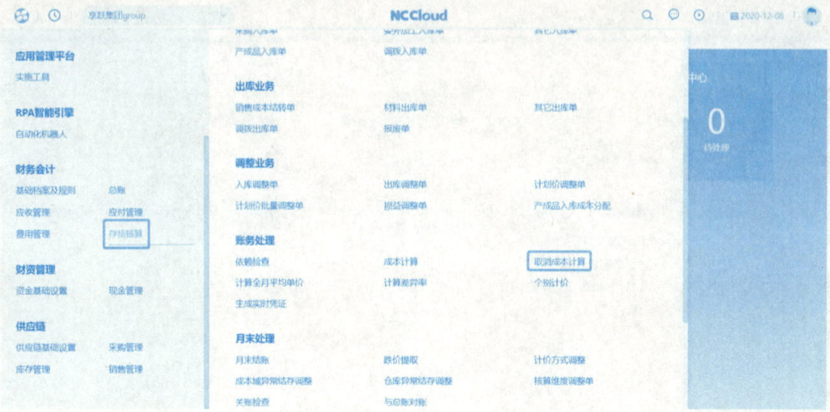

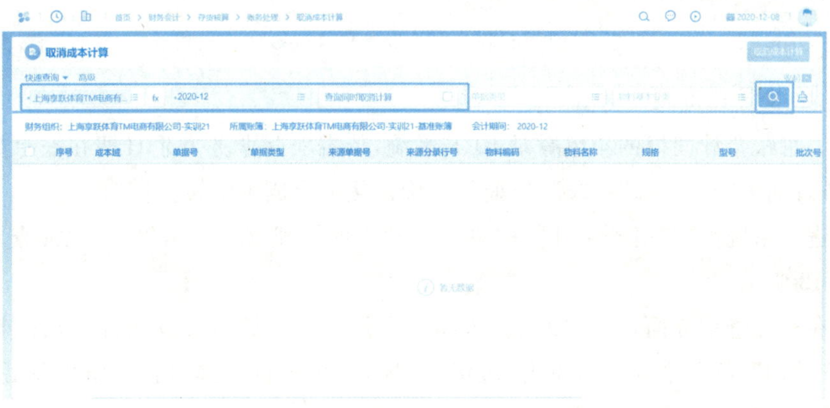

图 8-56 取消成本计算

④ 成功取消成本计算后，系统给出对应的提示，如图 8-57 所示。

图 8-57 取消成本计算完成

6. 总账会计查询总账凭证

（1）以总账会计闫梅的角色登录 ERP 系统，依据实际业务发生日期在登录界面切换系统业务日期为“2020-12-08”，查询收入确认凭证及成本结转凭证。

（2）进入系统后在“财务会计”→“总账”→“凭证管理”路径下，单击“凭证查询”选项，如图 8-58 所示。

（3）在凭证查询界面，单击“高级”选项。在弹出窗口填写查询条件，包括“期间或日期”“凭证类别”“制单系统”等，单击“查询”选项，系统将自动弹出符合条件的凭证；双击凭证即可查看其详细信息，如图 8-59～图 8-61 所示。

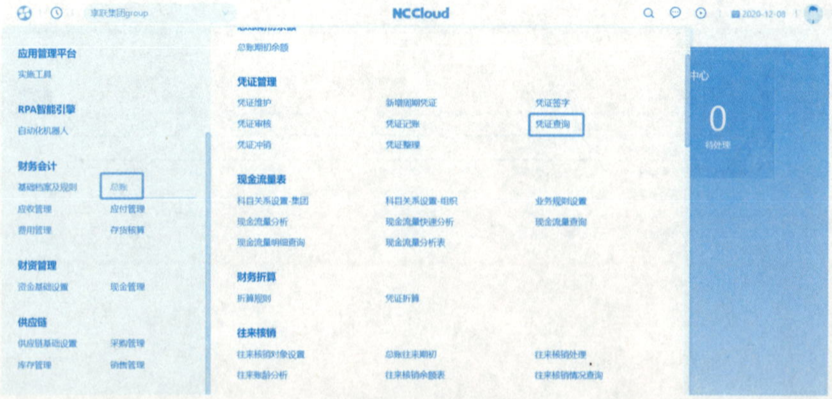

图 8－58　凭证查询

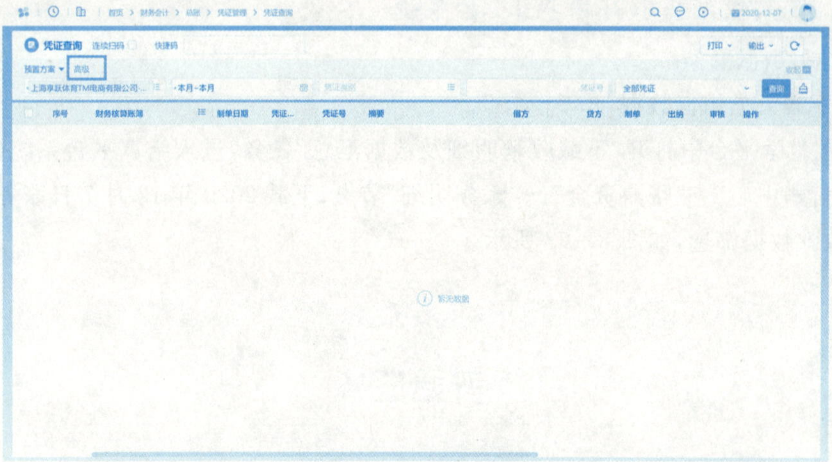

图 8－59　高级查询

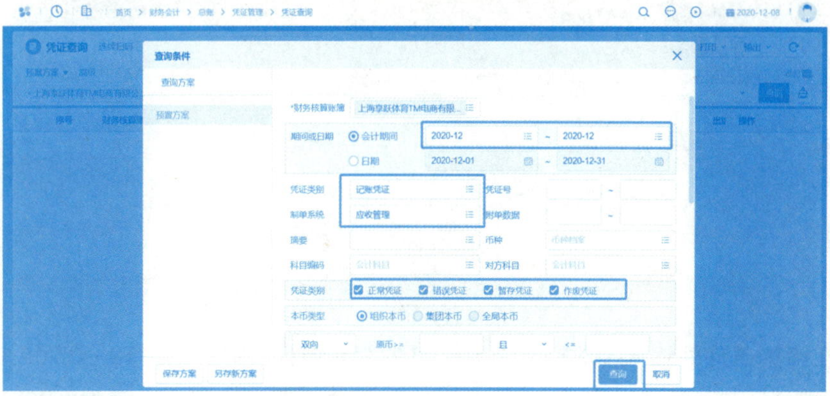

图 8－60　输入查询条件

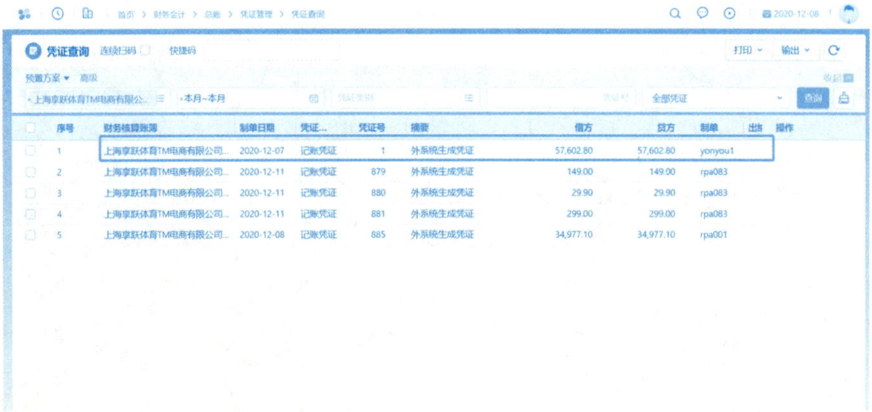

图 8-61　查询结果

(二)收款数据获取并录入 ERP 系统

1. 业务数据准备

(1)下载天猫销售数据

① 在教学平台中打开“下载收款明细及数据汇总”任务，进入结算平台系统。系统默认打开“对账中心”→“账户资金”→“账务明细”节点，下载 2020 年 12 月 7 日账务明细，然后进行收款数据筛选，如图 8-62 所示。

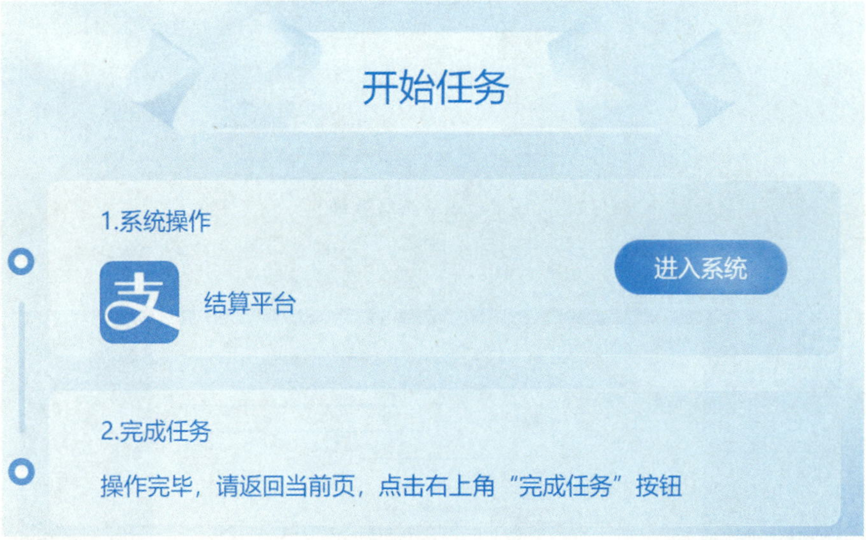

图 8-62　进入系统

② 在筛选条件处输入 2020 年 12 月 7 日的起止时间，即“2020-12-07 00:00:00”至“2020-12-07 23:59:59”，先单击“确定”选项，再单击明细数据右上角的“下载”选项，将附件保存到本地(默认路径为“此电脑/我的电脑>下载”)，如图 8-63 所示。

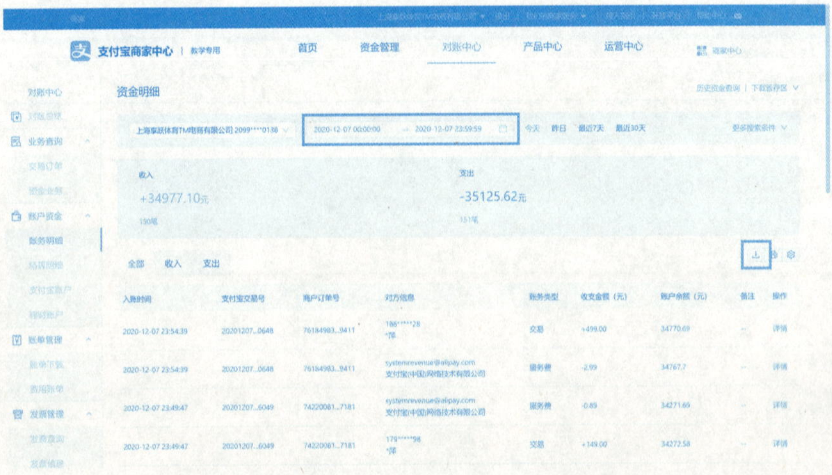

图 8-63　筛选时间条件

(2)筛选汇总结算平台收款数据

在已下载的账务明细中筛选“账务类型”为“交易”的数据，并将“收入(+元)”列求和，获得收款总额。

2. 资金专员录入收款单

(1)以资金专员江华的角色登录 ERP 系统，依据实际业务发生日期在登录界面切换系统业务日期为“2020-12-08”，按照汇总的收款金额录入收款单，并审核(提交)收款单。

(2)进入系统后在“财务会计”→“应收管理”→“收款日常业务”路径下，双击“收款单管理”选项，如图 8-64 所示。

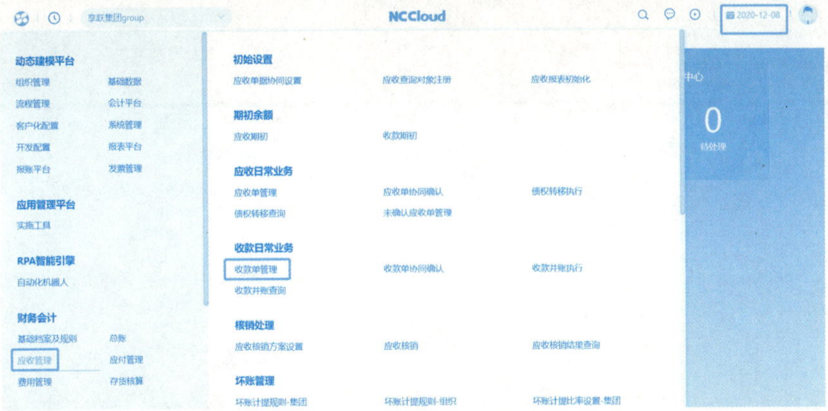

图 8-64　收款单管理

(3)在“收款单管理”窗口中，依次单击“新增”→“自制”选项，再依次选择“客户”“部门”“收款业务类型”，如图 8-65～图 8-68 所示。

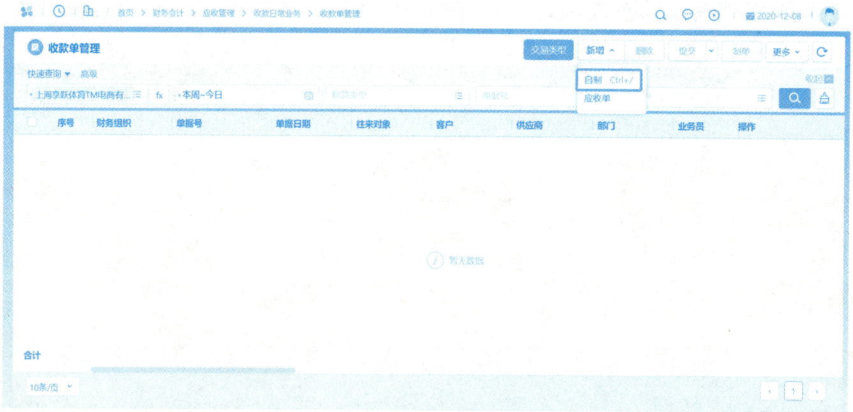

图 8－65　自制收款单

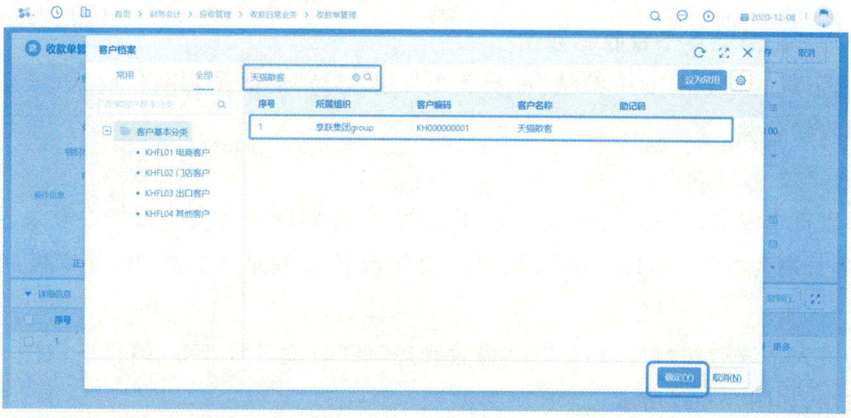

图 8－66　选择客户

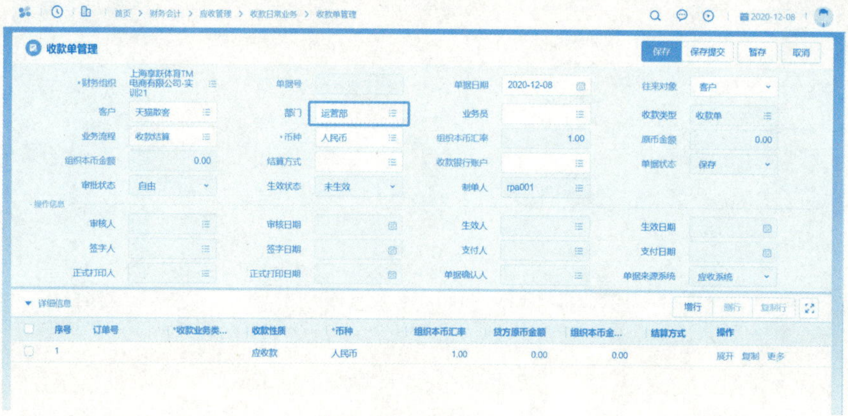

图 8－67　选择部门

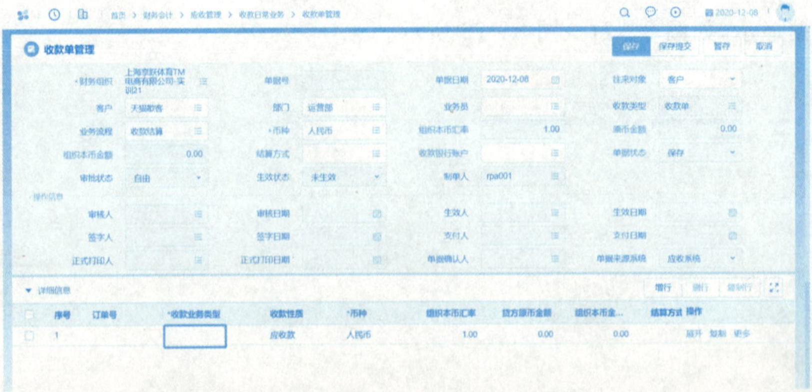

图 8-68　选择收款业务类型

(4)单击“组织本币金额(贷方)”下方空白框,然后直接填写收款金额,“结算方式”选择“支付宝”,并选择收款银行账户,如图 8-69、图 8-70 所示。

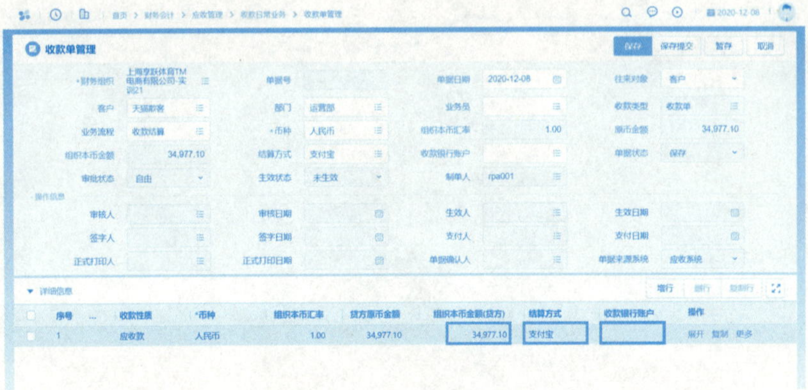

图 8-69　填写金额及结算方式

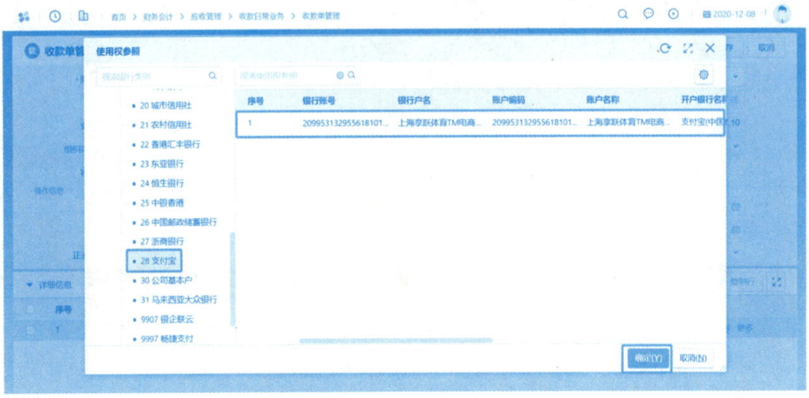

图 8-70　选择收款银行账户

（5）确认收款单信息正确后，单击"保存"选项，保存收款单并提交；以上操作及提交成功后单据显示，如图 8－71～图 8－73 所示。

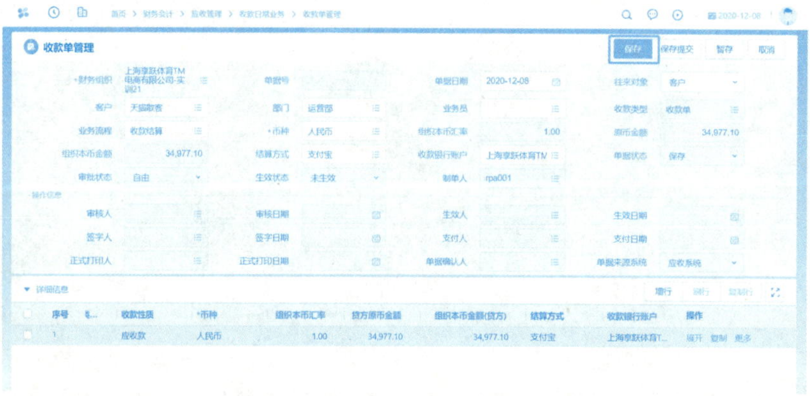

图 8－71　保存单据

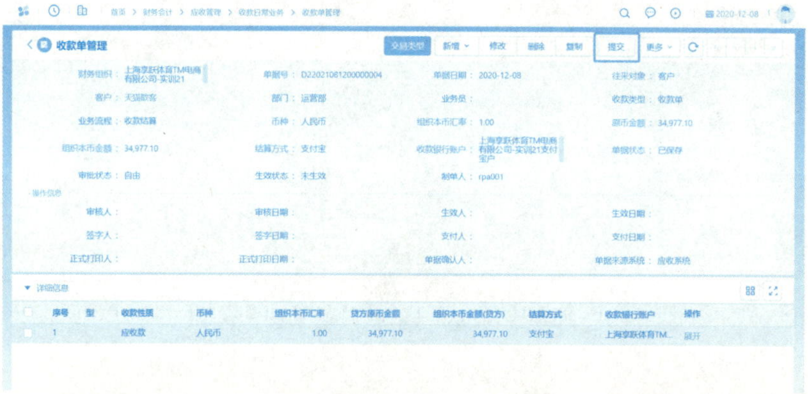

图 8－72　提交单据

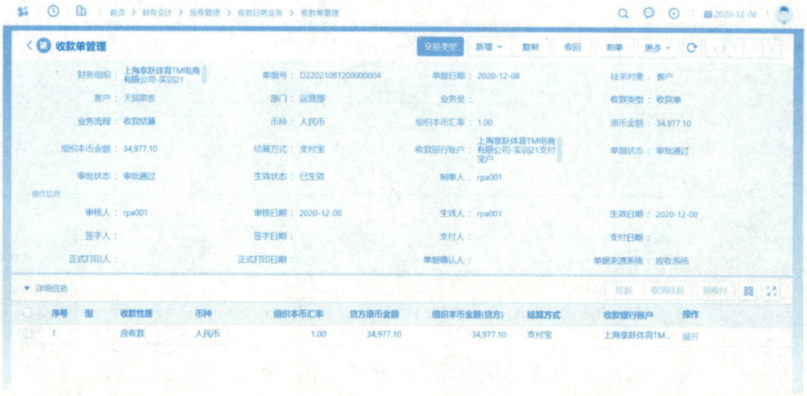

图 8－73　提交成功

3. 销售会计核销应收账款

(1)以销售会计吴莹莹的角色登录 ERP 系统,依据实际业务发生日期在登录界面切换系统业务日期为“2020-12-08”,在 ERP 系统中,选择应收单和收款单按时间顺序核销应收账款科目。

(2)进入系统后,在“财务会计”→“应收管理”→“核销处理”路径下,双击“应收核销”选项,如图 8-74 所示。

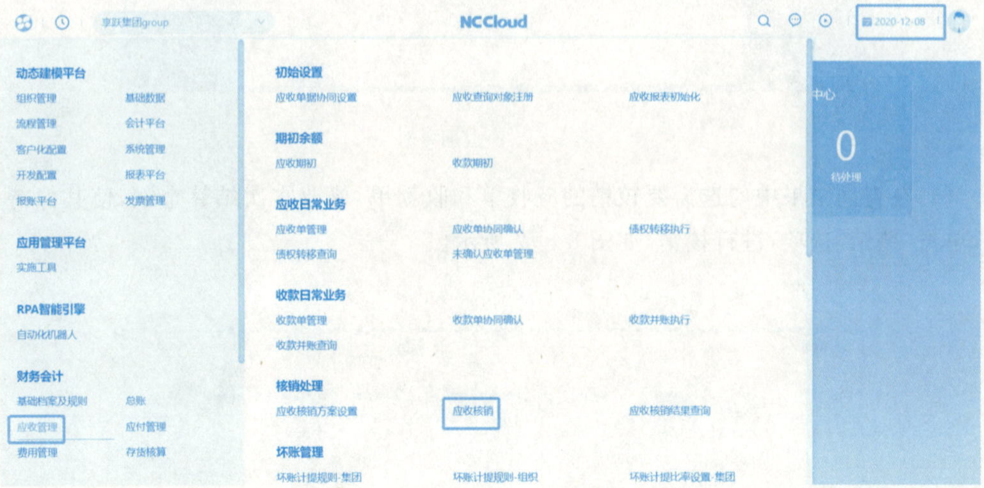

图 8-74 应收核销

(3)在打开的“应收核销”界面单击“查询”选项,在查询条件弹窗中填写查询条件,包括“本方核销对象”“本方单据类型”“本方开始日期”“本方结束日期”“对方核销对象”“对方单据类型”“对方开始日期”“对方结束日期”,单击“查询”选项,如图 8-75、图 8-76 所示。

图 8-75 查询应收

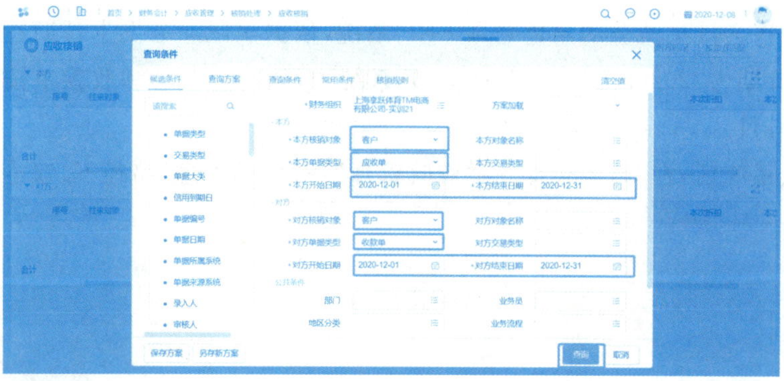

图 8－76　查询条件

(4)在查询结果中勾选需要核销的应收单和收款单，修改本次结算金额，使其保持一致，单击“核销”选项，进行核销，如图 8－77 所示。

图 8－77　核销单据

(5)核销完成后系统将显示核销结果，在“核销汇总”选项下面勾选一个核销结果，单击“核销明细”选项，可查询核销明细信息，如图 8－78、图 8－79 所示。

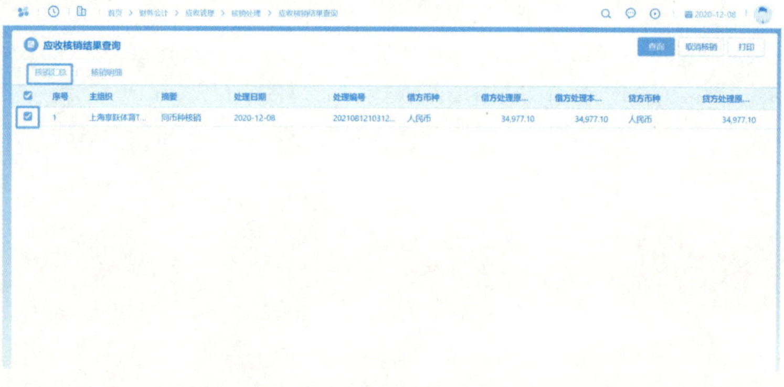

图 8－78　查看核销汇总

图 8－79 核销明细

4. 总账会计查询总账凭证

(1)以总账会计闫梅的角色登录 ERP 系统，依据实际业务发生日期在登录界面切换系统业务日期为“2020－12－08”，在 ERP 系统中查询收入确认凭证及成本结转凭证。

(2)进入系统后，在“财务会计”→“总账”→“凭证管理”路径下，单击“凭证查询”选项，如图 8－80 所示。

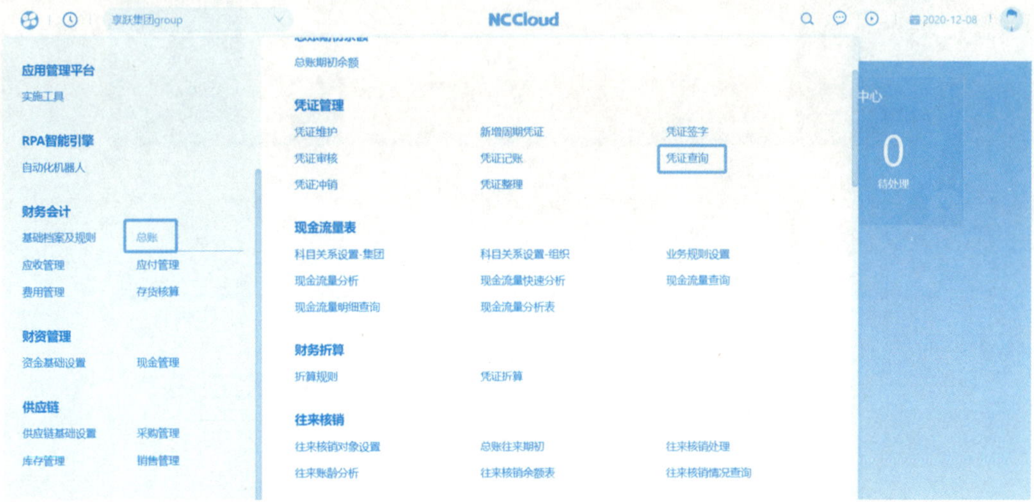

图 8－80 凭证查询

(3)在凭证查询界面单击“高级”选项，在查询条件弹窗中填写查询条件，包括“期间或日期”“凭证类别”“制单系统”等，单击“查询”选项，系统将自动弹出符合条件的凭证，如图 8－81～图 8－83。

图 8-81　高级查询

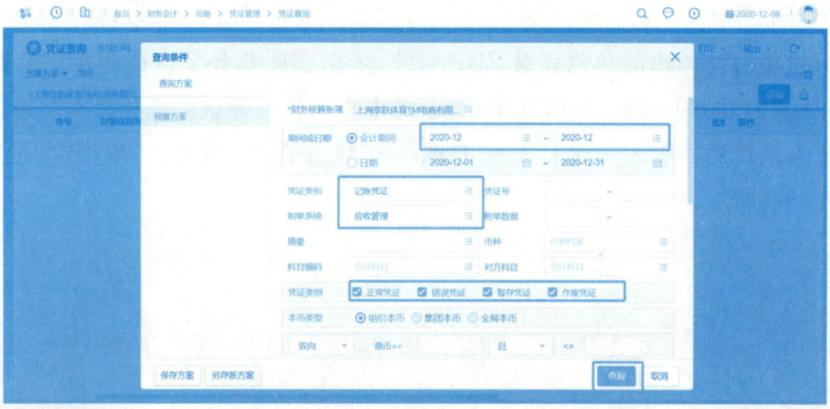

图 8-82　查询条件

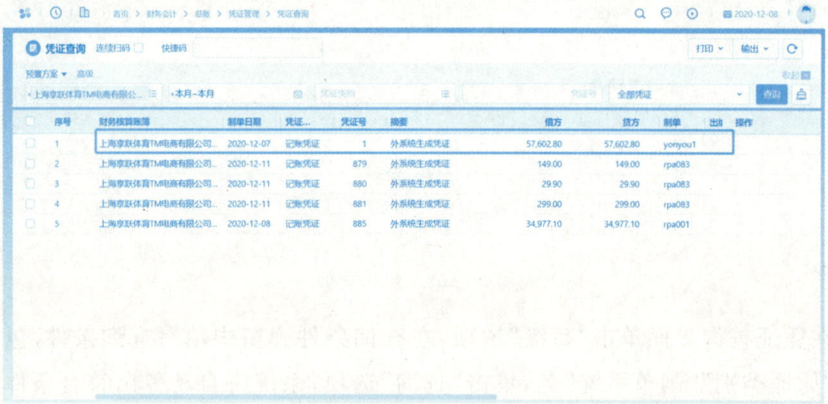

图 8-83　查询结果

双击凭证可查询其详细信息，如图 8－84 所示。

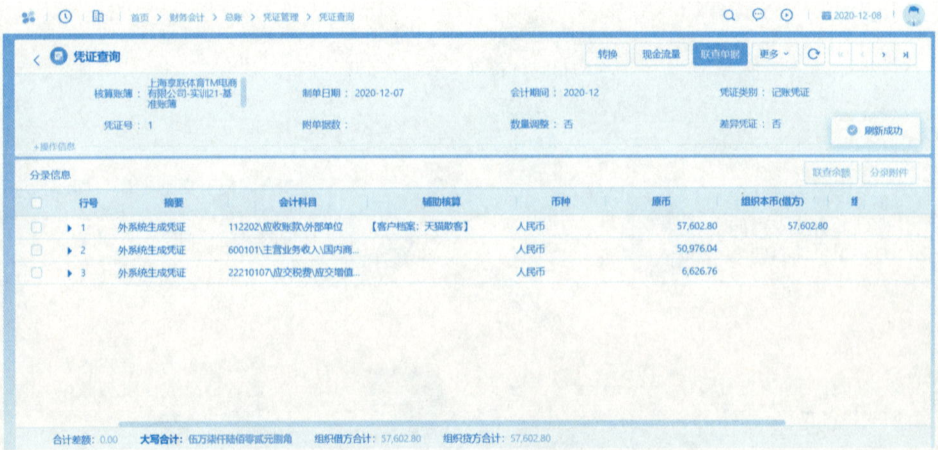

图 8－84　查询详细信息

第二节　销售业务流程优化

一、销售业务流程问题梳理

收入确认时点是销售业务管理的核心问题，如何确认收入同样对企业业务和财务流程具有一定的影响。2017 年 7 月 5 日，财政部发布了《企业会计准则第 14 号——收入》(财会[2017]22 号)(以下简称"新收入准则")，该准则于 2018 年 1 月 1 日开始实行。它主要规范了企业与客户之间的收入确认、计量和相关信息的披露。

(一)新收入准则的相关规定

新收入准则相对于旧收入准则的变化主要体现在收入范围、收入确认方法及收入确认时间点等方面。新收入准则中不再对收入进行分类，而是采用统一的收入确认模型来规范所有与客户签订合同产生的收入，并且就"在某一段内"还是"在某一时点"确认收入提供了具体指引，从而扩大了收入范围。

新收入准则设定了统一的收入确认计量的"五步法"模型，即识别与客户签订的合同、识别合同中的单项履约义务、确定交易价格、将交易价格分摊至各单项履约义务、履行每一单项履约义务时确认收入。这一模型为企业提供了更加清晰、具体的收入确认指导。

新收入准则明确了收入确认的核心原则，即"企业应当在履行了合同中的履约义务，即在客户取得相关商品或服务的控制权时确认收入"。这一原则强调了收入确认的时点应当是客户取得商品或服务控制权时，而不是从前以风险报酬转移为主要标志。

新收入准则规定，企业应当在履行合同中的履约义务，即在客户取得相关商品控制权时确认收入。当企业与客户之间的合同同时满足以下条件时，企业应当在客户取得相关商品控制权时确认收入，如图 8 - 85 所示。

图 8 - 85　合同的确认条件

对于在某一时段内履行的履约义务，企业应当在该时段内按照履约进度确认收入；而对于在某一时点履行的履约义务，企业应当在客户取得相关商品控制权时确认收入。判断客户是否已取得相关商品控制权时应参考图 8 - 86 所示内容。

图 8 - 86　客户取得商品控制权的迹象

根据本章导入项目，享跃体育集团电商业务的所有销售收款均通过上海享跃体育 TM 电商有限公司在支付宝(中国)网络技术有限公司开立的企业账户结算。上海享跃体育 TM 电商有限公司与支付宝(中国)网络技术有限公司签订结算协议，所有通过天猫平台销售的商品，在买家确认收货后，款项会即时支付到电商公司的支付宝账户，支付宝账户中的金额会在 $T+1$ 日自动转账到电商公司指定的银行账户中。支付宝账户收到销售商品款时，系统会自动扣除千分之六的结算手续费。电商公司依据其支付宝账户收到的相关款项，进行销售收款的确认。

由于电商销售业务的复杂性，订单数量大，销售商品品类繁多，单据录入工作量大，耗时长且易出错。如何改进销售业务流程，提高工作效率和管理水平成了企业需解决的重要问题。

请在教学实践平台上完成销售业务流程问题梳理;可依据享跃体育集团的流程评价标准,从周期时间、通过率、成本及服务效果四个方面进行评价。

二、RPA 应用优化方案

依据对案例企业电商销售业务流程的分析,基于已识别问题对销售业务流程进行改进需求分析,详见表 8-2 所列。

表 8-2　销售业务流程优化需求分析

流程名称	识别的问题	是否急需优化	优化方向	何种方式改进
确认收入和成本流程	周期时间:按天确认,流程周期长;按单确认,流程频次大大增加	是	缩短流程周期时间	自动化
	成本:录入 ERP 系统的销售订单商品品类繁多、数量大、耗时长,容易出错,时间成本和差错成本均较高	是	提高效率 降低差错率	自动化
	服务效果:合规风险、数据丢失风险、数据混乱风险、库存管理风险	是	按"确认收货"确认收入,按订单明细入账,降低风险	调整顺序 自动化
确认收款流程	周期时间:按日进行汇总确认,流程本身运行周期不长,但不实时确认,不能实时反映资金余额	是	实时确认	自动化
	服务效果:数据混乱风险、资金损失风险	是	按明细入账, 与销售订单匹配	自动化

对梳理出的问题,结合优化思路,分析是否需要应用 RPA 进行销售业务流程的改进,详见表 8-3 所列。

表 8-3　RPA 改进销售业务流程需求分析

流程名称	流程优化内容	是否需要 RPA	分析说明
确认收入和成本流程	ERP 销售订单按天猫平台订单明细录入	是	单量增加,重复性强、处理量大、规则明确
	ERP 销售订单录入商品品类繁多,降低错误率	是	重复性强,处理量大、规则明确,RPA 可避免错误及提高效率
	改变收入确认时点为客户"确认收货"	是	改变收入确认时点,本身并不需要应用 RPA,但是由于订单按照明细录入了 ERP,在确认收入时,需要参照天猫平台的订单状态,找出客户已确认收货的订单,因此,出现大量的重复查找工作,需要借助 RPA 提高效率

（续表）

流程名称	流程优化内容	是否需要RPA	分析说明
确认收款流程	ERP收款单按支付宝账单明细录入	是	单量增加，重复性强、处理量大、规则明确
	ERP收款单按订单明细与销售应收单核销	是	单量增加，重复性强、处理量大、规则明确

RPA可以模拟业务量大、重复性强、规则明确的手工操作，大大提高工作效率，降低差错率。应用RPA改进后的销售业务流程方案设计如图8-87、图8-88所示。

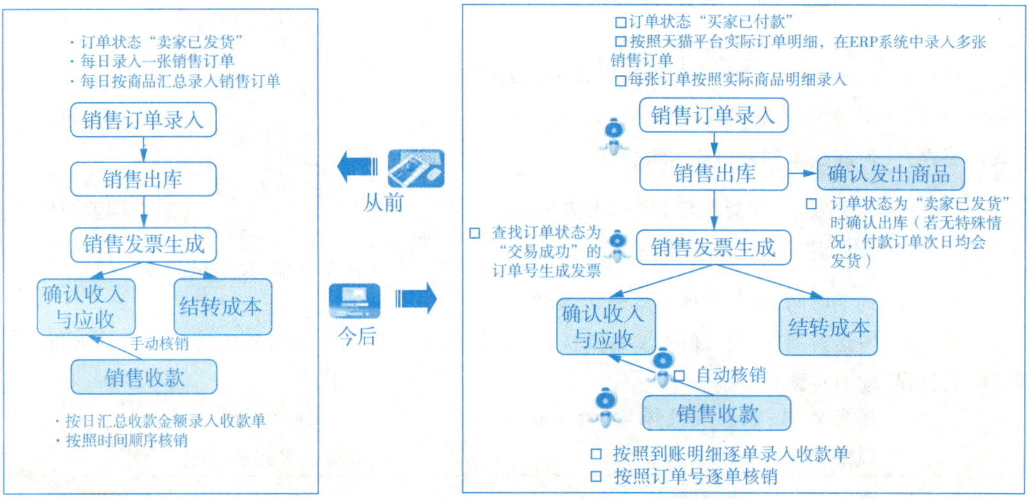

图8-87　RPA改进销售业务流程的方案设计一

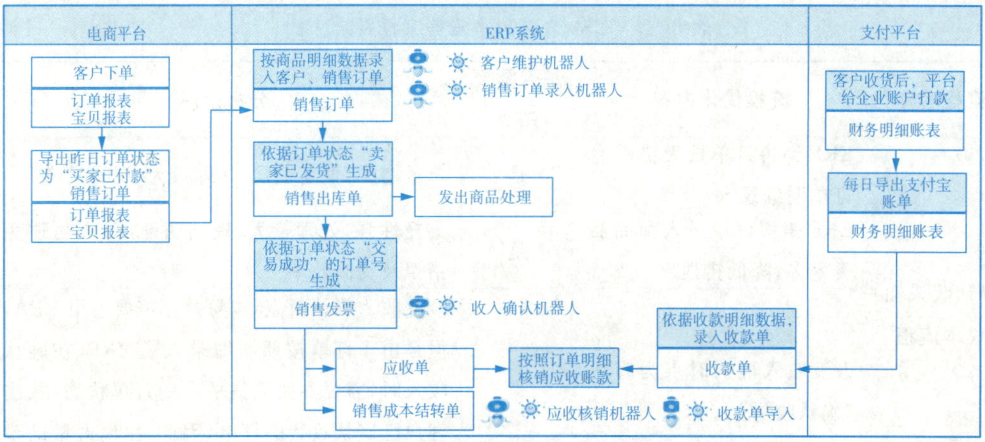

图8-88　RPA改进销售业务流程的方案设计二

RPA 机器人主要参与了改进的流程环节(图 8－89),具体如下：

① 应用 RPA 自动维护客户信息；

② 应用 RPA 自动逐单录入销售订单；

③ 应用 RPA 根据已成交销售订单列表,参照销售出库单自动生成销售发票并审核；

④ 应用 RPA 逐单录入收款单；

⑤ 应用 RPA 逐单核销应收单。

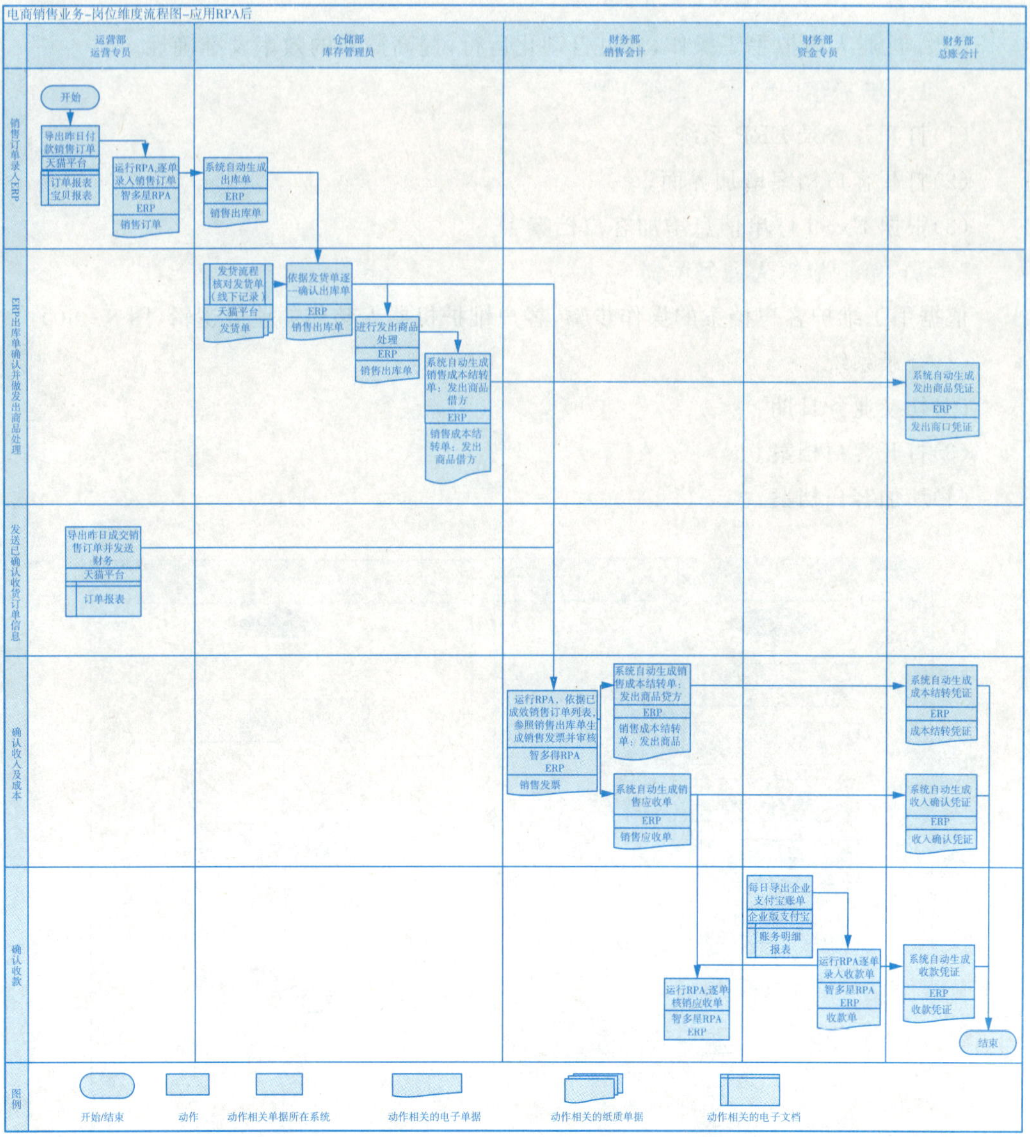

图 8－89 改进后的流程环节

第三节　销售循环机器人

一、客户维护机器人

(一)客户维护机器人业务逻辑

RPA 机器人模拟手工操作，通过自动化运行，提高操作的效率及准确性。

1. 手工维护客户档案的操作步骤

(1)打开并登录 ERP 系统。

(2)打开客户档案增加界面。

(3)根据 Excel 订单信息增加客户档案。

2. 客户维护机器人业务逻辑

依据手工维护客户档案的操作步骤，客户维护机器人整体的业务逻辑(图 8－90)：

(1)登录系统。

(2)切换业务日期。

(3)打开客户档案。

(4)增加客户档案。

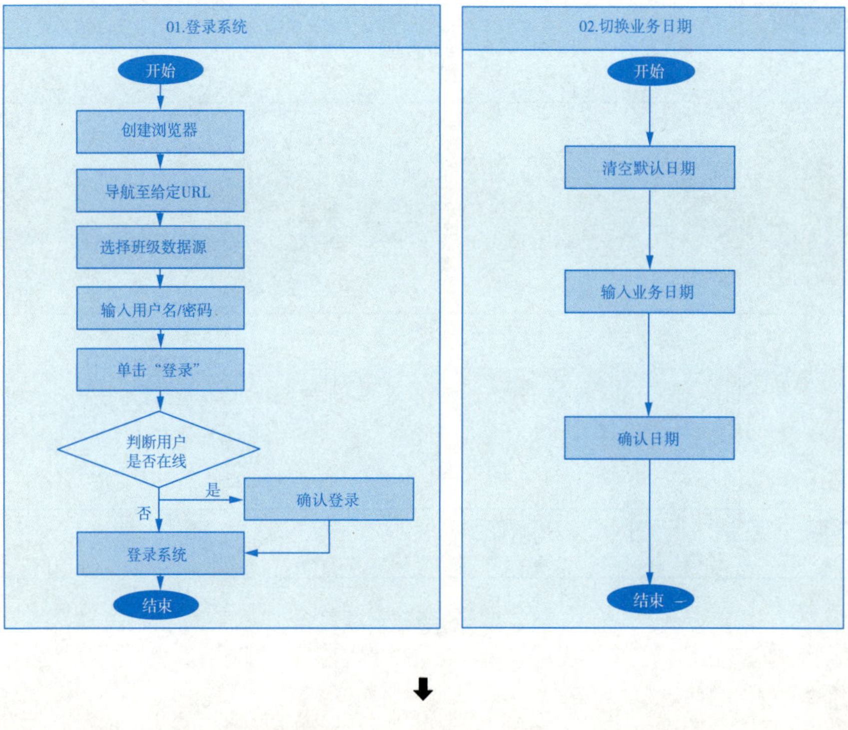

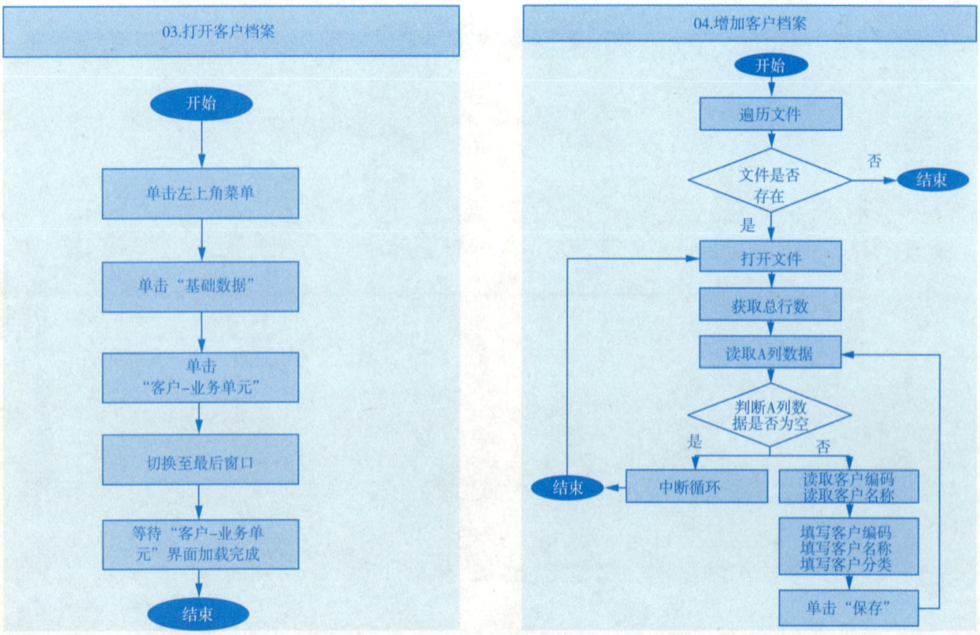

图 8-90　客户维护机器人业务逻辑

(二)客户维护机器人开发配置及运行

1. 打开客户维护机器人程序

在教学实践平台中打开“客户维护机器人”开发配置及运行，从任务资料中下载“客户维护机器人开发业务数据 . rar”文件；下载“客户维护机器人 . rar”文件，文件解压至“C:\seentao\YonyouRpaStudio\Scripts”目录下。

打开“智多星 RPA 主界面”，单击“打开”选项，选择“C:\seentao\YonyouRpaStudio\Scripts\客户维护机器人”文件夹中的“客户维护机器人 . proj”文件，单击“打开”选项，在RPA“主流程”界面双击“客户维护”选项进入对应脚本界面，如图 8-91、图 8-92 所示。

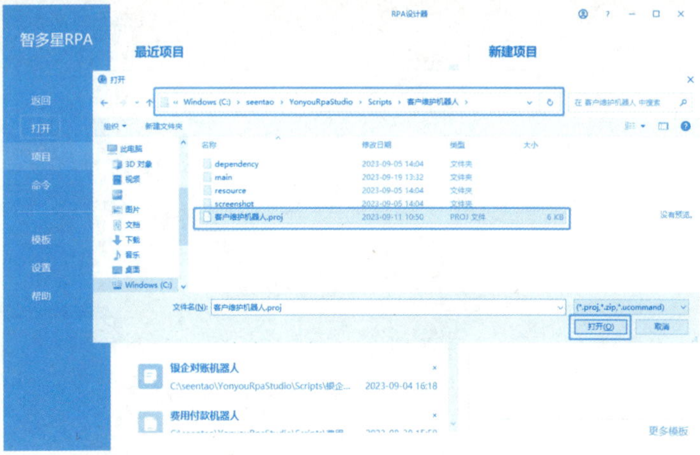

图 8-91　打开程序

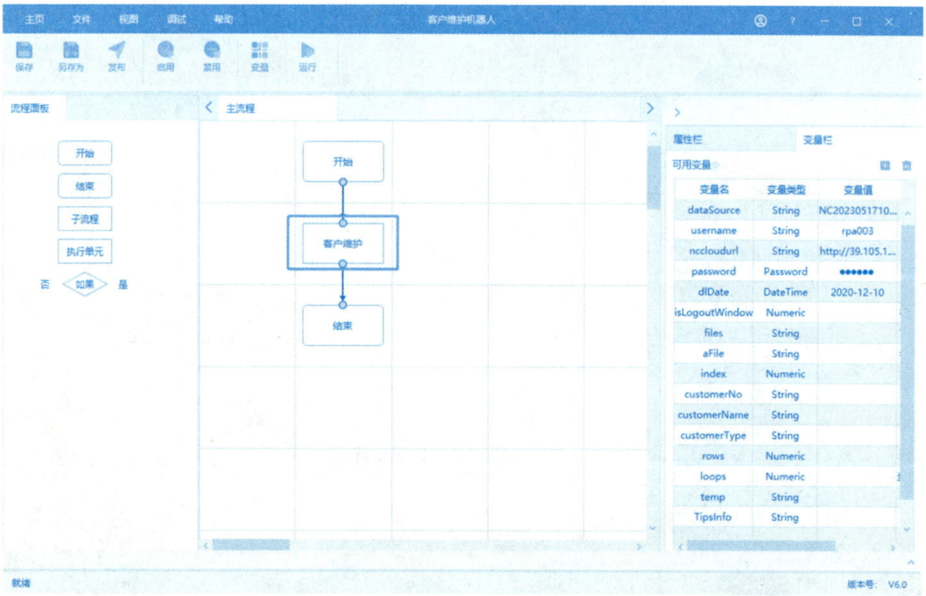

图 8-92　RPA 程序流程图

2. 开发配置

任务 1：填写“dataSource”“username”“nccloudurl”变量的值，在变量栏中进行变量配置，如图 8-93 所示。

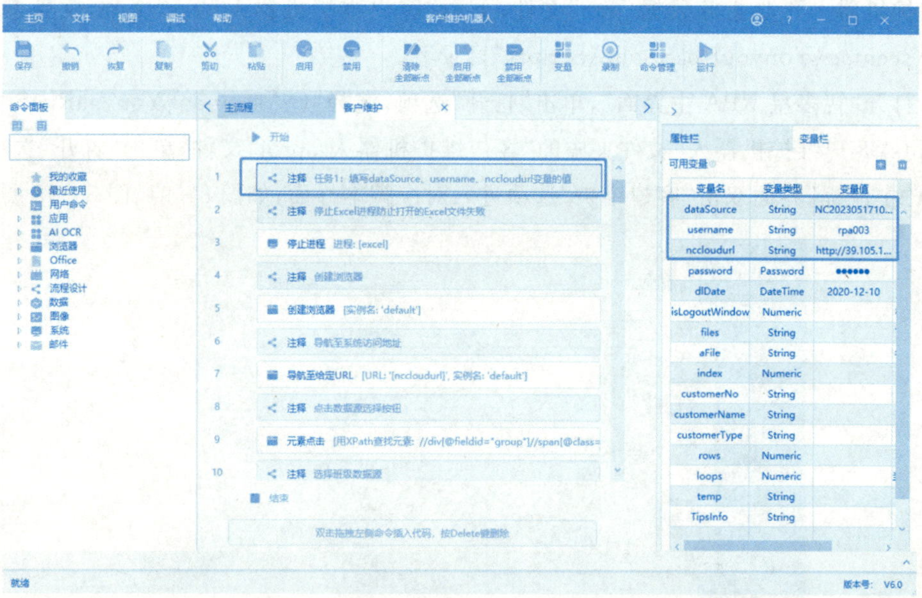

图 8-93　设置变量

dataSource：在新道云“工作应用”选项中通过“查看数据源”获得，如图 8-94 所示。

图 8－94　查看数据源

username：为登录 NCC 的 rpa 账号，如图 8－95 所示。

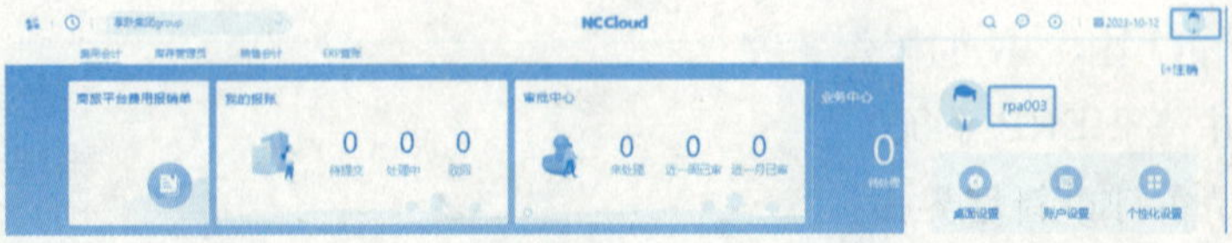

图 8－95　查询 username

nccloudurl：为访问 NCC 的地址，如图 8－96 所示。

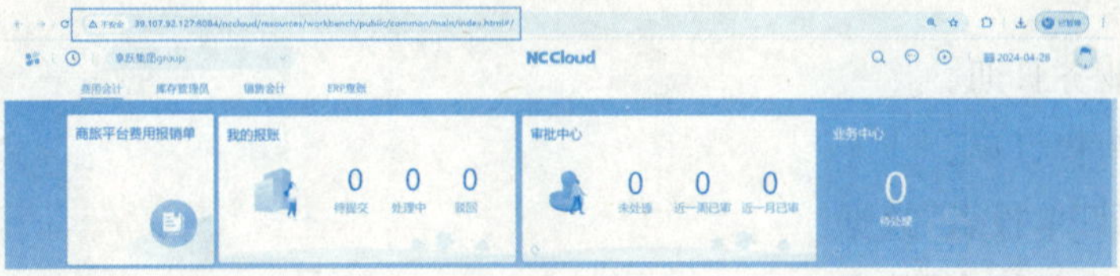

图 8－96　访问地址

任务 2：配置“遍历文件”。在命令框中找到“任务 2：配置‘遍历文件’信息”，在打开的“遍历文件”命令中选择需要录入的信息的文件夹，然后将文件夹中的文件名写在通配符中，如图 8－97 所示。

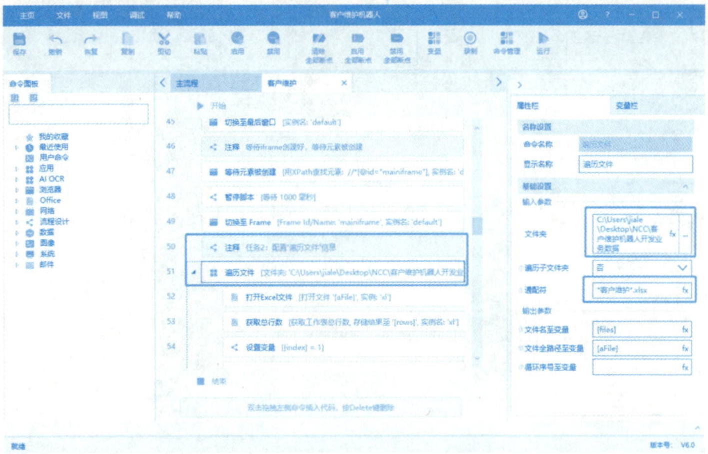

图 8－97　配置遍历文件

3. 保存运行

单击“保存”选项保存程序，单击“运行”选项运行程序。该脚本一旦运行，给定业务数据中的客户信息就将在系统中生成客户档案；运行结果可以在系统中输入条件进行查询。

二、销售订单录入机器人

（一）销售订单录入机器人业务逻辑

RPA 机器人模拟手工操作，通过自动化运行，提高操作的效率及准确性。

1. 手工录入销售订单的操作步骤

（1）打开并登录 ERP 系统。

（2）打开销售订单新增界面。

（3）根据 Excel 订单信息增加销售订单。

2. 销售订单录入机器人业务逻辑

依据手工录入销售订单的操作步骤，销售订单录入机器人整体的业务逻辑（图 8－98）：

（1）登录系统。

（2）切换业务日期。

（3）打开销售订单。

（4）读取“订单报表”数据。

（5）读取“宝贝报表”数据。

（6）增加销售订单。

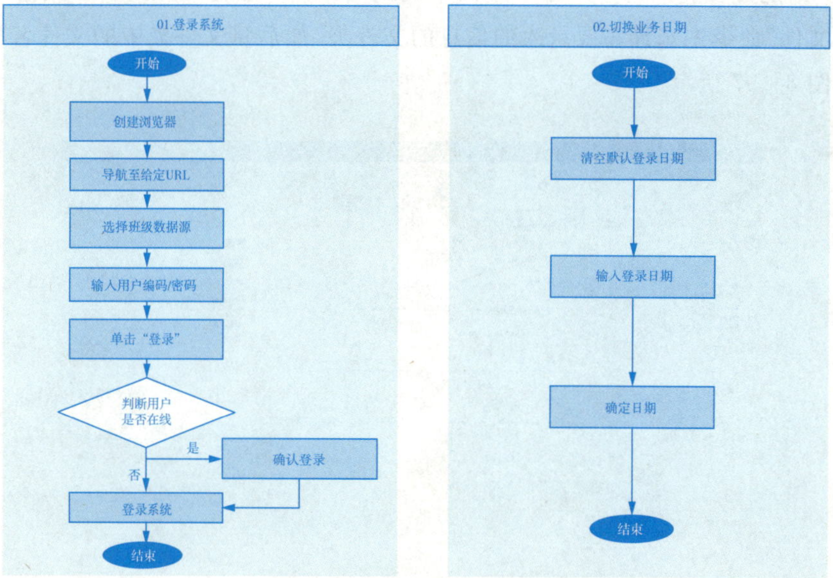

⬇

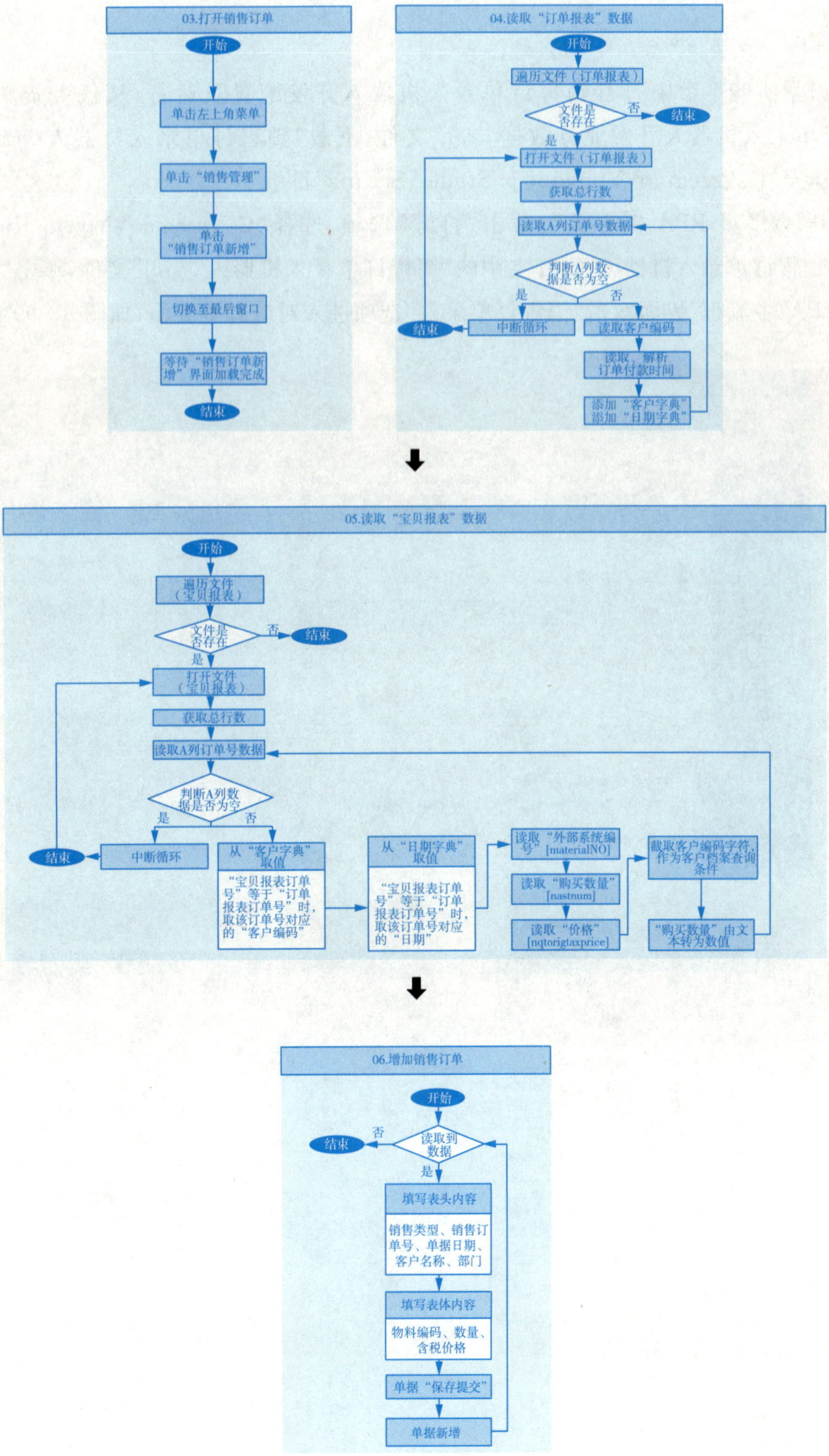

图 8－98　销售订单录入机器人业务逻辑

(二)销售订单录入机器人开发配置及运行

1. 打开销售订单录入机器人程序

在教学实践平台中打开销售订单录入机器人开发配置及运行,从任务资料中下载“销售订单录入机器人开发业务数据.rar”文件;下载“销售订单录入机器人.rar”文件,文件解压至“C:\seentao\YonyouRpaStudio\Scripts”目录下。

打开“智多星 RPA 主界面”,单击“打开”选项,选择“C:\seentao\YonyouRpaStudio\Scripts\销售订单录入机器人”文件夹中的“销售订单录入机器人.proj”文件,单击“打开”选项,在 RPA“主流程”界面双击“销售订单录入”选项进入对应脚本界面,如图 8-99 所示。

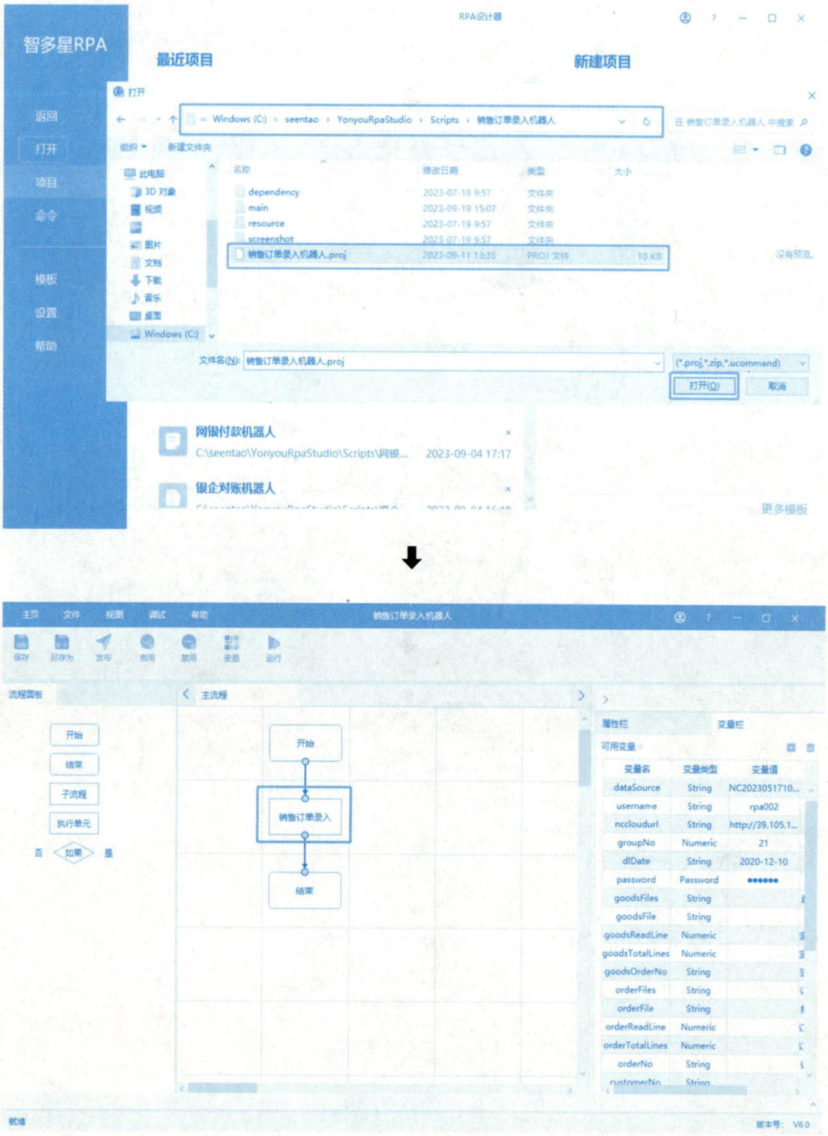

图 8-99　打开程序

2. 开发配置

任务 1：填写“dataSource”“username”“nccloudurl”变量的值，在变量栏中进行变量配置。

dataSource：在新道云“工作应用”中通过“查看数据源”获得，如图 8-100 所示。

图 8-100　查看数据源

username：为登录 NCC 的 rpa 账号，如图 8-101 所示。

图 8-101　查看 username

nccloudurl：为访问 NCC 的地址，如图 8-102 所示。

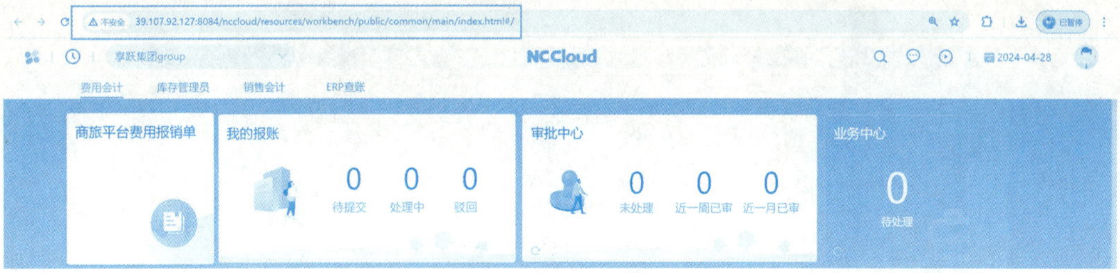

图 8-102　查看 NCC 的地址

任务 2：配置“遍历文件”。在命令框中找到“任务 2：配置‘遍历文件’信息”，在打开的“遍历文件”命令中选择需要录入信息的订单报表所在的文件夹，然后将文件夹中的文件名写在通配符中，如图 8-103 所示。

任务 3：配置“[map_cust]”字典和“[map_date]”字典。在命令框中找到“任务 3”，在打开的“添加字典条目”命令中修改“输入参数”，如图 8-104 所示；配置的“[map_cust]”字典信息如图 8-105 所示；配置的“[map_date]”字典信息如图 8-106 所示。

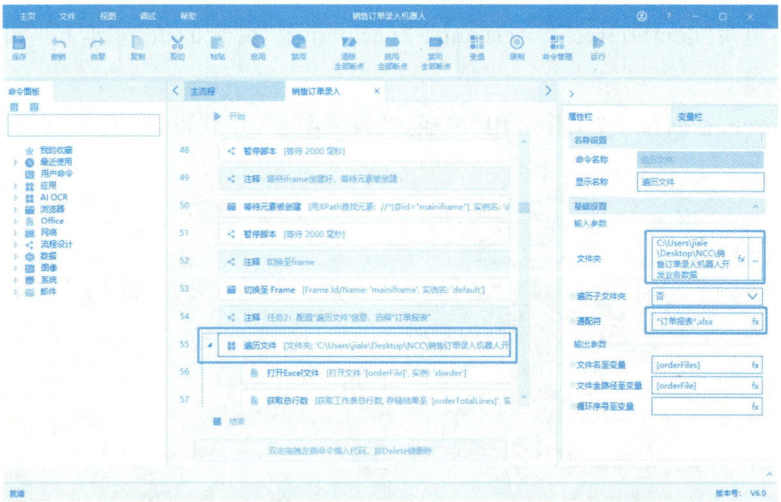

图 8 - 103　配置遍历文件

[map_cust]：客户字典
[map_date]：日期字典
[orderNo]:订单号
[customerNo]：客户编码
[date]：日期

[map_cust]	
key	value
[orderNo]	[customerNo]

[map_date]	
key	value
[orderNo]	[date]

图 8 - 104　字典参数

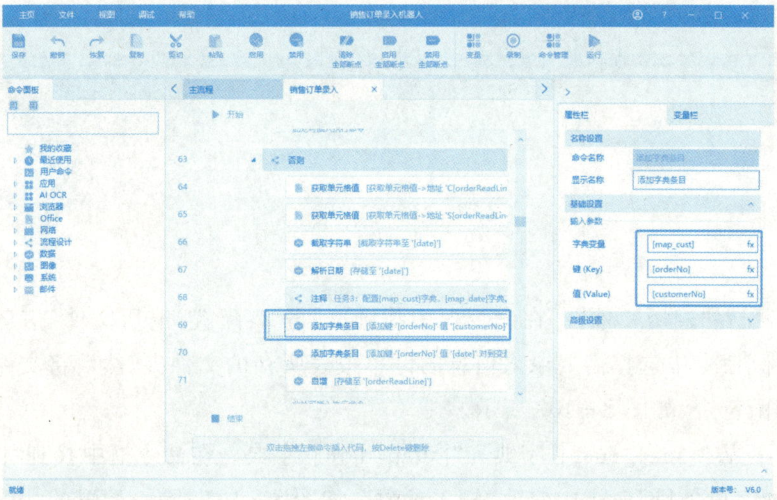

图 8 - 105　配置“[map_cust]”字典信息

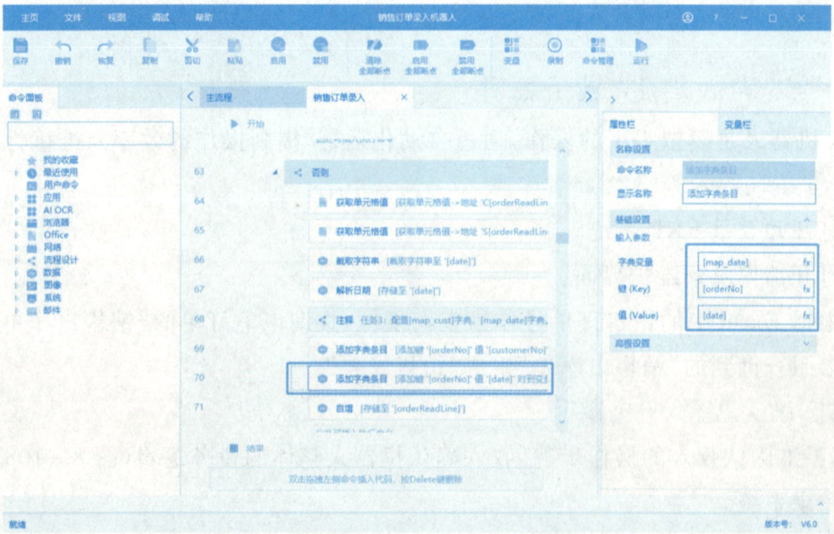

图 8－106　配置“[map_date]”字典信息

任务 4:配置“遍历文件”。在命令框中找到“任务 3”,配置“遍历文件”命令,在打开的“遍历文件”命令中选择需要录入信息的订单报表所在的文件夹,然后将文件夹中的文件名写在通配符中,如图 8－107 所示。

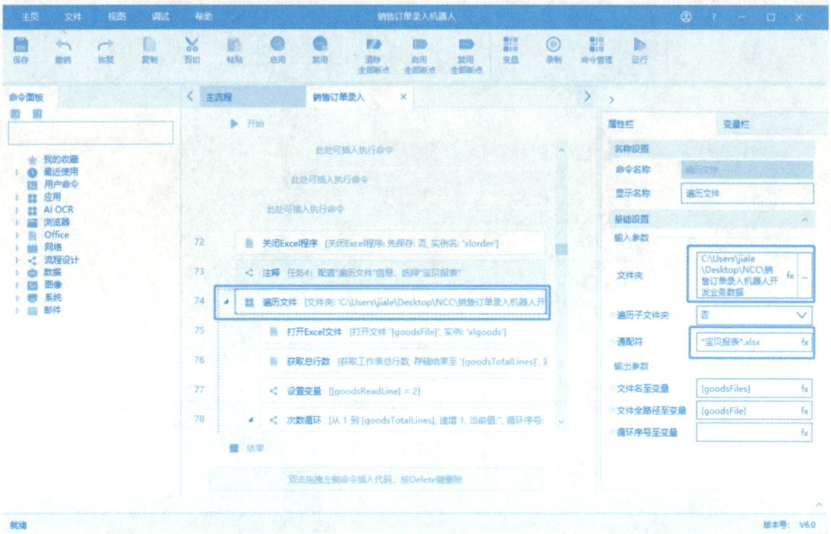

图 8－107　配置遍历文件

3. 保存运行

单击“保存”选项保存程序,单击“运行”选项运行程序。机器人运行完成后可在系统中输入相应的条件查询运行结果,查询路径为“供应链”→“销售管理”→“销售订单管理”→“销售订单维护”。

三、收入确认机器人

(一)收入确认机器人业务逻辑

RPA 机器人是模拟手工的操作,通过自动化运行,提高操作的效率及准确性。

1. 手工确认收入的操作步骤

(1)打开并登录 ERP 系统。

(2)打开销售发票维护界面。

(3)根据 Excel 中的销售订单号作为查询条件,查询该笔订单的“销售出库单”。

(4)参照查询到的“销售出库单”生成“销售发票”。

2. 收入确认机器人业务逻辑

依据手工确认收入的操作步骤,收入确认机器人整体的业务逻辑(图 8－108):

(1)登录系统。

(2)切换业务日期。

(3)打开销售发票维护。

(4)读取 Excel 数据。

(5)生成销售发票。

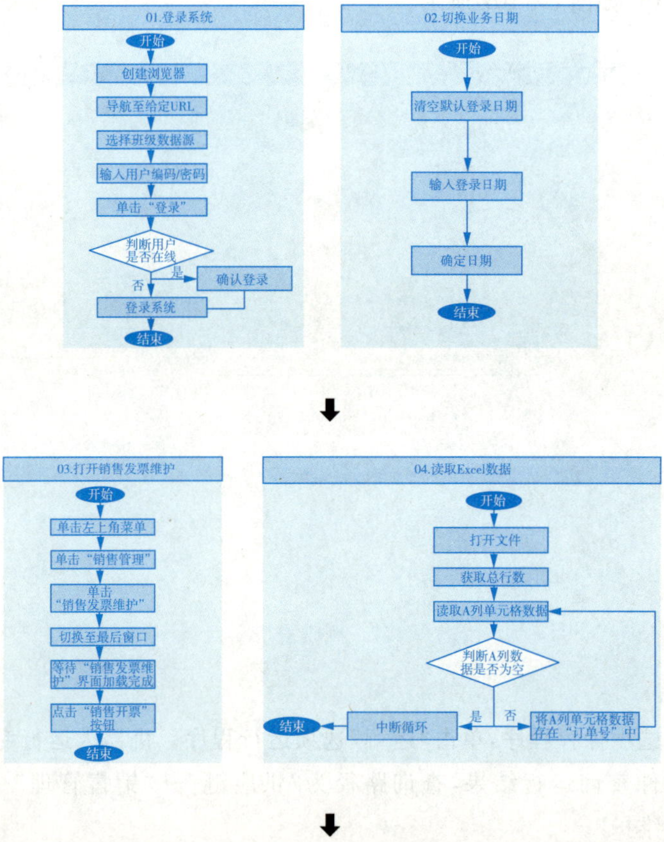

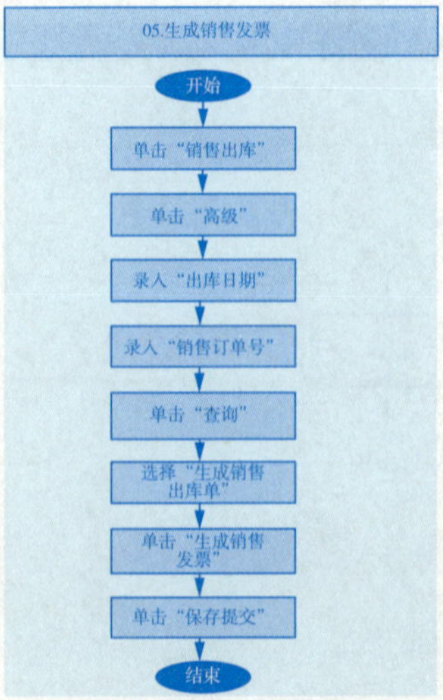

图 8-108　收入确认机器人业务逻辑

(二)收入确认机器人开发配置及运行

1. 打开收入确认机器人程序

在教学实践平台中打开"收入确认机器人"开发配置及运行,从任务资料中下载"收入确认机器人开发业务数据.rar"文件;下载"收入确认机器人.rar"文件,文件解压至"C:\seentao\YonyouRpaStudio\Scripts"目录下。

打开"智多星 RPA 主界面",单击"打开"选项,选择"C:\seentao\YonyouRpaStudio\Scripts\收入确认机器人"文件夹中的"收入确认机器人.proj"文件,单击"打开"选项,在 RPA"主流程"界面双击"收入确认"选项进入对应脚本界面,如图 8-109 所示。

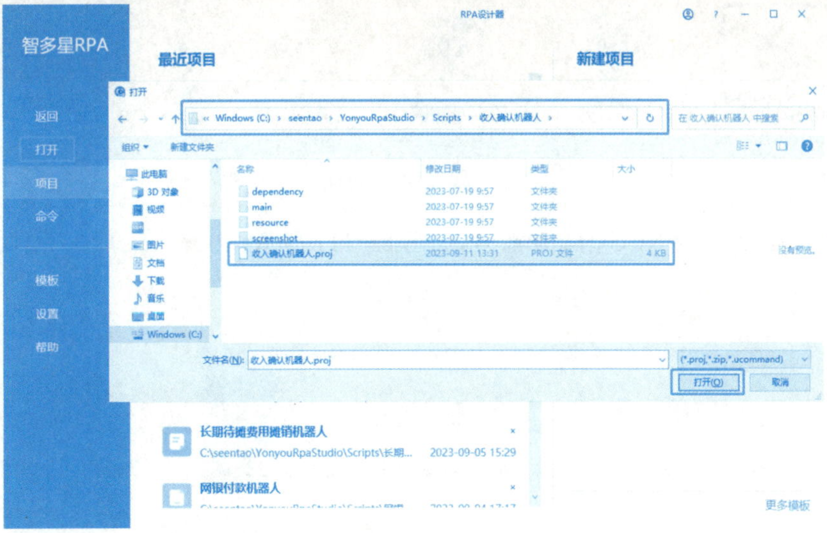

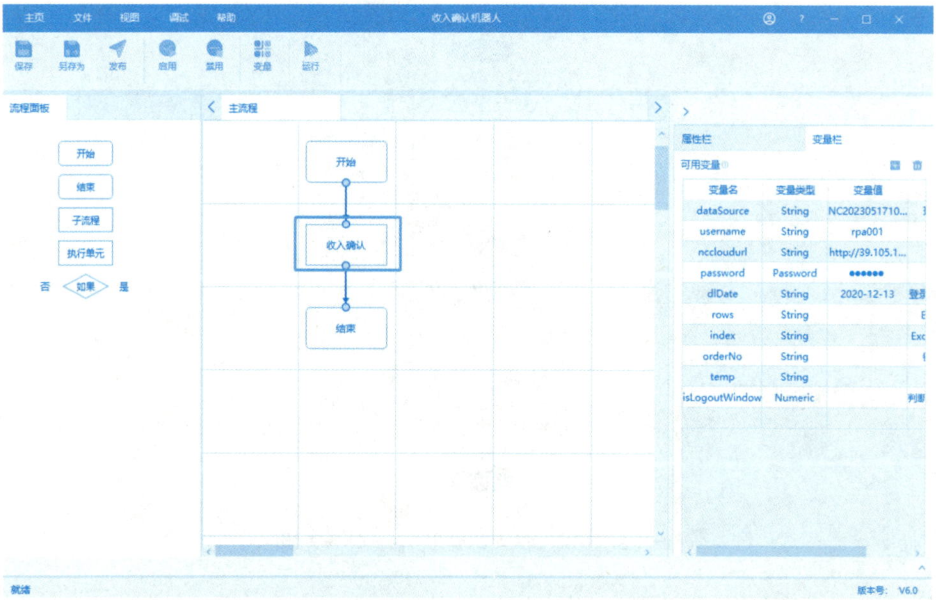

图 8-109　打开程序

2. 开发配置

任务 1：填写“dataSource”“username”“nccloudurl”变量的值，在变量栏中进行变量配置。

dataSource：在新道云“工作应用”中通过“查看数据源”获得，如图 8-110 所示。

图 8-110　查看数据源

username：为登录 NCC 的 rpa 账号，如图 8-111 所示。

图 8-111　查看 username

nccloudurl：为访问 NCC 的地址，如图 8－112 所示。

图 8－112 查看 NCC 的地址

任务 2：选择文件。在命令框中找到"任务 2"，配置"打开 Excel 文件"命令，在打开的"打开 Excel 文件"命令中通过右侧功能键选择收入确认机器人文件，输入 Excel 文件路径，如图 8－113 所示。

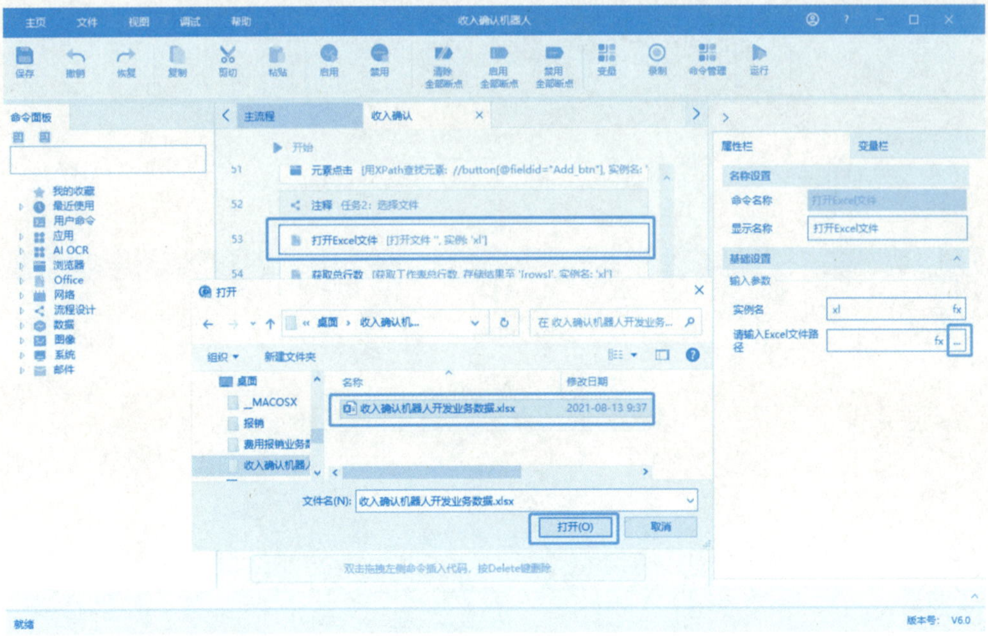

图 8－113 配置文件收入确认数据

任务 3：增加条件。

① 要求判断"[temp]"的值是否为空。如果为空，则中断循环，否则读取"A[index]"的值存到"orderNo"中。

② 在命令框中找到"任务 3"，在"流程设计"→"条件"路径下，将"If 字符串判断"拖至"任务 3"下方，在右侧"属性栏"中编写判断条件，如图 8－114 所示。

③ 在"流程设计"→"循环"路径下，将"中断循环"拖至"If 字符串判断"下方，如图 8－115 所示。

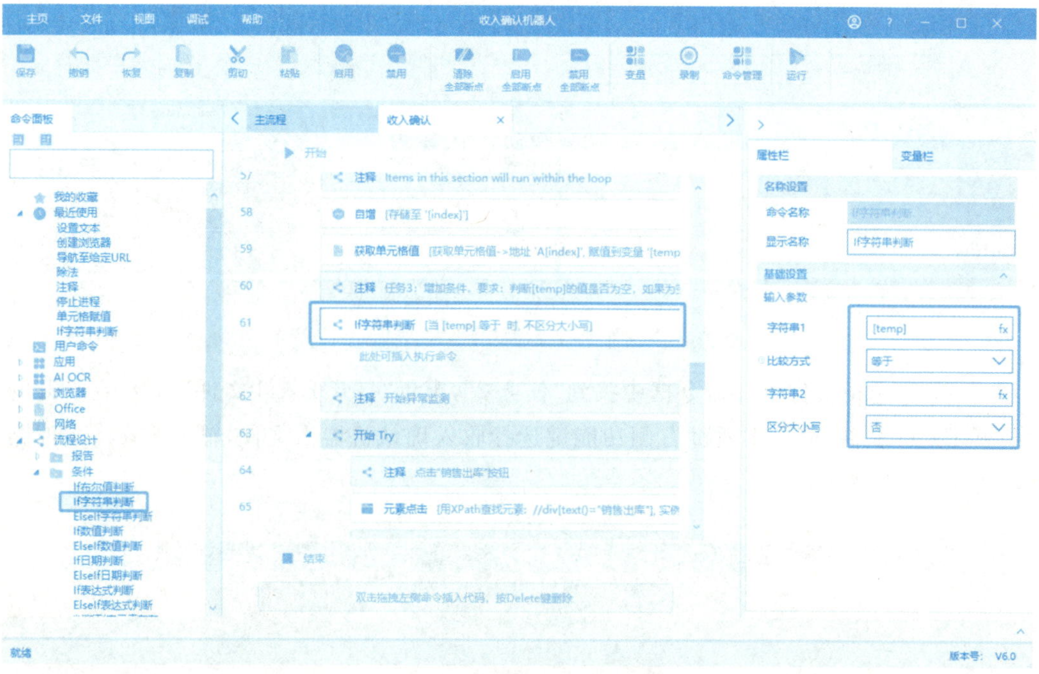

图 8-114　配置文件收入确认数据

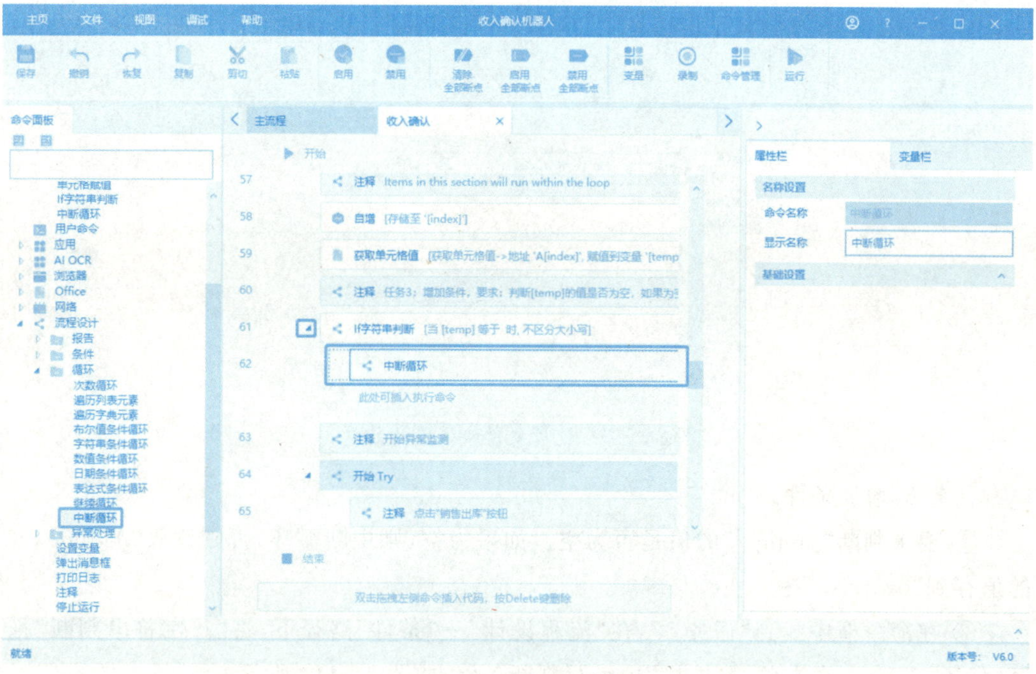

图 8-115　调整程序

④ 在"流程设计"→"条件"→"否则"路径下，将"否则"命令拖动至脚本设计区；"否

则"命令与"If 字符串判断"命令位置平行，如图 8－116 所示。

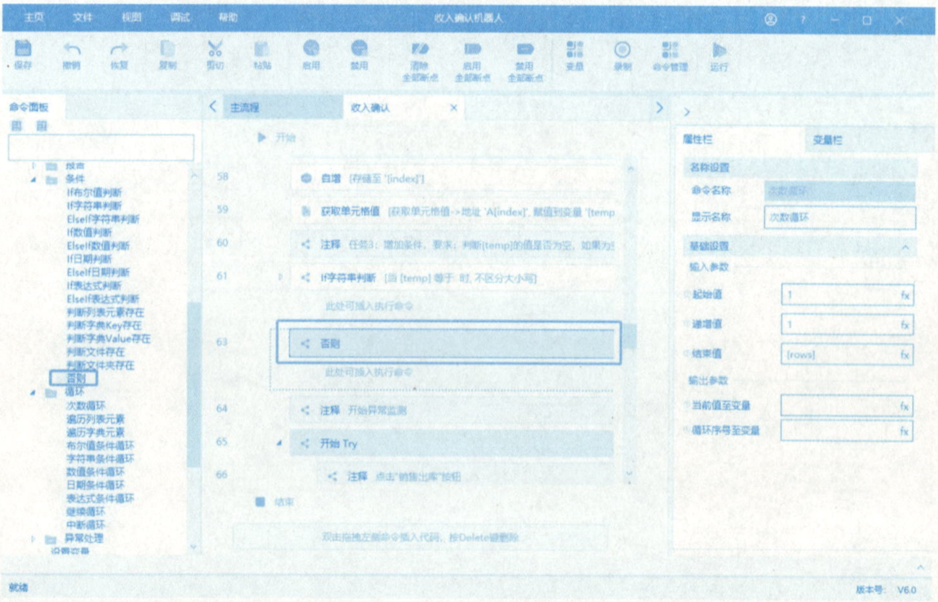

图 8－116　"否则"命令设置

⑤ 增加"获取单元格值"，读取"A[index]"的值存到"[orderNo]"中。在左侧命令区"Office"→"Excel"路径下，将"获取单元格值"拖至"否则"下方，然后在"属性栏"中进行配置单元格位置并把结果赋值给"[orderNo]"变量，如图 8－117 所示。

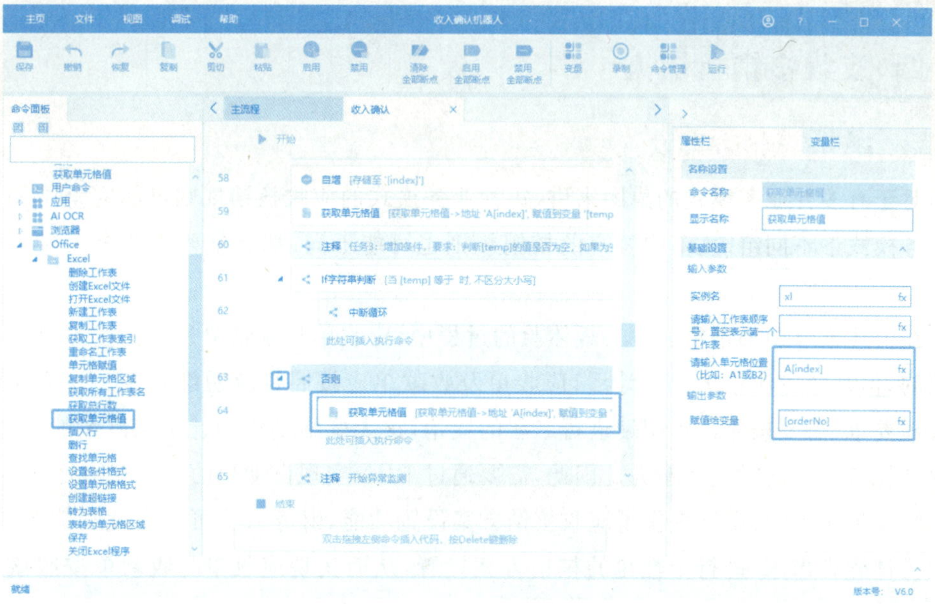

图 8－117　赋值变量

⑥ 配置完成后的界面如图 8－118 所示。

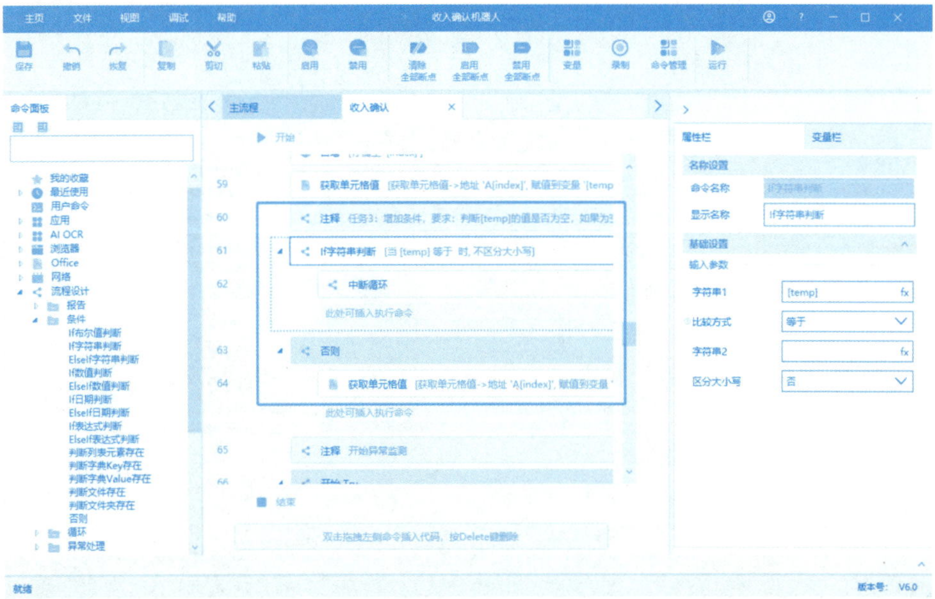

图 8－118 配置完成界面

3. 保存运行

单击“保存”选项保存程序，单击“运行”选项运行程序。机器人运行完成后可在系统中输入相应的条件查询运行结果，查询路径为“供应链”→“销售管理”→“销售发票”→“销售发票维护”。

四、应收核销机器人

（一）应收核销方案设置

对于有多种业务模式的集团来讲，每种业务模式的应收核销规则可能完全不同。同一业务模式下不同组织、不同客户的核销规则也可能不同，那么就要设置多个应收核销方案。

在上述章节中的销售业务实战体验的过程中，应收单与收款单是手工按照时间顺序核销的，但是经过流程优化设计后，应收单及收款单应按照订单明细录入。为适应精细化管理要求，需要按照订单明细进行二者的核销，这无疑给销售会计带来巨大的工作量，需要其耗费大量的时间和精力。因此，需要通过 RPA 实现自动化的按单核销处理。

NCCloud ERP 系统提供了应收核销方案设置功能，财务人员可以在此功能菜单下，依据具体管理需求，进行个性化的核销方案设置，从而实现应收单与收款单按照该核销方案自动化核销，此功能为已定制开发的 RPA 程序，可以直接应用。

应收核销方案设置是应收核销机器人运行的基础，如未设置完成会导致后续应收核销机器人运行无核销结果，具体操作步骤如下。

(1)打开教学平台进入 NCC 系统，在“财务会计”→“应收管理”→“核销处理”路径下，双击“应收核销方案设置”选项，如图 8－119 所示。

图 8－119　应收核销方案设置

(2)在打开的“应收核销方案设置”界面中，单击“新增”选项，如图 8－120 所示。

图 8－120　新增选项

(3)在“常用条件”页签下维护如下信息。

① 财务组织：选择“XY2103 上海享跃体育 TM 电商有限公司—实训 21”。

② 方案名称：填写“核销规则”→“学生自己的姓名及序号”(为更好体验应收核销机器人可以同时执行多个核销方案，这里每位同学按照客户建立 3 个核销方案，如核销规则-张三 1、核销规则-张三 2、核销规则-张三 3)。

③ 本方核销对象：选择“客户”。

④ 本方对象名称：选择要设置核销方案的客户名称，参照任务资料中的下载文件“应收核销规则配置业务数据.rar”，选择账号对应的客户名称，每个客户名称单独建立一个核销方案。

(4)在搜索框中，搜索添加客户，对于有邮箱后缀的客户名称只选择“@”前面的部分进行搜索即可，之后勾选筛选的客户名称，单击“确定”选项，如图 8-121 所示。

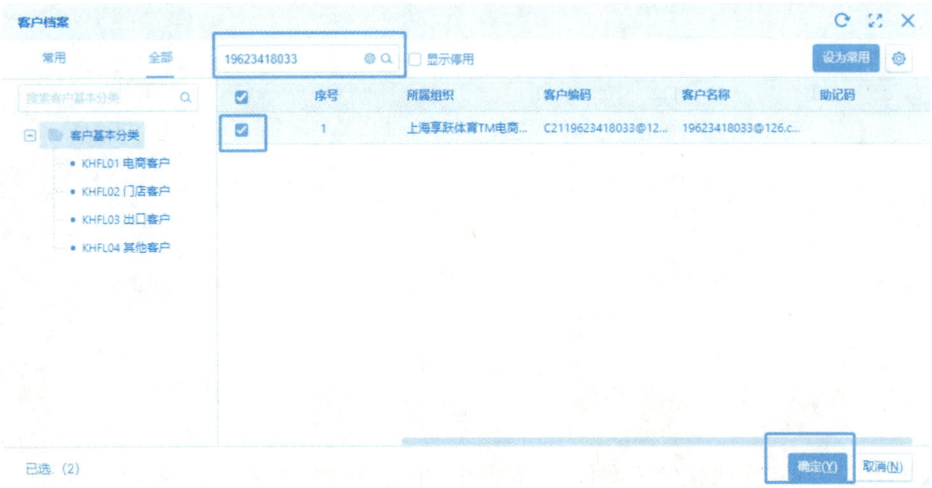

图 8-121　添加客户

本方单据类型选择“应收单”；对方核销对象选择“客户”，对方单据类型选择“收款单”，如图 8-122 所示。

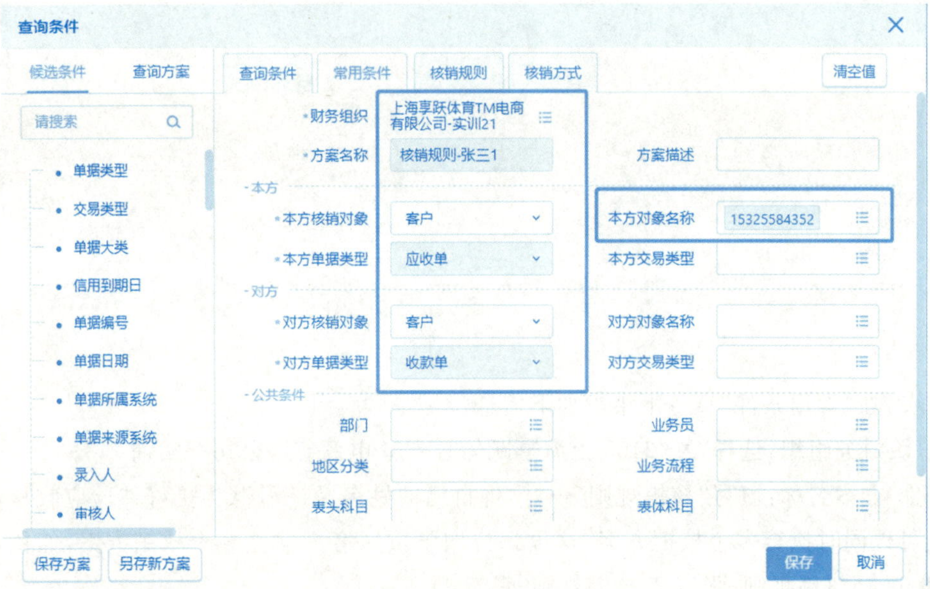

图 8-122　常用条件设置

(5)在“核销方式”选项下，选择“按订单号核销”选项，单击“保存”选项，完成该核销方案的配置，如图 8－123 所示。

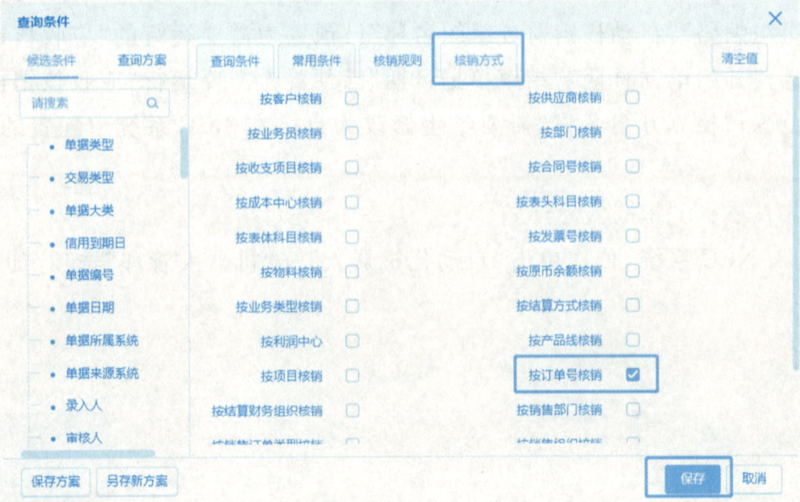

图 8－123　设置核销方式

(6)单击“新增”选项，按照上面操作步骤，完成剩余两条客户信息的核销方案设置，如图 8－124 所示。

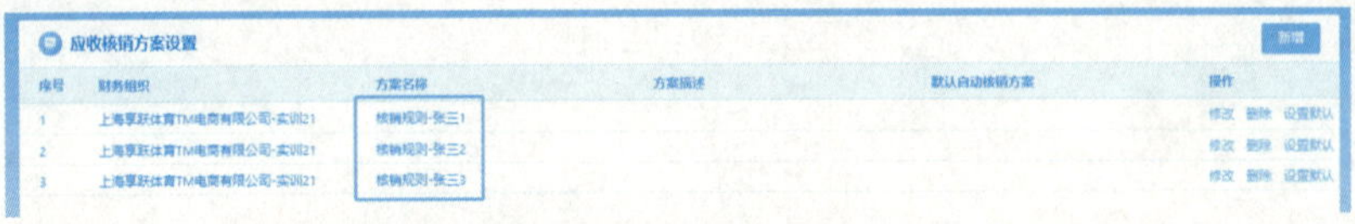

图 8－124　核销客户方案

(二)应收核销机器人配置及运行

应收核销机器人配置及运行的具体操作步骤如图 8－125 所示。

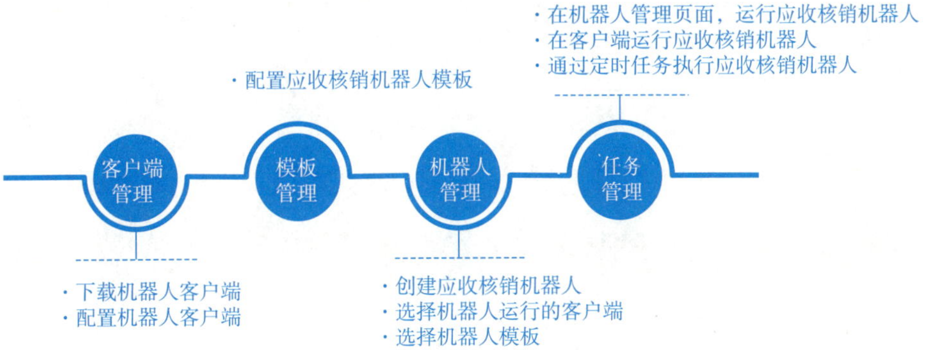

图 8－125　应收核销机器人配置及运行主要步骤

系统已经预置了应收单和收款单业务数据，预置数据在“上海享跃体育TM电商有限公司—实训21”中。

打开教学平台从任务资料中下载“应收核销机器人输入.xlsx”文件。其中，“自动核销财务组织编码”“自动核销财务组织名称”已预置为需要运行的“应收核销机器人”的组织信息；“开始单据日期”“结束单据日期”已预置为需要运行“应收核销机器人”的单据日期范围；“核算方案名称”需要学生修改为自己在NCC系统中配置的应收核销方案。

1. 配置应收核销机器人

(1)进入NCC系统，依次单击“自动化机器人”→“机器人管理”选项，如图8-126所示。

图8-126　机器人管理

(2)单击“创建机器人”选项后录入机器人名称和描述，下拉选择机器人运行的客户端，单击“下一步”选项，如图8-127、图8-128所示。

图8-127　创建机器人

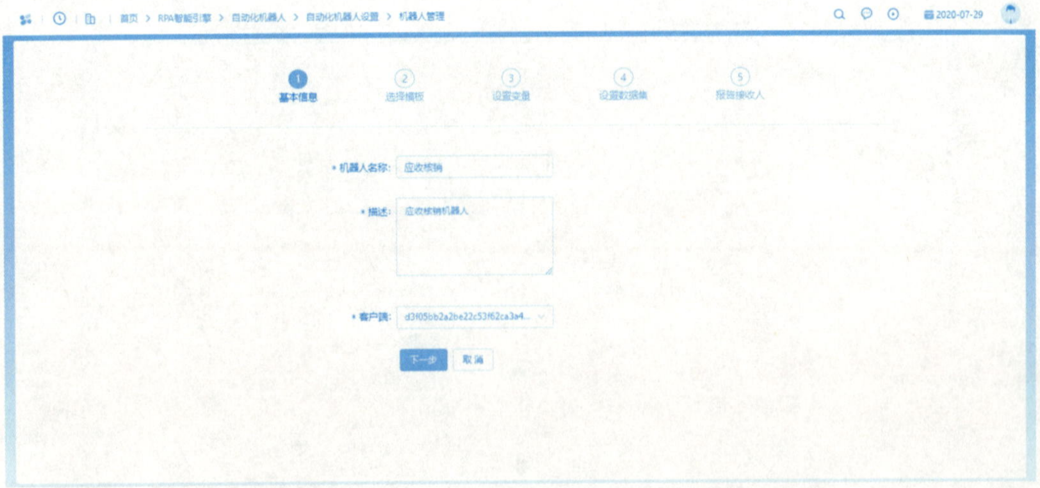

图 8-128 基本信息

(3)选择"应收核销机器人"模板,单击"下一步"选项,如图 8-129 所示。

图 8-129 应收核销机器人模板

(4)设置变量值:NCCloud。该信息在当前打开的 NCC 访问地址栏中获取;录入用户名和密码,用户名为登录 NCC 的用户信息,密码为"123qwe";修改应收核销结果报告的路径,选择希望存储核销结果的本地已有文件夹路径;NCC 数据源名称在教学实践平台首页的工作应用中单击"查看数据源"即可查看并复制,如图 8-130 所示。

(5)单击"选择文件"选项,上传已修改完成的"应收核销机器人输入.xlsx"文件后,单击"下一步"选项,如图 8-131 所示。

图 8-130　设置变量

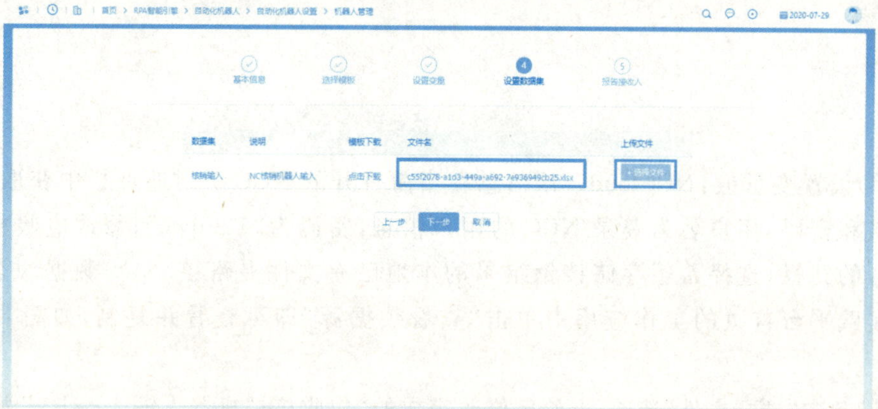

图 8-131　上传文件

(6)维护收件人姓名和邮箱,单击“是否启用”选项以启用报告接收功能,单击“完成”选项,应收核销机器人创建完成,如图 8－132 所示。设置完成后,任务栏也会出现创建好的机器人。

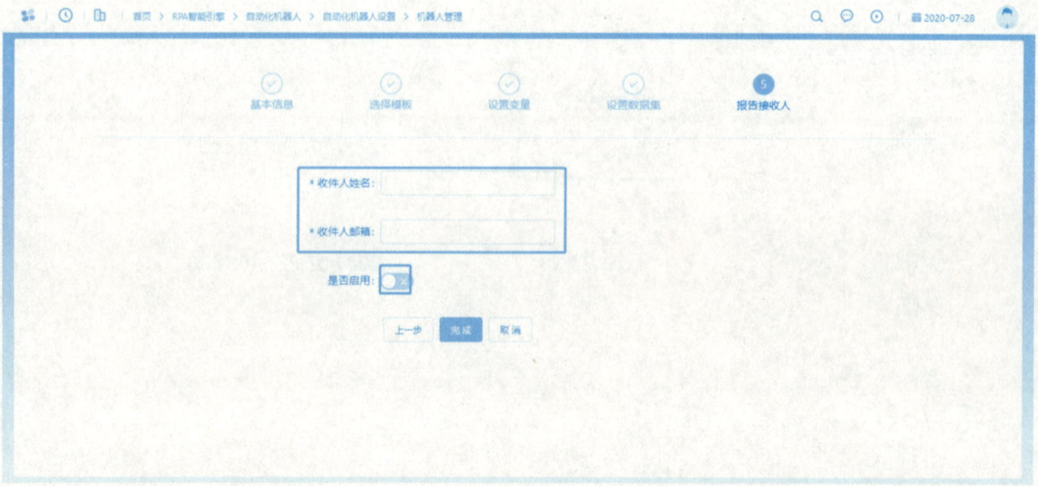

图 8－132　维护收件人信息

2. 运行应收核销机器人

(1)单击“待机”选项中的“运行”选项,机器人开始自动执行应收核销操作,如图 8－133 所示。

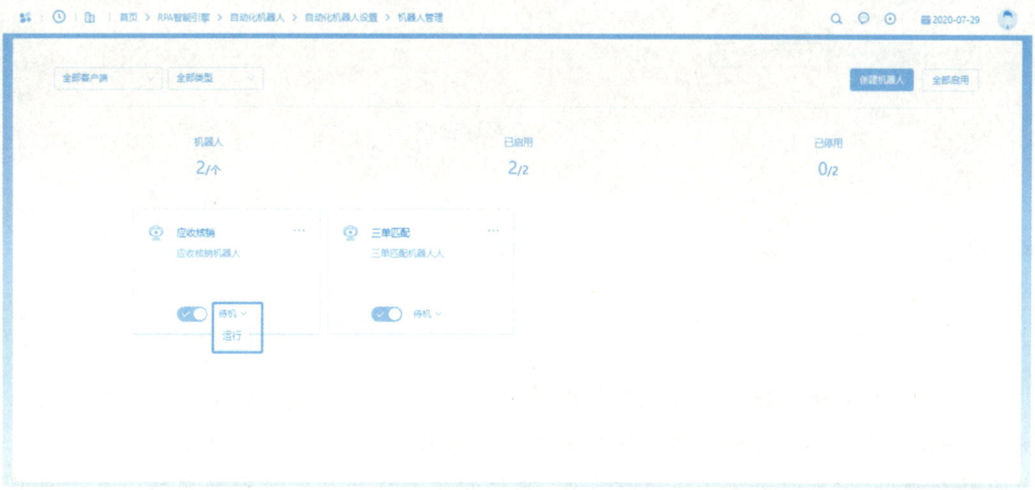

图 8－133　运行应收核销操作

(2)机器人运行结束后,邮箱可收到运行结果报告,如图 8－134 所示。

(3)在创建机器人过程中维护的应收核销结果报告的路径下也可以查看运行报告,如图 8－135 所示。

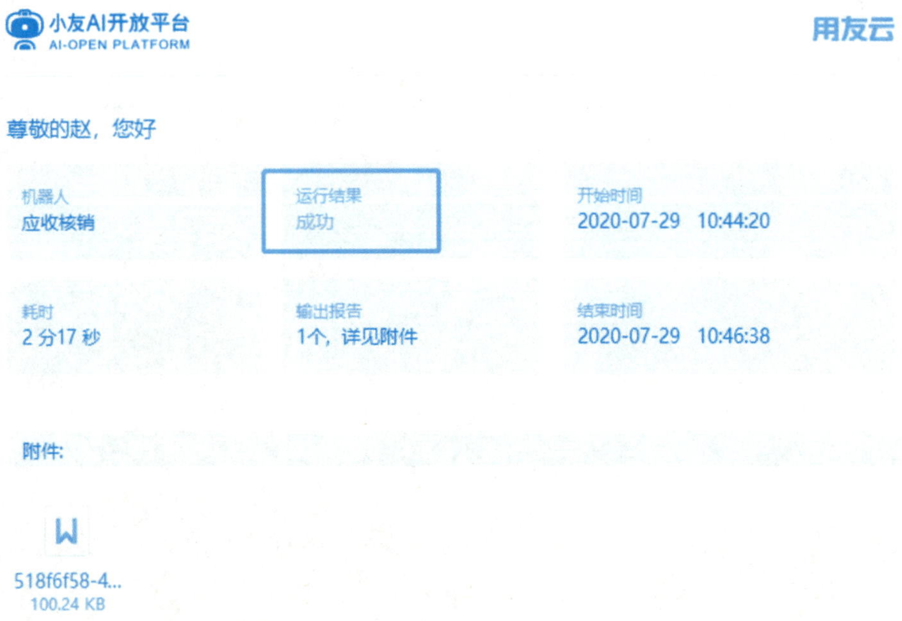

图 8－134　运行结果

图 8－135　查看运行报告

职业素养

销售业务循环实战与诚信经营：智能销售，诚信为本

在学习“销售业务循环综合实战”中，我们不仅要关注智能技术在销售流程中的应用，更要强调诚信经营的重要性。销售是企业盈利的关键环节，智能技术的应用有助于提升销售效率，但我们必须坚守诚信底线，确保销售数据的真实性和合规性。我们要深刻理解诚信经营对于企业发展的重要性。通过实战演练，我们要不断提升自己的专业素养，为企业的稳健发展贡献力量。

第九章　采购业务循环综合实战

学习目标

- 了解企业的采购业务流程
- 了解企业采购业务涉及的信息系统及岗位
- 了解集中采购和分散采购的业务流程
- 能够在 ERP、WMS 等系统中进行采购业务操作
- 能够梳理案例企业的采购业务流程现状问题
- 能够设计采用 RPA 机器人后的采购业务流程方案
- 能够在智多星 RPA 设计器中配置运行供应商维护机器人
- 能够在智多星 RPA 设计器中配置运行采购订单录入机器人
- 能够在智多星 RPA 客户端中配置运行三单匹配机器人

本章操作项目导入

享跃体育集团的采购业务主要有两种模式：一种是内部采购，一种是外部采购。内部采购主要是指电商管理部、卖场管理部、出口管理部所售商品均从集团内的供应链管理部进行采购；外部采购主要指供应链管理部从 OEM 厂商进行的商品采购，以及集团各部门对外的其他采购等，详细如图 9－1 所示。

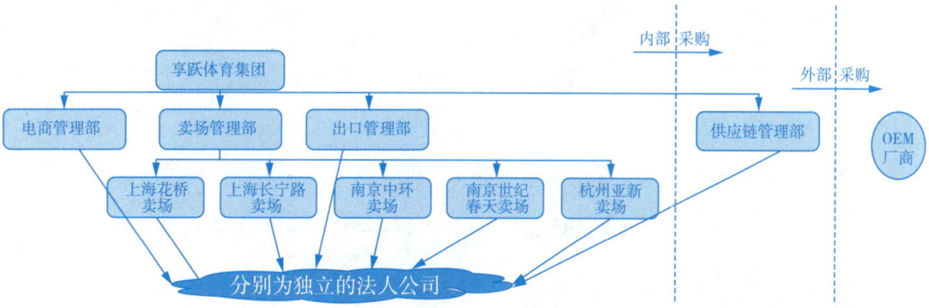

图 9－1　享跃体育集团采购管理组织结构图

享跃体育集团主营业务的采购需求，主要由卖场管理部、电商管理部、出口管理部三个部门发起。供应链管理部设有独立的法人公司——无锡享跃供应链管理有限公司，由

享跃体育集团有限公司100%出资设立。供应链管理部除承担集团的主营商品外部采购的职能外，还负责集团内的仓储和配送工作，以及对OEM厂商的生产管理工作。该集团管理组织架构如图9-2所示。

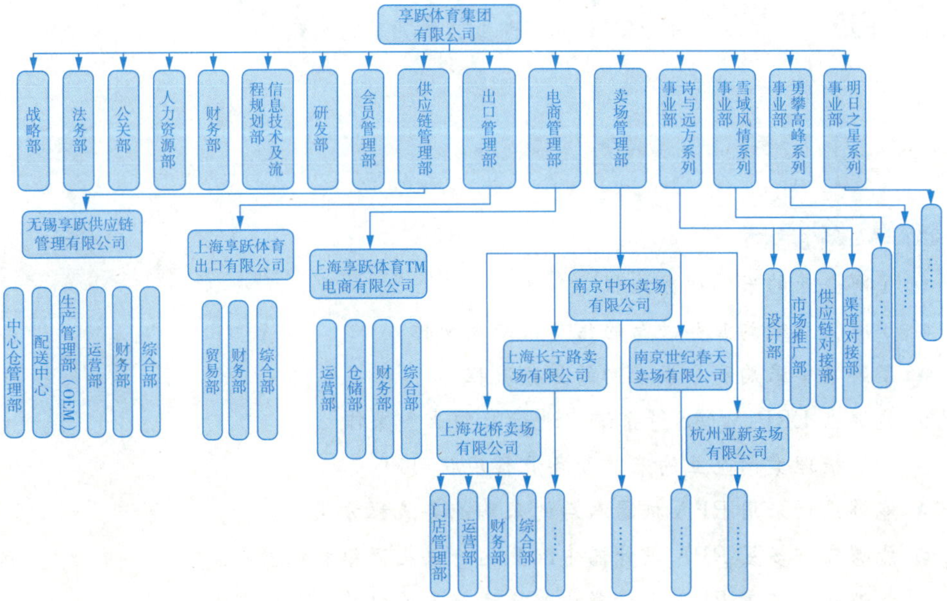

图9-2　享跃体育集团组织机构图

供应链管理部在无锡设有中心仓库，用于存储供应链管理部从OEM厂商采购的商品及为电商管理部提供仓储服务。另外，供应链管理部设有配送中心，门店零售业务及出口业务的商品由配送中心配送至门店及指定港口；电商业务的商品则由配送中心配送至电商管理部在中心仓租赁的"天猫库位"；商品从OEM厂商到中心仓的物流是由OEM厂商完成的。享跃体育集团商品采购业务示意图，如图9-3所示。

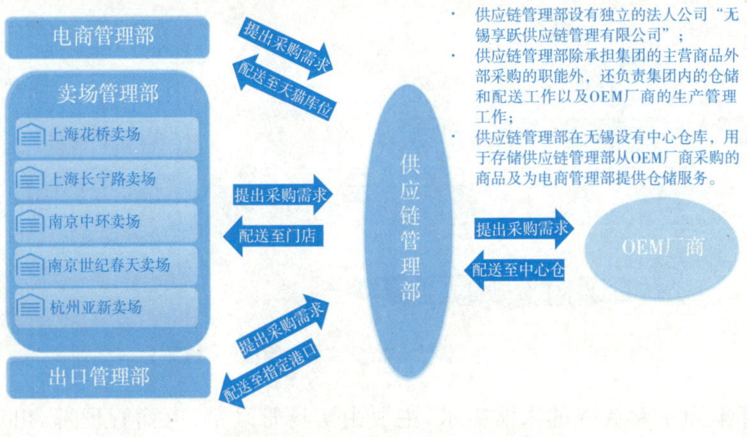

图9-3　享跃体育集团商品采购业务示意图

第一节　采购业务处理

一、采购业务概述

采购是指企业或组织在日常运营过程中，为满足生产或经营需要而购买物资、设备、服务等资源的过程。采购的主要目的是为了获得所需的物品或服务，以确保企业正常运营并实现其经营目标，是企业生产经营的源动力。

采购作为供应链的开端，是企业生产的前提条件。采购物资和服务的质量决定了企业生产的连续性和稳定性。如果采购环节出现问题，如供应中断或质量不达标，将直接影响企业的生产计划和运营效率。采购成本是企业成本的重要组成部分。通过合理的采购管理，企业可以优化成本结构、降低生产成本。采购在企业的运营中具有不可替代的重要性。企业需要重视采购工作，加强采购管理，提高供应链管理水平，以确保企业的持续稳定发展和市场竞争力。

采购方式是各类主体在采购中运用的方法和形式的总称。采购方式的选择主要取决于企业制度、采购物品特性、采购预算、采购数量和频率等。

（一）集中采购与分散采购

集中采购是指企业或组织将多个单位的采购需求集中起来，形成较大的采购订单，统一进行采购的一种模式。这种采购方式通常用于大宗或批量物品，以及价值高或总价高的物品。

分散采购是指企业或组织将采购权力下放给各个单位或部门，由其根据自身需要自行进行采购的一种模式。分散采购通常适用于小批量、单件、低价值、总支出在产品经营费用中所占比重小的物品。

（二）现货采购与远期合约采购

现货采购是指商品流通企业直接通过市场，向供货方协商定价，即时进行银货交换的一种采购方式。通常适用于企业有充足的现金流用于支付货款，所需资源或物品充足、能够及时送达且质量有保证的情况。

远期合约采购是指买卖双方约定在未来某一时间，按照事先确定的价格、数量和质量等条件进行商品交收的采购方式。通常适用于具有法律保障且经济秩序良好的社会环境，供需双方具有良好的交易信誉和能力，大宗或批量采购以满足企业生产和经营长期的需要。

（三）招标采购和非招标采购

招标采购是指采购方作为招标方，事先提出采购的条件和要求，邀请众多企业参加投标，然后由采购方按照规定的程序和标准一次性地从中择优选择交易对象，并与提出最有利条件的投标方签订协议的过程。招标采购包括公开招标和邀请招标两种方式。公开招标是面向不特定的法人或其他组织进行招标，而邀请招标则是针对特定的法人或其他组织进行招标。招标采购适用于大规模，长期合作，具有特殊需求、法律法规要求的采购项目。

非招标采购则是指通过竞争性谈判采购、单一来源采购、询价采购等招标采购以外的方式进行的采购活动。它适用于一些特殊情况，如需要紧急采购、采购来源单一等。非招标采购方式主要包括议价采购、直接采购、定点采购和询价采购等，通常适用于非紧急、单一来源、小额采购或特定条件的采购项目。

（四）其他采购方式分类

采购还可以根据是否有中间商参与，分为直接采购和间接采购；根据采购技术手段，分为线上采购和线下采购。

企业在选择采购方式时需要综合考虑多个因素，并根据自身实际情况和需求做出合适的决策。

根据本章导入项目，享跃体育集团的采购业务采用集中采购和分散采购两种模式。该集团主营业务所售商品的采购均为集中采购模式，统一通过无锡享跃供应链管理有限公司完成对外部供应商（OEM 厂商）的采购。享跃体育集团其他采购为分散采购模式，如固定资产、办公用品、咨询服务等的采购由各公司自行完成采购。享跃体育集团对供应商档案进行统一管理，由集团财务部完成 ERP 系统的供应商档案维护。享跃体育集团采购业务概况及商品采购业务循环，如图 9－4、图9－5所示。

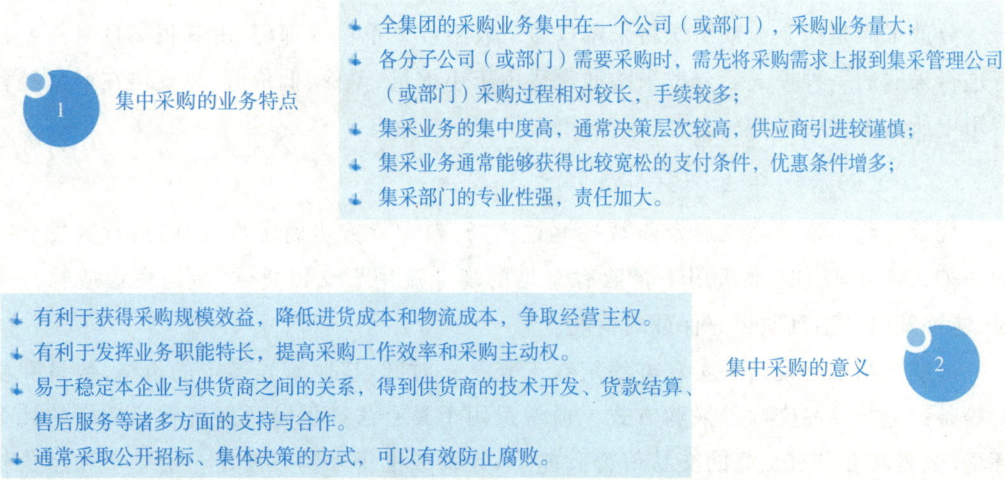

图 9－4　享跃体育集团采购业务概况

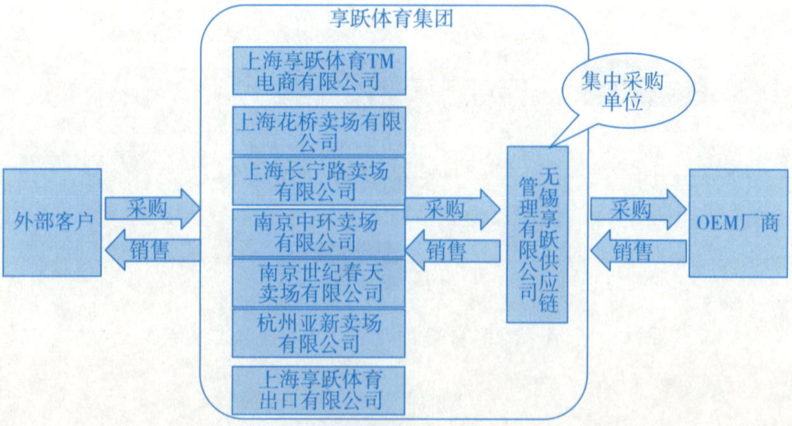

图 9－5　享跃体育集团商品采购业务循环

二、采购业务信息系统

企业采购业务一般涉及多个信息系统，主要包括仓储管理系统、采购管理系统、供应链管理系统、电子招标采购系统、ERP 系统、网银系统等，这些信息系统共同构成了企业采购业务的信息支持体系。仓储管理系统是一个实时的计算机软件系统，它能够详细记录商品的各项信息，实现信息的快速查询和仓库的有效管理。库存管理员可以根据仓储管理系统的库存情况预测并确认采购需求，进行订单和入库管理。ERP 系统可以将采购系统资源与企业的人、财、物资源相结合，有利于企业资源的共享。采购会计可以根据仓储管理系统入库数据在 ERP 系统中生成入库单，补充采购发票生成信息等；采购人员或运营人员可以根据仓储管理系统显示的采购需求数据在 ERP 系统中编制采购订单。资金专员在核实付款条件后可以根据 ERP 系统中的应付凭证在网银系统中支付相应款项。商品采购业务涉及的信息系统及其关系，如图 9－6、图 9－7 所示。根据本章导入项目，享跃体育集团采购业务涉及的部门及岗位见表 9－1 所列。

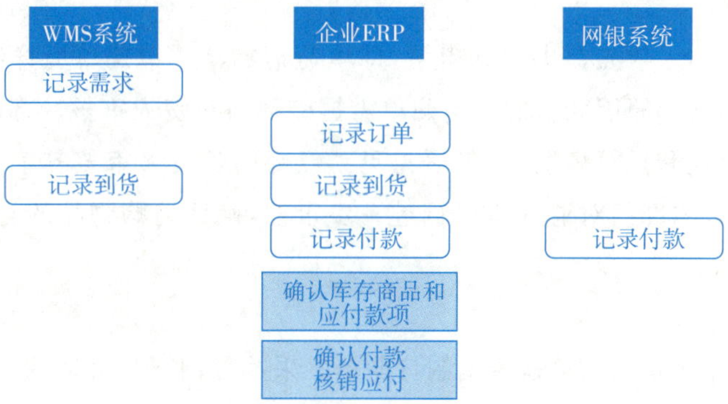

图 9－6　商品采购业务涉及的信息系统及其关系一

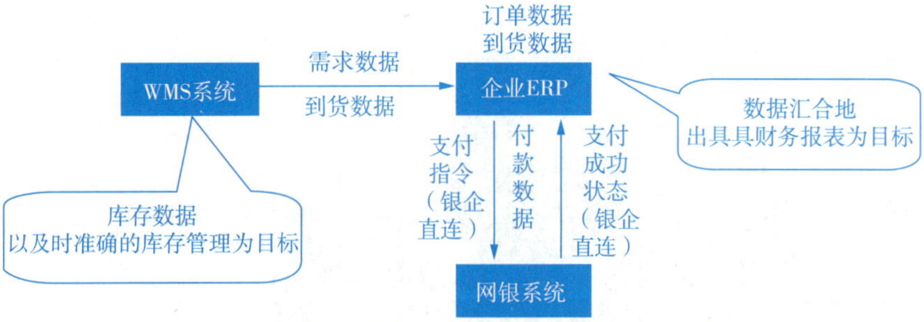

图 9-7 商品采购业务涉及的信息系统及其关系二

表 9-1 采购涉及的部门及岗位

公司内部门	岗位名称
运营部	运营专员
中心仓管理部-仓储管理部	库存管理员
财务部	采购会计
财务部	总账会计
财务部	资金专员

操作要求：请在教学实践平台完成采购业务信息系统关系图的绘制。

三、采购业务流程

（一）一般采购业务流程

企业采购通常包括请购、采购、验收、储存、编制应付凭单并记录应付账款、付款并记录支出等环节。

1. 请购

在企业采购中，一般先提出请购申请，即填写请购单。请购单应详细列出所需物品的信息，并说明请购的原因和目的。请购单需提交部门负责人审核。部门负责人评估请购的合理性、必要性和预算情况，并签署意见。经部门负责人审核签字后的请购单应上报给采购部门。采购部门对请购单进行进一步审核，确认请购物品的合理性、可用性和预算安排。

2. 采购

采购部门根据经审批的请购单编制订购单。采购部门寻找合适的供应商，并进行供应商评估、筛选和谈判。根据谈判结果，双方签订采购合同，明确采购物品、数量、价格、交货期等内容。

3. 验收

供应商按照合同要求交货后，企业需要对采购的物品进行验收。验收环节主要检查物品的数量、质量、规格等是否符合合同要求，确保采购的物品符合企业的使用标准。

4. 储存

仓储部门对验收合格的物品签收储存，同时做好库存管理和记录以便后续使用。

5. 编制应付凭单并记录应付账款

在采购过程中，企业需要根据采购合同和验收结果，在核对购货发票后编制应付凭单，记录应付账款情况。

6. 付款并记录支出

在付款环节，企业需要按照采购合同的约定和应付凭单的要求向供应商支付款项；同时，企业需要记录付款金额和支出情况，确保财务数据的准确性和完整性。

(二)集中采购业务流程

集中采购业务流程与一般采购业务流程基本一致，但由于集中采购业务量大、集中度高的特点，通常负责集中采购的组织会进行库存与需求的平衡，运用专业的系统工具对采购和库存进行管理。

根据本章导入项目，享跃体育集团商品集中采购业务流程为各大零售卖场、上海享跃体育 TM 电商有限公司和上海享跃体育出口有限公司销售所需商品均向无锡享跃供应链管理有限公司申请采购，无锡享跃供应链管理有限公司再对外部供应商(OEM 厂商)进行采购，如图 9－8 所示。

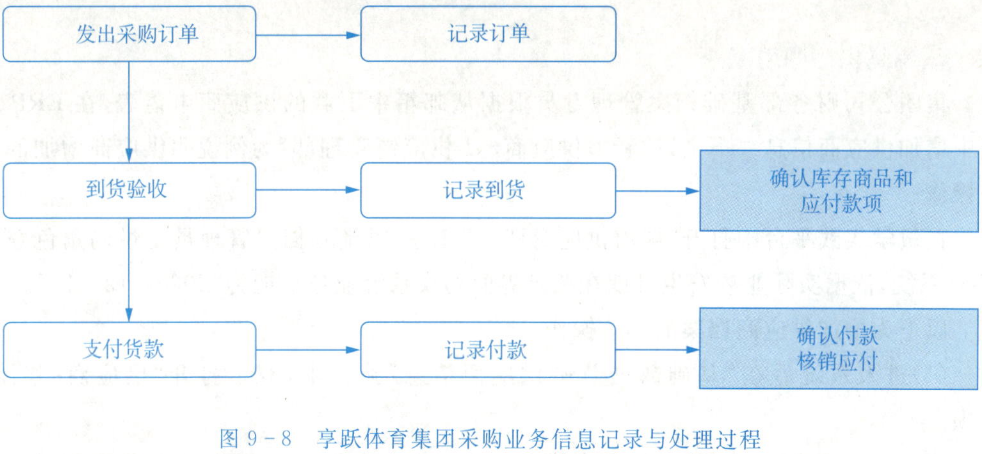

图 9－8　享跃体育集团采购业务信息记录与处理过程

四、采购业务实战

在教学实践平台完成供应商新增，以及从业务系统到 ERP 系统的信息采集及处理。

(一)新增供应商

1. 下载供应商申请表

在教学实践平台中打开“下载供应商申请表”任务,进入邮箱系统,单击“收件箱”选项,打开相应邮件并下载附件,将附件保存到本地(默认路径为“此电脑/我的电脑>下载”),如图 9-9 所示。

图 9-9 下载供应商申请表

2. 新增供应商档案

集团公司财务部基础档案管理专员根据从邮箱中下载的供应商申请表,在 ERP 系统中增加供应商信息。下文以“新增供应商—1 供应链管理部”为例说明供应商增加的系统操作。

在教学实践平台中打开“新增供应商档案”任务,以基础档案管理员王悦的角色登录 ERP 系统,依据实际业务发生日期在登录界面切换系统业务日期为“2020-12-14”。

以下为增加供应商档案的具体操作。

(1)进入系统后在“基础数据”→“供应商信息”路径下,双击打开“供应商-集团”选项。

(2)单击“新增”选项,增加供应商信息。依据供应商申请表,在打开的供应商增加界面,填写“供应商编码”“供应商名称”“供应商基本分类”等内容,单击“保存”选项,保存供应商信息,如图 9-10、图 9-11 所示。

图 9－10 新增供应商

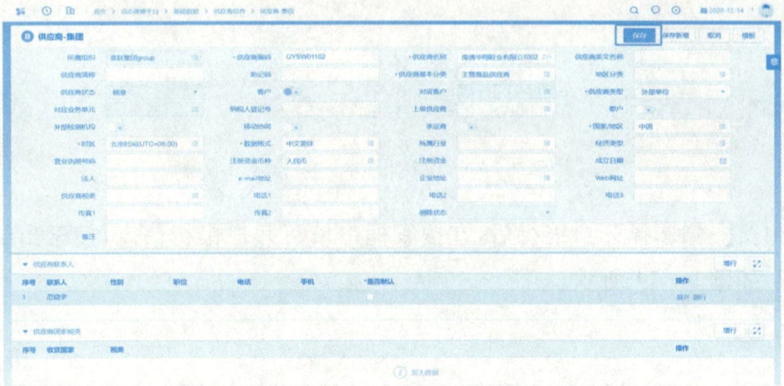

图 9－11 保存供应商

3. 新增供应商银行账号

(1)在供应商“增加”界面，依次单击“更多”→“银行账户”选项，增加供应商银行账号，如图 9－12 所示。

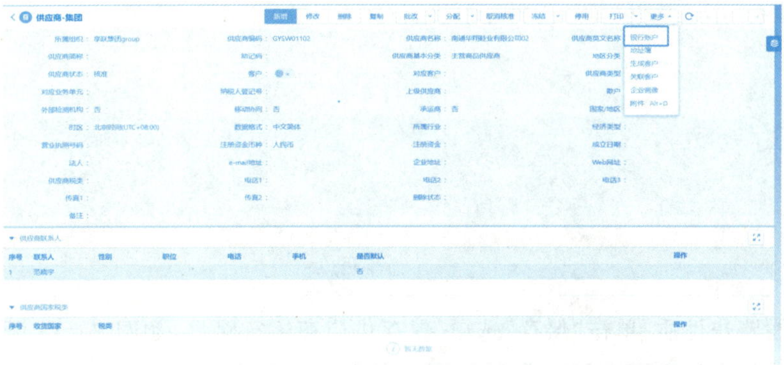

图 9－12 增加供应商银行账号

(2)在弹窗中单击“新增”选项,填写银行账号,增加完账号后系统自动带出户名,如图 9-13 所示。

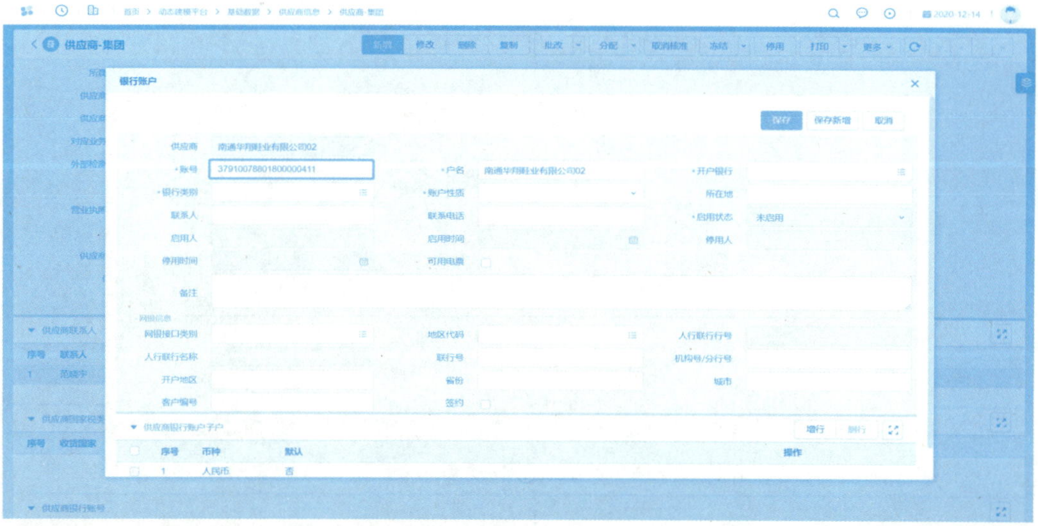

图 9-13 增加供应商银行账号

(3)在弹窗左侧选择开户银行后,在搜索框中填写开户银行信息,搜索出结果后单击“确定”选项,如图 9-14 所示。

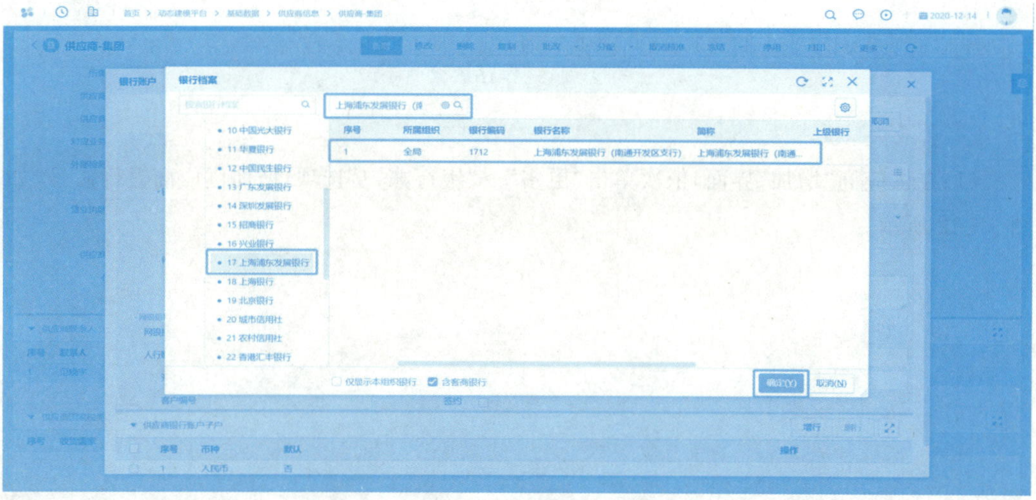

图 9-14 选择开户银行

(4)填写账户性质,单击“保存”选项,保存供应商银行账号,如图 9-15 所示;再单击“返回”选项,返回供应商银行账户列表界面即可。

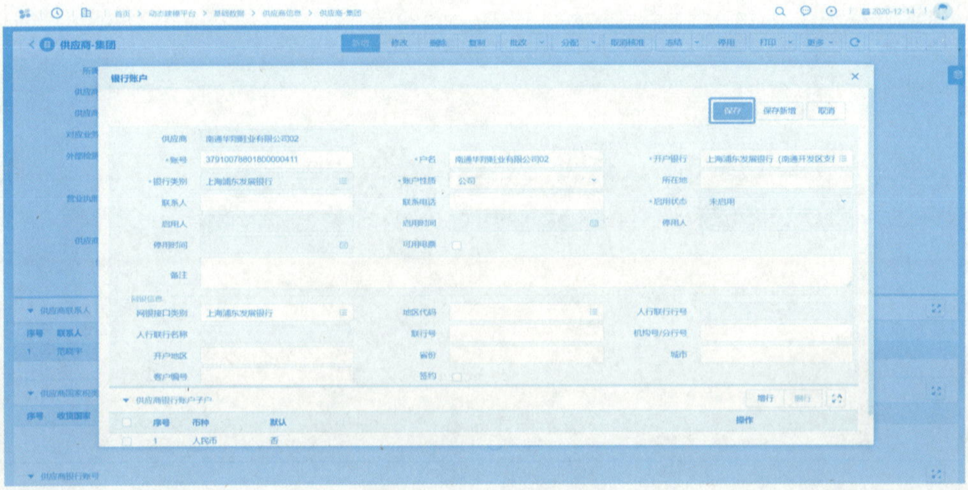

图 9 - 15　填写开户银行信息

4. 启用供应商银行账号

(1)在教学实践平台中打开“启用供应商银行账号”任务，以集团公司财务部经理李峰的角色登录 ERP 系统，依据实际业务发生日期在登录界面切换系统业务日期为“2020 - 12- 14”。

(2)进入系统后在“动态建模平台”→“基础数据”→“供应商信息”路径下，双击“供应商银行账户启用”选项，如图 9 - 16 所示。

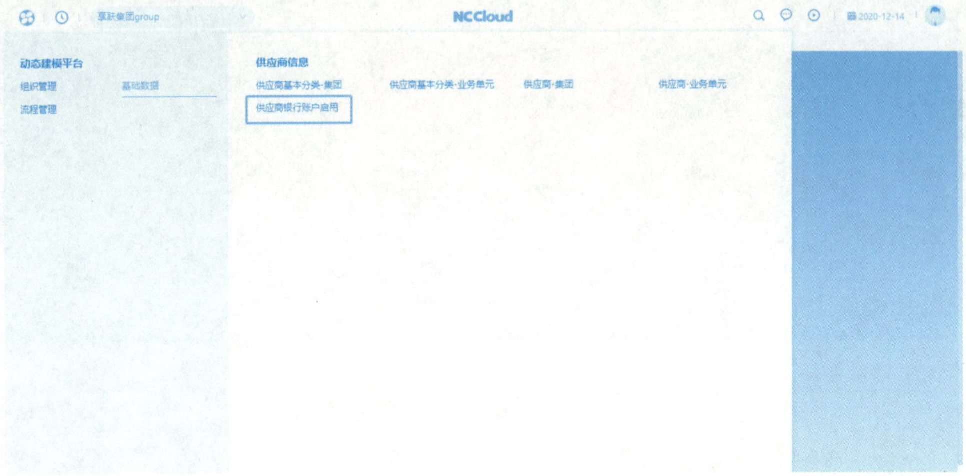

图 9 - 16　供应商银行账户启用

(3)在打开的供应商银行账户启用界面，启用状态选择“未启用”，单击“查询”选项。在查询结果中勾选需要启用的银行账户，单击“启用”选项进行账户启用，如图 9 - 17、图 9 - 18所示。

图 9－17　启用选择的供应商

图 9－18　确认启用

(二)新增采购订单

1. 下载内部采购订单

在教学实践平台中打开“下载内部采购订单”任务，进入邮箱系统，单击“收件箱”选项，打开相应邮件并下载附件，将附件保存到本地(默认路径为“此电脑/我的电脑＞下载”)，如图 9－19 所示。

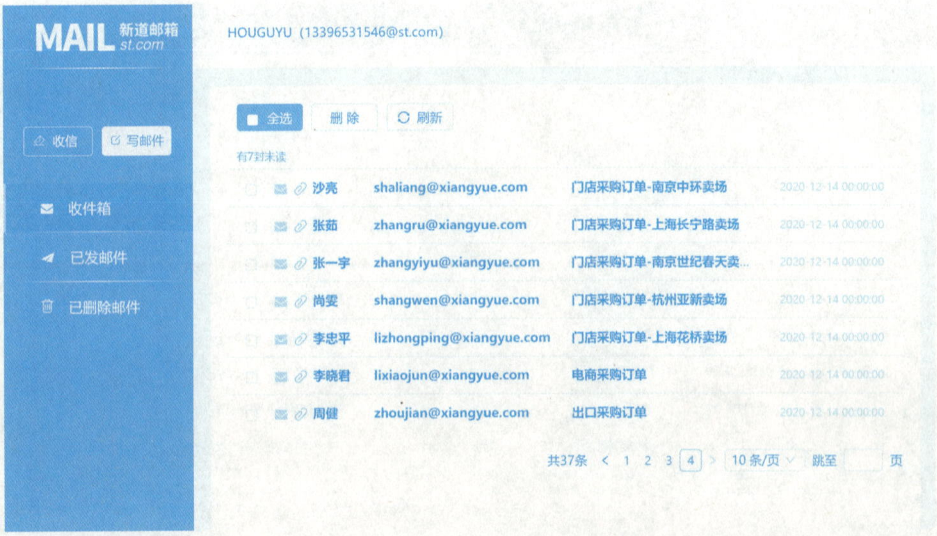

图 9-19 下载内部采购订单

2. 平衡采购需求

(1)在教学实践平台中打开“平衡采购需求”任务，登录 WMS 系统，默认打开“库存需求平衡表”界面，如图 9-20 所示。

图 9-20 库存需求平衡表

(2)单击“新增”选项，新建一张库存需求平衡表，系统默认选择中心总仓“ZXC01”，并列示所有商品的“期初库存”。单击“编辑”选项，参照各采购需求方发来的采购订单，依次找到对应编号的商品，录入采购需求量(本案例已预置数据，无须录入，仅核对)，如图 9-21 所示。

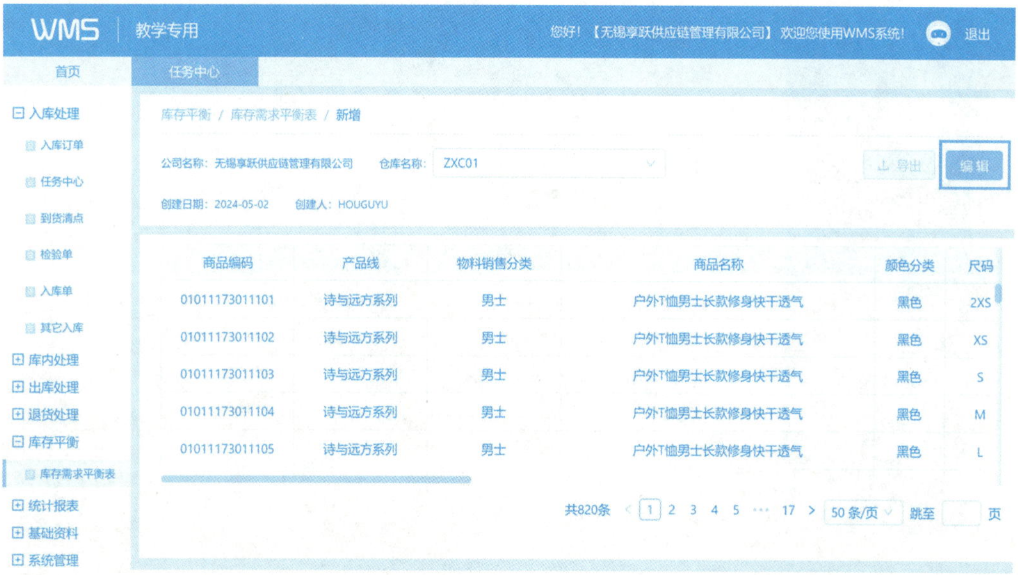

图 9－21　录入采购需求量

(3)全部录入完毕后(本案例为核对后)，单击“保存”选项，系统返回列表页。单击列表页的信息条，双击打开数据表，可以看到系统已依据“期末安全库存”要求及数量，自动计算“采购需求”，如图 9－22 所示。

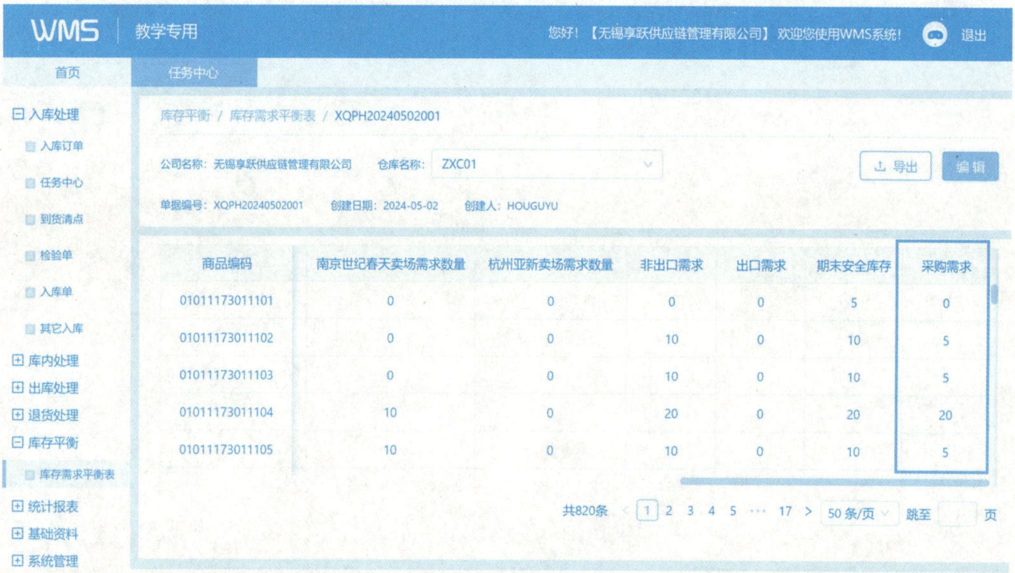

图 9－22　采购需求计算结果

(4)单击右上角的“导出”选项，系统提示“下载成功”，可以打开下载的“库存需求平衡表”查询导出数据。

3. 编制并录入采购订单

(1)编制采购订单

在教学实践平台中打开“编制并录入采购订单”任务,下载任务资料中的压缩文件“组件-采购需求确认及订单录入流程 .rar”到本地并解压,里面有两份文件“供应链管理部采购订单-×× 供应商简称(模板)”和“供应商产品价格参照表”(表 9-2)。

表 9-2 供应商产品价格参照表

A	B	C
商品名称	供货 OEM 厂商	采购价格(含税)
男女室内室外攀岩抱石运动初学攀岩鞋	常熟森派鞋业有限公司	187.80

依据“供应商产品价格参照表”中的商品及供应商名称,在上一任务中导出的“库存需求平衡表”中确定各商品采购的供应商,即形成“采购计划明细表”(表 9-3)。

表 9-3 采购计划明细表

商品编码	商品名称	颜色分类	尺码	采购数量	采购单价	采购金额
03037609018209	攀岩鞋男女室内室外攀岩抱石运动初学	黄色	36	15	187.80	2817.00
03037609018210	攀岩鞋男女室内室外攀岩抱石运动初学	黄色	37	35	187.80	6573.00
03037609018211	攀岩鞋男女室内室外攀岩抱石运动初学	黄色	38	5	187.80	939.00
03037609018212	攀岩鞋男女室内室外攀岩抱石运动初学	黄色	39	25	187.80	4695.00
03037609018213	攀岩鞋男女室内室外攀岩抱石运动初学	黄色	40	15	187.80	2817.00
03037609018214	攀岩鞋男女室内室外攀岩抱石运动初学	黄色	41	5	187.80	939.00
03037609018215	攀岩鞋男女室内室外攀岩抱石运动初学	黄色	42	35	187.80	6573.00
03037609018216	攀岩鞋男女室内室外攀岩抱石运动初学	黄色	43	20	187.80	3756.00
03037609018217	攀岩鞋男女室内室外攀岩抱石运动初学	黄色	44	20	187.80	3756.00
合计		32865.00				

参照“供应链管理部采购订单-供应商简称(模板)”及“供应商产品价格参照表”中的采购价格完成对外部各个供应商的采购订单编制。

(2)在 ERP 系统中录入采购订单

① 在教学实践平台中打开“编制并录入采购订单”任务,以采购运营专员刘家栋的角色登录 ERP 系统,依据实际业务发生日期在登录界面切换系统业务日期为“2020 - 12 - 14”。

② 进入系统后在“供应链”→“采购管理”→“采购订单”路径下,双击“采购订单维护”选项,如图 9 - 23 所示。

图 9 - 23 采购订单维护

③ 单击“新增-自制”选项,新增采购组织;打开“采购组织版本”填写框,填写采购组织编号并进行搜索,选择采购组织,单击“确定”选项,如图 9 - 24 所示。

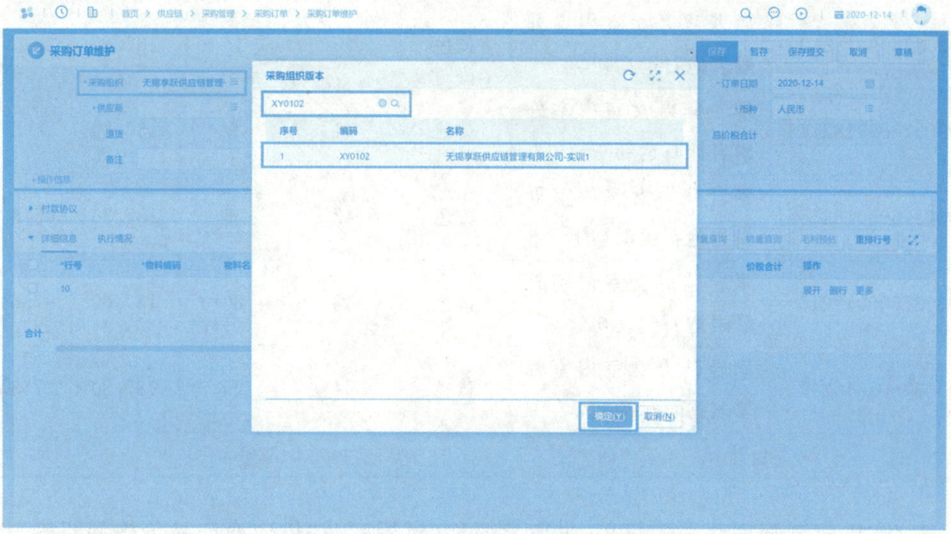

图 9 - 24 选择采购组织

④ 依照同样的方法，继续新增“订单类型”“订单日期”“供应商”“采购部门”“物料编码”“数量”“含税单价”信息。单击“增行”选项，继续根据案例资料填写相关信息，再单击“保存”选项，保存单据。单击“提交”选项，提交单据。提交完成后的界面如图 9－25 所示。

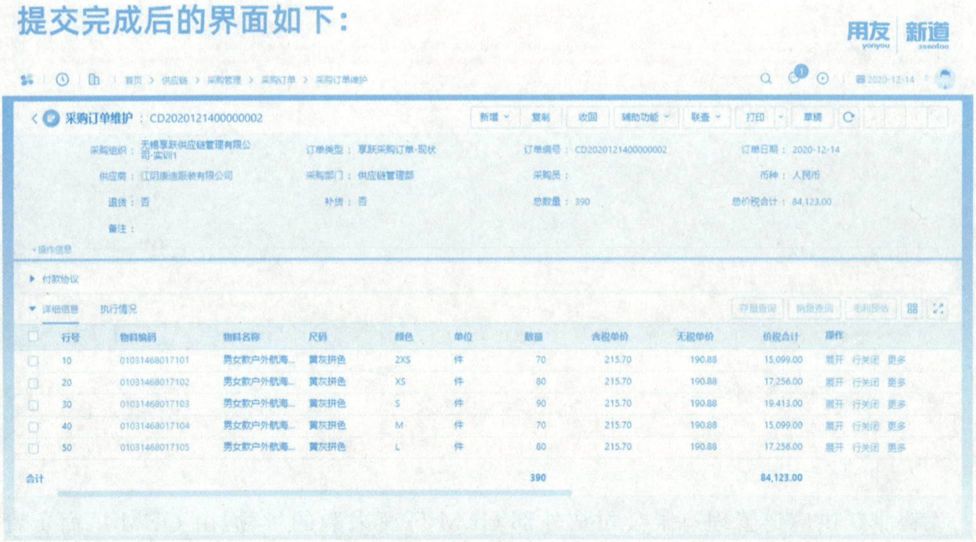

图 9－25　提交单据结果显示

⑤ 返回主界面，在“供应链”→“采购管理”→“采购订单”路径下，双击“采购订单维护”选项，输入查询条件进行查询，如图 9－26 所示。

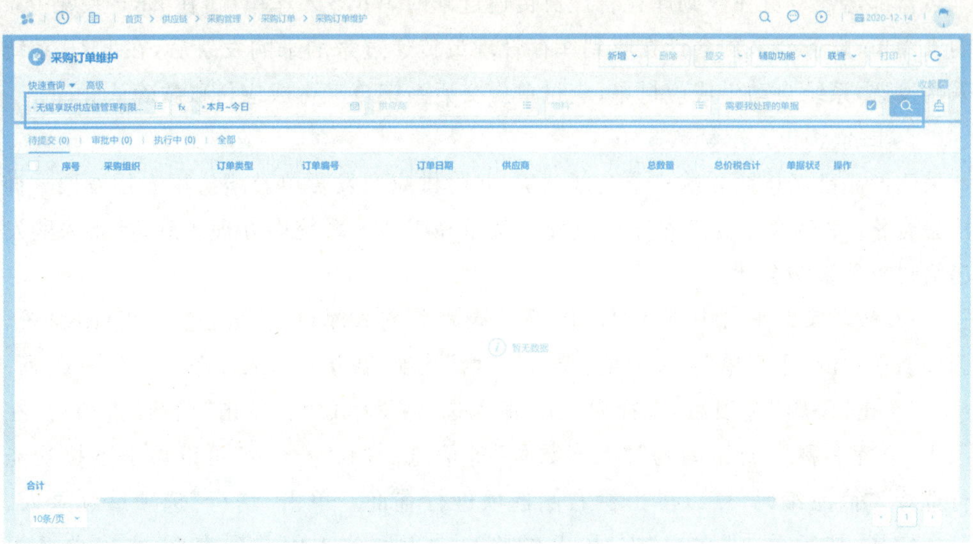

图 9－26　查询采购订单

⑥ 查询结果可能在“待提交”“审批中”“执行中”“全部”状态下;需要在对应的状态下找到对应的单据。双击订单号“CD2020121400000002”,可进入采购订单详细界面,如图 9－27 所示。

图 9－27　查询结果

(三)采购入库

无锡享跃供应链管理有限公司从外部 OEM 厂商采购的货物,由 OEM 厂商负责将货物运输到供应链管理公司的中心仓(运费由 OEM 厂商承担),并随附增值税专用发票,经检验合格后办理入库手续。

库存管理员首先依据实际到货数量,在 WMS 系统中录入入库单,然后将从 WMS 系统中打印的入库单按日传递给运营部运营专员,同时将采购发票传递给财务部采购会计。运营部运营专员在收到库存管理员传递过来的 WMS 入库单后,在 ERP 系统中录入采购入库单;财务部采购会计在收到库存管理员传递过来的采购发票后,在 ERP 系统生成采购发票,系统自动生成应付单,应付单提交后系统自动生成应付账款确认凭证。

1. WMS 系统录入采购入库单

采购商品已经按照采购订单全部到货,并附供应商发货单及增值税专用发票。商品已检验合格,库存管理员需参照供应商发货单在 WMS 系统中办理入库,并将采购发票传递给财务部采购会计。

(1)在教学实践平台中打开“WMS 系统录入采购入库单”任务,进入 WMS 系统,在左侧导航栏中的“入库单”功能界面,单击“新增”选项,新建一张入库单,如图 9－28 所示。

(2)单击“编辑”选项后,选择要入库商品的“供货单位”。单击“增行”选项后,在行内录入“仓库名称”“商品编码”“入库数量”等信息。“仓库名称”可以单击下拉功能键进行选择,“商品编码”可以单击栏右侧选项进行查询。单击“增行”选项继续录入,直至录入完毕,然后单击“保存”选项,系统将自动返回到入库单列表页,入库单录入完毕,如图 9－29、图 9－30 所示。

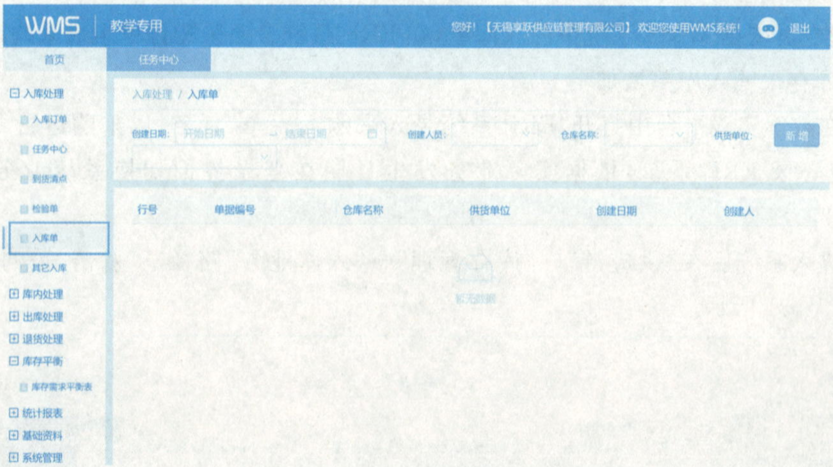

图 9 - 28　新建入库单

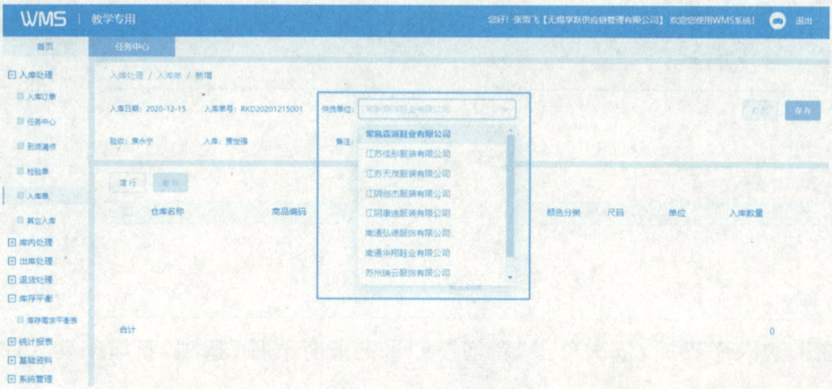

图 9 - 29　选择供货单位

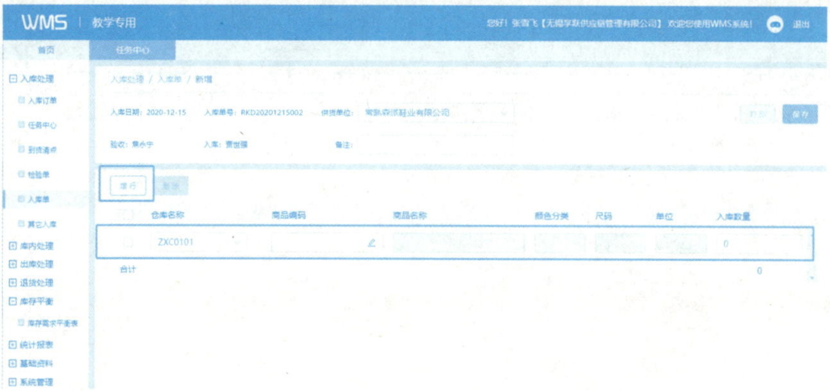

图 9 - 30　增行选项

2. ERP系统录入采购入库单

运营专员依据WMS系统中的入库单，在ERP系统参照采购订单生成采购入库单。

(1)库存采购入库单增加

① 在教学实践平台中打开"ERP系统录入采购入库单"任务，以采购运营专员刘家栋的角色登录ERP系统，依据实际业务发生日期在登录界面切换系统业务日期为"2020-12-14"。

② 进入系统后在"供应链"→"库存管理"→"入库业务"路径下，双击"采购入库"选项，如图9-31所示。

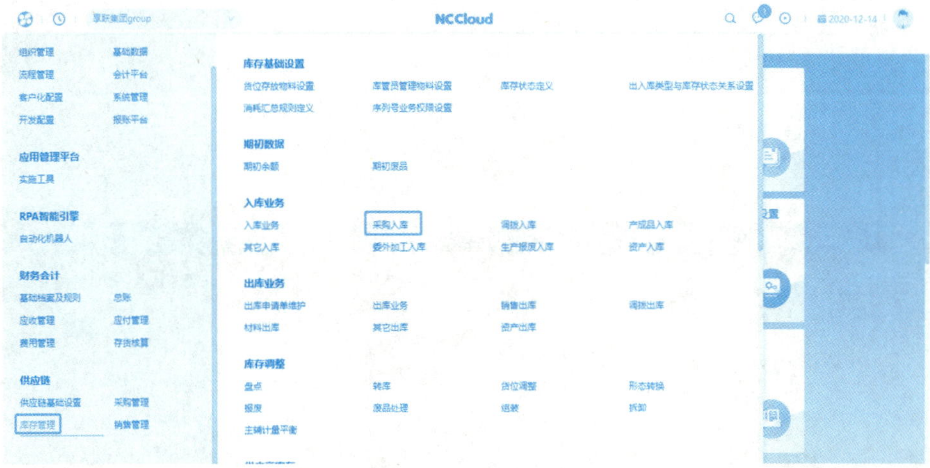

图9-31 采购入库

③ 在采购入库界面，依次单击"新增"→"采购业务入库"选项，新增采购入库单，如图9-32所示。

图9-32 新增采购入库单

④ 在“选择订单/到货单”页面，单击“采购订单”选项，在快速查询下输入查询条件，然后单击“查询”选项进行查询，勾选符合条件的采购订单，单击“生成入库单”选项，生成入库单，如图 9－33 所示。

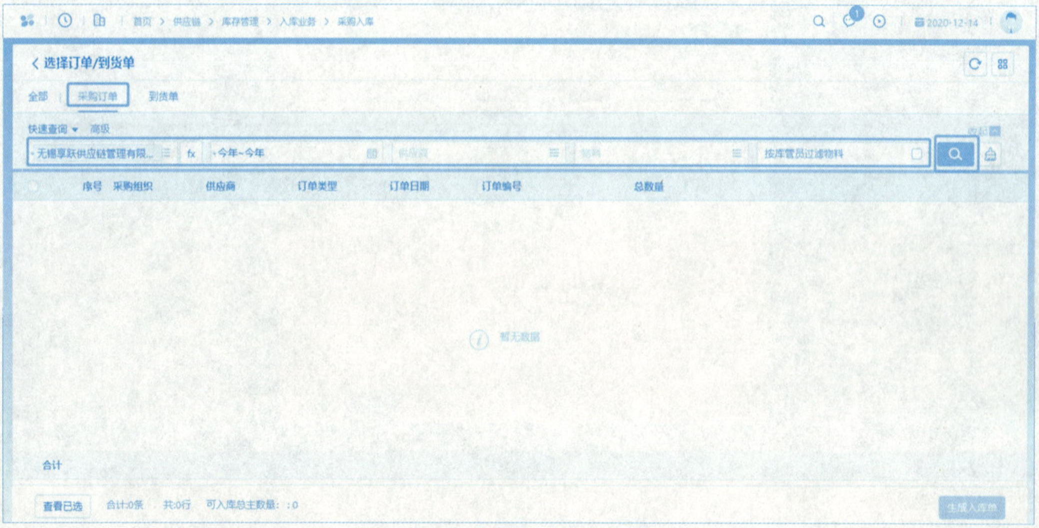

图 9－33　新增采购入库单据

⑤ 在采购入库界面单击“仓库”选择框，根据库存采购入库单明细选择对应的仓库，然后单击“确定”选项，如图 9－34 所示。

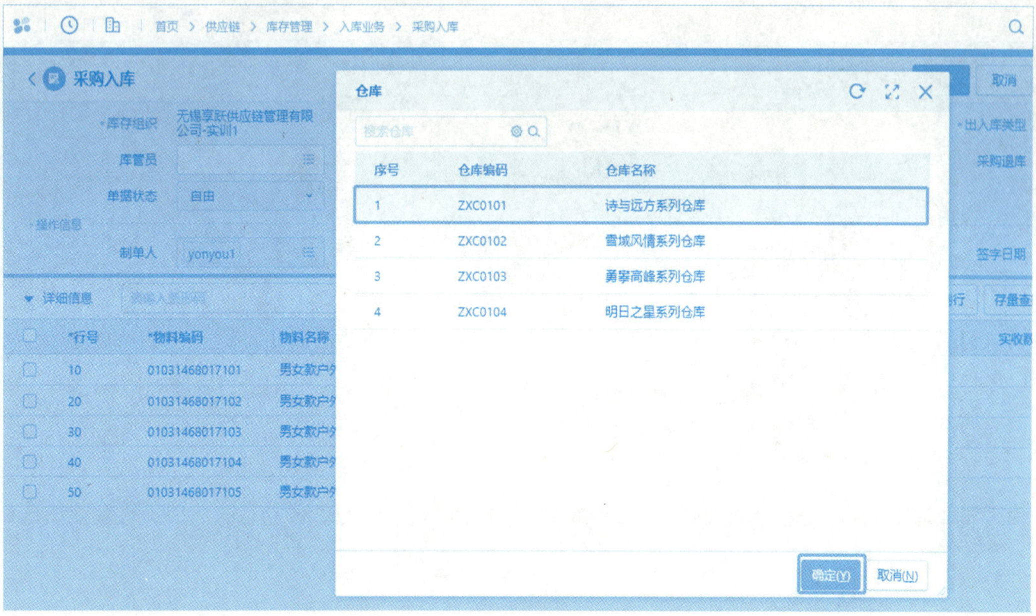

图 9－34　选择对应仓库

⑥ 单击“出入库类型”选择框，选择出入库类型。选择“普通采购入库”，单击“确定”选项，如图 9－35 所示。

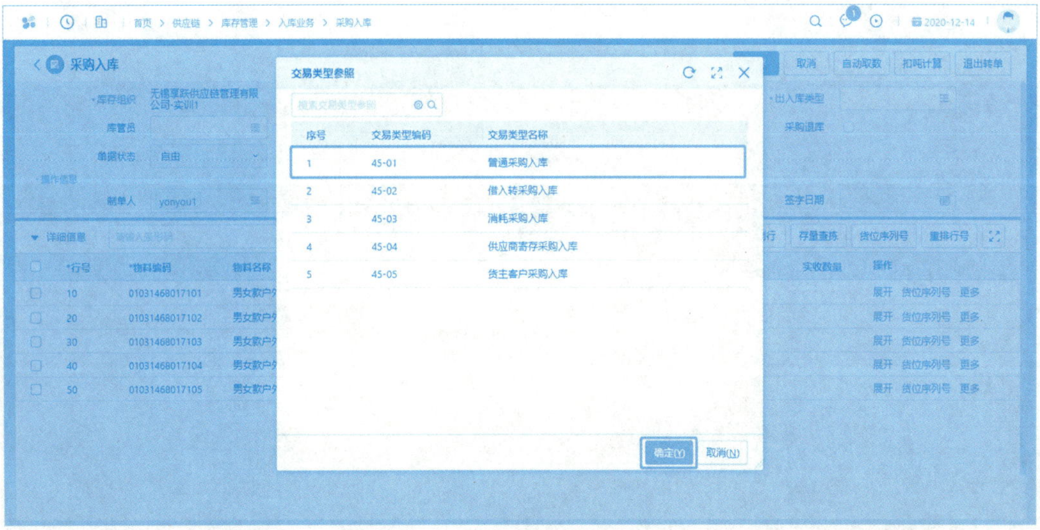

图 9－35 选择入库类型

⑦ 单击“自动取数”选项，系统将根据应收数量自动填写实收数量，如果实际收到的数量小于应收数量，可以手工修改实收数量，如图 9－36 所示。单击“保存”选项，保存单据。单击“签字”选项，审核单据。

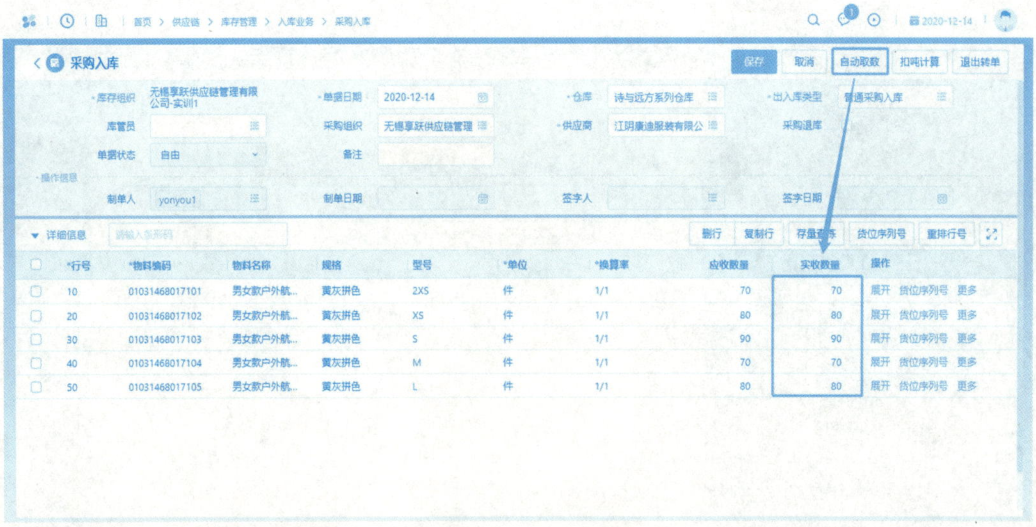

图 9－36 自动取数

(2)库存采购入库单查询

① 回到系统主界面，在“供应链”→“库存管理”→“入库业务”路径下，双击“采购入

库”选项，打开采购入库单，如图 9 - 37 所示。在采购入库单界面输入查询条件，进行查询。

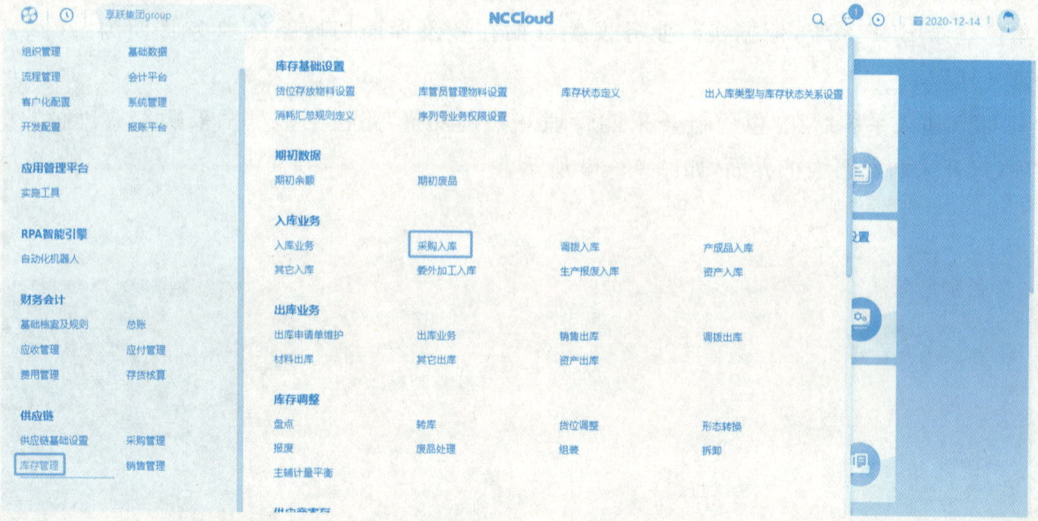

图 9 - 37　采购入库

② 查询结果可能在“处理中”“待签字”“全部”状态下；需要在对应的状态下找到对应的单据。双击单据号“CR2020121400000002”，可进入库存采购入库单详细界面，如图 9 - 38所示。

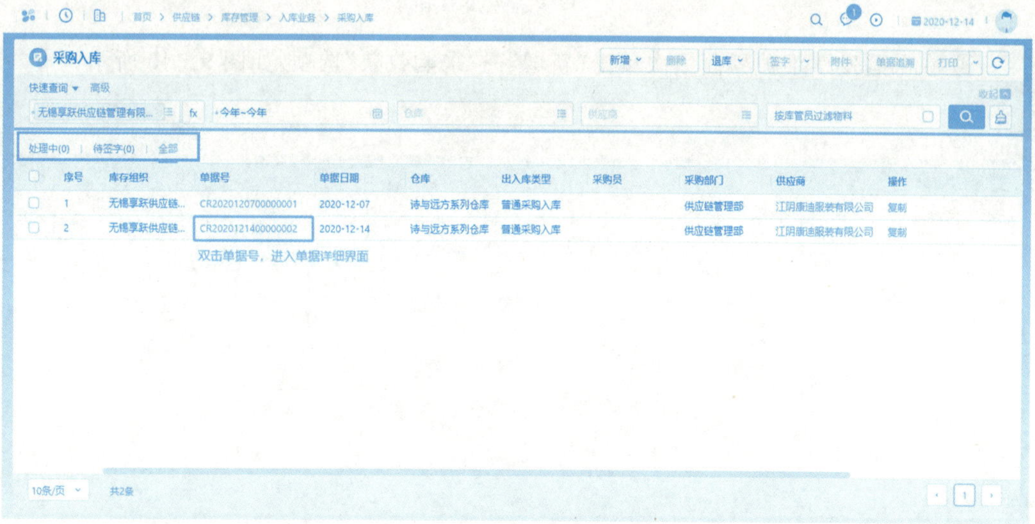

图 9 - 38　采购入库列表

(四)采购发票生成

采购会计在系统中参照采购入库单生成采购发票。

1. 录入采购发票并计算成本

(1)采购发票增加

① 在教学实践平台中打开“录入采购发票并成本计算”任务，以采购会计吴惠杉的角色登录 ERP 系统，依据实际业务发生日期在登录界面切换系统业务日期为“2020－12－14”。

② 进入系统后在“供应链→采购管理→采购发票”路径下，双击“采购发票维护”选项，打开采购发票维护界面，如图 9－39 所示。

图 9－39　采购发票维护

③ 在采购发票维护界面依次单击“新增”→“采购收票”选项，如图 9－40 所示。

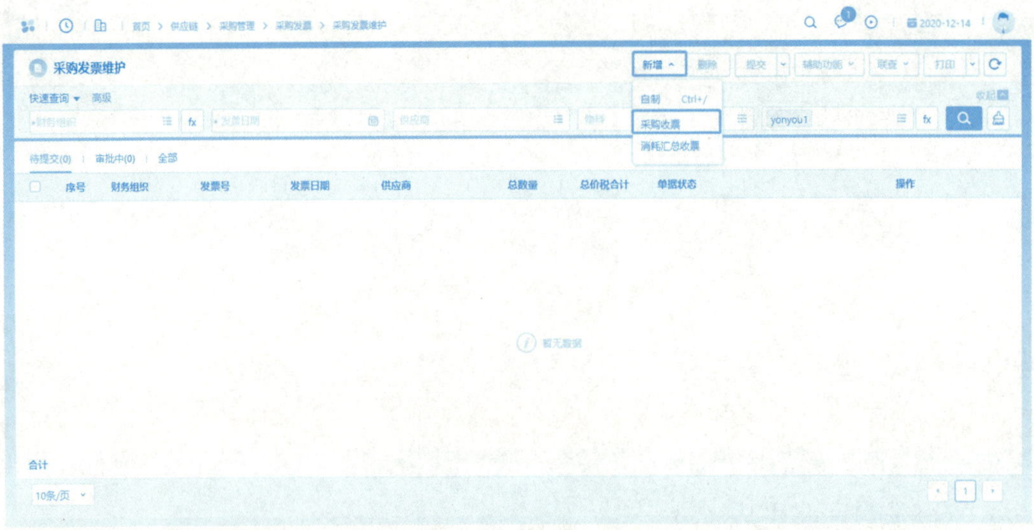

图 9－40　新增采购发票

④ 在弹出的“选择订单/入库单”界面中单击“采购入库单”选项，在快速查询下输入查询条件，单击“查询”选项进行查询，勾选符合条件的采购入库单，单击“生成发票”选项，生成采购发票，如图 9-41 所示。

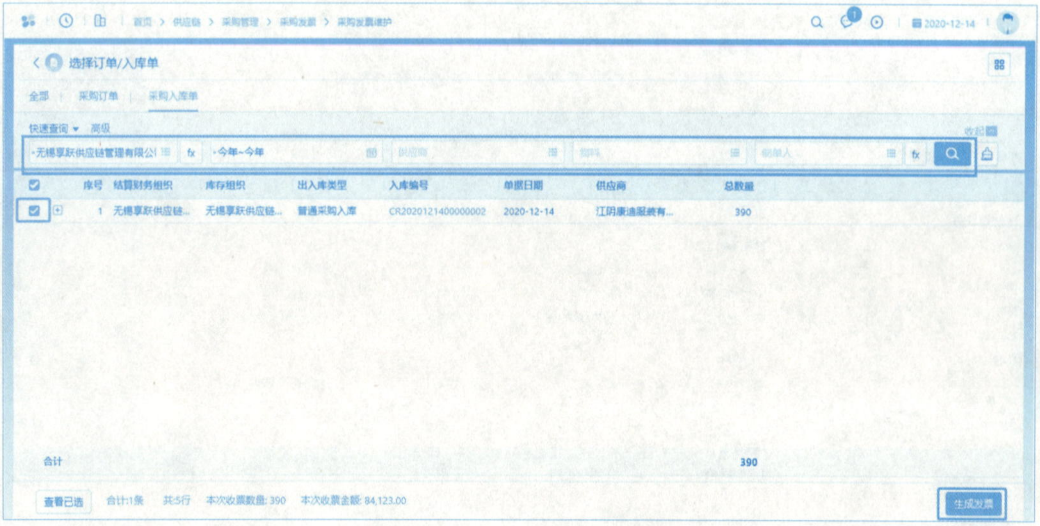

图 9-41　查询单据

⑤ 参照采购入库单生成采购发票，在确认采购发票的信息后单击“保存”选项，保存单据信息。单击“保存提交”选项，提交审核单据，如图 9-42 所示。

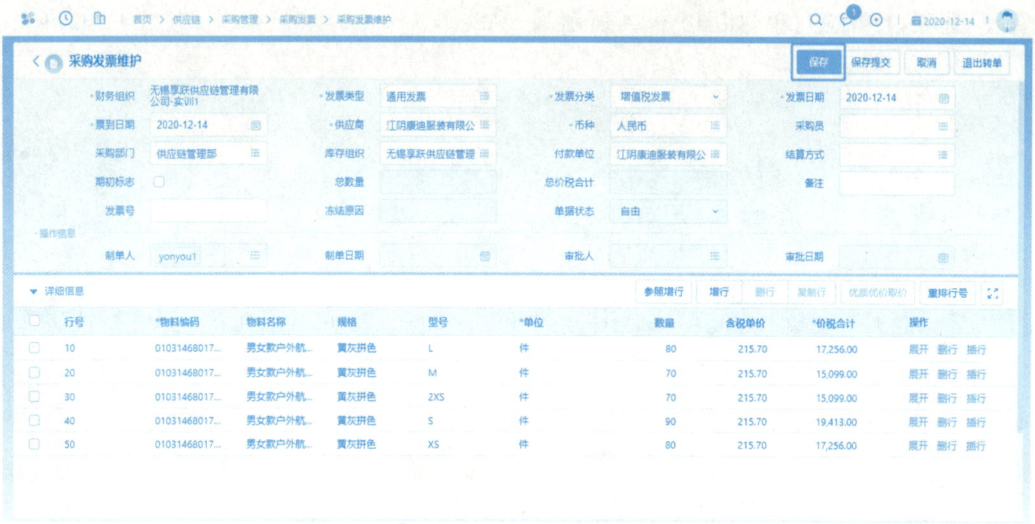

图 9-42　审核保存

(2)采购发票查询

① 回到系统主界面,在“供应链→采购管理→采购发票”路径下,双击“采购发票维护”选项。在采购发票维护界面输入查询条件,进行查询,如图 9-43 所示。

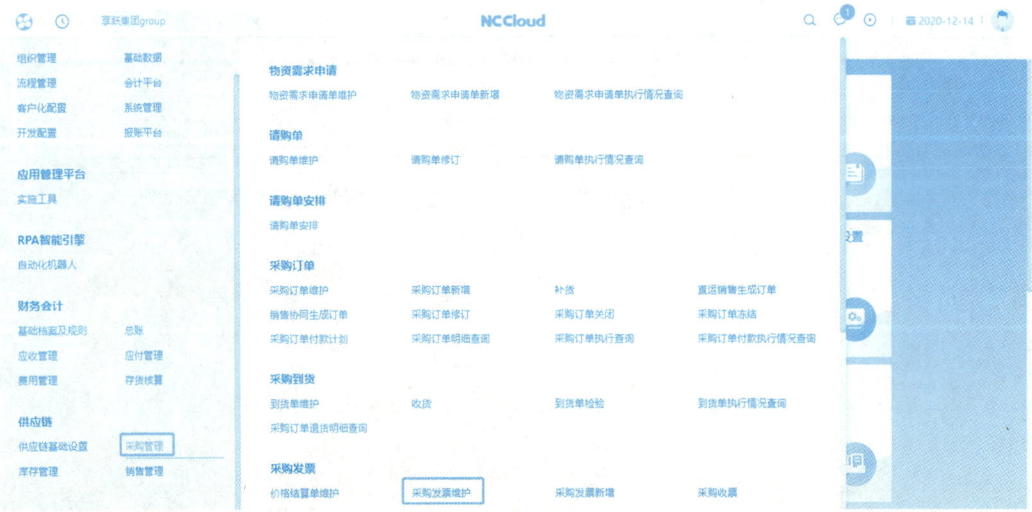

图 9-43 采购发票查询

② 查询结果可能在“待提交”“审批中”“执行中”“全部”状态下;需要在对应的状态下找到对应的单据。单击相应发票号,可进入采购发票详细界面。

(3)应付单审核

① 回到系统主界面,在“财务会计→应付管理→应付日常业务”路径下,单击“应付单管理”选项,打开应付单,如图 9-44 所示。

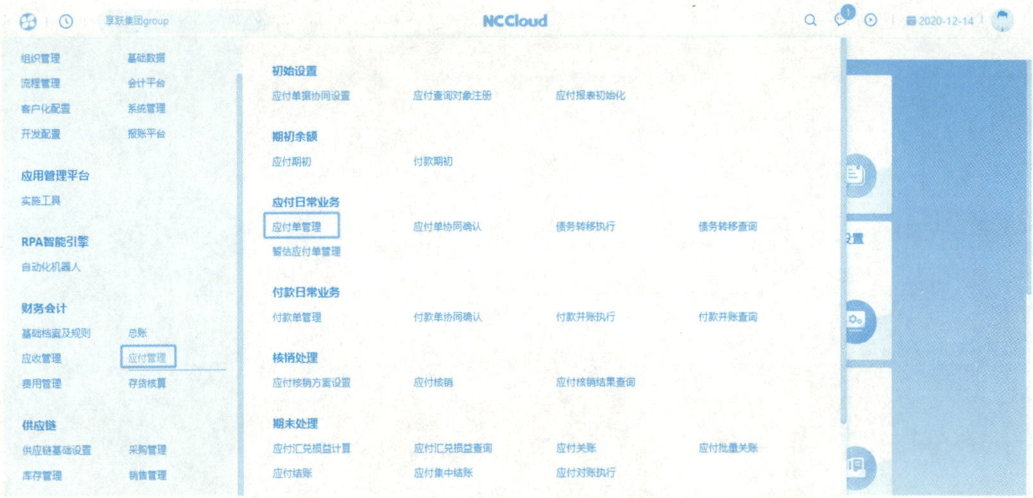

图 9-44 应付单管理

② 在快速查询下输入查询条件，查询应付单。在查询结果中勾选待审核应付单，单击“提交”选项，完成应付单审核，如图 9 - 45 所示。

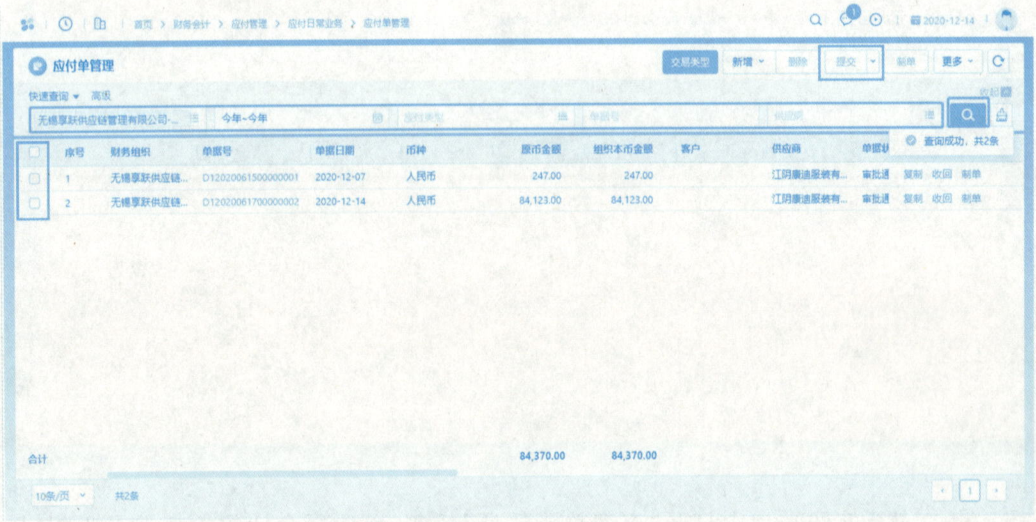

图 9 - 45　审核应付单据

(4)采购入库单成本计算

① 回到系统主界面，在“财务会计→存货核算→财务处理”路径下，双击“成本计算”选项，打开成本计算界面，如图 9 - 46 所示。

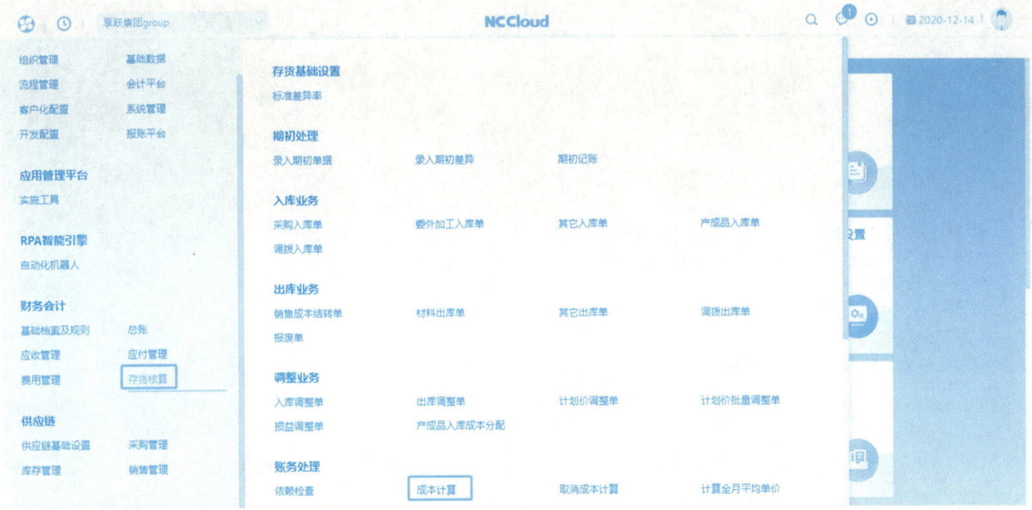

图 9 - 46　成本计算

② 在快速查询下输入查询条件，进行单据查询。在查询结果中勾选需要进行成本计算的采购入库单，单击“成本计算”选项，成本计算结果如图 9 - 47 所示。

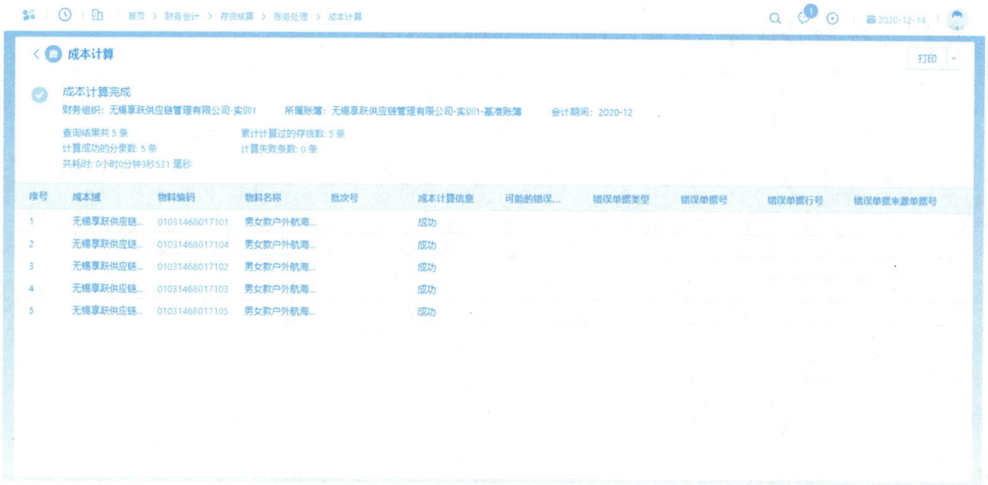

图 9-47　成本计算结果

2. 查询总账凭证

（1）在教学实践平台中打开“查询总账凭证”任务，以费用会计的角色登录 ERP 系统，依据实际业务发生日期在登录界面切换系统业务日期为“2020-12-14”。

（2）进入系统后在“财务会计→总账→凭证管理”路径下，双击“凭证查询”选项，打开凭证查询界面，如图 9-48 所示。

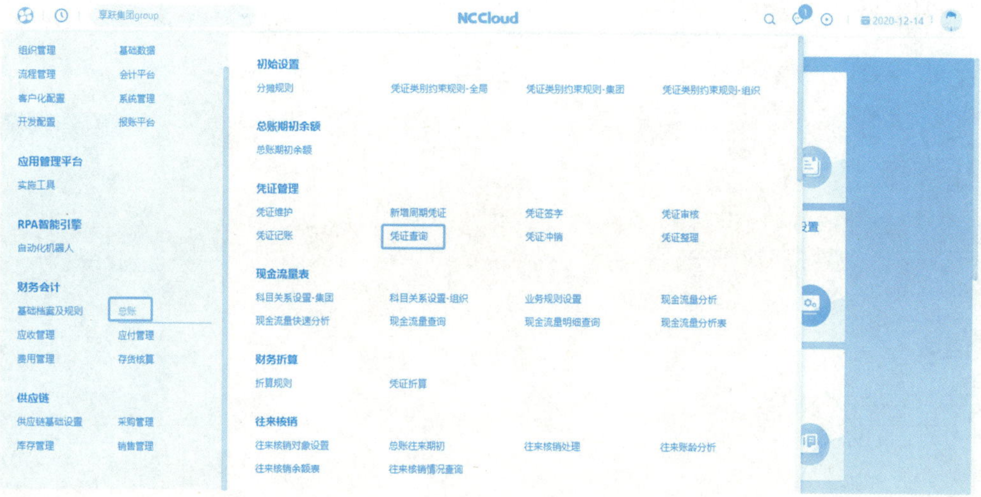

图 9-48　凭证查询

（3）在凭证查询界面，单击“高级”选项，输入查询条件后再单击“查询”选项。注意：如果查询条件中的“制单系统”为“存货核算”，只查询出入库相关的凭证；如果查询条件中的“制单系统”为“应付管理”，只查询应付系统生成的相关凭证；如果不填写制单系统，则能查询全部凭证，如图 9-49 所示。

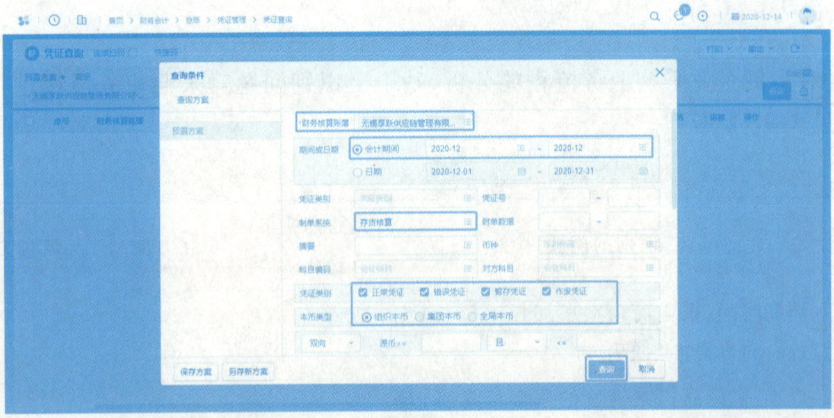

图 9-49　输入查询条件

(4)在查询结果中双击相应凭证,可查询凭证详细信息,如图 9-50 所示。

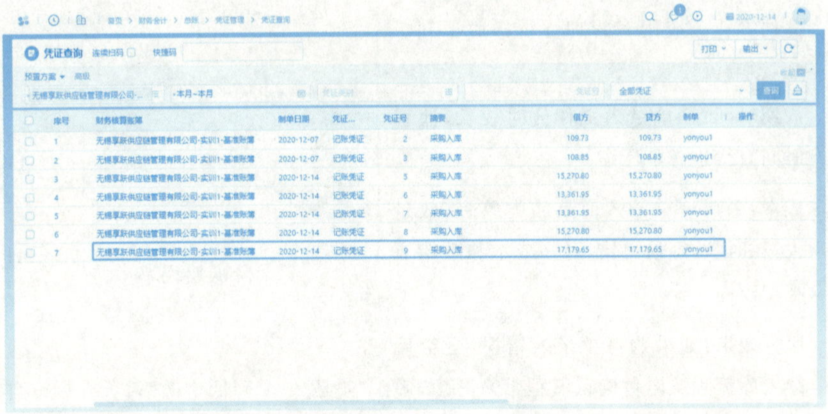

图 9-50　查询详细信息

第二节　采购业务流程优化

一、采购业务流程问题梳理

采购业务流程中数据繁多,相关信息系统的数据交互频繁,单纯地运用传统的信息技术手段已无法满足企业提高效率和改进管理的需求。

根据本章导入项目,请在教学实践平台上完成采购业务流程问题梳理,可依据享跃体育集团的流程评价标准,从周期时间、通过率、成本及服务效果四个方面对新增供应商档案添加流程、采购订单录入流程和采购到货入库流程进行评价。

二、RPA 应用优化方案

依据对案例企业采购业务流程的分析，基于已识别问题对采购业务流程进行改进需求分析，见表 9-4 所列。

表 9-4　采购业务流程优化需求分析

流程名称	识别的问题	是否急需优化	优化方向	何种方式改进
新增供应商档案添加流程	周期时间：供应商档案增加耗时较长，流程时间有待进一步压缩	否	提高录入效率	自动化
	成本：供应商档案涉及的基础信息多，录入工作量大，耗时长，专岗管理导致人工成本较高	是	提高录入效率、降低人工成本	自动化
	服务效果：由于供应商档案信息庞杂，容易录入错误或漏录信息，可能对后续供应商档案业务应用和管理分析造成不利影响，影响流程效果	是	降低录入错误率	自动化
采购订单录入流程	周期时间：订单录入工作耗时较长，流程时间有待进一步压缩	否	提高录入效率	自动化
	成本：采购订单录入商品品类繁多，数量大，耗时长，容易出错，时间成本和差错成本均较高	是	提高录入效率，降低错误率	自动化
	服务效果：如采购订单录入错误，会给后续入库流程及应付确认流程带来麻烦，影响流程效果	是	降低错误率	自动化
采购到货入库流程	周期时间：整个入库流程耗时较长，流程时间有待进一步压缩	否	WMS 自动化录入 ERP 自动获取数据	自动化，数据集成
	成本：WMS 和 ERP 两个系统都进行入库数据记录，存在库存管理员和运营专员重复工作的现象，且两个部门间需要进行数据及单据的交互，对人工成本和时间成本都是一种浪费	是	避免重复录入，降低成本	数据集成，使两个系统数据同步
	服务效果：由于时间的滞后，ERP 系统库存数据不能真实反映企业实物库存，降低了数据价值	否	ERP 可从 WMS 实时获取数据	数据集成，实时数据分析

针对梳理出的问题，结合优化思路，应用 RPA 对采购业务流程进行改进。RPA 可以根据既定规则实现跨系统、大批量数据的自动化处理，提高工作的准确性和效率，具体如下。

① 应用 RPA 自动维护集中采购和分散采购的供应商档案；

② 应用 RPA 实现 ERP 系统中的采购订单按 WMS 系统订单明细自动录入；

③ 在采购到货入库环节，可以通过扫码枪实现 WMS 系统入库单自动录入，通过数据集成实现 WMS 系统和 ERP 系统入库单数据同步；

④ 应用 RPA 自动完成采购业务的三单匹配检查工作。

第三节　采购循环机器人

一、供应商维护机器人

(一)供应商维护机器人业务逻辑

RPA 机器人是模拟手工的操作，通过自动化运行，提高操作的效率及准确性。

1. 手工维护供应商档案的操作步骤

(1)打开并登录 ERP 系统。

(2)打开供应商档案增加界面。

(3)根据供应商申请信息增加供应商档案。

2. 供应商维护机器人业务逻辑

依据手工维护供应商档案的操作步骤，供应商维护机器人整体的业务逻辑(图 9-51)：

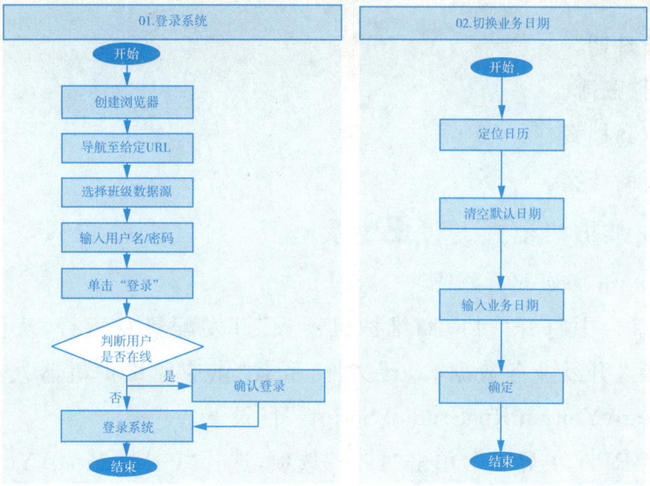

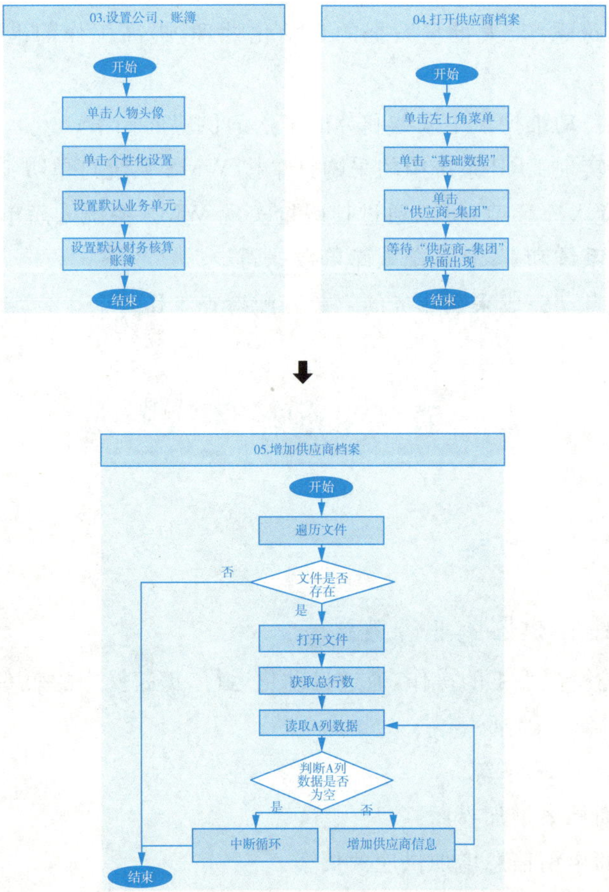

图 9－51　供应商维护机器人业务逻辑

(1)登录系统。

(2)切换业务日期。

(3)设置公司、账簿。

(4)打开供应商档案。

(5)增加供应商档案。

(二)供应商维护机器人开发配置及运行

1. 打开供应商维护机器人程序

在教学实践平台中打开“供应商维护机器人”开发配置及运行，从任务资料中下载“供应商维护机器人开发业务数据 . rar”文件；下载“供应商维护机器人 . rar”文件，文件解压至“C:\seentao\YonyouRpaStudio\Scripts”目录下。

打开“智多星 RPA 主界面”，单击“打开”选项，选择“C:\seentao\YonyouRpaStudio\Scripts\供应商维护机器人”文件夹中的“供应商维护机器人 . proj”文件，如图 9－52 所示。再单击“打开”选项，在 RPA 主界面双击“供应商维护”选项进入对应脚本界面。

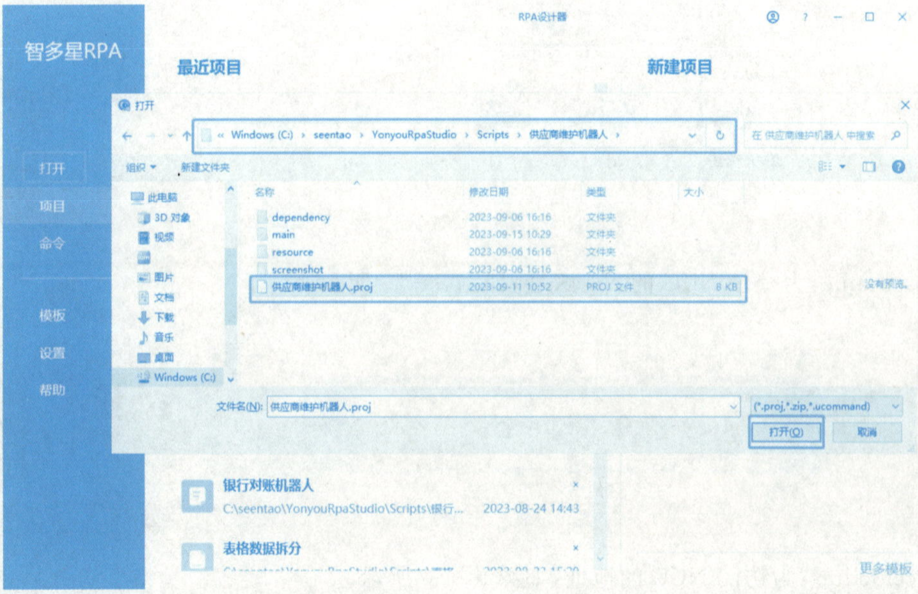

图 9－52　打开程序

2. 开发配置

任务 1：填写“dataSource”“username”“nccloudurl”变量的值，在变量栏中进行变量配置，如图 9－53 所示。

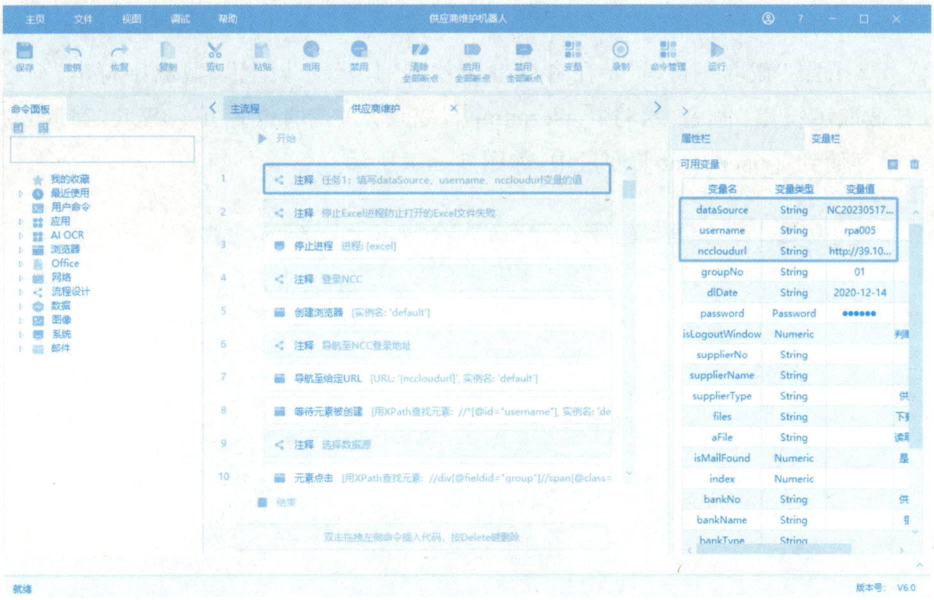

图 9－53　变量设置

dataSource：在新道云“工作应用”中通过“查询数据源”获得，如图 9－54 所示。

图 9－54　查询数据源

username:为登录 NCC 的 rpa 账号,如图 9－55 所示。

图 9－55　查询 username

nccloudurl:为访问 NCC 的地址,如图 9－56 所示。

图 9－56　查询 NCC 地址

任务 2:配置“截取字符串”。在命令框中找到“任务 2”,配置“截取字符串”命令;在打开的“截取字符串”命令中,将“[username]”变量从“3”的位置开始截取,截取长度为“3”,结果存储到“[username]”变量中,如图 9－57 所示。

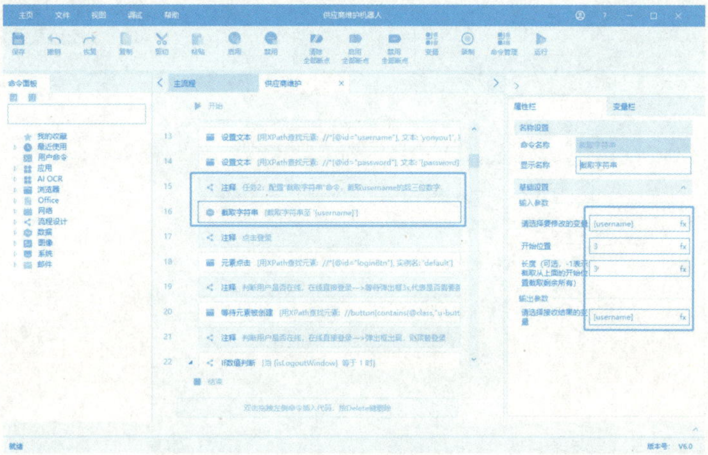

图 9－57　配置截取字符串

任务3:配置“遍历文件”。在命令框中找到“任务3”,配置“遍历文件”命令;在打开的“遍历文件”命令中选择需要录入信息的供应商申请Excel所在的文件夹,配置供应商申请文件的路径信息,如图9－58所示。

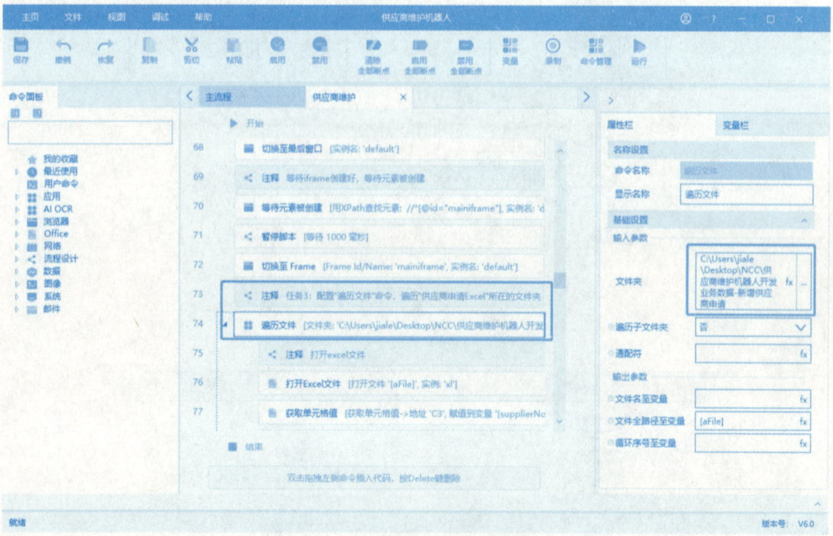

图9－58　配置遍历文件

3. 保存运行

单击“保存”选项保存程序,单击“运行”选项运行程序。运行结果可以在ERP系统的“动态建模平台”→“基础数据”→“供应商信息”→“供应商-集团”路径下进行查询。

二、采购订单录入机器人

(一)采购订单录入机器人业务逻辑

RPA机器人是模拟手工的操作,通过自动化运行,提高操作的效率及准确性。

1. 手工录入采购订单的操作步骤

(1)打开并登录ERP系统。

(2)打开采购订单新增界面。

(3)根据Excel订单信息增加采购订单。

2. 采购订单录入机器人业务逻辑

依据手工录入采购订单的操作步骤,采购订单录入机器人整体的业务逻辑(图9－59):

(1)登录系统。

(2)切换业务日期。

(3)设置公司、账簿。

(4)打开采购订单维护界面。

(5)增加采购订单。

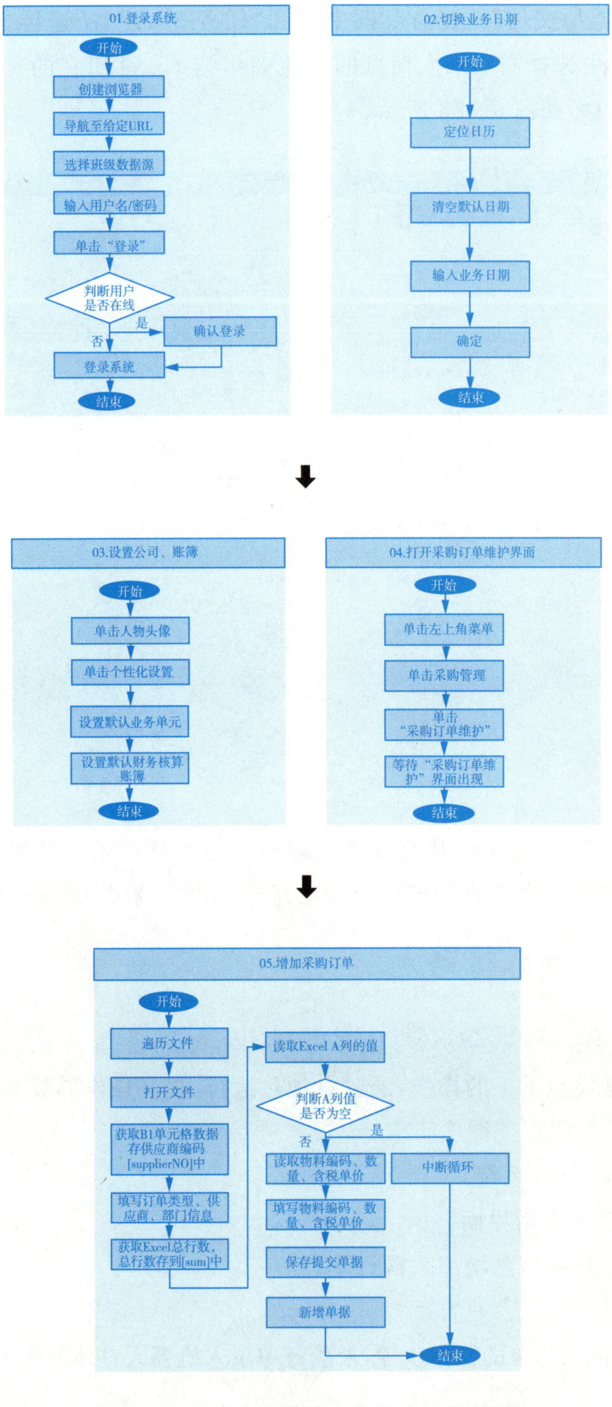

图 9－59　采购订单录入机器人业务逻辑

(二)采购订单录入机器人开发配置及运行

1. 打开采购订单录入机器人程序

在教学实践平台中打开“采购订单录入机器人”开发配置及运行，从任务资料中下载

“采购订单录入机器人开发业务数据.rar”文件；下载“采购订单录入机器人.rar”文件，文件解压至“C:\seentao\YonyouRpaStudio\Scripts”目录下。

打开“智多星 RPA 主界面”，单击“打开”选项，选择“C:\seentao\YonyouRpaStudio\Scripts\采购订单录入机器人”文件夹中的“采购订单录入机器人.proj”文件，单击“打开”选项，在 RPA 主界面双击“采购订单录入”选项进入对应脚本界面，如图 9 - 60 所示。

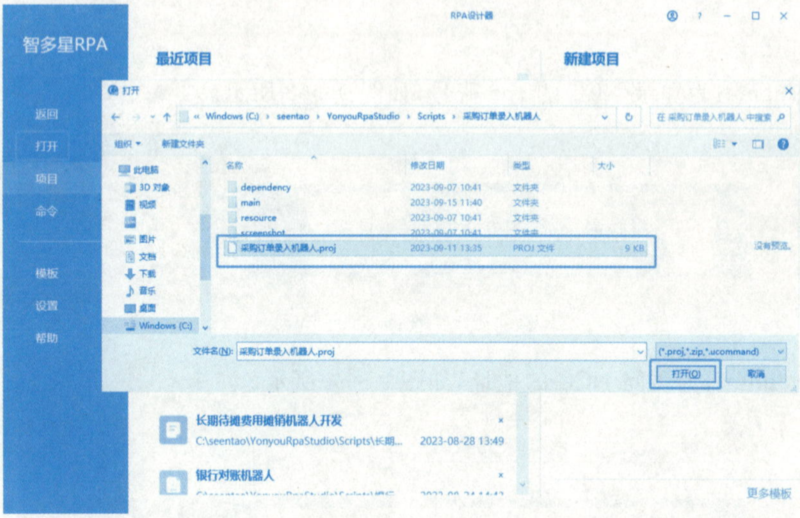

图 9 - 60　打开程序

2. 开发配置

任务 1：填写“dataSource”“username”“nccloudurl”变量的值，在变量栏中进行变量配置，如图 9 - 61 所示。

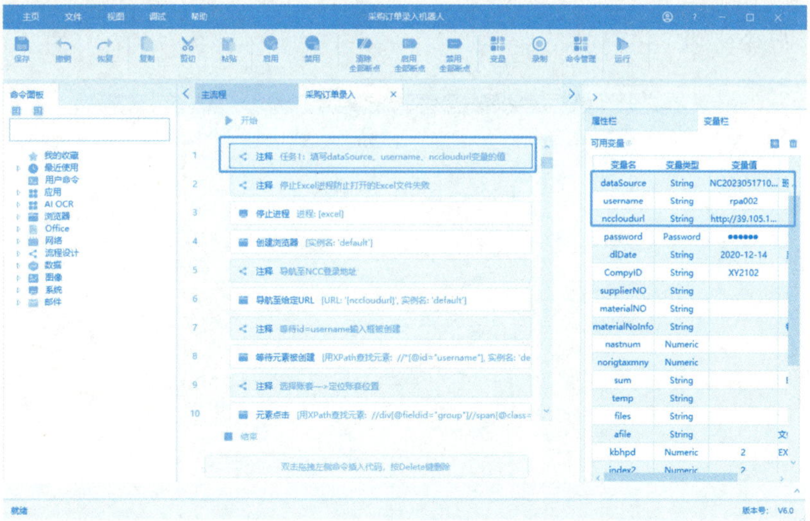

图 9 - 61　设置变量

① dataSource：在新道云“工作应用”中通过“查询数据源”获得，如图 9－62 所示。

图 9－62　查询数据源

② username：为登录 NCC 的 rpa 账号，如图 9－63 所示。

图 9－63　查询 username

③ nccloudurl：为访问 NCC 的地址，如图 9－64 所示。

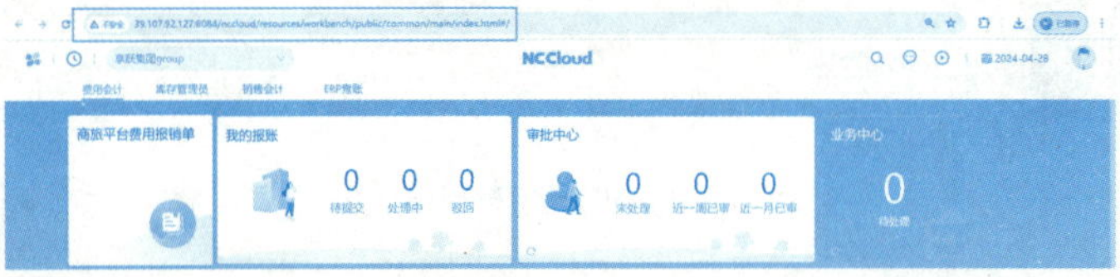

图 9－64　查询 NCC 地址

任务 2：配置“遍历文件”。在命令框中找到“任务 2”，配置“遍历文件”命令，在打开的“遍历文件”命令中选择需要录入的文件的文件夹，配置供应商申请文件的路径信息，如图 9－65 所示。

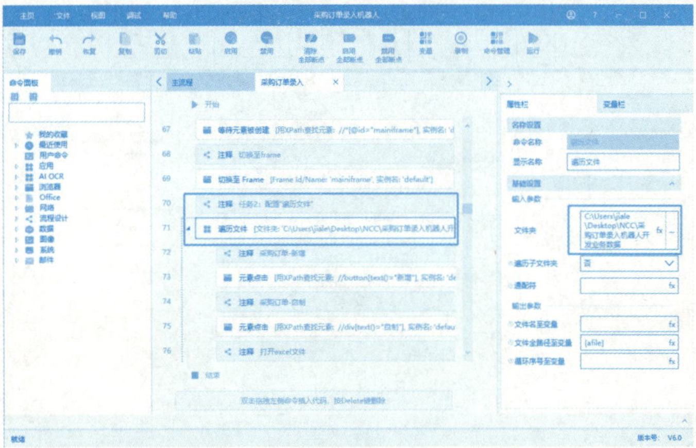

图 9－65　配置遍历文件

任务 3：其内容对应的是 RPA 读取文件录入信息的循环次数，由于 Excel 文件标题占 2 行，所以循环次数为 Excel 文件总行数减去 2。在“任务 3”下编写一行脚本，在左侧搜索框中搜索“减法”，然后将其拖至“任务 3”下方。双击“减法”命令，在弹出的编辑命令界面进行配置，如图 9－66 所示。

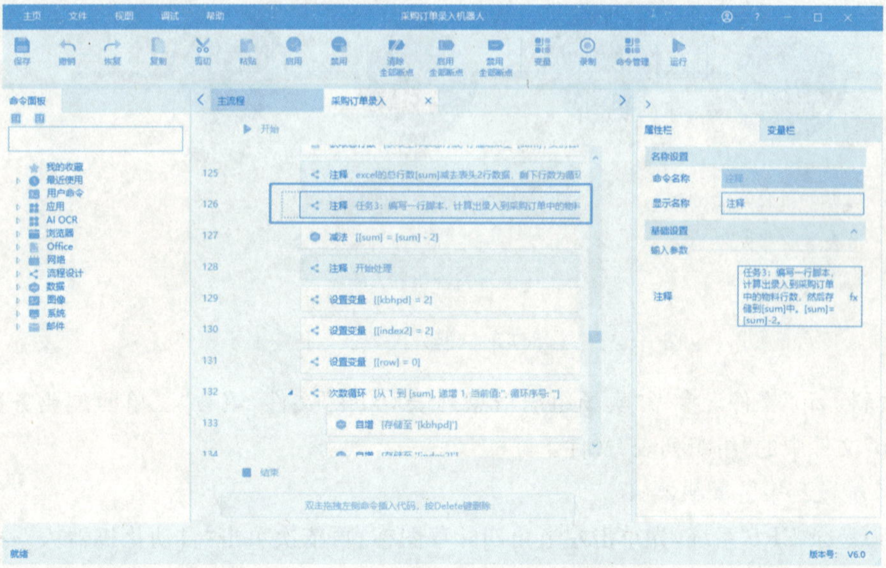

图 9－66　编写减法

3. 保存运行

单击“保存”选项保存程序，单击“运行”选项运行程序，运行结果可以在 ERP 系统的“供应链”→“采购管理”→“采购订单管理”→“采购订单维护”路径下进行查询。

三、三单匹配机器人

（一）三单匹配机器人介绍

ERP 系统中的一张采购发票可能对应多张纸质的增值税专用发票，且每张发票都有多行信息。按照税务监管及财务管理要求，采购会计需要逐条核对系统中的商品信息与纸质发票的信息是否一致，如商品名称、规格型号、数量、价格、税率等，这无疑将耗费采购会计大量精力，同时容易造成税务风险。

三单匹配机器人对验伪通过的发票，与 ERP 系统中的采购入库单进行智能匹配，匹配成功后自动生成 ERP 系统中的采购发票，自动进行采购结算，并自动生成应付单，确定应付账款。

（二）三单匹配机器人配置开发及运行

三单匹配机器人配置及运行的主要步骤如图 9－67 所示。

打开教学平台，从任务资料中下载“卖场组织信息列表．xlsx”文件和“三单匹配业务

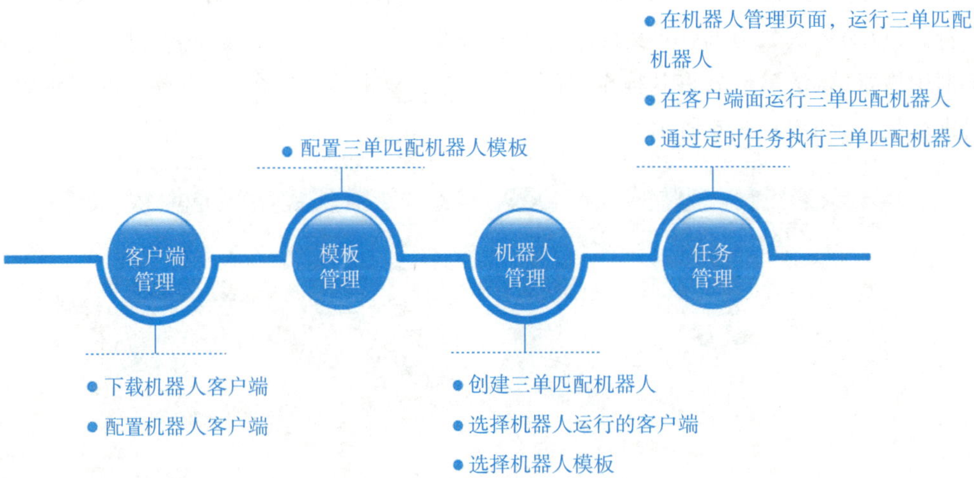

图 9－67　三单匹配机器人配置及运行主要步骤

数据资料.zip”文件。参考“卖场组织信息列表.xlsx”文件，填写“三单匹配业务数据资料.zip”文件中的“组织列表”文件。

1. 配置三单匹配机器人

(1)登录 ERP 系统，先单击左上角四叶草图标，再依次单击“自动化机器人”→“机器人管理”选项，如图 9－68 所示。

图 9－68　机器人管理

(2)单击“创建机器人”选项后录入机器人名称和描述，下拉选择机器人运行的客户端，单击“下一步”选项，如图 9－69 所示。

(3)选择“三单匹配机器人”模板，单击“下一步”选项，如图 9－70 所示。

图 9-69 创建机器人

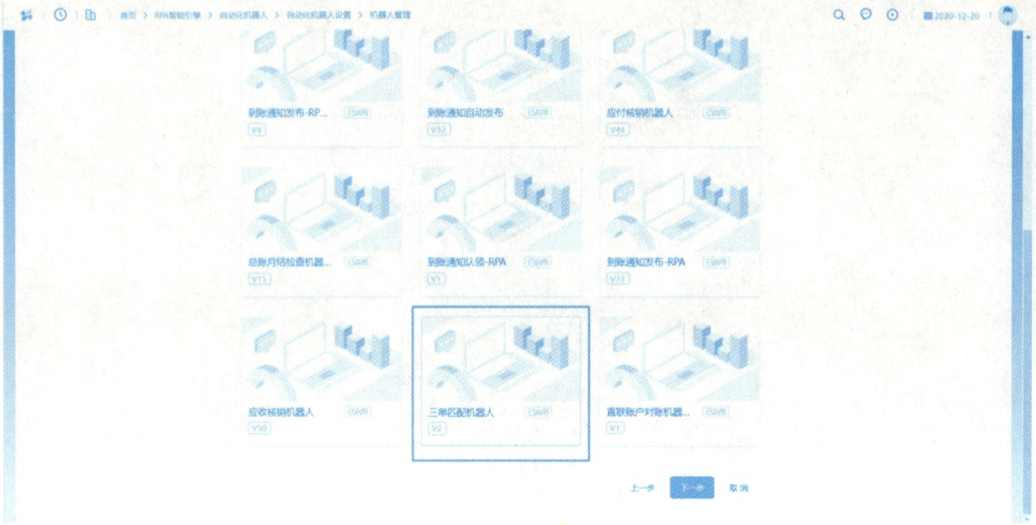

图 9-70 选择机器人模板

(4)编辑“输入目录”“输入文件名”信息。“输入目录”的变量值为“组织列表.xlsx”文件的文件路径;“输入文件名”的变量值为“组织列表.xlsx”,如图 9-71 所示。

(5)设置变量值:“loginUrl”变量值为当前页面 ERP 系统地址信息;“account”变量值为 ERP 登录账号信息,“pwd”变量值为“123qwe”,如图 9-72 所示。

图 9-71　编辑变量值

图 9-72　设置变量值

(6)单击“下一步”选项,弹出“设置数据集”界面,该界面无须设置。单击“下一步”选项,维护收件人姓名和邮箱,单击“是否启用”选项以启用报告接收;单击“完成”选项,三单匹配机器人创建结束;设置完成后,任务栏也会出现创建好的机器人,如图9-73所示。

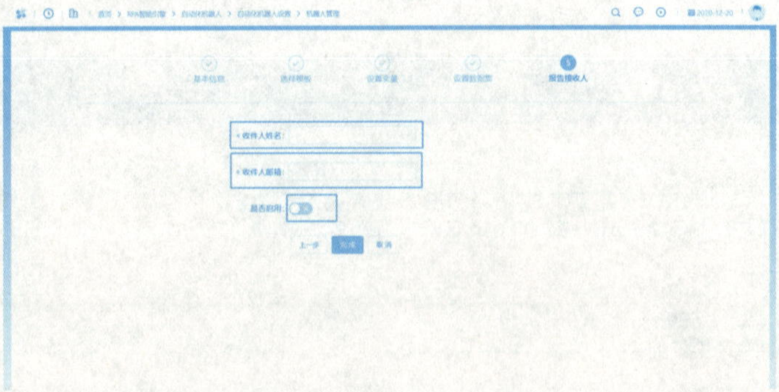

图 9-73　维护收件人信息

2. 运行三单匹配机器人

(1)单击“待机”选项中的“运行”选项，机器人开始自动执行三单匹配操作(机器人需要在“小友 RPA 客户端”为登录的状态下运行；小友 RPA 客户端登录的用户需与 NCC 登录的用户一致)。机器人运行结束后邮箱可收到运行结果报告，如图 9-74、图 9-75 所示。

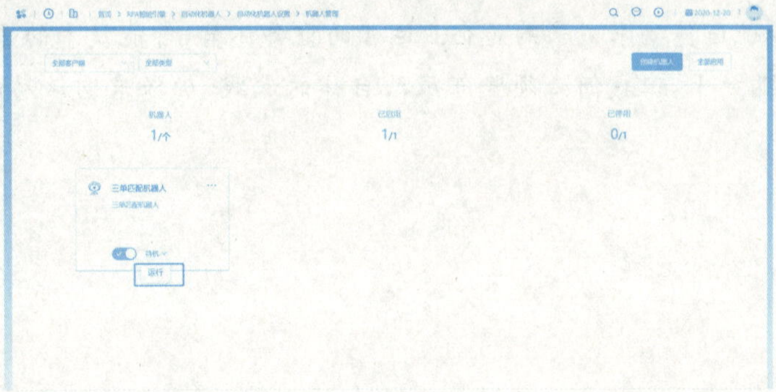

图 9-74　运行三单匹配机器人

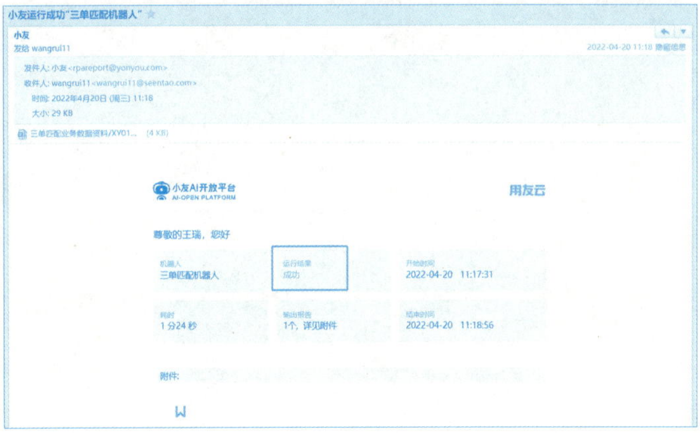

图 9-75　运行成功结果报告

(2)在文档“组织列表”相同的路径下也可以查询运行报告,如图 9-76 所示。

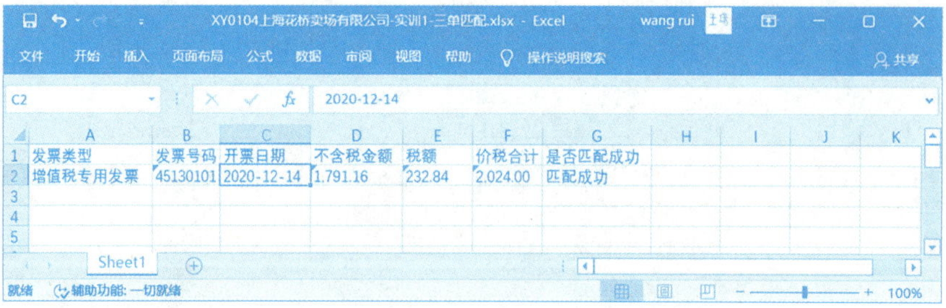

图 9-76 查询运行报告

职业素养

采购业务循环实战与廉洁自律:智能采购,廉洁先行

在“采购业务循环综合实战”中,我们不仅要掌握智能采购的技术应用,更要深入理解廉洁自律的职业道德要求。采购是企业运营的重要环节,智能技术的应用可以优化采购流程、提高采购效率,但我们必须坚守廉洁自律的底线,确保采购活动的公正、公平和透明。

第十章 智能报账机器人与收单机器人

学习目标

- 了解智能报账机器人的流程
- 了解智能收单机器人的工作流程
- 能够在 ERP 系统中通过 OCR 识别发票信息填写报销单，实现智能报账
- 能够在 ERP 系统中填写、审核差旅费自助报销单
- 能够在收单机中进行单据投递，实现智能收单、智能审核报销单

随着电子时代和互联网时代的到来，国家开始提倡使用电子发票，电子发票在日常生活中出现得更加频繁，电子发票的绿色环保特点也更符合节能减排的要求。智能报账与收单机器人在这一背景下应运而生，为企业高效处理电子发票提供了解决方案。智能报账机器人能利用先进的图像识别、自然语言处理等技术自动识别和处理电子发票。它可以自动提取、分类、存储电子发票的信息并自动完成入账和报销的流程。智能报账机器人可以大幅减少企业财务人员人工录入的工作量，提高处理效率、减少错误率。收单机器人则主要应用于接收和处理报销单据。它可以自动扫描、识别报销单据，并将相关信息录入系统。与传统的人工收单方式相比，收单机器人不仅能提高处理速度，还能减少人为因素导致的错误。同时，收单机器人还可以进行初步的数据校验和合规性检查，确保报销单据的准确性和合规性。智能报账机器人与收单机器人的使用将使企业的电子发票入账与报销流程更加自动化、智能化，这不仅可以提高企业的工作效率，还可以降低运营成本，提升企业的竞争力。

第一节 智能报账机器人

一、业务流程分析

(一)传统报账流程

传统的发票入账和报销流程，主要包括以下四个步骤(图 10－1)。

1. 打印发票

员工在收到电子发票后，需要将其打印出来以确保拥有实体的纸质发票作为报销凭

证。这一步至关重要，因为纸质发票是后续报销流程的基础。

2. 填写报销单

员工需要登录报销系统，在系统中选择对应的报销单模板，并详细填写报销事项。报销单中应包含发票的基本信息（如发票号码、开票日期等）、报销金额、报销的具体内容和原因等。员工需确保所填写的信息准确、完整，以便后续的审核和记账。

3. 制作记账凭证

财务部门的专业人员会根据员工提交的报销单和发票信息，制作符合会计准则的记账凭证。记账凭证应详细记录报销的金额、科目、摘要等信息，确保财务数据的准确性和规范性。

4. 会计审核

审核会计会对员工提交的发票进行查重验真，确保发票的真实性和唯一性。审核会计会仔细核对发票上的各项信息，如开票单位、开票日期、金额等，以确保其与实际报销内容一致；同时，审核会计还会对报销金额进行核对，确保金额准确无误。审核成功后电子发票的编号会被登记在报销凭证中，形成完整的记账凭证。

财务人员需要手动完成发票验真和查重，如果遇到电子发票数量较多，就会出现业务流程冗长烦琐，财务人员忙于重复工作的问题，造成大量的人力和物力的负担。

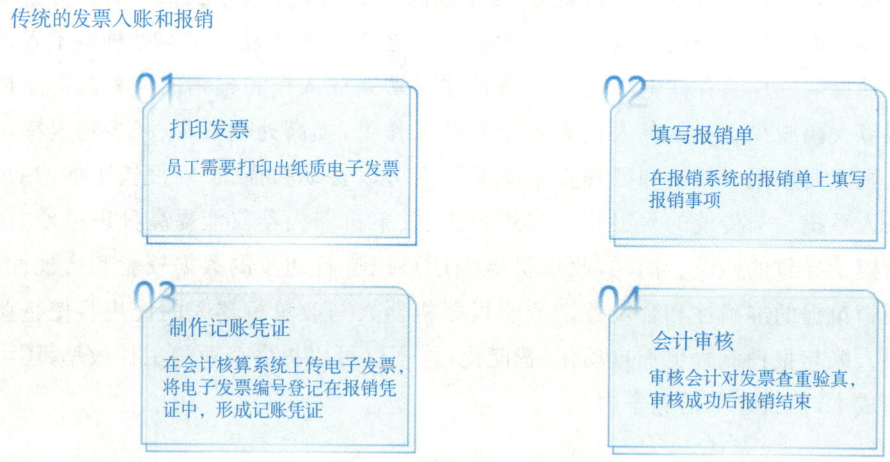

图 10－1　传统发票报账业务

（二）智能报账机器人工作流程

根据传统报账业务的一般流程，明确智能报账机器人融合 RPA 与 OCR 技术后的工作流程（图 10－2），主要包括五个步骤。

1. 上传发票

员工将纸质发票通过扫描仪进行扫描，或将收到的电子发票直接上传至企业的财务系统。系统接收发票后，利用 OCR 技术对发票上的文字信息进行识别和提取。

2. 自动解析

系统利用 RPA 技术对上传的发票进行自动解析。系统通过结合 OCR 和 RPA 技术精准识别发票上的各项关键信息，如发票代码、发票号码、开票日期、购买方名称及税号、销售方名称及税号、商品或劳务名称、金额、税额等，并将这些信息结构化地存储在系统的数据库中，为后续步骤提供数据支持。

3. 验真查重

系统对解析后的发票信息进行验真和查重。验真环节通过与税务部门的发票数据库进行比对，确认发票的真实性和有效性；查重环节则通过比对系统内部的发票记录，防止同一发票被多次报销。这一步骤确保了财务数据的真实性和准确性，能有效避免重复报销和虚假发票的风险。

4. 填报制单

智能报账机器人根据预设的规则和模板，自动填写报销单。机器人将自动从解析得到的发票信息中提取相关字段，如报销金额、报销事由等，并自动填入报销单中。员工只需对自动填写的报销单进行简单地核对和确认，即可完成制单过程。

5. 制作凭证

智能报账机器人根据已填写的报销单自动生成会计凭证。在此步骤中，系统会根据企业的会计准则和财务规定，对报销单中的信息进行分类、编码和格式化，生成符合要求的会计凭证。生成的凭证将经过系统的自动审核和人工复核，确保凭证的准确性和合规性。

使用智能报账机器人后，会计人员只需要在最开始的时候上传发票，其他的流程将全部由 RPA 机器人和 OCR 技术自动完成，财务人员可以将更多的精力用于更加有专业性的工作。

图 10-2　智能报账流程

二、智能报账机器人应用

(一)差旅费自助报销单填报(报销人)

1. 填报准备工作

(1)在教学实践平台中打开差旅费自助报销单填报(报销人),下载相关知识中的安装文件“高拍仪驱动 .zip”(图 10 - 3),安装“方正高影仪安装包_v2.3.3.0.exe”“FounderTwainSetup_v2.0.7.A.exe”软件。

图 10 - 3　下载安装包

(2)完成团队初始化组建团队,在“团队中心”选项中加入团队后单击“角色上岗”选项,再单击“进入系统”开始任务,如图 10 - 4 所示。

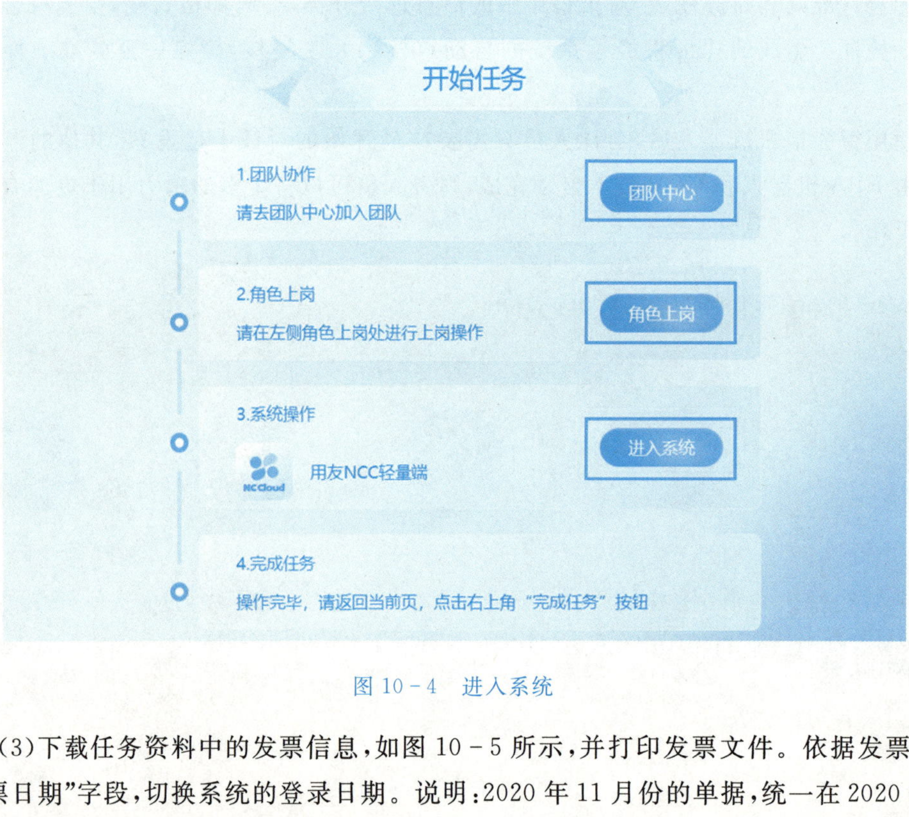

图 10 - 4　进入系统

(3)下载任务资料中的发票信息,如图 10 - 5 所示,并打印发票文件。依据发票上的“开票日期”字段,切换系统的登录日期。说明:2020 年 11 月份的单据,统一在 2020 年 12 月 5 日填报报销,2021 年 12 月 26 日审批。

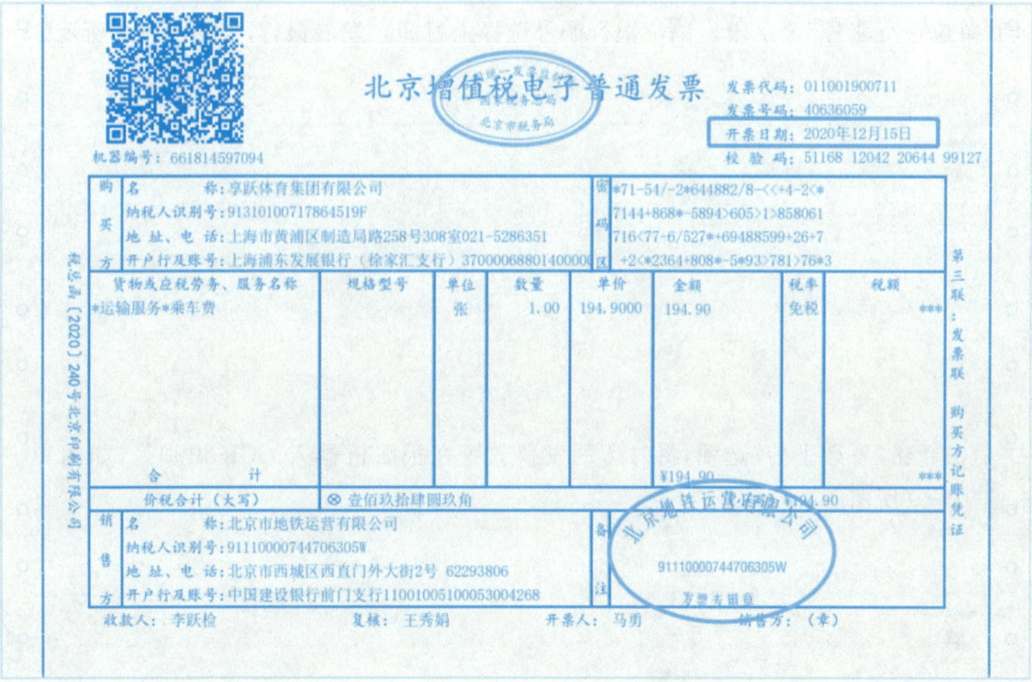

机器编号：661814597094

北京增值税电子普通发票

发票代码：011001900711
发票号码：40636059
开票日期：2020年12月15日
校 验 码：51168 12042 20644 99127

购买方 名 称：享跃体育集团有限公司
纳税人识别号：91310100717864519F
地 址、电 话：上海市黄浦区制造局路258号308室021-5286351
开户行及账号：上海浦东发展银行（徐家汇支行）37000068801400000

密码区 *71-54/-2*644882/8-<<+4-2<*
7144+868*-5894>605>1>858061
716<77-6/527*+69488599+26+7
+2<*2364+808*-5*93>781>76*3

货物或应税劳务、服务名称	规格型号	单位	数量	单价	金额	税率	税额
*运输服务*乘车费		张	1.00	194.9000	194.90	免税	***
合 计					¥194.90		***
价税合计（大写）	⊗壹佰玖拾肆圆玖角				（小写）¥194.90		

销售方 名 称：北京市地铁运营有限公司
纳税人识别号：91110000744706305W
地 址、电 话：北京市西城区西直门外大街2号 62293806
开户行及账号：中国建设银行前门支行11001005100053004268

备注

收款人：李跃检 复核：王秀娟 开票人：马勇 销售方：（章）

第三联：发票联 购买方记账凭证

税总函〔2020〕240号北京印刷有限公司

图 10－5 发票资料

2. 填报报销单

(1)以报销人李娜的角色在“财务会计”→“费用管理”→“报销单”路径下，双击“差旅费自助报销”选项，如图 10－6 所示。

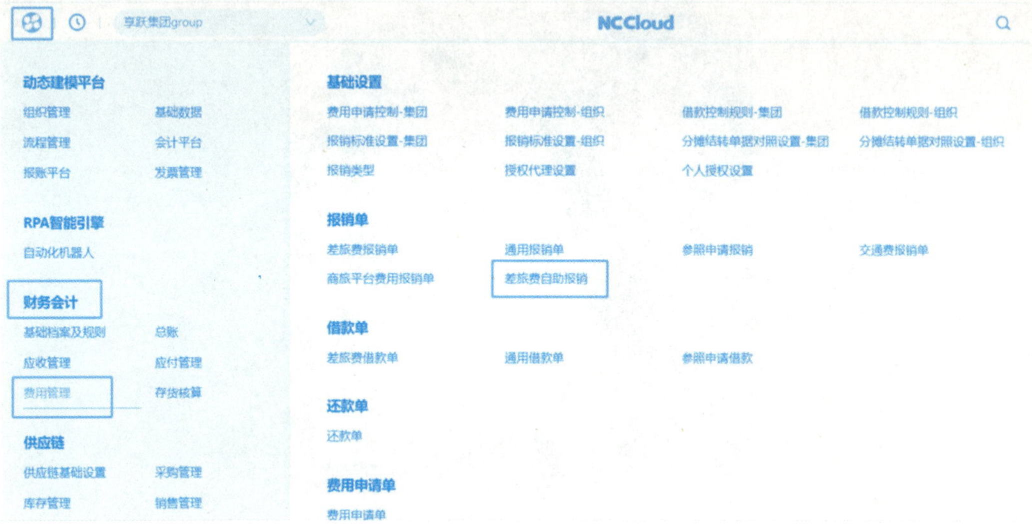

图 10－6 差旅费自助报销

(2)在“差旅费自助报销”界面填写单据表头的“报销事由”“个人银行账号”“结算方式”“单位银行账号”等字段。单位银行账号选择上海浦东发展银行，如图 10-7 所示。

图 10-7 填写报销单

(3)单击“发票上传”选项，将打印的发票放置在报账机器人 OCR 识别处，如图 10-8、图 10-9 所示。

图 10-8 上传发票

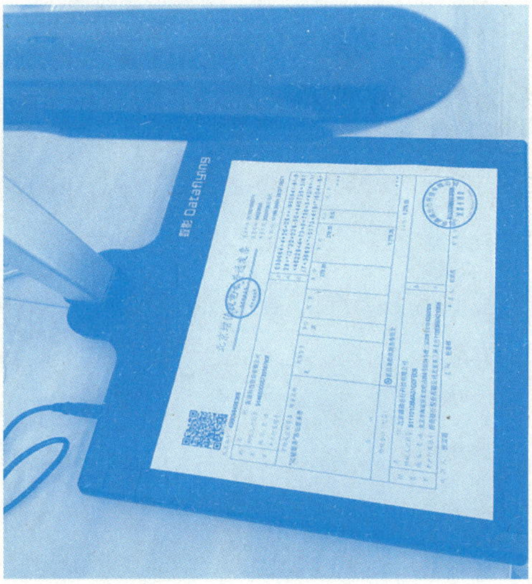

图 10-9 发票扫描识别

(4)发票上传,需单击"扫描发票"选项。首次报销时需要先选择报账机器人连接报销系统的插件,再单击"选定"选项,如图 10 - 10 所示。

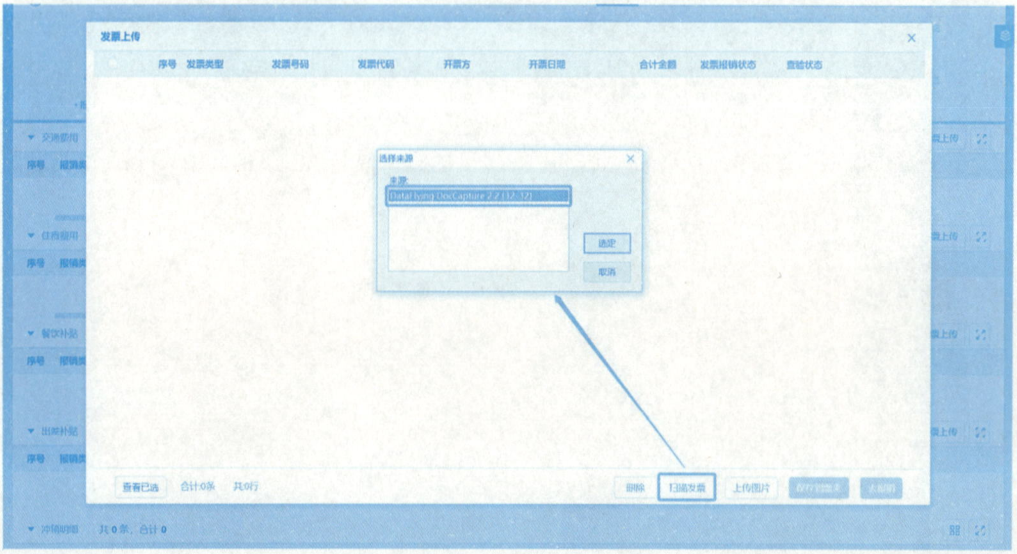

图 10 - 10　扫描上传

(5)弹出扫描发票框,单击"扫描"选项进行发票扫描;扫描完成后再单击"提交"选项,如图 10 - 11 所示。

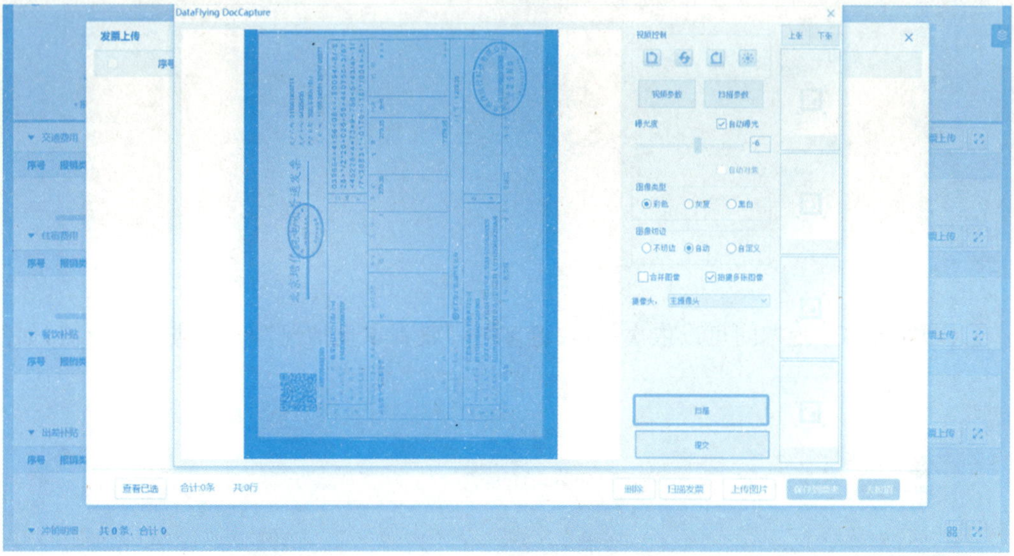

图 10 - 11　提交扫描发票

(6)系统将自动解析发票信息并上传到票夹中,通过税务云系统对发票进行查重验伪,单击"去报销"选项进行报销。系统将根据解析的发票信息自动填制报销单,填写收支项目等字段信息，单击“保存提交”选项，单据待审批，如图 10－12、图 10－13 所示。

图 10－12 提交扫描发票

图 10－13 保存提交单据

（7）在等待审批期间可以依次单击“更多”→“联查审批情况”选项，查询审批流，如图 10－14 所示。

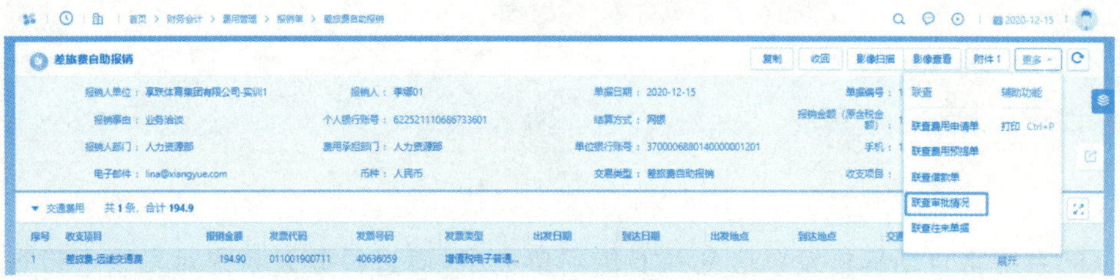

图 10－14 查询审批流

说明：如果没有高拍仪，可以通过手工填写发票信息完成本任务。

(二)差旅费自助报销单审批(部门负责人)

1. 审批准备工作

单击角色上岗后以部门负责人角色进入 NCC 系统，再单击首页的“审批中心”选项，进入审批中心界面。切换系统登录日期为“2020－12－26”。

2. 审批报销单

(1)选择“未审”单据，勾选待审批单据，单击“批准”选项审核单据，如图 10－15、图 10－16所示。

(2)选择“已审”单据，选择需要查询审批流的单据，单击“审批详情”选项，查询审批流，当前单据后续还需要费用会计“智能审核”用户审批。

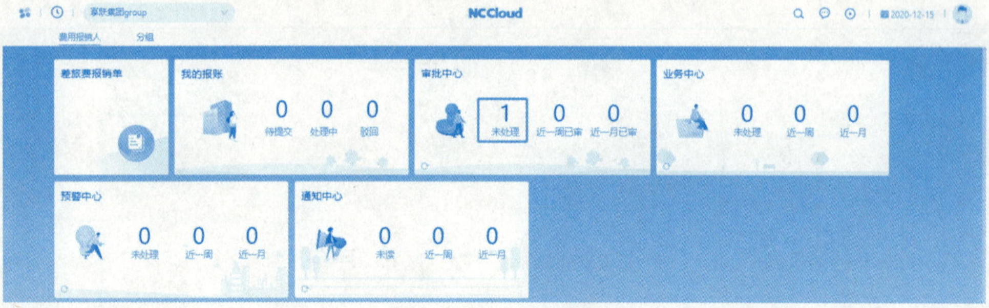

图 10－15　选择未审单据

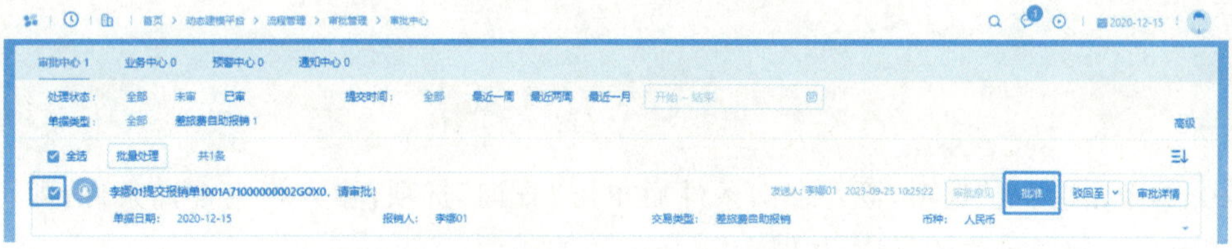

图 10－16　审批单据

(三)差旅费自助报销单审批(费用会计)

1. 审批准备工作

单击角色上岗后以费用会计角色进入 NCC 系统，再单击首页的“审批中心”，进入到审批中心界面。切换系统登录日期为“2020－12－26”。

2. 审批报销单

(1)选择“未审”单据，再选择待审批单据，单击“批准”选项即可审核单据，如图 10－17 所示。

(2)选择“已审”单据，再选择需要查询审批流的单据，单击“审批详情”选项，查询审批流，当前单据后续需要费用会计“智能审核”用户审批。

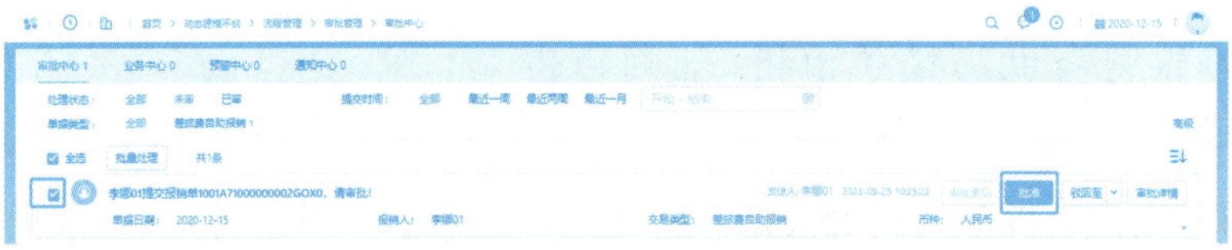

图 10－17　审批单据

（四）差旅费自助报销单凭证查询（费用会计）

1. 审批准备工作

单击角色上岗后，以费用会计角色进入 NCC 系统，切换系统登录日期为“2020－12－26”。

2. 审批报销单

（1）在“财务会计”→“总账”→“凭证管理”路径中，双击“凭证查询”选项，如图 10－18 所示。

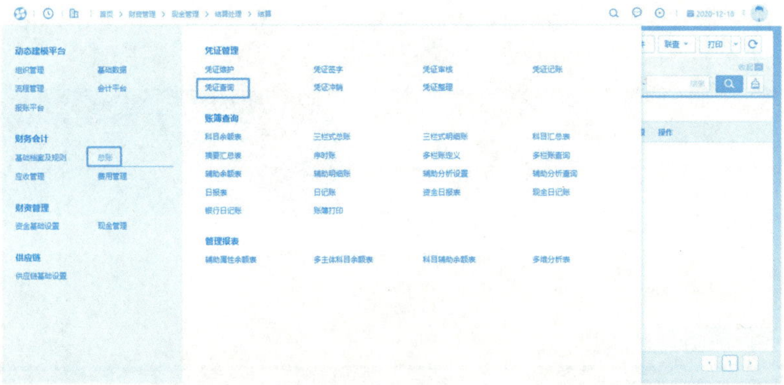

图 10－18　凭证查询

（2）单击“高级”选项，输入查询条件后单击“查询”选项，输入相应查询条件，即可查询到费用报销单生成的凭证，如图 10－19～图 10－21 所示。

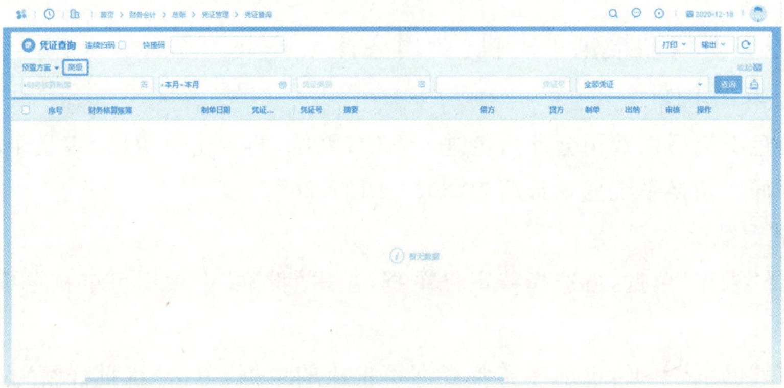

图 10－19　高级查询

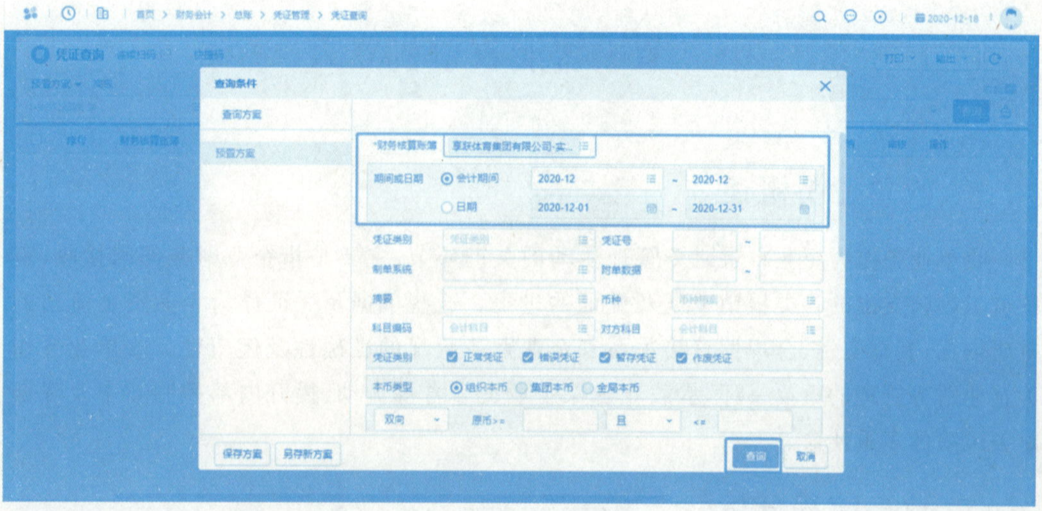

图 10-20　输入查询条件

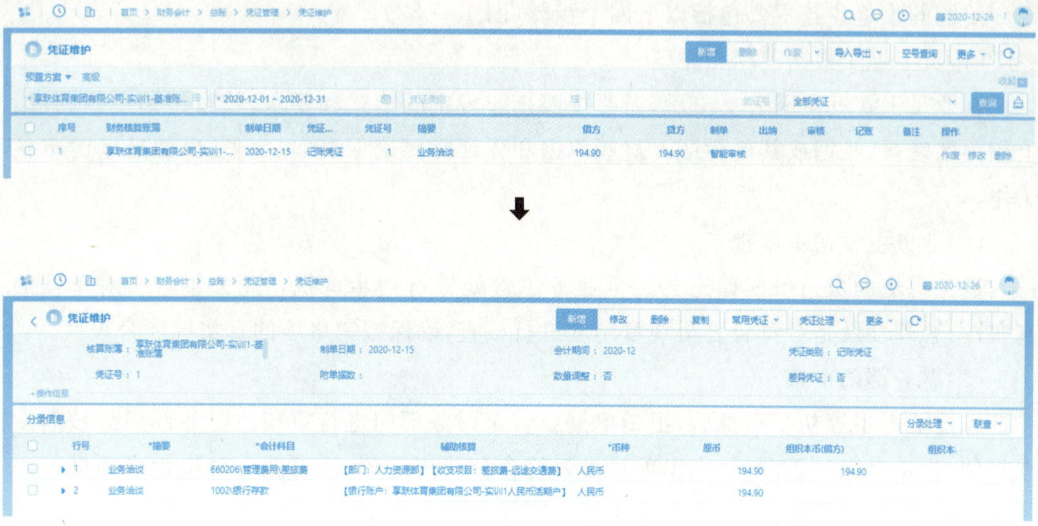

图 10-21　查询结果

三、报账业务概述

报账业务是单位或个人在承担费用后，遵循企业规定程序将发生的费用支出进行收集、整理、审核、记录和报告的一系列财务处理流程。报账的目的是确保费用支出的合理性、合规性，并对支出进行有效管理和控制。报账业务作为企业财务管理的核心环节，涉及企业资金流动的监控、费用支出的审核及财务信息的记录与报告。它不仅是企业内部管理的重要组成部分，也是企业与外部利益相关者沟通的关键渠道。

第二节　智能收单机器人

一、收单业务概述

收单业务作为企业日常财务管理活动的关键环节，主要是指企业财务部门接收、审核员工因公支出的各类报销单据及凭证的过程。这些单据及凭证作为企业资金流出的重要依据，其真实性、合规性直接关系到企业财务状况的准确性及健康性。收单业务作为企业财务管理的重要一环，承载着确保企业资金合规流动、提升内部控制效率及降低财务风险的多重使命。

二、业务流程分析

(一)传统收单流程

传统的收单业务主要包括以下四个步骤(图 10－22)。

(1)员工提交报销单据与凭证

企业员工在发生因公支出后，需要按照企业规定的格式和要求，填写报销单据，并附上相关的发票、收据或其他凭证。这些单据和凭证需要确保真实、完整，以便后续的审核工作。

(2)业务主管初步审批

员工提交的报销单据首先会送至业务主管处进行初步审批。业务主管会对单据的真实性、合理性及是否符合公司规章制度进行核查，确保报销事项的真实性和合规性。

(3)财务部门审核

经过业务主管初步审批后，报销单据会转至财务部门进行审核。财务部门会核对发票真伪、报销金额是否准确、支出项目是否符合公司规定等；还可能会对报销事项进行进一步的核实，如与供应商沟通、查阅相关合同等。

审核结束后，财务部门会根据审核结果对报销单据进行审批通过或驳回的处理。如果审批通过，财务部门会通知员工进行后续的支付或领取报销款项流程；如果审批驳回，财务部门会说明驳回原因，并要求员工进行修改或补充材料后重新提交。

(4)出纳支付与报销单据归档

对于审批通过的报销单据，财务部门会进行支付处理，将报销款项转账至员工指定的账户或发放现金；同时，财务部门还会对所有报销单据进行归档保存，以便日后查阅、审计或备查。

在传统的收单业务流程中，员工面临票据整理困难、审批进度和退单原因不明、票据丢失等痛点；企业财务人员则面临单据审核困难、票据校验压力大、丢票风险无法追溯等痛点。

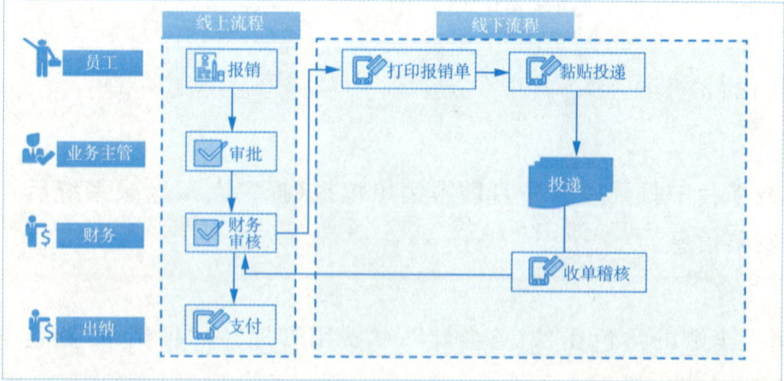

图 10－22　传统收单流程

(二)智能报账机器人介绍

为解决传统报账流程的痛点，智能收单机器人通过构建报销系统、采用 OCR 识别等技术，提供收单、票审、查验、分拣、业务初审、归档、任务推进的一站式服务。在传统报账流程中加入智能报账机器人后，财务人员可以实现影像件审核，只对异常投递的单据进行人工审核，其余环节都可借助智能收单设备进行业务初审，极大减少报账等待时间，如图 10－23、图 10－24 所示。

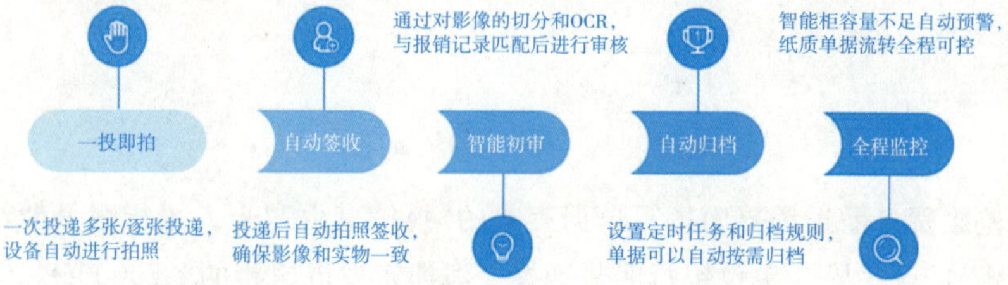

图 10－23　智能收单机器人功能特性

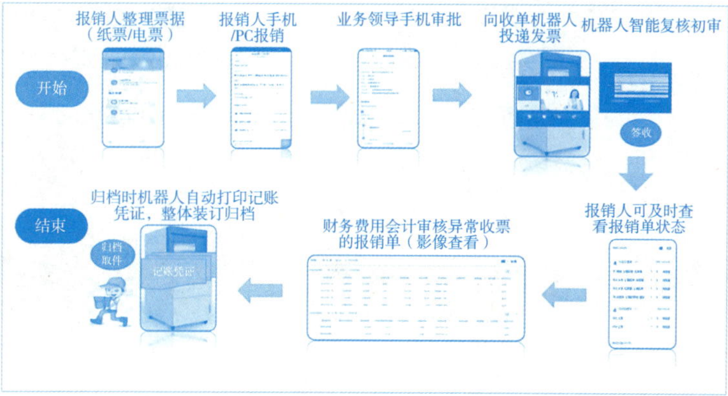

图 10－24　智能收单机器人应用场景

三、智能收单机器人应用

(一)差旅费自助报销单填报(报销人)

1. 填报准备工作

在教学实践平台中打开差旅费自助报销单填报(报销人),登录系统后在任务资料中下载智能收单发票信息。

2. 填报报销单

(1)以报销人李娜的角色在“财务会计”→“费用管理”→“报销单”路径下,双击“差旅费自助报销”选项,如图 10-25 所示。

图 10-25 差旅费自助报销

(2)在差旅费自助报销界面填写单据表头的“报销事由”“个人银行账号”“结算方式”“单位银行账号”等字段。单位银行账号选择上海浦东发展银行的“370000688014000000 1221”,如图 10-26 所示。

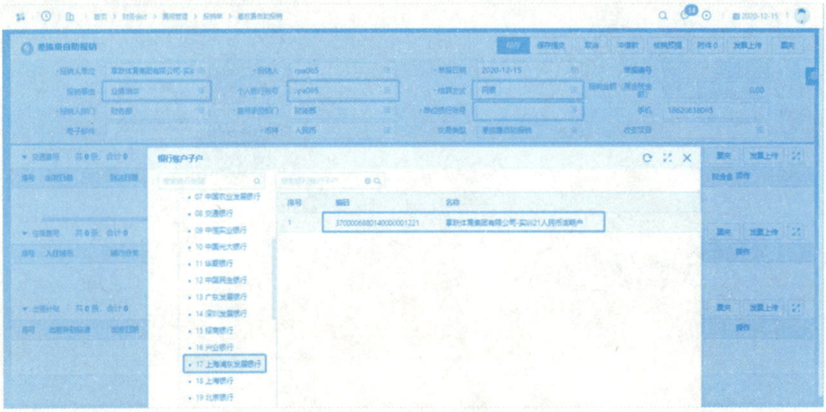

图 10-26 差旅费填单

(3)单击“发票上传”选项，将任务资料中下载的发票图片进行上传，步骤如图 10－27 所示。

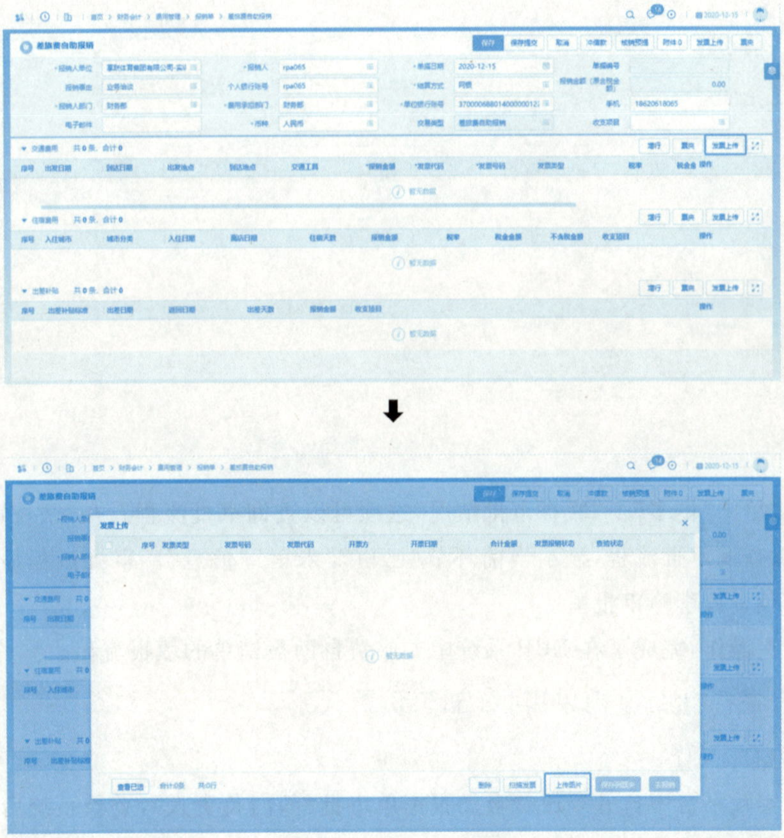

图 10－27　上传发票

(4)勾选上传完毕的发票，单击“去报销”选项。系统将自动解析发票信息并上传至票夹中，通过税务云系统对发票进行查重验伪，如图 10－28 所示。

图 10－28　报销发票

(5)系统根据解析的发票信息自动填制报销单,然后填写"收支项目"等字段信息。单击"保存提交"选项后单据将进入审批流程,等待部门负责人进行审批,如图10-29所示。

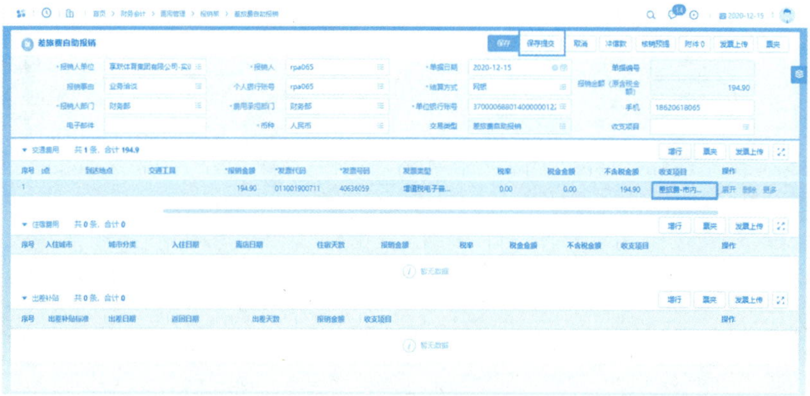

图10-29 填写费用详情

(6)依次单击"更多"→"联查审批情况"选项可以查询审批流程。在"联查审批情况"选项中,可以查询审批流程,显示当前环节"已审""未审""信息"。审批流程显示当前单据需要部门负责人李峰审批。

通过以上操作,完成了在ERP系统中差旅费自助报销单的填报流程。

(二)差旅费自助报销单审批(部门负责人)

1. 审批准备工作

在教学实践平台中打开差旅费自助报销单审批(部门负责人),登录系统后以部门负责人的角色上岗进行操作。

2. 审批报销单

(1)以部门负责人的角色进入NCC系统。打开"审批中心"后单击"未审"选项,选择待审批单据后,单击"批准"选项审核单据,如图10-30、图10-31所示。

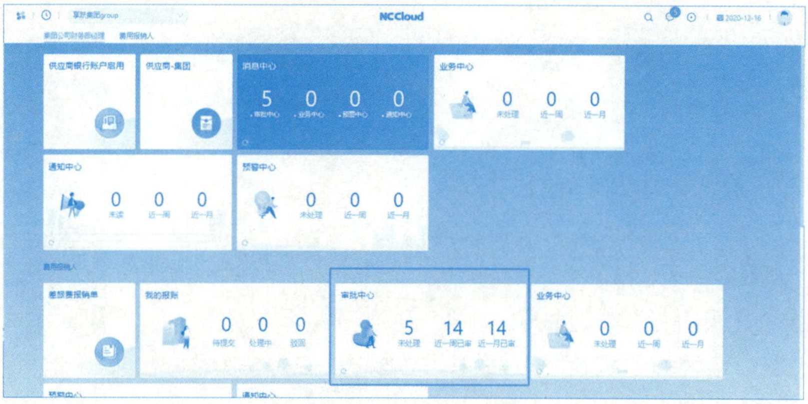

图10-30 审批中心流程提示

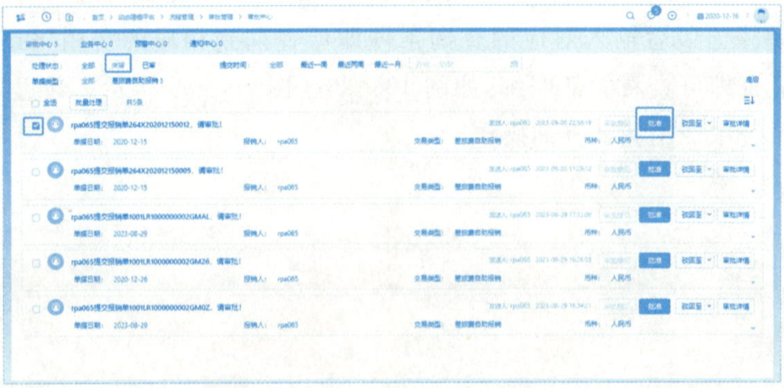

图 10-31　审批未审流程

(2)批准后通过单击“已审”选项，选择已审批单据后，再单击“审批详情”选项查询审批流程。审批流程显示当前单据需要智能审核用户审批；需要制单人在收单机进行单据(报销单+发票)投递，智能收单机智能审核等。

通过以上操作，部门负责人完成了在ERP系统中差旅费自助报销单的审批流程。

(三)差旅费自助报销单审批

报销人(制单人)打印由部门负责人审批完成的“差旅费自助报销单”和发票，在收单机中扫描“差旅费自助报销单”中的条形码，生成机器人系统的单据编码后单击“确认”选项。按照收单机器人界面提示将报销单和发票放置于投递口进行单据投递，收单机器人将进行OCR扫描，比对报销单与发票信息。报销人(制单人)可以在ERP系统中查询单据审批情况，“智能审核”用户自动完成单据审核，单据完成审批流程。

(四)差旅费自助报销单凭证查询

(1)差旅费自助报销单审批完成后将自动完成单据结算(交易类型配置)，自动生成总账凭证。登录NCC系统，单击左上角菜单栏后依次单击“现金管理”→“结算”选项，进行结算信息查询，如图10-32所示。

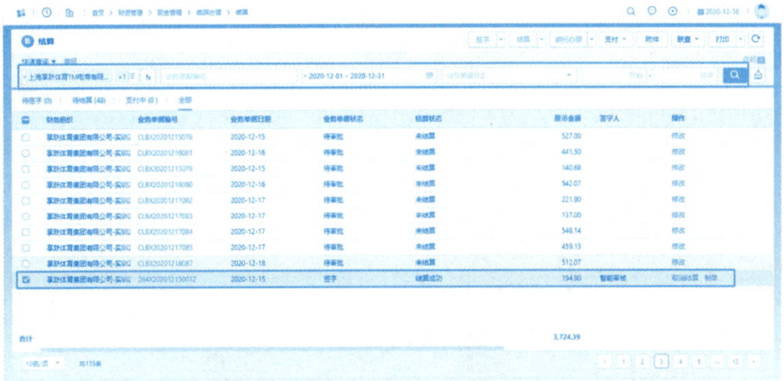

图 10-32　查询结算业务

(2)先在NCC系统中依次单击“财务会计”→“总账”→“凭证管理”→“凭证查询”选项，再单击“高级”选项后输入对应的查询条件即可查询到相应的费用报销单生成的凭证，双击选中凭证即可查看凭证明细，如图10-33～图10-35所示。通过以上操作，完成了在ERP系统中费用凭证查询操作。

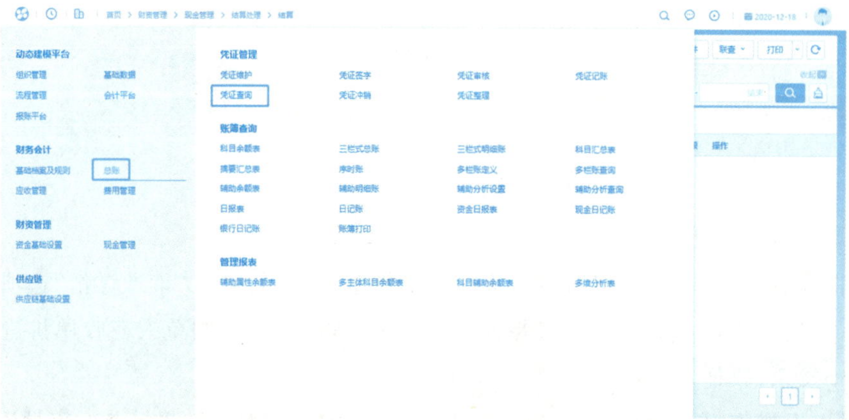

图10-33　凭证查询

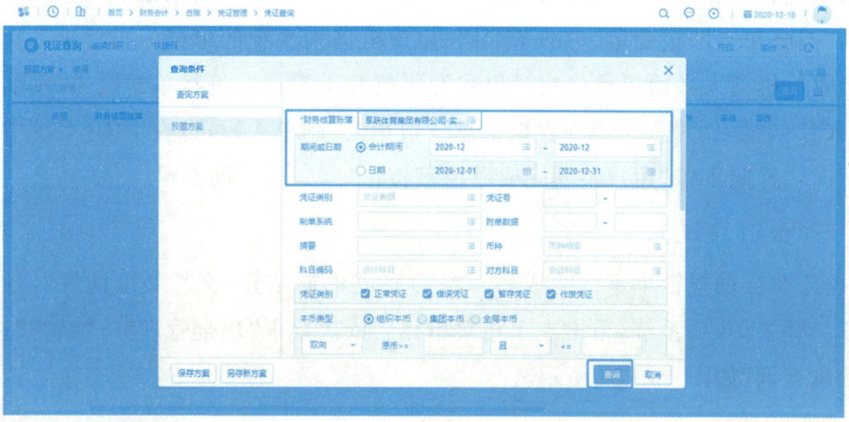

图10-34　输入查询条件

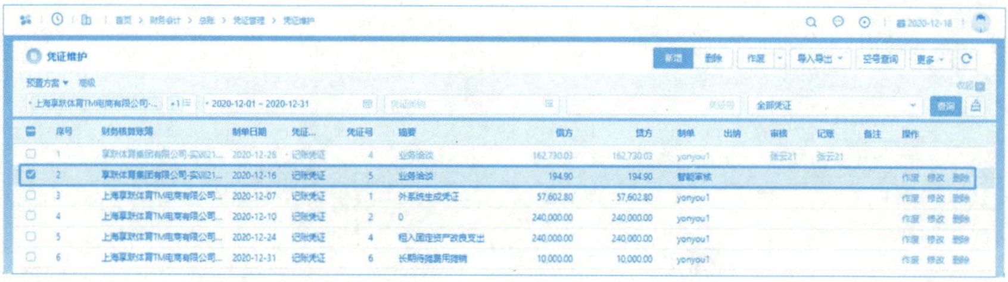

图10-35　查询结果

职业素养

智能报账与收单机器人:科技赋能,强化财务诚信与规范

在“智能报账与收单机器人”中,不仅要学习智能机器人技术在财务报账与收单领域的应用,更要深入理解科技如何赋能财务管理,强化财务诚信与规范。通过学习,我们要认识到,无论是传统手工操作还是现代智能机器人操作,都需要遵守严格的财务制度和规范,确保每一笔交易的真实、准确和合规。

参考文献

[1] 陈虎,孙彦丛,陈东升,等. 财务就是IT——企业财务信息系统[M]. 北京:中国财政经济出版社,2017.

[2] 程平. RPA财务机器人　原理、应用与开发[M]. 北京:中国人民大学出版社,2022.

[3] 董皓. 智能时代财务管理[M]. 北京:电子工业出版社,2018.

[4] 郭奕,赵旖旎. 财税RPA　财税智能化转型实战[M]. 北京:机械工业出版社,2020.

[5] 李俊峰,王琳. 财务机器人应用与开发[M]. 北京:高等教育出版社,2021.

[6] 水藏玺,吴平新,刘志坚. 流程优化与再造　第3版[M]. 北京:中国经济出版社,2013.

[7] 王言. RPA:流程自动化引领数字劳动力革命[M]. 北京:机械工业出版社,2020.

[8] 新道科技股份有限公司. 财务数字化应用:初级[M]. 北京:高等教育出版社,2020.

[9] 新道科技股份有限公司. 财务数字化应用:中级[M]. 北京:高等教育出版社,2020.

[10] 新道科技股份有限公司. 业财一体信息化应用　初级[M]. 北京:高等教育出版社,2020.

[11] 新道科技股份有限公司. 业财一体信息化应用　中级[M]. 北京:高等教育出版社,2020.

[12] 用友网络科技股份有限公司. 企业数字化:目标、路径与实践[M]. 北京:中信出版社,2019.

[13] Kelly Wibbenmeyer. The Simple Implementation Guide to Robotic Process Automation (RPA): How to Best Implement RPA in an Organization [M]. iUniverse,2018.